中國學術思想 研究輯刊

四 編
林 慶 彰 主編

第 6 冊

牟宗三的漢代易學觀述評

陳明彪 著

花木蘭文化出版社

國家圖書館出版品預行編目資料

牟宗三的漢代易學觀述評／陳明彪 著—初版—台北縣永和市：
花木蘭文化出版社，2009〔民98〕

目 6+266 面；19×26 公分
（中國學術思想研究輯刊 四編：第 6 冊）

ISBN：978-986-6449-05-5（精裝）

1. 易經　2. 注釋　3. 研究考訂　4. 漢代

121.17　　　　　　　　　　　　　　　　98001832

ISBN - 978-986-6449-05-5

9 789866 449055

中國學術思想研究輯刊
四　編　第　六　冊　　　　ISBN：978-986-6449-05-5

牟宗三的漢代易學觀述評

作　　　者　陳明彪
主　　　編　林慶彰
總　編　輯　杜潔祥
出　　　版　花木蘭文化出版社
發　行　所　花木蘭文化出版社
發　行　人　高小娟
聯絡地址　台北縣永和市中正路五九五號七樓之三
　　　　　　電話：02-2923-1455／傳眞：02-2923-1452
網　　　址　http://www.huamulan.tw 信箱 sut81518@ms59.hinet.net
印　　　刷　普羅文化出版廣告事業
封面設計　劉開工作室
初　　　版　2009 年 3 月
定　　　價　四編 28 冊（精裝）新台幣 46,000 元

牟宗三的漢代易學觀述評

陳明彪　著

作者簡介

陳明彪，祖籍福建省金門縣，1972 年生於馬來西亞，國立臺灣師範大學國文研究所博士。曾任世新大學、高苑科技大學兼任講師，現任屏東教育大學中文系助理教授。主要研究領域為易學及中國哲學，著有〈牟宗三《周易哲學演講錄》義理試詮〉、〈錢穆的易學研究〉、〈「陰陽」觀念在《黃帝內經》中使用的考察〉等論文。

提　　要

　　《周易的自然哲學與道德函義》是牟宗三先生早年的易學專著，此書較少被學界注意，可以說是個「寂寞的園地」。細讀《周義》，雖然有些觀點顯得稚嫩，且有以西方哲學強套中國哲學之嫌，但其研究進路和某些看法至今仍有啟發性，深具價值，特別是他對於漢代象數易重新整理的過程中，由此發現了中國式的宇宙論或自然哲學。因而不揣固陋，選擇牟先生關於漢易的詮釋，試著去論述解析其內容，希望本文之作，對於後來研究牟學或漢易的人，能有些微的裨益。

　　本論文擬定八章，概述如下：

　　第一章闡述本論文的研究動機與目的、研究範圍與方法，並就今人的研究成果述評，以及揭示本論文的基本架構。

　　第二章說明《周義》的著述背景，並敘論懷德海哲學，觀察他如何影響《周義》的著述。

　　第三章說明漢代易學天人感應的背景，此實深受董仲舒學說的影響。接著就漢易的發展情況及漢易五家：孟喜、京房、鄭玄、荀爽、虞翻的傳承關係，作一闡述。最後再說明牟先生解析漢易的兩個原則：宇宙論上的原則（大宇宙公式）、本體論上的原則（小宇宙公式）。

　　第四章展示牟宗三先生所述及的孟喜、京房的易學內容及他的詮釋，並就其詮釋述評。

　　第五章展示牟宗三先生所述及的鄭玄、荀爽的易學內容及他的詮釋，亦就其詮釋述評。

　　第六章展示牟宗三先生所述及的虞翻的易學內容及他的詮釋，再就其詮釋述評。

　　第七章探討牟宗三先生所凸顯的互體與卦變的意義，由漢易所抽繹出的宇宙論，象的特殊意涵以及由「象」「象」所建構的知識論和價值論。

　　第八章說明牟宗三先生詮釋漢易的成果，通過與熊十力、唐君毅、徐復觀三位先生的漢易研究作一比較，可見牟先生在漢易詮釋的成果上是很豐碩的。

目次

第一章　緒　論

第一節　研究動機與目的

　　《周易的自然哲學與道德函義》〔註1〕是牟宗三先生（1909～1995）從事哲學研究的起點，這是他大學畢業之前的作品。自此之後，在牟先生逾六十年的學思生涯中，他橫跨多個學門，自由出入於東西方哲學，展現出驚人的成果。牟先生的哲學研究，牽涉眾多，數量龐大，一般人難以望其項背，而他憑藉勤奮專一，遊刃有餘，取得了量多質精的研究成果。更難能可貴的是，幾乎他所研究的項目都能卓然成家，或成為該領域必須詳加參考的著作。

　　現今學界對於牟先生的研究，多數注目於他在先秦儒道哲學、魏晉玄學、隋唐佛學、宋明理學、康德學這些領域的成果，或是探討他有關道德的形上學、兩層存有論、圓教等的哲學創見，至於他最早的哲學專著——《周義》，則較少被注意。就現今學界數種討論二十世紀易學發展的論著來觀察，無論是早年高明先生的〈五十年來之易學〉，〔註2〕徐芹庭先生的〈六十年來之易

〔註1〕　因《周易的自然哲學與道德函義》書名冗長，岑溢成先生於其〈焦循〈當位失道圖〉牟釋述補〉即簡稱此書爲《周義》，岑文收錄在《牟宗三先生與中國哲學之重建》（臺北：文津出版社，1996 年 12 月初版），頁 245～262。本文除參照岑先生的作法簡稱爲《周義》外，因本文所引皆以《牟宗三先生全集 1・周易的自然哲學與道德函義》（臺北：聯經出版社，2003 年 4 月初版）爲準，故以下在論文中引用時又簡稱爲《全集 1・周義》。以下引文同此書，故僅標明頁數，不再另外加注說明。
〔註2〕　此文後收錄於高明：《高明文輯》（臺北：黎明文化，1978 年 3 月初版），頁 145～156。

學〉，〔註3〕或是近年楊慶中的《二十世紀中國易學史》，鄭吉雄的〈從經典詮釋傳統論二十世紀易詮釋的分期與類型〉，〔註4〕都未見提及。可以說牟宗三先生早年的易學研究一直以來未被關注，是一個「寂寞的園地」。寂寞的原因有兩點：一是他早年的研究，論質與量客觀上比不上他後來的研究成果：《才性與玄理》、《心體與性體》、《佛性與般若》、康德學等那樣既有系統又極具創見。再加上作者本身也否定此書，認為此書呈現的是「狂言與妄論」，故在完成之後，他甚後悔，六十年來從未再觀。〔註5〕這自然也就影響了學界對於《周義》的觀感，進而忽略了它的存在。因為與其花費心力去研究《周義》，倒不如將心力聚焦於他後來成熟的作品上，如此所取得的成果也比較豐碩。二是難讀。《易》學進入二十世紀，呈現出多元化的發展。隨著之前西方科學與哲學思想的不斷湧入，人們研究《周易》已不自限於傳統經傳注疏的路子，而是嘗試結合西方之新說，為傳統的《易》學注入新的活力。例如杭辛齋（1869～1924），就引用了愛克司光、飛機等來解說《周易》，成為科學《易》學的先河。又如馮友蘭，他的《中國哲學史》（1930～1933），則引用了西方實證主義的觀點解說《周易》，成績斐然。此中固然有比附之嫌，但也有不少別開生面之作。而牟宗三先生著作《周義》，也受到時代氛圍的影響，他引用了西哲懷德海（Alfred North Whitehead, 1861～1947）的有機宇宙論來詮釋《周易》，雖有附會之處，但也激盪出許多特別的觀點。只是如此就造成人們閱讀的困擾，因為：一則《周易》經傳易理玄妙，歷來號稱難以理解；二則懷德海的哲學可供參考的論述不多，因在中文學界中研究或闡述他的人原本就不多；三則欲恰當的理解牟宗三先生詮釋《周易》時所引用的懷氏哲學的概念，有其一定的困難存在。總此二因，學者對於《周義》就忽略，甚至遺忘它的存

〔註3〕 徐文收錄於程發軔主編：《六十年來之國學》（臺北：正中書局，1972年5月初版），第一冊，頁3～209。

〔註4〕 鄭文收錄於氏著《易圖象與易詮釋》（臺北：財團法人喜瑪拉雅研究發展基金會出版，樂學書局經銷，2002年2月初版），頁13～81。

〔註5〕 牟宗三先生說：「此書中所表現的一套自然哲學固可成一完整的一套，固亦可為青年心態之所喜，然據此而謬斷其他，則是青年人之狂言與妄論，故吾後來甚悔之，幾不欲再提此書，亦無意重印之。對於此書，六十年來吾從未一看。」《全集1‧周義‧重印誌言》，頁（7）～（8）。筆者認為這段話大致上體現了前輩學者對其少作不滿意的態度，兼具批判及謙退之意。他所批判的是他根據「書中所表現的一套自然哲學」去「謬斷其他」，這是「狂言與妄論」；他所自謙的是他建構的「自然哲學固可成一完整的一套」，但仍有不完足之處。而此處的「謬斷」並非謬誤，實有不嚴密、不客觀之意。

在。

　　細讀《周義》，我們可以發現全書「靈思飛動，妙意橫生」，雖然有些觀點顯得稚嫩，且有以西方哲學強套中國哲學之嫌，但其研究進路和某些看法至今仍有啓發性，深具價值。因而筆者不揣固陋，在時間與能力的考量之下，選擇牟宗三先生關於漢代象數易學的詮釋，嘗試論述與解析其內容，懷抱的就是「要把金針度與人」的心願。希望本文之作，對於後來研究牟學或漢代易學的人，能有些微的裨益。此爲本論文研究動機之一。

　　再者，牟宗三先生研究易學最初是自整理漢易入手，而後才進入晉宋易，以至清易。因漢易研究是牟先生做學問最早的入手處，了解他處理漢易的進路及思維，有助於了解他以後的哲學思想的發展，也就是有一始基的作用。復次，筆者在閱讀了牟宗三先生的相關研究以後，產生了不少疑惑。爲了釋疑，有必要對於相關部份作一深入徹底的探討。此爲本論文研究動機之二。

　　至於本論文的研究目的，希望通過對於牟宗三先生的漢易詮釋的全面性的探討，深入剖析闡明其中蘊涵的象數與義理的內容，觀察他引用懷德海哲學解易的特殊觀點。種種努力謀求的是凸顯其特色，呈現其價值。並設法建立他理解漢易的整體觀點與體系。往後更期望能建基於此文，更深入的就牟先生整體的學術，析論他在象數與義理方面的特殊見解。

第二節　研究範圍與方法

一、研究範圍

　　本論文主要是以《全集 1・周義》中〈I 漢之天人感應下的易學〉爲研究的對象。研究的範圍主要著眼於兩部份：漢易原本的義涵以及牟宗三先生對於漢易的詮釋。另外，他還不時以晉王弼、清胡煦、焦循等的易學觀點來補充說明，此皆具體呈現於〈I 漢之天人感應下的易學〉之後的篇章，因而就將這些可堪參考的易學觀點都加以爬梳採酌，通過相互比較來相觀其善。

　　觀察牟宗三先生整個學思歷程，我們發現他對於《周易》的研究始終保持高度濃厚的興趣。除了早年寫成的這本《易》學專著外，其實在他的數個學思階段，皆對《周易》作了一定程度的研究，由之而成的著作是既多又精，思考既深又新。從他最早年的《周義》，一直到《全集 3・才性與玄理》的〈王弼之

玄理易學〉（解「各正性命」、「復其見天地之心」、「大衍義」、「一陰一陽」、「體用、有無」）、《全集 28・中國哲學的特質》的〈對於「性」之規定（一）《易傳》、《中庸》一路〉、《全集 5・心體與性體（一）》的〈對於葉水心〈總述講學大旨〉之衡定〉中的「《易傳》與周、張二程」及〈周濂溪對于道體之體悟〉、《全集 6・心體與性體（二）》的〈程明道之一本論〉（天道篇、一本篇）及〈程伊川的分解表示〉（理氣篇）、《全集 7・心體與性體（三）》歷陳朱子對於〈心、性、情之形上學的解析〉（關於明道所說之易體與神用之解析、關於濂溪「動而無動、靜而無靜，神也」之解析）、《全集 8・從陸象山到劉蕺山》的〈致知議辯〉（關於「乾知」之論辯、關於「幾」之論辯）、《全集 29・中國哲學十九講》的第四講〈儒家系統之性格〉、第六講〈道家之玄理性格〉、《全集 31・四因說演講錄》的第一講〈亞里士多德「潛能」與「實現」原理及「四因說」〉、第三講〈儒家如何貫通「四因說」〉、第四講〈儒家：「動力因」、「目的因」的表示及兩種層次之說明之問題〉，以及晚年八十四歲至八十五歲講述的《全集 31・周易演講錄》，或是〈《原始的型範》第二部份《周易》大義（一）——「先秦哲學」演講錄〉、〈《原始的型範》第二部份《周易》大義（二）——「先秦哲學」演講錄〉、〈《原始的型範》第二部份《周易》大義（三）——「先秦哲學」演講錄〉，〔註 6〕可見他是從自然哲學講到玄理易學再回歸到孔門義理的論述上。這些內容雖偏重於義理的表述，但象數離不開義理，義理有助於象數的理解，因而亦加以研究，採酌適當的內容來補充牟先生在漢代象數易詮釋上的不足。

二、研究方法

　　本文所論是關於牟宗三先生對於漢易的詮釋，因此希望在詮釋牟先生的觀點時能達到袁保新所說的「合理的詮釋」的層次。或者說，希望對於研究的對象能先有「客觀的了解」，接著是「理性之了解」或「相應的了解」。〔註 7〕袁

〔註 6〕 此三講由盧雪崑整理，登於《鵝湖》，第 379、380、381 期，2007 年 1、2、3月，頁 3～9、1～7、2～9。

〔註 7〕 牟先生將了解分爲三個層次，他說：「了解有感性之了解，有知性之了解，有理性之了解。彷彿一二，望文生義，曰感性之了解。意義釐清而確定之，曰知性之了解。會而通之，得其系統之原委，曰理性之了解。……理性之了解亦非只客觀了解而已，要能融納于生命中方爲眞實，且亦須有相應之生命爲其基點，否則未有能通解古人之語意而得其原委者也。」《全集 5・心體與性體（一）・序》（臺北：聯經出版社，2003 年 4 月初版），頁（5）～（6）。以上三種了解中，以「理性的了解」層次最高。「理性的了解」以「客觀的了解」

保新說：

1. 一項合理的詮釋，其詮釋本身必須在邏輯上是一致的。

2. 一項合理的詮釋必須能夠還原到經典中，取得文獻的印證與支持，而其詮釋觀點籠罩的文獻愈廣，則詮釋就愈成功。

3. 一項合理的詮釋應該儘可能運用經典本身無疑義的文獻來解釋有疑義的章句，用清楚的觀念來解釋不清楚的觀念。

4. 一項合理的詮釋應該將經典本身視為在思想上一致和諧的整體，避免將詮釋對象導入自相矛盾的立場。

5. 一項合理的詮釋，必須一方面將詮釋主題置於它們隸屬的特定時代與文化背景來了解，但另一方面也要能夠抽繹出它不受時空拘限的思想觀念，而且儘可能用現代語言與哲學經驗傳遞給讀者。

6. 一項合理的詮釋，對其詮釋方法與原則應有充份的意識，並願意透過與其他詮釋系統的對比，調整修正其方法與原則。〔註8〕

可見「合理的詮釋」牽涉層面廣大，它必須考量邏輯、文獻、思想、特定的時空與文化背景，以及論者自身的詮釋方法與原則等複雜的要素。

　　傅偉勳則認為思想的詮釋，以臻至「創造的詮釋學」為終極目標。關於此，他分五個層次說明：

為基礎，且與生命的相應緊密相關。所謂「客觀的了解」，它是在研究中國哲學時應採取「文獻途徑」。「文獻途徑」，既非歷史的、考據的、訓詁的，而是對於文獻中的句子先順通，先了解。一旦了解這些文句後，才能形成恰當的概念。一到概念，才能進入到思想。然這樣的了解還不夠，牟先生強調此中還必需有所感，要有生命性情的相應，否則對於文獻的了解是不深入諦當的。以上參見《牟宗三先生全集27・牟宗三先生晚期文集》（臺北：聯經出版社，2003年4月初版），〈研究中國哲學之文獻途徑〉，頁329～347及〈客觀的了解與中國文化之再造〉，頁419～438。所謂生命的相應，就是牟先生一再強調的「不是自己的生命所在的地方，就沒有真學問的出現。」（《生命的學問》，臺北：三民書局，1970年9月初版，頁129。）「生命之學問，總賴真生命與真性情以契接。無真生命與性情，不獨生命之學問無意義，即任何學問亦開發不出也。」（《牟宗三先生全集3・才性與玄理・序》，臺北：聯經出版社，2003年4月初版。）可見理性了解包括兩重點：一是對於文獻的文句的順通，一是生命與文獻的相應，前者為初步功夫，後者為根本原素。當然這是針對中國哲學特有的重生命、重主體性的特質，所謂的「生命的學問」而特別提出的。

〔註8〕　袁保新：《老子哲學之詮釋與重建》（臺北：文津出版社，1991年9月初版），頁77。

1. 實謂：此一層次，著重在探問原作者或原典實際上說了甚麼？它基本上涉及到原典校勘、版本考證與比較等校讎學課題。

2. 意謂：此一層次，著重在發現理解原典本文所具有的原作者的「客觀意思」。爲了「如實」了解原典章句的真正涵義，故須儘量作「客觀」的語意分析，這其中有邏輯分析、層面分析、脈絡分析等方法可資採用。

3. 蘊謂：此一層次，著重在探問原思想家或原典可能表達甚麼？通過許多原典詮釋進路的探討與比較，藉此以發現原典或原思想家所表達的深層義理。

4. 當謂：此一層次，著重在探問原思想家或原典本來應當表達甚麼？通過各種詮釋進路所發現的各個義理蘊涵所進行的批判性的比較考察，藉此以掘發出原思想體系表面結構底下的深層結構。

5. 創謂：此一層次，著重在解決原思想家未能完成的思想課題。爲達此目標，思想家必須從事於中外各大思想及其傳統的相互對話與交流，藉此以培養出能爲原有思想「繼往開來」的創新力量。〔註9〕

「創造的詮釋學」中以「創謂」爲最高的層次，它是建立於前四個層次的基礎上。詮釋思想，當以此爲最高目標。然筆者學力有限，本論文只能達到前四個層次的要求。欲進至「創謂」，尚須繼續厚植學力，等待來日。

詳細來說，在研究方法上，本文視處理對象的不同而採酌不同的、多元的研究方法，主要是採用了哲學研究法中的系統研究法、發生研究法、解析研究法、比較研究法。

就各研究法言，「系統研究法」，「就是將所敘述的思想作系統的陳述的方法。」「發生研究法」，「即著眼一個哲學家的思想如何一點點發展變化，而依觀念的發生程序作一種敘述。」「解析研究法」，「只是解析已往哲學家所用的詞語及論證的確切意義」去做一客觀的分析。〔註10〕「比較研究法」，其著眼點「則在一哲學思想之本身之內容或系統，與其他哲學思想之內容或系統之異同。……而比較法之價值，則在由比較，而使同異皆顯出。」〔註11〕

〔註9〕　詳參傅偉勳：《學問的生命與生命的學問》（臺北：正中書局，1994 年 1 月初版），〈創造的詮釋學與思維方法論〉，頁 220～258。

〔註10〕　勞思光：《新編中國哲學史（一）》（臺北：三民書局，1984 年 1 月增訂初版），頁 6、8、10。

〔註11〕　唐君毅：《哲學概論（上）》（臺北：臺灣學生書局，1985 年 10 月初版），〈第

本文第一章爲緒論。第二章針對《周義》的背景作了考察，此部份屬於文獻的基本梳理。次節說明懷德海的哲學理論時就採用上段所述的四種研究法。第三章〈天下感應下的漢代易學〉，董仲舒的氣化宇宙論的理論就以系統研究法、解析研究法去論述；至於漢易的傳承與發展，則是採用歷史溯源法去說明。第四章孟京、京房的易學，第五章鄭玄、荀爽的易學，第六章虞翻的易學，則就所涉及的易學概念，以解析研究法來闡明其確切意涵。第七章又以系統研究法、解析研究法去探討牟先生以何種觀點去綜結與評價漢易，以及他研究漢易所建構出來的自然哲學。第八章爲全文總結。

第三節　今人研究成果述評

目前學界關於牟宗三先生漢《易》詮釋的研究，寥寥可數，除三篇單篇論文外，尚未見其他專著、學位論文或《易》學史論及。

此三篇單篇論文，依時間先後排列，依次爲鄧立光、郭齊勇及筆者的作品。

鄧立光的〈象數易學義理新詮 —— 牟宗三先生的易學〉，是學界最早接觸此主題者。鄧文主要分爲兩部份：文章首先以「牟宗三先生對象數易學的貢獻」爲題，特別指出牟先生的貢獻，鄧立光說：「這個貢獻，是將象數易與哲學研究有機地融爲一體，使中國哲學的研究增加了象數易學這個內容，亦把象數易學從一門專學納入中國哲學研究的範圍，這個方向不只是就漢易條例加以解釋說明，或浮泛地說卦爻的邏輯結構、辯證法思想之類的觀點，而是說出每一卦例、爻例中所含蘊的宇宙論內容。這個宇宙論內容正是中國哲學研究的重點之一。」此說明牟宗三先生別出眾人，對於象數易學作了哲學式的研究，更重要的是通過漢易的卦爻條例點出其宇宙論的內容，這就是他研究漢易的洞見。文章另一部份爲「牟先生易學舉隅」，依次分別論述氣與位、爻位的根本公理（以上鄭玄）、感應 —— 升降、「據」、「承」、「乘」的宇宙論意義（以上荀爽）及互體（虞翻）的討論。〔註12〕鄧立光的這些討論，簡明

十章哲學之方法與態度〉，頁 187～188。關於哲學的研究方法，王師開府綜合探討學者所提出的思想研究法，尤其注目於哲學研究法。他將哲學研究法歸納爲五種：「發生研究法」、「解析研究法」、「系統研究法」、「比較研究法」與「實踐研究法」。而特別提出的「實踐研究法」，更視爲未來東西方哲學研究的共法之一。詳參氏著：〈思想研究法綜論 —— 以中國哲學爲例〉，《國文學報》，第 27 期，1990 年 6 月，頁 168～182。

〔註12〕鄧文收錄於劉大鈞主編：《大易集述：第三屆海峽兩岸周易學術研討會論文集》

扼要，尚有深入探討的空間。

　　武漢大學哲學系教授郭齊勇的〈現代新儒家的易學思想論綱〉，此篇提綱挈領分別簡述了熊十力、馬一浮、方東美、牟宗三、唐君毅的《易》學思想，最後以「現代新儒家的易學觀的意義」作爲總結。其中牟宗三先生的《易》學見於頁 8～10，以「牟宗三：從自然哲學到道德形上學」標明，內容上則以思想歷程分爲兩期：「早期的易學觀——對漢易象數的研究」（頁 9）、「晚年的易學觀——以『窮神知化』爲中心」（頁 9～10）去探索。﹝註13﹞郭齊勇研究新儒家已歷多年，所論屬於專家之作，然因是易學思想論綱，且牽涉多人，故所論只是略微觸及而已，如就漢易而言，只提及牟先生關於鄭玄的「爻位的五個根本公理」，以及荀爽的「乾坤升降」、「據、承、乘」等。

　　至於筆者的論文——〈牟宗三的易學研究〉，﹝註14﹞這是參與賴師貴三主持的行政院國家科學委員會九十一學年度專題研究計畫（計畫編號：NSC91-2411-H-003-029，執行期限：2002 年 8 月 1 日～2003 年 7 月 31 日）下的成果。本文採用當時最新整理出版的《牟宗三先生全集》的資料，這是學術界首篇全面性探討牟宗三先生易學思想的論文，惜因匆促完成，無法深入，只能做到對其易學論著內容簡述而已，然筆者相信對於初學者應有介紹引入之功。

第四節　論文架構

　　本論文的架構共分八章：第一章和第八章分別爲緒論和結論，第二章至第六章爲正文，正文中的三、四、五、六、七章爲本論文的主體，這五章篇

　　　　（成都：巴蜀書社，1998 年 10 月第 1 版），頁 149～152。

﹝註13﹞ 此文原名〈現代新儒家的易學觀〉，於 2002 年 11 月 25 日發表在臺灣政治大學哲學系舉辦的「易經哲學學術研討會」上。郭齊勇先生並於 2002 年 11 月起在政大哲學系客座講學，所講爲新儒家的易學，其中第三講爲「牟宗三早年與晚年的易學觀、唐君毅的易論」。參賴師貴三主編：《臺灣易學史·序》（臺北：里仁書局，2005 年 2 月初版），頁 9。後來，〈現代新儒家的易學觀〉更爲今名，收錄在《周易研究》，總六十六期（第 4 期），2004 年，頁 3～14。另外，張健捷的〈乾坤並建　超越內在——牟宗三後期易學思想研究〉，主要根據《周易哲學演講錄》去探討牟宗三先生後期的易學思想，此文扼要深入，可以參酌，張文收錄在《周易研究》，總七十三期（第 5 期），2005 年，頁 47～54。

﹝註14﹞ 詳參〈六、牟宗三的易學研究〉，此文收錄於《臺灣易學史》，頁 287～398。

章內容的順序安排基本上是根據《周義》〈Ⅰ漢之天人感應下的易學〉的內容去分章定節的。至於各章的內容，茲略述如下：

第一章爲緒論，說明本論文的研究動機、研究範圍與研究方法，並評述今人研究的成果及揭示論文架構。

第二章對《周義》的成書背景、內容、價值等作一客觀的陳述。復次，就懷德海的哲學思想的發展與哲學理論作一系統性的展現。

第三章是就漢易的思想背景——天人感應的理論說明，並廓清漢易傳承中的某些問題。

第四章是就孟喜的卦氣說、京房的易學內容與牟宗三先生的詮釋述評。在處理過程中，因孟、京的理論較少，故先討論二人的易學再集中論述牟先生的詮釋。

第五章是探討鄭玄、荀爽的易學內容，以及對於牟先生的詮釋作述評。

第六章是探討虞翻的易學內容，以及就牟先生的詮釋作述評。

第七章，著重討論牟宗三先生對於互體、卦變的特殊觀點，接著呈現他提出的自然哲學的意義，並探討他所建構與發揮的象論。

第八章爲結論，本章爲一歸納性的總結，並就牟宗三先生的漢易研究與熊十力先生、唐君毅先生、徐復觀先生的相關部份相互比較，以試爲牟先生的漢易研究的成果作一定位。

第二章　牟宗三先生易學初著暨懷德海哲學

第一節　《周易的自然哲學與道德函義》著述背景

一、著述經過

　　《周義》是牟宗三先生學思歷程第一階段：「直覺的解悟」﹝註1﹞下的作品，此時牟先生正從混沌生命的直接向外膨脹，向外撲的氾濫浪漫、粗野放蕩的階段中超拔出來，﹝註2﹞而將這種由生命之膨脹所呈顯的強度的直覺力加

﹝註1﹞　牟宗三先生自言其哲學思想進程大致可分為三個階段：第一個階段他自言是「開端」，大致是指大學時代讀懷德海與《周易》以及撰作《從周易方面研究中國之元學及道德哲學》而言。第二個階段是大學畢業後至 1949 年來臺之前，大致上是消化英國實在論與康德的衝突，即以康德的思路來消化懷德海、羅素、維根斯坦。這成果呈現於《認識心之批判》上、下。第三個階段是消化康德哲學，會通中西哲學。詳參氏著《全集 24・時代與感受續篇》（臺北：聯經出版社，2003 年 4 月初版），〈哲學之路——我的學思進程〉，頁 401～412。蔡仁厚先生則將牟先生的學思歷程細分為六個階段，分別是：第一階段：直覺的解悟，第二階段：架構的思辨，第三階段：客觀的悲情與具體的解悟，第四階段：舊學商量加邃密，第五階段：新知培養轉深沉，第六階段：學思的圓成。蔡先生的分法較牟先生本人精密，一般學界多所採用，此處亦加以採酌。相關敘述可詳參《全集 32・牟宗三先生學思年譜・乙學思歷程》（臺北：聯經出版社，2003 年 4 月初版），頁 97～219。以下所述主要根據《全集 32・五十自述》及《全集 32・牟宗三先生學思年譜》而展開。

﹝註2﹞　詳參《全集 32・五十自述》，頁 17～33。

以收攝、凝聚，使得原始生命沉下，靈覺浮現起來，於是轉生命之直接向外撲爲靈覺之直接向外照，以靈覺用事，此即爲「直覺的解悟」。〔註3〕

1927 年，牟宗三先生十九歲，考入北京大學預科，因對於中國聖賢關於修身的嘉言懿行有興趣，遂決定讀哲學。〔註4〕生命浮泛的階段很快過去，他便收攝精神，開始潛心讀書。〔註5〕在大學預科二年級時（約當高中三年級），他閱讀《朱子語錄》，亦由此書開啓了他有關讀《易》、著《易》之事。〔註6〕初讀此書時，他雖覺興味無窮，然不甚了解。經過一個月的強探力索，忽有所悟，朱子說這句，他常能知道下一句是什麼，並了解了朱子所說的形而上之道，且能感到這道是在「越過了現實物的差別對待障隔之氣氛下而烘托出來的。……它是一種通化的渾一，是生化萬物的『理』之一，是儒家式的，不是道家式的……。」〔註7〕這樣一種感受，既模糊又親切，亦使其生命達到一種超越的超曠，讓他越過現實塵世之拘繫，直通萬化之源。這種外在的、想像式的直覺解悟，影響了牟先生，令其終生不離理想主義。

在此階段，牟宗三先生表現出高度的哲學思考的能力，他說：「我那時的想像非常豐富，慧解也非常強，常覺馳騁縱橫，游刃有餘。稍爲玄遠一點，抽象一點的義理，不管是那一方面的，旁人摸不著邊，我一見便覺容易通得過。」〔註8〕復次，自嚴復（1853～1921）在 1895 年譯介赫胥黎（Thomas Henry Huxley, 1825～1895）充滿了達爾文思想的 Evolution and Ethics 爲《天演論》以來，西

〔註3〕 《全集 32・五十自述》，頁 35。

〔註4〕 牟先生說：「我爲什麼讀哲學呢？當初在中學裡面有一個課程叫『修身』，……。這個『修身』裡面有些嘉言懿行錄，陸象山的話頭啦，朱子治家格言啦，我覺得這些都很有趣味，這種很有趣味的感覺，就表示我的興趣是個讀哲學的頭腦，我覺得這個很有點味道。」參氏著《全集 24・時代與感受續篇》，〈學思・譯著 —— 牟宗三先生訪談錄〉，頁 444。

〔註5〕 蔡仁厚先生說：「北大風氣自由，而牟先生來自農村，不太懂得交際應酬，所以就埋頭讀書，天天上圖書館，自己找書看，慢慢地就有了自己的理路，也能形成自己在哲學思想上的問題。」參氏著〈牟宗三先生的生平及其學術貢獻〉，收入蔡仁厚、楊祖漢主編：《牟宗三先生紀念集》（台北：東方人文學術基金會，1996 年 12 月初版），頁 511。

〔註6〕 牟宗三先生說：「我之愛好《易經》，是在預科讀《朱子語錄》時所開發出來的。」同上，頁 39。顏炳罡則認爲：「從遠因來說，山東棲霞一向就有重易的傳統。」《牟宗三學術思想評傳》（北京：北京圖書館出版社，1998 年 11 月第 1 版），頁 12。

〔註7〕 《全集 32・五十自述》，頁 36。

〔註8〕 《全集 32・五十自述》，頁 36。

方的哲學思潮就如潮水般一波波的湧入中國。對於五四運動前後傳入的各種各樣流行的西方觀念系統，如法哲柏格森（Henri Bergson, 1859～1941）的創化論（Creative Evolution）〔註9〕、德哲杜里舒（Hans Adolf Eduard Driesch, 1867～1941）的生機哲學（案：又稱「新活力論」, neo-vitalism）〔註10〕、美哲杜威（John Dewey, 1859～1952）的實用主義（Pragmatism）〔註11〕、英人達爾文（Charles Robert Darwin, 1809～1882）的進化論（Evolutionism）〔註12〕等，牟先生皆有

〔註9〕 柏格森認爲進化就是因宇宙的「生命衝力」（élan vital/elan vital）所致，由於「生命衝力」不斷向物質表現衝力，於是就有不斷的創造。綜觀柏氏之學，它是對於法哲孔德（Auguste Comte, 1798～1857）的實證主義及斯賓塞（Herbert Spencer, 1820～1903）的機械進化論的修正。又，柏格森主要的哲學著作有張東蓀所譯的《創化論》（L' évolution Créatrice 1907/Creative Evolution）、《物質與記憶》（Matiére et mémoire　1896/Matter and Merory）等，其哲學要義可再參唐君毅：《哲學概論（下）》（臺北：臺灣學生書局，1996年9月初版），〈柏格森創造進化論〉，頁210～228。

〔註10〕 生機哲學屬於生命哲學（Lebensphilosophie）的一環，它是對於十九世紀唯物主義與機械主義的駁斥。提出生機哲學的杜里舒原是一位生物學家。1891年，杜里舒曾以人工的方式分離了海膽卵的細胞。他發現到分離後的細胞也能發展爲完整的胚胎，這生命現象無法純自物理或化學的原則來說明，故他認爲卵中具有「活力」或「隱德萊希」（亞里斯多德所言的靈魂），它是有機體的本質，能讓有機體進行自我調節、自我修復等。此後，他就轉爲哲學家，提出一套強調有機體具自主性、整體性等特徵的哲學。

〔註11〕 實用主義最先由美國皮爾士（Charles Sanders Peirce, 1839～1914）倡導，之後詹姆斯（William James, 1842～1910）擴大其觀點，後杜威（John Dewey, 1859～1952）就綜合二家之說，發揚光大。1878年，皮爾士於〈如何使我們的觀念清楚〉（How to Make Our Ideas Clear），說明實用主義「不是一個『世界觀』，而是一種反省的方法，其目的在於使觀念清楚。」1907年，詹姆斯出版了《實用主義》（Pragmatism），他認爲眞的觀念是能被人吸收、在經驗中被證實，帶來令人滿意的結果，此即眞理；假的觀念則否。故要判斷一個觀念是否爲眞理，與其是否符合客觀事物的實際情況無關，而是取決於它的效用。以上參自朱建民：《《實用主義》：科學與宗教的融會》（臺北：臺灣書店，1997年6月初版），可再參 D. J. O'Conner（奧康諾）原著，洪漢鼎譯：《批評的西方哲學史（下）》（臺北：桂冠圖書，1998年2月初版），頁1171～1234。

〔註12〕 1859年，達爾文的《物種起源》（On the Origin of Species by Means of Natural Selection）出版。於此書中，他提出了「物競天擇，適者生存」的生物進化論的論點：生物對於環境的適應是「天擇」（即自然選擇、自然淘汰，natural selection）的結果。當生物過度繁殖時，因生存所需的資源有限，爲了生存，個體間必須競爭以取得足夠的資源，此即「物競」。生存競爭的結果，具有有利因子的個體因能適應環境，故被選擇保存下來，不適應者則被淘汰，這是「適者生存」（survival of the fittest）。此有利因子代代遺傳下來，就逐漸形成新的物種。達爾文的理論以科學方法證明了地球上的生物實由演化而來，有

接觸。〔註 13〕這些觀念系統的成套、成套的角度，頗能助長或引發他想像的興會，然它們的內容並不爲他所喜。這些思想在他往後的學思發展中，也未發生任何實質性的影響。

1929 年，牟宗三先生二十一歲，升上北大哲學系本科。這段期間，他廣泛接觸西方傳統的哲學，如希臘柏拉圖（Plato,西元前 427～前 347）、亞里斯多德（Aristotle, 西元前 384～322）、法國笛卡兒（R'ene Descartes,1596～1650）、德國康德（Immanuel Kant,1724～1804）、黑格爾（Georg Wilhelm Friedrich Hegel,1770～1831）等的哲學思想，然與之有所隔，對於相關的思想無法有親切的體認和深入的了解。比較感到親切和接得上的是英國羅素（Bertrand Arthur William Russell, 1872～1970）的哲學、數理邏輯（mathematical logic）〔註 14〕、新實在論（Reo-realism）〔註 15〕等，但只是聽講，不能對之

效反駁了上帝創造萬物之說。又，「進化論」是一理論而非專書，蓋達爾文的作品中並沒有一本書名爲《進化論》者，《全集》原作「《進化論》」有誤，今特改正爲「進化論」。

〔註 13〕除了以上所提到的人物與思想外，其他尚有王國維介紹德哲叔本華（Arthur Schopenhauer,1788～1860）、尼采（Friedrich Wilhelm Nietzsche,1844～1900）的思想，陳獨秀、李大釗、李達譯介馬克思（Karl Heinrich Marx,1818～1883）的思想，金岳霖、馮友蘭介紹新實在論等。詳參郭湛波：《近五十年中國思想史》（上海：上海古籍出版社，2005 年 9 月第 1 版），頁 251～280、黃見德：《20 世紀西方哲學東漸史導論》（北京：首都師範大學出版社，2002 年 6 月第 1 版），頁 54～149；《實在論在中國》，頁 25～133，胡偉希：《知識、邏輯與價值──中國新實在論思潮的興起》（北京：清華大學出版社，2002 年 10 月第 1 版）；張國義：〈近現代東西文化互動中的生命哲學〉（「學說連線」http://www.xslx.com/，2003 年 4 月，網路版）。

〔註 14〕數理邏輯又稱符號邏輯（symbotic logic），初萌於十七世紀，它迥異於傳統的亞里斯多德邏輯。在內容上，數理邏輯包括了：邏輯演算、集合論（set theory）、遞歸論（recursive theory）、證明論（proof theory）、模型論（model theory）。邏輯演算包括了命題演算（propositional calculi）和謂詞演算（predicate calculi）。命題演算探討的是命題語句的結構與邏輯，與命題的內容無關。因命題演算在說明上有其限制，故謂詞演算是在命題演算的基礎上加入量詞來幫助說明。二者皆爲免除語言不精確之弊。集合論是探討數學對象如何集合的理論。遞歸論研究的是遞歸函數、本原函數等的問題。證明論探討的是數學理論協調性的問題，尤其是要解決集合論中的悖論問題。模型論探討的是數學理論與由之構成的模型間的關係的理論。以上詳參宋文堅：《邏輯學的傳入與研究》（福建：福建人民出版社，2005 年 6 年第 1 版），頁 3～6、41～44，另參 P. H. Nidditch（倪里崎）著，劉福增編譯：《數理邏輯發展史》（臺北：水牛出版社，1971 年 8 月初版）。又，牟先生關於數理邏輯的研究成果詳見於《全集 12‧理則學》（臺北：聯經出版社，2003 年 4 月初版），〈第二部　符

作獨立的思考。當時的學界，流行的是愛因斯坦（Albert Einstein, 1879～1955）的相對論（relativity），〔註16〕故一般知識分子熱衷於討論科學底哲學，同時也喜談淺近的知識論，大體是經驗主義與實在論（Realism）〔註17〕的，不然

號邏輯〉，頁151～279。

〔註15〕 新實在論是在十九世紀末、二十世紀初發展的哲學思潮，它是對黑格爾唯心主義的抗衡，知識論是其討論重心，此思潮先由英國肇始，先是摩爾在1903年發表〈駁斥唯心論〉（The Refutation of Idealism）說明物不依心存在。其後，羅素提出「外在關係說」與「中立一元論」。懷德海則主張過程哲學。亞歷山大（Samuel Alexander, 1859～1938）則從本體論的角度去論述。至於美國的新實在論，1910年，蒙塔吉（William Pepperell Montague, 1873～1953）、培里（Ralph Barton Perry, 1876～1957）、霍爾特（E.B. Holt, 1873～1947）、馬爾文（W.T. Marvin）、斯波爾丁（E.G Spaulding, 1873～1940）、皮特爾（J.W.B Pitkin）發表〈六個實在論者的綱領和第一篇宣言〉，呈現出新實在論的基本觀點。1912年，六人出版《新實在論》，在「自我中心的困境」的論斷中，他們批判唯心論者一般以被認識對象總和意識同時存在的觀點。換言之，對象不依認知關係而存在。他們重視邏輯及分析方法的應用，且因主張形上學在邏輯上優先於知識論，由之而強調事物存在的客觀獨立性。在真理觀上，真就是實在的東西。

〔註16〕 相對論包含狹義相對論（Special Relativity, 又稱特殊相對論）和廣義相對論（General Relativity, 又稱一般相對論）。1905年，愛因斯坦發表了〈論動體的電動力學〉的論文。在此論文中，他提出「相對性原理」（The principle of special relativity）和「光速不變原理」（The principle of Constancy of the Speed of Light），建立了狹義相對論。1915年，他又發表了〈廣義相對論的基礎〉，是為廣義相對論。在此論文中，主要提出兩點理論：等效原理（Equivalence Principle）、廣義相對性原理。自相對論產生以後，它造成多方面的影響，如它為宇宙大爆炸、宇宙膨脹理論奠定基礎，或是修正了牛頓的絕對時空觀，認為時空並非相互獨立，反而緊密關聯彼此構成一個統一的四維時空整體。相對論參見 Albert Einstein 著，郭兆林譯：The Meaning of Relativity（《相對論的意義》，臺北：臺灣商務印書館，2005年6月第1版），《紀念愛因斯坦文集：第二卷學術論文》（新竹：凡異出版社，1986年11月2版）。

〔註17〕 簡略的說，實在論主張外在的事物是客觀存在的。實在論濫觴自柏拉圖。柏拉圖於理型論中，區分世界為二：獨立永存的理型世界與現實的感覺世界。理型（Idea）真實無妄，先於他者存在，現象界的事物皆為理型近似或不完美的摹本（copy）。此理型即共相。亞里斯多德則主張經驗中個別具體的事物才是真實的存在，共相不能離之獨存。後來，黑格爾提出「絕對理念」為萬物存在的原理。他這種唯心主義的說法促使了近代實在論的興起。實在論就理論內容而言，就有新實在論、批判實在論（Critical Realism）、科學實在論（Scientific Realism）、樸素實在論（Naive Realism）等理論。以上主要引自《實在論在中國》，頁1～20、289～301及《知識、邏輯與價值——中國新實在論思潮的興起》，頁1～2。又，此處牟宗三先生以知識論和實在論並言，筆者認為或許是指新實在論而言，蓋新實在論是當時流行的思想之一，且新實在論對於知識的論述較傳統的實在論深廣，可資時人談論與運用。

就是透露一點邏輯的興趣，對於《易經》與懷德海的哲學，則不正視也不欣賞。《易經》因屬傳統的典籍，處於當時學界熱烈擁抱西方思潮的氛圍當中，並不為時人所重視。懷德海則因當時向中國譯介的人少，故少人能懂。而牟先生就獨異眾人，私下進修，用力於《易經》與懷德海（Alfred North Whitehead, 1861～1947）的哲學，這是他在正式課程之外，「從生命深處所獨關的領域」。〔註 18〕總之，在數理邏輯和羅素、懷德海、維特根什坦（Ludwig Wittgenstein, 1889～1951）〔註 19〕等的思想影響之下，他開始了《周義》的著述。〔註 20〕

在著述《周義》之前，牟宗三先生先從事大規模《易經》相關著作的閱讀。他初讀《易經》是從宋朝楊萬里（1127～1206）的《誠齋易傳》入手。楊萬里與李光（1078～1159），同樣是易學史上「史事易」的代表人物，其易學參證史事，引史證經，自成一套。〔註 21〕但畢竟二人之學較偏向於《易》之使用方面，對於《易》的基本層面的問題，牽涉不多。某日，牟先生遇到北大哲學系教授林宰平（1880～1960），〔註 22〕林宰平告知他讀《易》不能自此

〔註18〕 《全集 32·五十自述》，頁 38。關於懷德海對於牟先生早年著作的影響將在第二節論及。

〔註19〕 維特根什坦即維根斯坦，英國數理邏輯學家、分析哲學（Analytical Philosophy）的奠基人之一，羅素的學生。維氏的思想分為前後兩期：前期思想表現在《邏輯哲學論說》（Tractatus Logico～Philosophicus, 1921）（案：牟先生譯此書為《名理論》，今收入在《全集 17》），書中提出圖式說（Picture Theory），探討如何將命題與事實聯結。此說強調命題的真假只能就實在的圖式言。命題有原子命題、複合命題，分別對應了最簡單的原子事實（atomic fact）及複合事實，複合命題可被分析成原子命題。故語言和世界存在著對應的關係，分析命題即能了解世界。後來他拋棄此說，在《哲學探究》（Philosophical Investigations, 1953）展現後期語言遊戲說（language game）理論，他比喻語言是遊戲，語言與遊戲一樣有其規則，某一個詞的意義要扣在它的文法、上下文等去理解。參舒光：《維根斯坦哲學》（臺北：水牛出版社，1986 年 7 月初版）。

〔註20〕 《全集 1·周義》，頁（4）～（5）。

〔註21〕 有關楊萬里與李光的易學，楊萬里的部份可詳參黃忠天：《楊萬里易學之研究》（高雄：國立高雄師範大學國文研究所碩士論文，1988 年）、簡世和：《《誠齋易傳》研究》（臺中：國立中興大學中國文學系碩士論文，2004 年），李光的部份可詳參林麗雯：《李光史事易研究》（臺北：國立臺灣師範大學國文研究所碩士論文，1994 年）。

〔註22〕 熊十力先生憶其在北大授課時，即與林宰平常相問難，而林宰平也成了他的知己，熊先生說：「余與宰平及梁漱溟同寓舊京，無有睽違三日不相晤者。每晤，宰平輒詰難橫生，余亦縱橫酬對，時或嘯聲出戶外。漱溟默然寡言，間解紛難，片語扼要。余嘗衡論古今述作，得失之判，確乎其嚴。宰平戲謂曰：老熊眼在

書進入，但也沒有告知該取徑何書較好。牟先生遂至北大圖書館遍查易學書目，發現到漢人象數易學雖甚煩瑣，然亦有其價值，他說：「漢人的科學思想很發達，天文、律歷、數學、都有長足的進展，而《周易》一書就全充滿了這種意味，數學尤是其中的主要角色，藉著它把時序、律歷、天文都配合起來，所以漢易的象數也是無法批駁的。」〔註 23〕他認爲漢易固然駁雜，然其中的陰陽、五行、八卦是科學與哲學的起源，它們「正是中國人對於具體世界科學的考察，哲學的研究的雛形；它們是對於具體世界所發現的三套自然律（natural law），《周易》把它們熔一爐而冶之，以陰陽而貫之。所以我以爲解析世界的起於漢，邏輯地、系統地敍述亦始於漢。科學的開始、哲學的發端亦始於漢；中國民間的思想之形成亦種因於漢，漢人是繼往開來的總關鍵，中國之所以爲中國者定於此。」〔註 24〕爲了研讀漢易，他遂取清李道平（生？辛？）的《周易集解纂疏》逐字逐句研讀。他先弄熟了漢易中的卦例如互體、半象、變卦、爻位等，接著對各個漢易學家如孟喜的《易》學、京房的《易》學、虞翻的《易》學等鉤玄撮要，由漢人象數途徑而整理出漢人在宇宙論方面的靈感與間架，提煉出許多有意義的宇宙論之概念。

　　漢易整理完畢，進而研究晉易、宋易、清易。由於當時牟先生對魏晉玄理與其生活情調，智解不深，對宋明儒心性之學亦未深知，所以於晉易只略論王弼的〈周易略例〉，於宋易只略論朱子之言陰陽太極與理氣。對於清易，牟先生特重兩人：一是康熙年間的胡煦（1655～1736），他著有《周易函書》。

<hr>

天上。余亦戲曰：我有法眼，一切如量。……余與宰平交最篤。知宰平者，宜無過於余；知余者，宜無過宰平。世或疑余爲浮屠氏之徒，唯宰平知余究心佛法，而實迥異趣寂之學也；或疑余爲理學家，唯宰平知余敬事宋明諸老先生，而實不取其拘礙也；或疑余簡脫似老莊，唯宰平知余平生未有變化氣質之功。……宰平常戒余混亂，謂余每習氣橫發，而不自檢也。世或目我以儒家，唯宰平知余宗主在儒，而所資者博也；世或疑余《新論》，外釋而內儒，唯宰平知《新論》，自成體系，入乎眾家，出乎眾家，圓融無礙也。」《十力語要初續》（收入《熊十力全集》，武漢：湖北教育出版社，2001 年 8 月第 1 版），頁17、18。熊十力通過與林宰平的相互詰難，討論了許多重大問題，此對於《新唯識論》的撰作，助益頗多，熊十力說：「民十一授於北庠，纔及半部。翌年，而余忽盛疑舊學，於所宗信極不自安。乃舉前稿盡毀之，而《新論》始草創焉！余於斯學，許多重大問題，常由友人閩侯林宰平志鈞時相攻詰，使余不得輕忽放過，其益我爲不淺矣！」參《新唯識論文言文本》（收入《熊十力全集》，武漢：湖北教育出版社，2001 年 8 月第 1 版），〈緒言〉，頁9。

〔註23〕《全集 1・周義》，頁 12。
〔註24〕《全集 1・周義》，頁 12。

一是乾嘉年間的焦循（1763～1870），他著有《易學三書》（《易通釋》、《易圖略》、《易章句》）。

　　牟宗三先生認爲胡煦與焦循的易學是屬於學人專家的易學，皆以象數爲出發點（但非漢人那種煩瑣、讖緯、災異相雜的易學）。胡煦以體卦說注解《易經》，可見胡煦對於自然生成之理，頗有悟解。對於「初、上、九、六、二、三、四、五」八字命爻之義，解釋精當。由之引申而出了「時位、生成、終始、內外、往來」等宇宙論的概念，而以河圖、洛書的圖象總表生成之理，故牟先生名此爲「生成哲學」。內生外成，是一宇宙論的發展概念，亦即《中庸》位育、化育之意，亦與「乾知大始，坤作成物」、「元亨利貞」之終始過程，不相違背。故胡煦是經由象以悟解客觀的生成之理與數學之序，穿過象而直悟天地生化之妙，而知象皆是主觀的方便假立，因而說：「圖非實有是圖，象非實有是象，皆自然生化之妙也。」然而牟先生認爲胡煦有不足之處，此不足反映在胡煦對於伏羲、孔子那原始的光輝、神采、潤澤、嘉祥、清潔、晶瑩，伏羲於混沌中之一點靈光爆破，孔子的道德心性、悱惻悲憫之懷，皆無眞切之感；而只表現出一點清涼平庸的美之欣趣與智之悟解，不免有術人智士的小家相。

　　至於焦循，其《易學三書》：《易通釋》最早成書，全書共二十卷，乃焦循根據「《易》例以縱通、橫通《周易》全經，並依《周易》經、傳中之概念、術語、範疇與命題，通釋其《易學》之體例者也。」；《易圖略》共八卷，分「圖」五篇、「原」八篇、「論」十篇三部份，爲《易通釋》的提要；《易章句》成書最晚，共十二卷，乃根據焦循的《易學》體例，「於《周易》經、傳文句所作之簡明注釋，其逐句詮解，悉據里堂獨得之『旁通、時行、相錯』理論爲說。」〔註25〕

　　焦循又精於中國之算學，其解「大衍之數五十，其用四十有九」一章，即完全根據算學解析。牟先生當年讀其書，強探力索，得其條理通貫，可說

〔註25〕詳參賴師貴三：《焦循雕菰樓易學研究》（臺北：國立臺灣師範大學國文研究所，博士論文，1994 年），〈緒論〉，頁28～35。又，牟先生說：「他（案：焦循）就《易經》本文勾稽出五個關於卦象關係之通例，此即《易圖略》，以此注解全經，此即《易章句》。以爲聖人作《易》，無一字無來歷，皆定然而必然。他復根據其《易圖略》而作《易通釋》，以表通例之應用，亦引發出許多極有意義之概念。若不先讀《易通釋》，即無法懂其《易章句》。」《全集32．五十自述》，〈第三章　直覺的解悟〉，頁43。此處牟先生言「他復根據《易圖略》而作《易通釋》」，有誤，因《易通釋》成書最早，《易圖略》次之，故焦循應是根據《易通釋》而作《易圖略》。

費了極大的氣力。焦循雖是一等之才，然牟先生認爲他所成之一套，固然精思巧構，然不免於有所鑿與隔。其鑿是一整套的機括的大鑿，其隔亦是一整個的虛構的大隔。焦循不如胡煦之直湊眞實，又以戴東原爲宗主，對於心性之學根本不能契入，是以難企高明。焦循畢竟是一巧慧學人，若生在西方，定然是有所成的科學家，可惜其巧慧不能施行於世，他又不安於當時的文字訓詁，反而向大聖人生命靈感所在之經典施其穿鑿，徒然耗費了精神，糟蹋了《大易》。〔註26〕

二、著述目的與貢獻

　　牟宗三先生當時想像力豐富，讀《易》隨讀隨抄，隨抄隨下案語，使其條理通貫。在 1932 年（民國廿一年），時先生廿四歲，就讀於北京大學哲學系三年級，撰成了《從周易方面研究中國之元學及道德哲學》一書，簡稱《中國之元學與道德哲學》。

　　在此書的〈自序一〉及〈導言〉中，牟先生說明他研究《易經》的基本態度和著作目的。他之所以研究《易經》，是想「藉著《周易》以及研究《周易》者之著作而抉發中國的玄學思想與其道德哲學，其目的不在解析《周易》這本書，所以不是爲讀《周易》者而作的入門書，仍只是吾近來研究西洋思想時而留意到中國思想所欲說的話。……」〔註27〕由此可知，此書既非入門書，亦不對《周易》經傳作基本的注疏，而是在數理邏輯學家懷德海、羅素、維根斯坦等的西方哲學的影響之下，藉《周易》的相關文獻來發掘其中的中國的玄學與道德哲學。歷代以來，哲學家總藉《周易》來闡發自己的思想，牟宗三先生如此的研究進路，與他們有相似之處，不同點就在於他能使用的資源更多，除了傳統哲學的資糧，還有西方的哲學思想可資利用。而這樣的研究方法在當時是頗爲新穎的，因而令人有耳目一新之感。

　　接著問爲何他不解析《周易》的本文呢？此因《周易》的內容難以確定其出現先後，而這問題其實由來已久。

　　自古以來，關於八卦、六十四卦、卦爻辭、《十翼》的作者和著成時代等問題，眾說紛紜，難有定論。以上這些考據的問題，牟宗三先生不感興趣，因他研究《周易》是著重在抉發其中蘊含的哲學思想。對於《周易》的形成，

〔註26〕《全集32‧五十自述》，〈第三章　直覺的解悟〉，頁42～44。
〔註27〕《全集1‧周義》，頁13。

他僅是襲用當時古史辨派的大師——顧頡剛（1893～1980）〔註28〕的〈周易卦爻辭中的故事〉〔註29〕、〈五德終始說下的政治和歷史〉，〔註30〕以及傅斯年的〈與顧頡剛論古史書〉，〔註31〕證明《易傳》爲漢人所作，《周易》形成於西漢。然對於卦爻辭產生於西周初葉之看法，作了些微修正。他認爲卦爻辭雖形成於西周，但不是一成不變的傳下，實際上傳至漢代時面目已變，內容已有了數番增刪，他說：「因爲其系統那樣整齊，與《易傳》的配合那樣有unity 性，似乎不知經過了幾番刪改與修正，其面目也不知變過幾次哩！所以必是西漢儒者根據傳下來的材料而重組織起一部有系統有 unity 性的書來。點滴零星，從古已有，謂之成於西周本不算錯；但謂 64 卦的卦爻辭即形成於西周，而不改舊觀地傳下來以至於漢，這恐怕不可能。」〔註32〕

　　牟宗三先生引述他人的研究說明了《周易》產生與形成的時代，反映他作學問時，處處留意與吸收學術界新的研究成果，而非關起門來自己埋頭苦幹。然這引用也僅是要對牽涉到的《周易》的背景資料作一交待。就牟先生著述的目的而言，其興趣不在解析《周易》的經文，蓋因《周易》帶有歷史

〔註28〕顧頡剛自 1920 年開始便與胡適、錢玄同通信討論古史的問題。1923 年，顧頡剛在〈與錢玄同先生論古史書〉中講述他要作一篇〈層累地造成的中國古史〉，「層累地造成的中國古史」有三要義，第一「時代愈後，傳說中的古史期愈長。」如周代人心目中最古的人王是禹，孔子時才有堯舜，戰國時有黃帝、神農，到秦時有三皇，漢以後有盤古等。因此，顧氏認爲「時代越後，知道的古史越前：文籍越無徵，知道的古史越多。」這情況正如「譬如積薪，後來居上」。第二「時代愈後，傳說中的中心人物愈放愈大。」如舜，孔子時只是一個「無爲而治」的聖君，至〈堯典〉時則成了「家齊而後國治」的聖人，到孟子時就成了孝子的模範。第三雖不能知道某一件事的眞確狀況，但可以某一件事在傳說中最早的狀況。如雖不知道東周時的東周史，但至少能知道戰國時的東周史等。（詳參顧頡剛等編纂：《古史辨》（臺北：藍燈文化，1993 年 8 月二版，第一冊，頁 59～66。）顧頡剛等所發起的疑古辨僞的運動，振動了當時的學界，成果並結集在《古史辨》（第一冊在 1926 年開始出版）七大冊中。顧頡剛等固然爲當時的學術界開出新局，然他們有時犯了爲疑古而疑古的毛病，也造成許多負面的影響。其實，就這數十年來所出土的簡帛古籍等資料來看，已經足證古史並非如顧氏所言是僞造的。

〔註29〕詳參《古史辨》（臺北：藍燈文化，1993 年 8 月二版），第三冊，頁 1～44。

〔註30〕《古史辨》（臺北：藍燈文化，1993 年 8 月二版），第五冊，〈五德終始下的政治和歷史〉，頁 454。

〔註31〕傅斯年著，陳槃等校訂：《傅斯年全集》（臺北：聯經，1980 年 9 月二版），第四冊，頁 454～494。

〔註32〕《全集 1．周義》，頁 10。

性，而非一人一時之產物，解《易》、注《易》者亦隨時隨人而異。換言之，若欲解析本文，不免要引用到後人的注疏。然後人之研究亦帶有歷史性，蓋解《易》、注《易》者有宗漢宗宋之分，宗漢者或斥宋，宗宋者則斥漢。無論是宗依何人，皆會落入門派之爭。如此，到底要依據何人何派的注疏去解析《周易》本文為妥適呢？且一旦有特定的立場，其所呈現的研究成果，難免有偏頗不全的情形產生。故牟先生不願以引述或考證為其論述的主軸，他認為與其引眾人之言以解《易》，倒不如直接探討各家言論後所代表的思想、意義，再據此去論析《周易》所代表的中國思想。〔註33〕從此處可知，牟先生對於《周易》的研究不是傳統注疏式的，亦非歷史考據式的，而是藉用西方哲學來照察中國傳統的思想，以求古為今用。

　　再者，牟宗三先生認為中國思想欠缺形式系統，故其書極力從行的實踐紬繹其知的理論，此理論一屬自然之理解曰玄學，一屬人生之理解曰道德哲學，本書最大目的在確指中國思想中之哲學系統，並為此哲學的系統給一形式系統。〔註34〕此外，尚有數理、物理、純客觀（即道觀或物觀）的成分，若把此三種成分加以結合的話，中國即能有科學，換言之，他以為科學可自《周易》中開發出。總之，其書之著作，目的「不在宣傳方法，不在宣傳主義，不拘守倫理人事，不喧嚷社會基礎，但在指出中國純粹哲學與純粹科學之問題，列而陳之以轉移國人浮誇之磽風。」〔註35〕

　　就《中國之元學與道德哲學》言，「元學」（形上學）是指自然哲學，「道德哲學」是指人生哲學。本書論述了《周易》中的象數與義理的思想，在展開時選擇了漢清易學、晉宋易學兩大分野中的代表性人物：漢代以孟喜、京房、鄭玄、荀爽、虞翻為主，晉宋以王弼、朱熹為主，清代以胡煦、焦循為主。這些人物當中，除胡煦外，基本上已囊括進歷代易學中的重要易學家。對於歷代易學的特點，牟先生只是總括為「漢清的易學是動的、科學的、物理的、象數的；晉宋的易學，受佛學之影響，則是靜、玄想的、倫理的」一

〔註33〕牟宗三先生說：「吾並不想指示出《周易》的本相，也並不想判斷誰能得出著《周易》的真相，只是想順著這條路而顯示出中國的思想。」《全集1·周義》，頁13。

〔註34〕王興國認為「給一形式系統」，「就是對中國思想中的這一『實際系統』作一邏輯分析或解析，從而使它在邏輯分析的方法中以一個形式系統的面相呈現出來。」〈論牟宗三哲學中的易學研究〉，《周易研究》，第5期，2002年10月，頁56。

〔註35〕詳參《全集1·周義》，頁11～13。

語。他並以漢清易學、晉宋易學來討論中國的物理後學（meta physics）及倫理後學（meta-ethics），思於其中解釋中國的純哲學思想及科學思想，以及指示出中國的道德哲學之特性及其缺點，亦即認爲由漢清易學可以抉發中華民族的科學思想、哲學思想；由晉宋易學可以認清中華民族的人生哲學之基礎。〔註36〕復次，此書在論述時，時引西方哲學的概念如：英哲懷德海的宇宙結構論等來相比較，並解析易（變）、理（條理或次序）、和（諧和或生物學上的機體上之通關）的三者之契合。最後得到了《周易》的哲學思想是中國的「科學的哲學」的結論。此處必須說明的是，牟先生將歷代易學二分，復以動靜去說明漢清的易學和晉宋的易學的特質，所論既簡略又語焉不詳。再者，他又以晉宋的易學是「受佛學之影響」，更是他的誤解。我們只要閱讀王弼及朱子的易學專著即可知曉，其實二人的解易或是以道家爲主，或是宗主儒家，豈是「受佛學之影響」？

　　在抉發元學與道德哲學的研究過程中，牟先生挖掘出《周易》四個方面的含義，此即：「（i）數理物理的世界觀，即生生條理的世界觀。（ii）數理邏輯的方法論，即以符號表象世界的『命題邏輯』觀。（iii）實在論的知識論，即以象象來界說或類推卦象所表象的世界之性德的知識論。（iv）實在論的價值論，即由象象之所定所示而昭示出的倫理意謂。」〔註37〕與上段所說相對照，（i）（ii）（iii）屬純哲學思想及科學思想或物理後學，（iv）屬道德哲學或倫理後學。

　　這四個含義，乃牟先生自研究《周易》的結構所得。此四個含義，除了邏輯的，他又概刮爲三個，即他認爲《周易》有物理的、數理的、倫理的意義：物理方面的原則是「陰陽」，是「變易」，是「生成」，可用「易」字表之；數理方面的原則是「序理」，是「系統」，是「關係」，可用「序」字表之；倫理方面的原則是「意謂」，是「價值」，可用「象」字表之，或從其「意謂」所從出之處來看，可以「吉凶悔吝」表之。〔註38〕

　　詳細而論，這四個含義表現出以下的意義。所謂「數理物理」，牟先生說物理的世界是陰陽變化的世界，數理的世界是陰陽變化間的條理或關係。物理與數理的契合即爲「數理物理」，〈說卦傳〉云：「參天兩地而倚數，觀變於

〔註36〕《全集1‧周義》，頁13～14。
〔註37〕《全集1‧周義》，頁6。
〔註38〕《全集1‧周義》，頁4。

陰陽而立卦」，表示了陰陽倚於數，而由卦以表陰陽之變。〔註39〕就陰陽來說，牟先生認為它們是兩種相反而相成的氣，統馭一切現象，故為終極原則。〈乾〉〈坤〉表象陰陽，〈文言傳〉之作雖解析乾坤，實為解析陰陽之性質。由陰陽兩儀生八卦，故〈乾〉〈坤〉又可總攝八卦，八卦實為八種表象世界構成的根本原素，而〈說卦傳〉即解析八卦之性質。由八卦生出六十四卦，六十四卦皆由陰陽之交互錯綜而成，有一錯綜即有一卦。復次，牟先生認為〈序卦傳〉之作是因見到六十四卦「是一層跟一層而有序理的」，因而〈序卦傳〉就是對於前後各卦的順序為何如此排列聯接來說明。〈雜卦傳〉之作是因六十四卦存有「兩相對照，交互錯綜」的特性，因而〈雜卦傳〉就將六十四卦分為三十二對，每對兩卦的關係非錯即綜，以兩卦相互對照的方式說明各卦的卦義。於是他得出〈序卦傳〉「是從時間的層疊上看」，〈雜卦傳〉「是從空間的關係上看」的結論。而〈序卦傳〉、〈雜卦傳〉即是解析「六十四卦所表象的動的現象間的生成關係」。〔註40〕進一步說，牟先生說〈序卦傳〉「是從時間的層疊上看」各卦，此應是強調〈序卦傳〉中前後各卦的因果關係，卦與卦之間的生成關係，而無論是因果關係或生成關係，皆要落在時空中完成。至於說〈雜卦傳〉「是從空間的關係上看」各卦，這論點有些奇特，應無他所說之意。韓康伯說：「〈雜卦〉者，雜糅眾卦，錯綜其義，或以同相類，或以異相明也。」〔註41〕點明了〈雜卦傳〉是用「以同相類」、「以異相明」的方式來解說各卦卦義。「以同相類」即是將卦義相同或相近的兩卦對照來看；「以異相明」則是將卦義不同的兩卦相互對照。「以同相類」者，如「〈屯〉見而不失其居，〈蒙〉雜而著」，〈屯〉〈蒙〉二卦皆是說明事物之始生。〔註42〕「以異相明」之例頗多，如「〈乾〉剛，〈坤〉柔。〈比〉樂，〈師〉憂」，剛和柔、樂和憂，皆是相反的意思。如此看來，〈雜卦傳〉在論述各卦時很難「從空間的關係上看」。

再就數理物理言。由數理物理所構造而成的世界觀，即是生生條理的世界觀，所呈現的是一套中國式的自然哲學或宇宙觀，這其中展現了牟先生對於天文律曆數超越意義的認識。牟先生認為中國古代的羲、和之官的智學傳統，代表的是天文律曆數方面的學問。這些學問和易之象數牽連之中，顯現

〔註39〕 《全集 1・周義》，頁 6。
〔註40〕 《全集 1・周義》，頁 1～2。
〔註41〕 《十三經注疏・周易正義》，卷九，頁 188。
〔註42〕 戴璉璋：《易傳之形成及其思想》（臺北：文津出版社，1989 年 6 月初版），〈第三章　各篇內容的分析〉，頁 195。

出其形上學的意義。中國古人對於數學形上的（宇宙觀）意義，體性學的特性的認識，並不亞於畢達哥拉斯、柏拉圖。〔註43〕

　　所謂「數理邏輯」，這是自每一個卦與其所包含的爻來看的。就每一卦來說，它是一幅圖象，亦表象了陰陽之關係或結聚，亦即物理事實之關係或結聚。事實關係中的「關係者」，即指陰陽，卦中的「關係者」即爻，即表象陰陽。當事實變，其關係或結聚亦變；爻變，則卦亦變。故牟先生認為卦可以是一個邏輯命題，爻亦可以是一個邏輯命題。卦是複合命題，爻是簡單命題。命題之合仍為命題。自此而言，稱為「數理邏輯」或「記號邏輯」。〔註44〕因爻表示一個狀況，一卦由六爻組成，它所表示的是更為複雜的情況，故牟先生各以不同的命題稱之。卦爻的圖象表象了事實，又以命題陳述卦爻，顯然是受到邏輯原子論和維根斯坦《名理論》的影響。如此以符號表象世界的「命題邏輯」觀，即他所謂的「數理邏輯的方法論」，這樣的說法不來自《易》學，而是受數理邏輯學家的影響而來的。

　　至於由象象所展現的知識論與倫理觀，亦即「實在論的知識論」和「實在論的價值論」，亦是受到新實在論的羅素、懷德海的影響，與《易》學無關。就此二者而言，牟先生在論述時特別分析了象象的意義。他認為象象是說明卦爻所表示的意義。關於「彖」字，牟氏有二解，一是依據王弼諸人解為「斷」，言判斷此卦之總性；一是依據阮元的考證，解為「分解」、「材成」。此二解無有大差。〔註45〕在使用上，書中通常出現前解。故「彖」是定卦爻的界說、定義或內性，彖之「辭」即是解說「彖」所判斷的內性，〈彖傳〉即為解析一個卦、一幅圖象所表示的意義者。「象」則是徵其暗示、類推、或外性，象之「辭」即是闡明「象」所徵照的外性，〈象傳〉即為解析卦象之所之者。總之，由「彖」可斷卦爻內在的品德，由「象」可從已知的卦爻之特性暗示、類推其他，觸類旁通他物。象象二者關係緊密，〈繫辭上〉所謂：「彖者，言乎象者也。」此即由「彖」以定卦爻象之意義，以此為根據而類推其他。「設卦觀象」（〈繫辭上〉）表示了由卦之內性觀其外性。故牟先生認為「象」非名詞或「現象」之「象」，而是「動詞」或「動名詞」，〈繫辭上〉云：「吉凶者，失得之象也。悔吝者，憂虞之象也。變化者，進退之象也。剛柔者，晝夜之象。」

〔註43〕　《全集 32・五十自述》，頁 44～45。

〔註44〕　《全集 1・周義》，頁 4。

〔註45〕　《全集 1・周義》，頁 2。

〔註46〕這些文句中出現的「象」，他皆以動詞解之，它們分別解為「言由失得而象徵吉凶」、「言由憂虞暗示悔吝」、「言進退而類比變化」、「言由晝夜而昭示剛柔」，總之，一切事物皆可「象」。

在後來寫就的〈象數義理辯〉（〈自序二〉），牟進一步說明「象」字的意義，他認為「象」字有三解，一為「現象之『象』」，《周易》中沒有此義。二為「方法上的取象之『象』」，此即「象徵類比」之義，這是《周易》中的本義，在〈繫辭傳〉中論象者有十餘處，無一不是取象之義。三為「法象之『象』」，即垂象取法之義，〈繫辭上〉說：「是故法象莫大乎天地，……，縣象著明莫大乎日月。」〔註47〕這是由類比而至效法，故它是由二引申出來，亦為《周易》中原有。

卦爻既然是由象象闡明，而《周易》又是藉由卦象來表象世界，故解析卦爻，世界始可解說，知識始可能建立。牟先生說：

> ……《周易》全是以「卦象」或「符號」來表象世界。卦象間的關係即是表示世界的關係；解說卦象即是表示吾人對於世界之知識。
>
> 所以於此所見當有三義：
>
> （i）以圖象表象世界。
>
> （ii）以圖象之關係表象世界之關係。
>
> （iii）圖象之「解說」或「表徵」即表示吾人對於世界之知識。〔註48〕

故象象之解說卦爻造成了兩方面的作用：一是可以暗示出一種「實在論的知識論」。蓋由「象」可知卦爻自己之性德，由「象」可以將它普遍性、類推化，此限於科學知識或邏輯世界言。然《周易》不言此，故中國沒有產生知識論。二是由象可知卦爻之性德，由象可知吉凶悔吝，從卦爻之變化而知進退，從卦爻之序理而安其居，從觀象玩辭以趨吉避凶，人之一切行為皆可由象象昭示出，所謂：「君子所居而安者，《易》之序也。所樂而玩者，爻之辭也。是故君子居則觀其象而玩其辭，動則觀其變而玩其占。」〔註49〕故由象象可建立倫理意謂、道德基礎。《周易》在此發揮殆盡，其所闡說的是「實在論的價值論」，或是「超越的內在」的價值論，即以實在或物理世界為基礎，但本身卻非實在。

〔註46〕三者皆見《十三經注疏・周易正義》，卷七，頁 145、146。

〔註47〕《十三經注疏・周易正義》，卷七，頁 157。

〔註48〕《全集1・周義》，頁 3。

〔註49〕《十三經注疏・周易正義》，卷七，頁 146。

以上（i）數理物理的世界觀，（ii）數理邏輯的方法論，（iii）實在論的知識論，（iv）實在論的價值論四種含義，牟先生認為首兩種為漢清易學所詳細發揮，（iii）則無人繼承，（iv）為晉宋易學所發揮，焦循特能盡其極致。他說這四種含義很重要，不能把握此四義，不止無法了解《周易》，甚至是不能明了中國的思想。〔註50〕

三、內容結構

此書的內容結構依序為〈重印誌言〉、〈張序〉（案：張指張東蓀（1886～1973）〔註51〕）、〈自序一〉、〈自序二〉（〈象數義理辯〉）〔註52〕、〈導言〉，書

〔註50〕 《全集1・周義》，頁3～6。

〔註51〕 張東蓀，原名萬田，字聖心，浙江人。張東蓀曾任教於政治大學、北京大學、燕京大學等，並譯介了不少外國哲學著作，如柏格孫的《創化論》、《物質與記憶》等。此外，他也是一名活躍的政治份子。1912年，他擔任了南京臨時政府的內政部秘書，五四時期則依附北洋軍閥，後又與張君勱等人組織國家社會黨。30年代，張東蓀提出了著名的「認識的多元論」（Epistemological pluralism）與「架構的宇宙觀」。前者主要受康德影響而來，他說：「……我的認識多元論大體上可說仍是循康德的這條軌道，但重要之點卻有不同，就是我把方式不純歸于主觀的立法作用。我不像康德那樣以為外界是無條理的。我不像康德那樣把『感覺所與』為知識的質料。我主張感覺不能給我們以條理的知識，這雖和康德相同，但條理卻不能完全是心的綜合能力所產，這又和康德不同了。因此我承認外界有其條理，內界亦有其立法。內界的立法又分兩種，一為直觀上的先驗方式，一為思維上的先驗方式；至於感覺則不是真正的『存在者』，所以我此說有幾個方面，因名之曰多元論。」《認識論》（上海：世界書局，1934年9月初版，頁45）關於後者，他說：「總之，我們這個宇宙並無本質，只是一套架構。這個架構的構成不是完全自然的，而必須有我們的認識作用參加其中。因為我們不能撥開認識以窺這個架構的本來面目，但這個架構在認識中雖非本相，然而亦決不十分大虧其本性。所以仍可以說宇宙是個架構。」（《認識論》，頁133）後來，轉向從社會學研究知識論。張東蓀著作等身，著有《人生觀ABC》（1928年）、《道德哲學》（1931年）、《現代哲學》（1934年）等。關於是張東蓀的知識論，可參閱張耀南：《張東蓀知識論研究》（臺北：洪葉文化，1995年12月初版）。又，張牟在早年互有交涉，張東蓀雖未教過牟宗三先生，但牟先生曾透過當時國內唯一的哲學雜誌──《哲學評論》，閱讀不少有關張東蓀和金岳霖的文章，這些文章對於他的學思歷程頗有助益，並且牟先生也曾投稿《哲學評論》（〈矛盾與類型說〉，發表於該刊第5卷第2期，1933年11月），故張東蓀通過《哲學評論》認識他，進而為他的書作序。1933年，牟先生大學畢業。1934年，因張東蓀的介紹，牟先生加入國家社會黨，並在該黨機關刊物《再生》雜誌發表多篇時論。1936年，牟先生發表了〈一年來之哲學界並論本刊〉（詳參《全集25・牟宗

中的主要內容，最後是附錄牟先生著〈答孫道升〔註53〕評《從周易方面研究中國之元學及道德哲學》〉、孫道升著〈評牟著《從周易方面研究中國之玄學及道德哲學》〉。

　　書中的主要內容共分六部分：I、漢之天人感應下的易學：這是通過卦爻象數以觀氣化之變，展現了中國式的自然哲學。〔註54〕II、晉宋的佛老影響下之易學：論王弼、朱子之易學觀，轉入了倫理的討論。III、清胡煦的生成哲學之易學：論胡煦講的物理後學，胡氏所秉仍是漢儒之路。IV、清焦循的道德哲學之易學：論焦循以數理物理爲基礎而闡發的道德哲學。V、易理和之絜合：這是要說明物理、數理、機體之契合，「其中以『數』爲關鍵。第一論《周易》中數學之應用，討論到數與曆的結合；第二論樂律中數學之應用，討論到數與律的結合。律曆都純粹是科學的學問，藉著數的觀念而歸攏於《易》中，以找其玄學之基礎，換言之即於物理世界中找其基礎。就因爲樂律曆數都能於物理世界中找基礎找解析，所以易理和之契合始有可能。還有一段論〈樂記〉中的易理和之契合，比較偏於哲學，非如論律曆時之多屬數學解析。」〔註55〕VI、最後的解析：這是「解析中國的玄學思想、科學思想、倫理思想，以及其方法與態度諸方面之特性、缺點、長處及其對於世界思潮上之貢獻。」〔註56〕

四、時人的評價

　　《從周易方面研究中國之玄學及道德哲學》完稿後，胡適、張申府、孫

　　　　三先生早期文集（上）》（臺北：聯經出版社，2003年4月初版），頁533～547），
　　　　評論了張東蓀的認識論的觀點。1937年，牟先生出任《再生》的主編。
〔註52〕考〈象數義理辯〉刊於1936年4月8日，《北平晨報‧思辯》第33期第11
　　　　版（參《全集32‧牟宗三先生著作編年目錄》（臺北：聯經出版社，2003年4
　　　　月初版），頁5），故此文在《大公報》版時未納入，而只見於重印的文津版。
〔註53〕孫道升之「升」疑應作「昇」，孫道昇爲牟宗三先生的友人，生卒年不詳，在
　　　　〈中國人的具體感與抽象感〉（《全集25‧牟宗三先生早期文集（上）》（臺北：
　　　　聯經出版社，2003年4月初版），頁285），牟宗三先生就點出二人的關係，他
　　　　說：「……二千年來的學者亦無一爲楊朱充實其地位，豈不可歎？友人孫道昇
　　　　先生足補此缺陷。他在〈先秦楊朱學派〉（《正風半月刊》各期）一文中曾爲楊
　　　　朱派的主張、楊朱派的作品、楊朱派的人物，一一加以指正與論列，且透闢有
　　　　據。」郭湛波：《近五十年中國思想史》（上海：上海古籍出版社，2005年9月
　　　　第1版），〈附錄三、現代中國哲學界之解剖〉，頁290，作者亦作孫道昇。
〔註54〕《全集1‧周義》，頁（6）。
〔註55〕《全集1‧周義》，頁14。
〔註56〕《全集1‧周義》，頁14。

道升、張東蓀等對之或是否定，或是讚許。

（一）負面的意見

這是指牟著遭遇到「兩步厄運」而言：一是胡適（1891～1962）的否定，一是牟宗三先生平素最親切最相契的老師——張申府（1893～1986）的淡然以對。再者，孫道昇也對此書的缺失多加批評。

1. 胡適的否定

胡適與牟先生是師生關係。當時胡適年已四十，參與過了文學革命、五四運動、整理國故、古史辨、科玄論戰等文化運動，且出版《中國哲學史大綱》上卷，譽滿天下，牟先生還只是一個初窺學術文化界的鄉下青年。

1931 年，胡適重返北京大學，任北大文學院院長。當時，他在北大開了一門「中國中古思想史」的課，牟先生時為哲學系二年級的學生，也選修了這門課。後來胡適在 1931 年 8 月 28 日的日記中，記錄了七十五個選修學生的成績，其中牟先生列居學生名冊的第四十九位，分數八十分，被評為中人之資。胡適在他的分數後還加了一條注語，說：「頗能想過一番，但甚迂。」〔註57〕此既讚許牟先生「頗能想過一番」，然又評論他「甚迂」，似有貶抑他思考迂腐之意。余英時認為此注語的「迂」，並非是負面的意思，而是表示牟先生「對中國思想傳統的態度已與『五四』以來的潮流格格不入。」筆者認為，這是指五四以來許多的知識份子在自信心不足之下，紛紛捐棄舊有的文化思想，熱烈擁抱西方，而牟先生則表現出迥異於時人的態度，固持舊有的文化思想而言。對於「頗能想過一番」，余英時認為這表示胡適已注意到牟先生在思力方面的曲折幽深，而後來他之所以能和熊十力相契，亦由此特具的才性所致。〔註58〕

1932 年，牟宗三先生升上哲學三年級，時二十四歲，當時哲學系要出系刊，主事者向牟先生邀稿，他即以書中「清胡煦的生成哲學之易學」這部分交與。

〔註57〕胡適先生於此日的日記記載道：「看完『中古思想史』試卷。上年下學期，我講此科，聽者每日約四百人，冊子上只有二百人，而要『學分』者只有七十五人。這七十五人中，凡九十分以上者皆有希望可以成才。八十五分者尚有幾分希望。八十分為中人之資。七十分以下皆絕無希望的。此雖只是一科的成績，然大致可以卜其人的終身。」在所有學生的成績當中，九十五分的共兩人，九十分的共六人，八十五分的共十人，八十分的共十二人，餘者零至七十五分。參《胡適日記全集》（臺北：聯經出版社，2004 年 5 月初版），第六冊（1930～1933），頁 602～604。

〔註58〕余英時：〈追憶牟宗三先生〉，收入《牟宗三先生紀念集》，頁 404～405。

過了一年多，毫無消息，詢問主事者方知稿件在刊登之前須先交師長審閱，現稿件正由胡適院長審閱中，存於他處，可前往自取。牟先生即到院長辦公室面見胡適。胡適很客氣的說：「你讀書很勤，但你的方法有危險，我看《易經》中沒有你講的那些道理。我可介紹一本書給你看看，你可先看歐陽修《易童子問》。」「方法有危險」，胡適應是暗示牟先生因不用考據法來研究胡煦，故所得的結論是不穩固的。牟先生答說：「我講《易經》是當作中國的一種形而上學看，尤其順胡煦的講法講，那不能不是一種自然哲學。」胡適說：「噢！你是講形而上學的！」接著，又打哈哈說：「你恭維我們那位貴本家（胡煦），很了不起，你可出一本專冊。」牟先生說謝謝，盡禮而退。回到宿舍，年青的牟先生嚥不下這口氣，就寫了一封信給胡適，辯說他的研究方法決無危險，語氣中或有許多不客氣之處，其實也沒有所謂不客氣，只是不恭維他的考據法，因而照理直說，因為牟先生的問題並非考據的問題。〔註59〕

　　此處可思考的一點是：為何胡適特別介紹歐陽修的《易童子問》給牟宗三先生閱讀？此書不是隨手取來，而是歐陽修研究《易經》採用的考據的方法正同於胡適一貫的治學路數。相對的，牟先生自義理的角度入手，與當時的潮流不合。兩人因切入點不同，故意見不合，衝突亦在所難免。然無論如何，這位初出茅廬的鄉下青年，不通世故，在莽撞之下得罪了胡適，後來就給自己帶來不少苦果。在抗戰發生之後，生活艱困，謀識不易，牟先生在昆明顛沛流離，依賴張遵驑的接濟。熊十力曾就此致函湯錫予，責問他為何不幫忙讓牟先生留在北大任教，湯答以胡適那通不過。然當時胡適雖已離開北大至美，然其勢力龐大，猶遙控北大校事，眾人也懾服於其權威，仰其鼻息。〔註60〕

　　以下再就兩人主要的衝突點——研究方法的不同來剖析。〔註61〕

　　就胡適而言，考據是他學問的基礎。自幼，他即耳熟於清代考證學。後來，他考上官費至美留學的〈不以規矩不能成方圓〉即為考證的文章。於美留學期間所寫的〈詩三百字言字解〉、〈爾汝篇〉、〈吾我篇〉、〈諸子不出於王官論〉，亦不脫此範圍。由美返國，進入北大教書亦因蔡元培看了他的〈詩三百字言字解〉而聘請他的。〔註62〕1919年《中國哲學史大綱》上卷出版，這

〔註59〕《全集1・周義・重印誌言》，頁（3）。
〔註60〕參《全集32・五十自述》，頁81～89。
〔註61〕詳參吳文璋：〈從思想史論戰後台灣儒學的兩大典型——胡適和牟宗三〉，《成大中文學報》，1998年5月第6期，頁183～212。
〔註62〕余英時：《中國近代思想史上的胡適》（臺北：聯經出版社，2004年5月初版），

是一部劃時代的著作，因它首開以西方哲學的方法來研究的中國哲學。此外，書中還有不少關於考證、校勘、訓詁等問題的討論。在二十世紀 20 年代開始，他考證了《水滸傳》、《西遊記》等一系列中國古典小說的版本、作者等，完成了《西遊記考證》等書。同時也成了《紅樓夢》考據派的開山祖師。在他生命最後二十年，即自 1943 年開始，胡適以二十年的時間考證《水經注》的問題，在這過程中，他耗費大量精力，終於證明戴震在《水經注》的研究方面並非抄襲自趙一清。可以說他以考據始，亦以考據終，考據學貫穿了他整個學術生涯。

此外，胡適較其他傳統的中國學者具優勢的一點是他受過西方學術的訓練。胡適治學結合了中西方的特色，既上接清代考據學的傳統，復又受到達爾文信徒赫胥黎（Thomas Henry Huxley,1825～1895）和實驗主義（Pragmatism）大師杜威（John Dewey,1895～1952）〔註63〕巨大的影響：前者教他如何懷疑，教他不要輕易相信一切沒有充分證據的東西；後者教他如何思考，教他將一切學說理想都看作待求證的假設。其中杜威影響最大。此二人都讓他明瞭科學的方法，而最後胡適就得出科學的方法「大膽的假設，小心的求證」。〔註64〕

杜威是胡適的老師。胡適於 1915 年，轉入美國哥倫比亞大學哲學系，師從杜威，正式成為實驗主義的信徒，並於 1917 年在杜威指導下取得博士學位。

頁 205。

〔註63〕杜威在《哲學的改造》（Reconstruction in Philosophy,1920）中提出：所有的概念、理論、學說頂多只能視為假設，而這些假設是人們根據自己的需要而提出的。它們的價值就從能否顯現出功效來判定，若能則為真理。自此角度視之，它們皆是改變環境的工具，這就是杜威「工具主義」（Instrumentalism）的真理觀。對於「經驗」，杜威有特殊的看法，他認為經驗是生物與自然社會互動的過程，且連結過去、現在、未來，具有連續性等。綜觀實驗主義，它受到達爾文進化論的影響，且本於經驗論的立場來立論。此外，杜威在教育上則主張「教育即是生活」、「從做中學」、「教育即是經驗的不斷改造」等。以上參考自朱建民：《實用主義：科學與宗教的融會》（臺北：臺灣書店，1997 年 6 月初版）。又，杜威曾應其學生胡適、蔣夢麟等之邀，於 1919 年 5 月至 1921 年 7 月到中國等地講學、演講，他在北平的五大演講經由胡適翻譯，並以《杜威五大講演》為名出版，轟動當時的學界，而杜威的思想也因胡適等的譯介而廣泛的影響了當時的中國思想界。

〔註64〕詳參胡適：《胡適文選》（臺北：遠流出版社，1986 年 6 月初版），〈介紹我自己的思想〉，頁 1～18。關於胡適科學的方法，可再詳參楊國榮：《科學主義：演進與超越——中國近代的科學主義思潮》（臺北：洪葉文化，2000 年 8 月初版），頁 229～247。

〔註 65〕然胡適從杜威的身上學到的並不是他整套的哲學，而是著重在他的方法。換言之，實驗主義只具有方法論的意義。胡適說：

> 他的哲學方法總名叫做「實驗主義」，分開來可做兩步說：
>
> （1）歷史的方法——「祖孫的方法」，他從不把一個制度或學說看作一個孤立的東西，總把他看作一個中段；一頭是他所以發生的原因，一頭是他自己發生的效果，上頭有他的祖父，下面有他的子孫。抓住了這兩頭，他再也逃不出去了！這個方法的運用，一方面是很忠厚寬恕的，因為它處處指出一個制度或學說所以發生的原因，指出它的歷史背景，故能了解他在歷史上佔的地位和價值，並不致有過分的苛責。一方面，這個方法又是最嚴厲的；最帶有革命性質的，因為他處處拿一個學說或制度所發生的結果來評判他本身的價值，故最公平，又最嚴厲。這種方法是一切帶有批判（critical）精神的運動的一個重要武器。
>
> （2）實驗的方法——實驗的方法至少注重三件事：
>
> （一）從具體的事實與境地下手；（二）一切學說的理想，一切知識都只是待證的假設，並非天經地義；（三）一切學說與理想都須用實行來試驗過：實驗是真理的唯一試金石。……〔註 66〕

在胡適的心中，實驗主義的基本意義僅在其方法論的一面，而不在其是一種「學說」或「哲理」。而且他強調實驗主義是達爾文進化論在哲學上的應用，因而使人覺得它是最新的科學方法，而且實驗主義的優越性在於它一方面接受了達爾文的進化論，另一方面拋棄了黑格爾辯證法的影響。〔註 67〕

總之，胡適之學是以中國傳統的考據學為主調，再結合實驗主義的科學方法，故能在當時的學術界獨樹一幟，產生廣泛影響。

就牟宗三先生來說，他在大學所吸收及接受的訓練都是哲學式的。他在大學階段廣泛接觸了西方流行的思潮：柏格森的創化論、杜里舒的生機哲學、杜威的實用主義等，這些觀念系統的成套的角度，頗能助長引發他想像的興會。而且他跟隨張申府學習「羅素哲學」和「數理邏輯」，又追隨金岳霖（1895

〔註 65〕關於實驗主義，胡適曾為文介紹，詳參胡適：《問題與主義》（臺北：遠流出版社，1986 年 2 月初版），〈實驗主義〉，頁 61～112。

〔註 66〕胡適：《問題與主義》（臺北：遠流，1986 年 2 月初版），〈杜威先生與中國〉，頁 152～153。

〔註 67〕《中國近代思想史上的胡適》，頁 214。

～1984）〔註68〕學習「哲學問題」，這是金岳霖精思自得的領域，大體是以當時流行的新實在論爲底子。而張東蓀，常常在《哲學評論》發表論文，閱之也收穫不少。課外又自修《易經》和懷德海的哲學。以上皆看不出他的治學路子和胡適的考據學的方法有任何交集。

雖然牟宗三先生接受的是哲學式的訓練，但他並不反對考據本身。牟先生遺憾的是，原本以爲北大能在新文化運動中擔負起復興中國文化的使命，然它卻一跤跌進零碎的考據之中，讓人以爲只有考據方是眞實的學問，而思想和義理則是虛而不實。如此的認知，直是墮落而歪曲了北大，這是北大的罪人，也是蔡元培的罪人。〔註69〕

2. 張申府的淡然以對

張申府先生乃張岱年先生的胞兄，在北大教授牟宗三先生羅素哲學〔註70〕、數理邏輯。

數理邏輯是一種異於傳統的邏輯。在羅素的研究中，他認爲由邏輯可推導出數學，數學可化歸爲邏輯，這立場就反映在他和其師懷德海於1910至1913年合著的《數學原理》（*Principia Mathematica*）中。在書中他將邏輯系統公理化，且建立了類演算、關係演算、謂詞演算等。又，數理邏輯在中國的傳播

〔註68〕 金岳霖，字龍蓀，湖南人，著名哲學家、邏輯學家。1920 年，金岳霖獲美國哥倫比亞大學政治學博士學位。1926 年創辦清華大學哲學系。後歷任清華大學、西南聯大、北京大學哲學系教授。1956 年起，任中國科學院哲學社會學部學部委員等職。思想上，金岳霖早年吸收了西方哲學的觀點如新實在論等，就嘗試與中國的哲學相結合，藉之創造自己的哲學。在邏輯的研究上，他不只譯介西方的現代邏輯，且培養了許多邏輯人材。著有《邏輯》（1935）、《論道》（1940）、《知識論》（1983）等。

〔註69〕 《全集32・五十自述》，頁 82～85。

〔註70〕 羅素的哲學是一不斷發展的歷程。在劍橋大學時，他信奉唯心的新黑格爾主義。後與摩爾（George Edward Moore,1873～1958）放棄唯心論，轉入新實在論，且在批判黑格爾的同時，創立了分析哲學。在這階段，他以「外在關係說」（the doctrine of external relations）去批判「內在關係說」（the doctrine of internal relations），亦即事物都有獨特的性質，這可通過經驗去檢證。而能通過檢證的眞理則爲眞。《數學原理》（Principia Mathematica）出版，此書成了羅素數理邏輯和邏輯原子論（Logical Atomism）的基礎。在數理邏輯方面，羅素主張數學皆導源自邏輯，且建立了命題演算、謂詞演算等理論，貢獻卓著。其邏輯原子論則主張宇宙是由事實（fact）組成，事實皆可分析，最簡單的事實爲原子事實，表達它的爲原子命題（簡單命題），分子命題是原子命題通過邏輯連接詞（logical connectives）組合而成。由此兩命題即可認識世界。後來他轉而提出「中立一元論」（Neutral Monism），認爲世界最根本的存在非心非物，而是中立物。

始於羅素。在羅素到達中國前，已有張申府、王星拱等譯介他的思想。1920
年 10 月，羅素抵華，在北京大學作了「數理邏輯」等五大演講，1921 年其演
講出版，當時學界還成立了「羅素學說研究會」，出版《羅素月刊》。概括言
之，羅素提倡用邏輯分析的方法來研究哲學，頗受當時學界重視。而這方法
也影響了中國現代哲學的建構。當時譯介與研究羅素思想最力的爲張申府，
他最先替國人引入羅素的哲學，是國內的羅素專家。〔註71〕張申府是中國第
一個教授數理邏輯的人，牟先生就成爲他首班的學生。當時班上只有三位學
生，其他兩位很少出現，總剩他一人。〔註72〕在校內的學習上，張申府與金
岳霖給與牟先生最多幫助、最多影響。張申府不只協助牟先生了解懷德海、
羅素、維特根斯坦的哲學，且影響他後來在邏輯領域上的研究。〔註73〕

　　原本牟宗三先生在全書完稿之後，曾很得意的呈獻給張申府，想要得到
張申府的讚許與鼓勵。然而張申府的反應，卻出乎他的意料之外。當時，張
申府接到牟先生這一大疊稿子以後，先是喃喃自語的說爲何他寫這麼多，語
氣上頗有不耐和責怪之意。這些稿子張申府帶回家一年多，一直沒有還給牟
先生。後來，牟先生等得不耐煩，遂自取之，這才發現稿子原封不動。最後
才知曉張申府的思想當時已左傾，喜談唯物辯證法，並主張羅素與孔子的思
想接近，且精力多放在政治活動上，自然也就無心於學問了。〔註74〕原來，
張申府曾參與了中國共產黨的組黨事宜、黃埔軍校的籌建、民盟的成立等不
少活動。他還是周恩來、朱德的入黨介紹人，後因故於 1924 年退出共產黨。
此外，張申府還參與 30 年代的「唯物辯證法論戰」。雖然當時張申府對於牟
先生的稿子不願一顧，但從《周義》中多處引用張申府的《所思》，可知牟先
生對於張老師是很尊敬的。〔註75〕而且往後牟先生翻譯《名理論》，也端賴張

〔註71〕詳參胡軍：《分析哲學在中國》（北京：首都師範大學出版社，2002 年 9 月第
　　　　1 版），頁 64～109；張耀南、陳鵬：《實在論在中國》（北京：首都師範大學
　　　　出版社，2002 年 6 月第 1 版），頁 34～36，宋文堅：《邏輯學的傳入與研究》，
　　　　頁 3～6、41～44，另參 P. H. Nidditch（倪里崎）著，劉福增編譯：《數理邏輯
　　　　發展史》。
〔註72〕《全集 17・名理論》，〈中譯者之言〉，頁 3 及《全集 24・時代與感受續篇》，
　　　　〈哲學之路——我的學思進程〉，頁 406。
〔註73〕牟宗三先生對於數理邏輯的研究，詳參《全集 12・理則學》，頁 151～280。
〔註74〕《全集 1・周義》，頁（4）。又，牟先生說明二人後來在學問上分離的原因乃
　　　　在於：一是他反對張申府將羅素、孔子與馬克思拉扯在一起，二是張申府爲
　　　　馬克思主義所震動，參《全集 24・時代與感受續編》，頁 183～184。
〔註75〕如：申府先生接著就說：「科學方法要把數學與實驗合而一之。可是中算未嘗

申府所教之助。〔註76〕故牟先生對於張老師的教導是終生感念不忘的。

3. 孫道升的批評

　　孫道升則批評《從周易方面研究中國之元學及道德哲學》有五點缺失：
一書名與內容名實不符，二蔑視《易傳》，三遺漏《易緯》，四忽視《太玄》，
五丟掉《參同契》與《先天圖》。孫氏這些意見主要是批評牟宗三先生在參考
資料上有所遺漏，這是自哲學史撰作的立場去切入。

　　就名實不符言，孫道升認爲該書既不研究《周易》本文，而實際上是研
究《周易》注疏，故當在原書名上加入「注疏」二字，使書名更改爲《從周
易注疏方面研究中國之元學及道德哲學》方爲妥當。牟宗三先生則答以「從
周易方面」即已概括「注疏」在內，故書名不須更改。而特提出「方面」，即
表示不在《周易》本文鑽研。

　　就蔑視《易傳》言，孫道升認爲《易傳》中有系統完整的元學及德論，《易
經》注疏中的元學及道德哲學不過是其引申，著者只研究《易經》注疏，忽
略了《易傳》，這是「不齊其本而齊其末」。且《易傳》本文明白曉暢，可以
直接研究其元學及德論，著者因恐受後來注《易》、解《易》者之影響而不去
研究它，這是「因噎廢食」。牟先生認同孫道升批評他蔑視《易傳》的觀點。
他之所以不重視《易傳》，蓋因研究《易傳》的人眾多，道理已教理學家發揮
殆盡，他再去研究亦翻不出新意。而〈繫辭〉、〈文言〉若沒有理學家的發揮，
其哲學意味將很淡。何況，著者所注重的是中國之道德哲學，中國之道德成
爲哲學乃自理學開始，《易傳》中只有德論與元學的格言，還不成一套哲學，
故他認爲可藉朱子的道德哲學作總綱以衡論概括一切。故他以理學而非《易
傳》爲主以論道德哲學。此外，著者之書是以問題，而非以哲學史爲出發點，

不比西算早進了三百年，然而三百年後到底也沒有與實驗結合在一起。」（頁
281）申府先生說：「革命被人誤解了，革命是一樁人爲的自然的事，革命是
不得已的，然而人乃以爲名貴，然而人乃以爲名高。」（頁 394）申府先生說：
「數學不必講數，要不離數。」（頁 394）

〔註76〕牟宗三先生說：「我當初在學校讀書時，于此書，讀的是張先生之譯文（刊于
《哲學評論》某卷期，未印成專書），其中有不明與不達處。……。維氏此書
顯然以羅素與懷悌海合著的《數學原理》（Principia Mathematica）爲基礎而進
行其對于邏輯本性之研究的。張先生于維氏書中符號技術方面，尤其是眞假
值圖表（簡稱眞值圖表 truth〜table）方面，是很熟練的，他作了許多的開展。
我今于此譯文中，對于那 16 個圖式（5.101）予以詳盡的陳列，都是由他的傳
授而來。」參《全集 17·名理論》，〈中譯者之言〉，頁（3）〜（4）。

在其發掘的系統中，《易傳》實不居重要地位。雖然牟先生多方辯解，然無可置疑的，《易傳》是《易經》最早的注解，牟先生既然自承其研究已概括《周易》注疏，卻忽略了《易傳》，這在研究取材上確實有大漏失。

就遺漏《易緯》言，孫道升認為《易緯》對於元學及德論有巨大影響，鄭玄的易學便是《易緯》影響下的產物。著者研究鄭玄卻忽略《易緯》，令人產生「有果無因」之感。牟先生答以其書是以《易經》而非《易緯》為主，且鄭玄雖與《易緯》有關，但講到他的《易》學，不能以《易緯》為主，《易緯》只是引用的參考。

就忽視《太玄》言，孫道升認為揚雄之《太玄》對於元學及德論有深刻的看法，不下於著者所引以解《易》的《禮記‧樂記》、《史記‧律書》、《漢書‧律曆志》等，今前述數篇皆有引而不道及《太玄》，似乎是「去重取輕」。

就丟掉《參同契》與《先天圖》言，魏伯陽的《參同契》與邵康節《先天圖》對於元學皆有獨到的見解，在《周易》哲學上，魏氏影響朱子，邵氏影響胡煦，地位頗為重要，超過漢儒。而著者根據胡渭《易圖明辨》，不論及二人，實有未當。

牟宗三先生對於後兩點的回覆同於第三點，他認為孫道升後兩點不構成問題，蓋其書是以《易經》為主，《太玄》、《參同契》、《先天圖》只能當作引用的參考。總之，著者的立場是在問題的討論，而非在撰作哲學史上，故不須牽連甚廣，有些資料是可以取捨不用的。〔註77〕

（二）正面的意見——張東蓀等的讚許

雖然此書一面世即遭遇到兩步厄運，但仍受到不少人的讚許。熊十力的兩位好友：當時北大講學的老教授李證剛，主講虞翻易學時就會參考《從周易方面研究中國之玄學及道德哲學》相關部份，林宰平則讚揚牟著是部好書，最好能印出來。而甫自美國歸國的沈有鼎（1908～1989）〔註78〕盛讚此書「化

〔註77〕二人意見詳參《全集1‧周義》，孫道升：〈評牟著《從周易方面研究中國之玄學及道德哲學》〉，頁471～473。牟宗三：〈答孫道升評《從周易方面研究中國之元學及道德哲學》〉，頁469～470。

〔註78〕沈有鼎，字公武，上海市人，邏輯學家。1929年，畢業於清華大學哲學系。旋赴美國哈佛大學，師從懷德海等人。1931年，他到德國海德堡大學和弗賴堡大學留學，師從海德格等人，並結識了胡塞爾。1934年返國，任職清華大學、西南聯大、中國社會科學院等。沈有鼎師從金岳霖，主要從事數理邏輯、中國邏輯史的研究，著有〈所有有根的類的悖論〉（1953）、〈兩個語義學悖論〉

腐朽爲神奇」，縱使此書有許多附會懷德海之處，其實也附會得很妥貼，觸類旁通是允許的。沈有鼎在美期間，追隨懷德海，故能內行的看出牟先生著作中精采之處。孫道升認爲此書有三個優點：「一是著者能把各易學家由《易經》引伸出來的原則，揉合排比成一個完整的系統；二是著者能把所提到的各易學家的易學，依照其原形描繪出來；三是著者處處引用西洋哲學的名詞訓詁中國各家易學之名詞，卻能保持中國氣味，不使他完全『洋化』。」〔註79〕孫道升的評論中說明牟先生除能自第一序去深入了解《易經》外，且能進展到第二序藉用西方哲學去建構出一套獨特的《易》學系統，建構所成仍是中國式的《易》學。牟先生之師熊十力（1885～1968）此時甫自杭州返回北大，認爲他將胡煦發掘出來，對學術有大貢獻。〔註80〕

至於張東蓀的讚許，則見於他作的序（〈張序〉）。他在序中既稱讚牟先生在中國的形而上學的研究上取得成績，又讚揚他的研究始爲「哲學的」。

在〈張序〉中，他首先反駁他人認爲中國沒有形而上學（即玄學或元學）的誤解。他認爲中國不是沒有形而上學，而是沒有如西方那樣特色的形而上學。「詳言之，亞里斯多德以本體的有無問題爲出發點而講形而上學；康德以知識的可能問題爲出發點而講形而上學；而懷特海則以宇宙的結構問題爲出發點而講形而上學。懷氏的這種態度頗和中國的形而上學彷彿，自然精粗不同，那是時代的關係。」現在牟先生將懷德海的著作全部讀完，再回頭研究中國的形而上學，而他在研讀《周易》的過程中建構出這套學問，如在漢《易》的研究中分析建構出三十二條宇宙論的觀點，殊爲不易。再者，張東蓀說：「我對於《周易》是外行，不願多說。惟以爲惟有牟君這樣的研究古籍方法始足爲『哲學的』，而現在一班關於中國哲學的著述，其實質是考據，所以是『史學的』，並不是『哲學的』。」〔註81〕對照於胡適所說的：「方法有危險」，牟

〔註79〕（1955）、《墨經的邏輯學》（1980）等，後人編有《沈有鼎文集》。

〔註79〕《全集1·周義》，頁471。

〔註80〕熊十力先生批評胡煦之《易》學曰：「胡煦之《易》，……其人確有哲學頭腦，而其立說則毛病極多，無從說起。此由當時環境所限，固難過責。渠主象數，而根本反對王輔嗣。實則王氏之『得意忘象』，是乃深於《易》者也。胡《易》宗邵氏先天圖，而更以己意補伏羲圖，似可不必。自漢以來，除輔嗣外，言象數者，大抵承術數之遺，曲意穿鑿，勞苦而無功，繁瑣而無理。」參《十力語要》（《熊十力全集》，武漢：湖北教育出版社，2001年8月第1版），〈與張申府〉，頁32。

〔註81〕《全集1·周義》，頁（10）。又，牟宗三先生說：「付印時，請張東蓀先生寫

先生在數理邏輯、懷德海、維特根什坦的思想背景下寫成此書，此方眞屬以哲學的方法去研究中國哲學，此方眞能帶來研究上的突破，而以考據法去研究中國哲學，所成只是史料的推積而已，並不是哲學。

　　張東蓀雖不懂《周易》，且研究領域主要是西方哲學，然基於「讀哲學者之興趣」，〔註82〕故在《從周易方面研究中國之玄學及道德哲學》付印時應允不辭爲他寫序，且在序中高度讚揚牟著的研究意義和價值，這對於一在學術界初出茅廬的後生晚輩，特別是其費盡心血寫成的著作遭遇到「兩步厄運」之後，此時能得到著名的大學教授的肯定，著實有不少鼓勵的作用，故牟先生對張東蓀提攜後進之情是終生感念不已的。

五、價值與缺失

　　《從周易方面研究中國之玄學及道德哲學》撰成之後出版時遇到困難，終於在 1935 年（民國二十四年）5 月，由牟宗三先生在北大時的同學兼同鄉王培祚資助三百元，委託天津《大公報》印行。〔註83〕此書寫成之後，因他對書中的見解不滿，故一直未再版。職是之故，此書流傳不廣，在臺僅存孤本，這孤本還是由王谷帶來臺灣的。相隔了五十三年之後，在 1988 年 4 月，牟先生始應門人之請，同意由臺北文津出版社重印是書。牟先生之所以決定重印，蓋因其書中所論及的漢易、胡煦、焦循本來就難以研讀，且自民國以來少人研究，故他認爲其書縱然有許多「謬妄之論」、「幼稚之辭」，然亦有闡幽顯微，助於學者探索之功。〔註84〕此書重印時只增加〈重印誌言〉，並在不影響原書的組織與結構之下，將書中「錯誤者、荒謬者、妄論者、幼稚者、時風中不雅者盡皆刪之，使較潔淨」，〔註85〕故此書的基本見解、結構與《大公報》版相同。因嫌書名冗長，重印時遂更名爲《周易的自然哲學與道德函

　　　　一序。張先生非讀中國哲學者，但只以讀哲學者之興趣而俯允不辭以示對於
　　　　後進之提攜，故吾對於張先生終身感念也。」《全集1・周義》，頁（5）。
〔註82〕《全集1・周義・重印誌言》，頁（5）。
〔註83〕在此書〈全集本編校說明〉中，楊師祖漢、岑溢成先生說：「牟先生在 1988
　　　　年版〈重印誌言〉第 3 頁提到：此書最初於『民國廿五年』印行，顯然是記
　　　　憶錯誤。因爲張東蓀先生的序言寫於『民國二十四年五月五日』，而《民國日
　　　　報・哲學週刊》第 12 期（1935 年 11 月 20 日出刊）刊出孫道升先生對此書的
　　　　評論及牟先生的答覆，故此書不可能於次年才出版。」參見是書頁 1。
〔註84〕《全集1・周義》，頁（8）。
〔註85〕《全集1・周義》，頁（8）。

義》，以下在論述時即採用此名。

《周義》是牟宗三先生最早的學術專書，它發之於原始的生命，展現了作者豐沛的想像力，標誌著青年牟宗三學思與生命之開端，且由書中的組織與內容可以觀察、了解當時學術界的梗概。〔註86〕

《周義》雖有許多狂言妄論，但瑕不掩瑜，頗有價值。牟先生認為它的價值就在於整理漢易及介述胡煦與焦循之易學。當時，他感興趣於漢人的象數，順著漢人卦爻象數之路以觀氣化之變，發現了一套卦爻象數下中國式的自然哲學（生成哲學）。胡煦之易學亦走象數之路，展現的亦屬自然哲學。漢易和胡煦所成之自然哲學皆為正宗。焦循則依卦爻象數之關係（大中而上下應之）而建立其「旁通情也」的道德哲學。〔註87〕

就書中的缺失言，它是青年時的作品，無可厚非有許多不成熟的觀點。對於其中的謬妄之論，牟先生深感懊悔，故「幾不欲再提此書，亦無意重印之。對於此書，六十年來吾從未一看。」〔註88〕詳細而言，青年牟宗三是從「智及」及美感上，而非自「仁守」的俳惻方面研讀《易經》。他以「智之慧照」與《易》照面，表現出想像式的直覺的解悟。《易經》言「顯諸仁，藏諸用」，是要就天地萬物普遍地指點仁體，而偏於宇宙論地指點仁體，是較容易彰顯「智之慧照」的一面。至於儒家所言的道德心性的學問，牟先生當時不能接上，故不能有俳惻的悟入。故他之愛好《易經》，只有「智及」之覺照欠缺「仁守」的深切俳惻。換言之，對價值之源體認不透。他所感受到的是伏羲畫八卦時那一點靈光在原始混沌的宇宙中之爆破，所見《繫辭傳》的內容全是智慧之光輝、靈感之周流，此皆與它原始的生命相迎合，令其從原始混沌中向外覺照，向四面八方湧現直覺的解悟。他所喜悅的是「鼓萬物而不與聖人同憂」的坦然明白，「天地無心而成化」的自然洒脫，欣賞的是「雷雨之動滿盈」，「乾知大始，坤作成物」，「元亨利貞」之終始過程，賞悅於那「保

〔註86〕 牟宗三先生說：「由此一微末不足道而卻發之於原始生命的充沛想像之青年作品實足占當時學術思想界之分野，並可卜六十年來吾之艱困生活之經過以及學思努力之發展。此是一生命之開端起步，其他皆可肇始於此也。」《全集1·周義·重印誌言》，頁5。王興國認為此書對於牟宗三先生具有形式的象徵意義，因此書只是他哲學思想的自然起點，或前邏輯起點，不構成他的哲學的邏輯起點，或思維的進路。換言之，此書對於他往後的哲學方向與思路，並無決定性的影響。參王興國：〈論牟宗三哲學中的易學研究〉，頁55～56。

〔註87〕 《全集1·周義》，頁（6）。

〔註88〕 《全集1·周義》，頁（8）。

合太和乃利貞，各正性命」，「範圍天地之化而不過，曲成萬物而不遺」，「鼓之舞之以盡神」，「神也者妙萬物而爲言」的宇宙論的意味。這些既屬智及的「覺照」，又屬美感的「欣趣」。然而對於「聖人有憂患」的嚴肅義，「吉凶與民同患」的悱惻心不能感知。這是因爲青年涉世不深，對於人生之艱難感受不深之故。〔註89〕總體而言，青年牟宗三對於《易經》在美感及智及方面雖有了解，但不能把握住道德方面的涵義。

再者，他最不滿書中第 II 部〈晉宋的佛老影響下之易學〉：論王弼、朱子之易學部份，他自承此部處理上「不明透」、「最淺陋」。在論述王弼時，牟先生當時既不了解道家的玄理玄思，亦不知王弼以道家玄理解孔門義理之非是。對於朱子，他所講的太極、理氣，只了解一二。〔註90〕

此外，書中有許多誇大的言詞，如：「我也可說中國的科學及眞正哲學，是含蘊在漢人的感應思想之中的。」「胡煦是中國的最大的哲學家，且在中國，除公孫龍外，唯有他始足稱『哲學』這個名目。」「胡煦、焦循是中國最有系統最清楚最透闢的兩位思想家。」「蓋中國之道德哲學無往不從自然事實上著眼也。」「《周易》即用當時的曆法及數學而作成的一部美構。於是，中國的科學思想及哲學思想全寄托於其中而得以不沒。」〔註91〕如此的言詞是認識不廣、思考不深所致，但瑕不掩瑜，不影響全書的價值。

其後，牟先生正視《易傳》，視《易傳》爲「孔門義理」。他以《易傳》中的〈彖傳〉、〈象傳〉、〈文言傳〉與〈繫辭傳〉代表了孔門《周易》方面的義理。「孔門義理」的中心思想爲「窮神知化」，此尤見諸〈乾·彖〉：「乾道變化，各正性命，保合太和，乃利貞。」所歸結者。〔註92〕由《易傳》「孔門義理」的論述當中，牟先生發展出一套儒家的道德的形上學，展現了「絜靜精微」的《易》教，這樣的成果是在他五十歲以後才取得的。

第二節　懷德海哲學的氛圍

牟宗三先生大學研讀《易經》之時，深受《朱子語錄》與懷德海的啓發。關於朱子的影響，前已言及，此處著重於敘論懷德海的哲學思想，以作爲以

〔註89〕《全集 32·五十自述》，頁 39～40。
〔註90〕《全集 1·周義》，頁（7）。
〔註91〕《全集 1·周義》，頁 14、頁 293、頁 374、頁 422。
〔註92〕詳參《全集 5·心體與性體（一）》，頁 297～300。

後章節中了解牟先生詮釋漢易的張本。

一、懷德海的影響

在大學階段，牟先生表現出想像之豐富、直覺之解悟。他當時特喜懷德海的自然哲學和宇宙論，研讀《易經》亦從自然哲學的角度入手，就《易經》彰顯義、和的傳統，也是受到懷氏的啓發。牟先生提到懷氏對他的影響說：

> 我在大學時代，最喜歡懷悌海（案：即懷德海）。他的著作，我大體都讀過。……雖然我的思想轉變到另一個階段以後，我就絕口不提懷悌海了。我當時一面讀懷悌海，一面於中國哲學則念《易經》，我總是這樣雙線進行。當時北大沒有人開《易經》這門課，也沒有人知道我在做這方面的工作。我當時了解的《易經》，是從象數這條路去理解。雖不限於象數，但我是從整理漢易開始。漢易是象數之易，所以講王弼、講朱夫子，講得都不精采。……我當時了解《易經》，只能從象數這條路，把它當「自然哲學」看——中國式的自然哲學，那是我青年時期的興趣。……《易經》所啓發的自然哲學，發展到最高峰，是清朝初年的《易經》專家胡煦，此人有哲學頭腦。這個人沒有旁人注意到，是我首先發現的。但他還……只在自然哲學的層次。懷悌海的思想也是自然哲學，他的那套宇宙論，就是自然哲學式的宇宙論，那是英國式的由宇宙論之玄思來反康德的。我當時的興趣，還是實在論的，並不了解康德，所以在哲學的趣味上特別欣賞懷悌海。當時我整理《易經》，並寫了一部書，現在已經重印，那時只有二十四歲，算很年輕，所以對《易經》只能了解到這層面。就是這層面也是配合著懷悌海始能達致的。〔註93〕

牟先生在大學時以雙線並行的方式，一面讀懷德海，一面讀《易經》。其讀《易經》，從象數切入，並藉助懷德海自然哲學式的宇宙論，欲從象數中建構出中國式的宇宙論。

牟先生將《易經》當作「自然哲學」來研究，除了興趣所致之外，亦因年輕涉世未深，對於人生之艱難所知有限，故不能了解《易經》其中深藏的悱惻之感。由於生命經驗的限制及受到懷德海的影響，故牟先生之讀《易經》，

〔註93〕《全集 24‧時代與感受續編》，〈哲學之路——我的學思進程〉，頁 405～406。

正如他所說的是：

> 我之讀《易經》並不是很簡易地直下在那清光處幽贊神明，而是被
> 那濁氣、荒氣拖下來鋪排而為一個宇宙論的系統。那時尤特喜那數
> 學的秩序，特喜那納數學秩序於生化神明之中。生化神明無可多說，
> 數學秩序乃可著力。我當然沒有墮落到唯物論的自然哲學。生化神
> 明常常提撕在心中，數學秩序則是自覺地要彰顯。這點我得感謝懷
> 悌海。當然我那時之讀《易經》，是在物理、數學的（懷氏所神解的
> 物理與數學）、生化神明的（美之欣趣、智之覺照）之氣氛下去讀，
> 是有點比較偏於自然哲學。〔註94〕

　　然而後來牟先生也看出懷德海的不足，因與《易經》相較，懷氏哲學只
有平面，沒有立體，未透顯出道德這一面。〔註95〕而後來牟先生就順著《易
傳》，開發出一套講求道德實踐的形而上學，不再談懷德海。

　　牟先生既大規模遍讀《易》學書籍，又潛讀懷德海的著作，其以美感和
直覺契接懷德海，「隨讀隨消化，隨消化隨觸發，故想像豐富，義解斐然。」
〔註96〕當時，懷德海的鉅著《歷程與真實》剛出版，張申府曾為文作一簡單
的介紹，深表讚歎。但他又說：「沒有人能懂，亦無懂的必要」。牟先生又特
別跑去問金岳霖，他也說不懂，說此書隱晦模糊。原來這「隱晦模糊」是當
時美國學術界流行的評語。相較於兩位老師的反應，牟先生說他讀懷德海的
著作，只感到「親切喜悅，歷歷可解，無隱晦處。」此因牟先生是自義理的
角度去閱讀懷著，他講求的是哲學概念的掌握，並不牽連其他外國的風俗習
慣。〔註97〕由此也可見牟先生的善讀善悟。

　　牟先生於大學階段閱讀不少懷氏的著作，其於《五十自述》提及者就有
《自然知識之原則》（即《自然知識原理探究》）、《自然之概念》、《科學與近
世》（即《科學與現代世界》）、《歷程與真實》。前二書為其觀念的萌芽，《科

〔註94〕《全集32‧五十自述》，頁40～41。
〔註95〕牟宗三先生說：「懷氏之學實有類於中國之《易經》。（所以我讀書時一面喜讀
　　　　懷氏書，一面喜《易經》。）《易經》亦有象數、物理、生命之三面。但《易
　　　　經》畢竟是儒家的經典，道德一面是其體。……而懷氏之學則不似《易經》
　　　　有道德之成分。道德一面在懷氏系統中並沒有透出來。因此他的那個偉大的
　　　　系統結構，最終還是平面的，未達『立體』之境界。」《全集28‧人文講習錄》
　　　　（臺北：聯經出版社，2003年4月初版），〈精神哲學與自然哲學〉，頁183。
〔註96〕《全集32‧五十自述》，頁45。
〔註97〕《全集32‧五十自述》，46～47。

學與近世》為其思想蘊蓄發皇之時,《歷程與眞實》則為其宇宙論系統之大成。牟先生自言當時讀了《歷程與眞實》,尤嘆為觀止且愛不釋手。〔註98〕在這些著作的影響下,牟先生藉用不少懷氏的哲學概念來析論《周易的自然哲學與道德函義》中相關易學家的易說,因此此處有必要先探討懷德海的哲學思想,接著再觀察他如何影響牟先生。〔註99〕

二、懷德海的生平、著作、哲學思想

(一)懷德海的生平、著作概述

懷德海(Alfred North Whitehead, 1861～1947),英國的數學家、邏輯學家、歷程哲學的創始人。1861 年誕生於英國肯特郡(Ramsgatein in the isle of Thanet, Kent)。1875 年至 1880 年間,入 Sherborne School 接受古典教育。1880 年,進入劍橋三一學院學習,一直待到 1910 年方離開。在劍橋期間,他只專研數學。學習上有不足的部份,就在晚餐時間,通過與其他師生的討論來補足。1885 年成為三一學院的院士,任此院的研究員,並任應用數學與機械學講師。1911 年,轉至倫敦大學任教。自 1914 年至 1924 年,除於倫敦大學授應用數學外,並擔任多項職務。1924 年,赴美,任職哈佛大學哲學系,開啟他輝煌的學術生涯。1937 年,自哈佛退休,仍持續講學研究。1947 年,逝世於美國麻州,享年八十七歲。

大體而言,懷德海的思想依其從事教育的地點可劃分為三個階段:1 數理與邏輯階段(劍橋大學時期,1898～1911)。2 自然哲學或自然科學的哲學階段(倫敦大學時期,1911～1924)。3 形上學的階段(哈佛大學時期,1924～1947)。此三階段的思想發展側重點雖有所不同,然是前後相續的。

在數理與邏輯階段,此期的研究重點為尋求數學與邏輯的普遍性,其基

〔註98〕《全集 32‧五十自述》,頁 45。

〔註99〕在《五十自述》,〈第三章　直覺的解悟〉,牟宗三先生大規模的述及了懷德海對他的影響,他欣賞懷氏之處,懷氏哲學的特色與其哲學片斷。此外,他也譯述了懷氏的部分著作,詳參《全集 17‧牟宗三先生譯述集》(臺北:聯經出版社,2003 年 4 月初版)中的〈懷悌海論自然原素〉(頁 1～10)、〈懷悌海論知覺兩式〉(頁 217～239)、〈客體事與主體事〉(頁 357～377)。再者,牟宗三尚於人文友會講習了懷氏哲學,此詳參《全集 28‧人文講習錄》中的〈精神哲學與自然哲學〉(頁 179～183)、〈理智、美學與道德意識〉(頁 185～190)、〈懷悌海哲學大意〉(頁 191～199)、〈懷悌海哲學之問題性的入路〉(頁 201～204)。

本論點乃是嘗試證明：「數學可化約成當代符號邏輯，並依照符號邏輯的演算規則去運作。換言之，數學的基礎在邏輯，而且數學本身即是一種嚴格的演繹邏輯結構。總之，邏輯乃是數學各部門——如傳統的算術、歐氏幾何、及其後發展的各種代數，也包含了一部分的非歐氏幾何——的基本形成原理。」〔註100〕重要著作的有 1898 年的《普遍代數論及其應用》（A Treatise on Universal Algebra, with Applications），此書設法將「各種數學學科統合在一門更為普遍的運作和計算的科學之中——此即一門普遍代數，同時又要求此一普遍科學應該能夠應用在真實的物理世界中。」〔註101〕1906 年的〈論物質世界的數學概念〉（On Mathematical Concepts of the Material World），則批評了科學唯物論。1910 至 1913 年，他與他的學生羅素（B.Russell）共同合作，出版了《數學原理》（Principia Mathematica）三大卷，為現代數理邏輯與符號邏輯奠下基礎。1911 年，《數學引論》（An Introduction to Mathematics）出版，說明數學的許多基本概念。

　　在自然科學的哲學階段，此期有教育方面的研究，以及從知識論的角度去反省科學的研究。相關的論文有 1915 年的〈時間、空間和相對性〉（Space, Time and Relativity），1916 年的〈教育的目的〉（The Aims of Eduction）、〈思想的組織〉（The Organisation of Thought），1917 年的〈某些科學觀念的剖析〉（The Anatomy of Some Scientific Ideas）等，這些文章後收入在 1929 年出版的《教育的目的與其他論文》（The Aims of Eduction and Other Essays）中。

　　在此時期懷德海開始奠立他哲學的基礎，而此期的著作頗大程度受到了馬克斯威爾（James Clerk Maxwell, 1831-1879）的電磁學理論、量子論、相對論等的影響。1919 年，《自然知識原理探究》（An Enquiry Concerning the Principles of Natural Knowledge）出版，此書首先提出「事件」（Event）、「對象」（Object）的主張與「擴延抽象方法」（the method of extensive abstraction）的理論。〔註102〕1920 年的《自然的概念》（The Concept of Nature），除補充《自然知識原理探究》的論點外，並批判了科學唯物論所導致的「自然二分」（bifurcation of nature）的謬誤，以及提出「契入」（ingression）的概念。1922

〔註100〕楊士毅：《懷德海哲學》（臺北：東大圖書，1987 年 5 月初版），〈緒論〉，頁 2。
〔註101〕沈清松主編：《時代心靈之鑰——當代哲學思想家》（臺北：正中書局，1991 年 2 月初版），〈懷德海〉，頁 29。
〔註102〕懷德海的哲學概念在使用上有前後不一、模糊不清之處，各家譯法亦不同，本文所採用的名詞、譯文主要是根據楊士毅、俞懿嫻、朱建民之譯。

年的《相對性原理》（The Principle of Relativity），則是提出一套原創的相對性觀念，亦即「相對性意指相關性，一切時空結構和一切自然法則皆立基於事件與事件的意義之間內在的相關性。」〔註103〕總之，此三書既批判了科學唯物論，又系統的論述了他的自然哲學。

在形上學的階段，其成就輝煌。1925 年，他出版了《科學與現代世界》（Science and the Modern World），探討了科學與哲學的關係。此書首先討論近代科學的起源，他認爲希臘的悲劇、羅馬的法律、中世紀對神的信仰爲近代科學的基礎。接著，詳述了十七、十八、十九三個世紀中，西方文化在科學發展影響下的面貌。他並通過「具體性誤置的謬誤」（Fallacy of Misplaced Concreteness），亦即科學家總習以抽象的物質誤認爲具體的事物，以此來批判科學唯物論。他亦對十八世紀思想家的「簡單定位的謬誤」（Fallacy of Simple Location）提出批判，「簡單定位」即指事物在時空中各自獨立、互不關連。他並引用詩人之作品來證明：偉大的文學家，其作品不僅反映時代思潮，更能點化時代的癥結，深入了解時代的宇宙觀與形上信念。接著，他評論了相對論和量子論，並以他的機體哲學來互相闡發。此書的最後兩章爲〈抽象〉和〈上帝〉，進入到形上學的討論。〔註104〕而「攝受」（prehension）、「實際發生的事態」（actual occasion）、「永恆對象」（eternal object）等重要概念陸續於書中出現。1926 年，《宗教的創生》（Religion in the Making）出版，此書反省了宗教經驗。1927 年，出版了《象徵、其意義與效果》（Symbolism, its Meaning and Effect），書中論及符號學、因果關係、語言哲學等，並提出人有兩種知覺：直接呈現式（presentational immediacy）的知覺、因果效應式（casual efficacy）的知覺。

1929 年，懷德海哲學的代表作——《歷程與眞實》（Process and Reality），副題爲「宇宙論研究」之書出版，這是他 1927 年至 1928 年中，於愛丁堡大學所設的吉福德講座（Gifford Lecture）所作的演講合編而成。是書所欲建構者爲一系統性的形上學。此書的出版標誌了其歷程哲學（process philosophy）或機體哲學（Organic philosophy or philosophy of organism）的正式確立。懷德海認爲其思辨哲學（Speculative Philosophy）的工作是要設法建構出一個融貫的（coherent）、合邏輯的（logical）、必然的（necessary）系統，藉此以解釋

〔註103〕《時代心靈之鑰——當代哲學思想家‧懷德海》，頁 30。
〔註104〕詳參傅佩榮譯：《科學與現代世界》（臺北：立緒出版社，2000 年 6 月初版），
〈譯序〉，頁 3～9。

人類所經驗到的一切元素。（PR3～4）〔註 105〕因此，懷氏就通過提出想像力普遍化的方法，提出一套範疇總綱。〔註 106〕關於其具體內容，下文將詳述之。

　　1933 年的《觀念之冒險》（Adventures of Ideas），除繼續討論《歷程與眞實》中的相關議題外，並涉及了哲學、文化等觀念。1938 年的《思想的模態》（Modes of Thought），則強調了原始的身體感受（bodily feeling）與價值之重要，並將美學與邏輯作了類比。〔註 107〕1947 年，最後一本著作《科學與哲學論文集》（Essays in Science and philosophy）出版，此書收錄了科學、哲學、教育的論文外，並有自傳和重要的價值哲學的論文：〈數學與善〉、〈論不朽〉的收錄。

（二）歷程哲學（機體哲學）

　　懷德海的哲學一般稱爲「歷程哲學」，懷氏認爲宇宙中最基本的單位是「事件」，「事件」的「如何生成（becoming）」即指「歷程」。故「歷程哲學」主要是在分析「事件」的生成變化的情形。懷氏又稱他的哲學爲「機體哲學」（philosophy of organism），「機體」類似生物學的細胞，它強調了個體與外在環境之間的互動關聯。無論是個體與個體，或個體與環境，它們通過「攝受」的活動而彼此關聯，構成了一有機整體。〔註 108〕

　　以上是懷德海哲學的大貌。實際上，懷氏在思想上經歷三期的變遷，各期的內容豐富又連貫，在有限的篇幅要一一詳述實爲不能，故以下僅擇其要者言之。

1. 事　件（event）

　　「事件」是懷德海早期著作中的重要概念。懷氏之所以提出此概念，實欲扭轉近代科學所引起的「簡單定位」的問題的和「具體性誤置的謬誤」。

〔註 105〕爲了查閱上的方便，凡懷德海的著作，皆於正文中標上英文著作的縮寫和頁數，如《歷程與眞實》（Process and Reality）第 11 頁，即標爲（PR11），其他著作的縮寫如下：The Concept of Nature, 以 CN 代之；Science and the Modern World, 以 SMW 代之；Modes of Thought, 以 MT 代之。若文中採用到其他中文譯本，則於注解中另外標明其書名、頁數。

〔註 106〕趙之振認爲懷德海通過了「自由的想像」的方法來打破各門科學的界限，將之融鑄爲一更大更具普遍性的觀念架構，此方法亦爲「想像的合理化」（imaginative rationalization）。詳參氏著〈懷德海論思辨哲學之基本性格與方法〉，《九州學刊》，第 11 期，1989 年 12 月，頁 46～53。

〔註 107〕詳參楊士毅：《懷德海哲學入門——超越現代與後現代》（臺北：揚智文化，2001 年 1 月初版），〈第二章　懷德海學術思想的開展〉，頁 112～118。

〔註 108〕詳參《懷德海哲學入門》，〈第二章　懷德海學術思想的開展〉，頁 74～95。

在近代科學，牛頓物理學提出了絕對時空的觀念，其內容大致爲：

> 絕對的、眞實的和數學的時間，就其本身而言，并且根據它自身的本性，不管任何外在物如何，都在均勻地流逝著。它的另一種名稱叫做持續性。相對的、表象的和日常的時間，是由運動對這種持續性所做的某種可以被人感知的和外在的度量（不論是精確的還是不均等的），而這種度量通常被用來替代眞實的時間；譬如一小時、一天、一個月、一年。

> 絕對空間，就其自身的本性而言，并且不管任何外在物如何，總是保持著同一和靜止。相對空間是某種可以移動的維度，或者是絕對空間的度量。我們的感覺是由它相對于各種物體的位置而確定的，并且它通常被當作是靜止的空間；……絕對空間和相對空間在圖形和大小上是相同的；但是在數量上它們并非總是相同的……。〔註109〕（PR70）

由上可知，牛頓將時空分開，視時空爲絕對的、互不關聯的獨立存在。牛頓的時空觀認爲，時間是一直均勻地流逝著，空間則一直靜止的存在，二者皆不受任何外在環境的影響，因而宇宙就成了一個絕對靜止的時空座標系統。

牛頓的絕對時空觀，後爲愛因斯坦的相對時空觀所改變。愛因斯坦於其1905 年發表的狹義相對論（Special Relativity, 又稱特殊相對論）的論文〈論動體的電動力學〉中，列舉了兩條原理：

> 下面的考慮是以相對性原理和光速不變原理爲依據的，這兩條原理我們定義如下：
>
> 1. 物理體系的狀態據以變化的定律，同描述這些狀態變化時所參照的座標系究竟是用兩個在互相勻速移動著的座標系中的哪一個並無關係。
> 2. 任何光線在「靜止的」座標系中都是以確定的速度 V 運動著，不管這道光線是由靜止的還是運動的物體發射出來的。〔註110〕

1 爲相對性原理（The Principle of Special Relativity），2 爲光速不變原理（The Principle of Constancy of the Speed of Light）。前者指出任何的物理定律，在任

〔註109〕牛頓：《自然哲學的數學原理》，轉引自《歷程與眞實》，頁 128～129。
〔註110〕愛因斯坦：〈論動體的電動力學〉，收錄於《愛因斯坦文集》（新竹：凡異出版社，1986 年 11 月二版），第二卷，頁 87。

何的慣性參考座標中都相同；後者說明光速在真空中，在所有的慣性參考座標中，都是同值，亦即 c。在此文中，愛因斯坦研究了「同時性」（Simultaneity）這概念，他認為不能給予它絕對的意義。因兩事件，從一個座標看是同時的，然從另一個相對於此座標運動的座標看，它們就不能被認為是同時的事件了。因此時間是相對的。愛因斯坦的理論還說明了隨著物體運動速度的加快，時空亦跟隨改變，即會發生時間延遲（Time Dilation，鐘慢效應）和長度縮短（Length Contration，尺縮效應）的效應。前者指運動中的鐘，其較靜止的鐘走得慢。後者指任何物體以接近光速作運動時，其長度將會縮短。由此可知，時間與長度並非絕對，而是相對的。愛因斯坦的研究還證明了時空並非相互獨立，實則緊密關聯，彼此構成了一個統一的四維度連續體（four dimensional continuum）。任一事件的發生，總是在此四維時空整體中。再者，所有的時間和空間都是和運動的物體相聯繫，時空會隨著物體的運動而變化。總之，狹義相對論否定了有絕對靜止的空間，絕對同一的時間的存在。

亞歷山大（Samuel Alexander, 1859~1938）則自哲學的立場去駁斥絕對時空觀。亞歷山大認為，時空非分立而是相依的，「其所謂每一時間，皆遍於一切空間，而每一空間，亦通貫至一切時間」，故沒有一離時間之空間，亦無一離空間之時間。既是如此，則物體處於時空中，它所佔的一空間之廣延 extension，及所佔的一時間之久 Duration，皆是不可分的。〔註111〕

針對絕對時空觀，懷德海另提出「多重時空觀」來對治，而懷氏之時空觀是緊扣在事件上說的。故以下先說明其事件概念，再論「多重時空觀」。

早在《自然知識原理探究》中，懷德海即對事件理論作了系統的說明，他認為事件為感官知覺「體會」所得，展現了自然的連續性、延展性、現行性（actuality）、關聯性、外在性（externality）。質言之，知覺首先接觸到的是綿延不絕的「整體自然」。自然的整體連續性亦含攝延展性，事件不只是延展的佔有某個時空的事物，每一事件與其他事件且有相互交錯重疊的部分，此即「延展涵蓋」。而所有初知覺到的事物，一定處於某個時空「關聯者」（事件）之中，故事件就成了事物的時空定位。此外，事件是處於隨時的生成中，此為它的現行性。至於外在性，則涵蓋了以上事件的四特徵。外在性的特徵有六：時空連續性、延展性、知覺者與被知覺物的關聯性、知覺事件的絕對位置、現行性、自然的社區。首個特徵說明自然是個時空連續的自然，自然

〔註111〕參《哲學概論（下）》，〈突創進化論・亞歷山大之時空觀〉，頁 241～243。

知識是得自對於事件特徵的辨識。次則說明事件必須既然連續，事件必須存於時空延展之中，時空是事件之間的關係。三者說明被知覺的事件以整體自然爲背景，與知覺者交互關聯。四者說明被知覺的事件與知覺者所在的事件（覺知事件）相關，後者在自身的時段中有一定的定位。五者說明覺知事件與其所在時段的關係，就是「現在在這時段之內」。末者說明所有事件都與「自然的社區」有關，而它也是這些事件的組合。〔註112〕

後來，他在《自然的概念》說：「時間空間是我們把事件間的內部關聯加以抽象所得的結果，離開事件，無所謂時空；時空並不是自然中最基本、最具體的事實。」〔註113〕（CN66）又說：「我們必須從事件出發，把事件當成自然事素的終極單位。事件與一切存在皆有關，尤其與其他事件有關。」〔註114〕（SMW151）事件與事件之間的相互關係產生了時空，時空是因事件而存在，故事件才是最基本、最具體、最終極的事實。具體來說，時空實由事件的兩種特性：流逝性及擴延性所產生。流逝是指事件不斷發生，發生過去後，永不再來。故沒有任何重複的事件。對於事件的流逝，抽象所得即爲時間。擴延（案：後期以「攝受」代之）是指一事件雖在時空中消逝了，但非永滅，而成爲後來事件的某一部份中。同時此事件也受到其他事件的擴延，其內容也包含它們的某些部份。對於事件的擴延，抽象所得即爲空間。故時空皆由事件抽象所得，時空只是事件的某種側面。此外，事件的擴延、流逝等側面，皆相互關聯，故不可強分時空爲二，反而時空是具關聯性的。事件既爲最基本的存在，不同事件就有不同的擴延、流逝，就形成了不同的時空系列，遂有不同的時空產生，故諸事件所處的時空是既關聯，又多類、多度、多重的，於是就構成了「多重時空觀」（space-time manifold）。〔註115〕

另外，牛頓物理學還牽涉到了「簡單定位」的問題。在絕對時空中，分佈者爲物質，物質由微粒構成，微粒在時空中僅有一點一瞬，不佔有任何時間與體積，且與其他時空無關。物質和物質之間，彼此沒有任何內在聯繫，故物質是非連續的。如此存在的物質，其位置在時空中能有一清楚的界定，

〔註112〕詳參俞懿嫻：《懷海德自然哲學——機體哲學初探》（臺北：正中書局，2001年1月初版），〈事件論〉，頁149～165。
〔註113〕朱建民編譯：《現代形上學的祭酒——懷德海》（臺北：允晨文化出版社，1982年11月初版），〈科學哲學〉，頁64。
〔註114〕《科學與現代世界·十九世紀》，頁152～153。
〔註115〕詳參《現代形上學的祭酒——懷德海·科學哲學》，頁64～68。

此即「簡單定位」（Simple Location）。這樣的物質，可被孤立的了解，它是自然界的終極存在，沒有知覺、價值、目的，其運動全由外界來推動，此即構成懷德海所稱說的「科學唯物論」的預設。〔註116〕

詳細而言，「簡單定位」下的物質，具有一主要特性及許多次要特性。就主要特性言，物質與時空具有相同的關係，物質在時或空中可說在「此時」或在「此地」，在「時—空」中可說在「此時此地」，無須參照其他「時—空」區域來作解釋，故物質在時空中有一特定的位置。就次要特性言，那是指物質與時空關係不同。在時間上，若物質曾在某段時間存在過，則它在此段時間之任何時刻必定存在過。換言之，時間的分割並不會造成物質的分割。但在空間上，體積的分割就造成了物質的分割。例如物質在某一體積中存在，則部份的體積所含的物質必少於原體積。時間的分割既然無關於物質的分割，則時間為物質的偶然性而非其本質。物質在時間的每一瞬時皆是它自己，故時間的流逝與物質無關。〔註117〕（SMW72～73）因此，時間與物質是無關的。再者，懷氏說：「我們若說一個物質微粒有『簡單定位』，意即在表達它的『時—空』關係時，只要它的位置就在它本身所在之處，在一確定有限的空間區域與一確定有限的時間延續中，而完全不必涉及該物質微粒與其他空間區域及時間延續的關係。」〔註118〕（SMW84）由此可見，物質佔有特定的時空，與他者完全無涉。

「簡單定位」這抽象的科學方法，雖方便科學的研究，〔註119〕然自然界

〔註116〕懷德海說：「……有一種不以人意為轉移而且不為人所知的物質存在，或是一種在外形的流變下充滿空間的質料存在。這種質料本身並無知覺、價值或目的。它所表現的一切就是它所表現的一切，它根據外界關係加給它的固定規則來行動，而那些關係並不是從它本身的性質產生出來的。我所謂的『科學唯物論』就是這種假設。」（SMW25）《科學與近代世界‧近代科學的起源》，頁25。

〔註117〕《科學與現代世界‧天才的世紀》，頁69～71。。

〔註118〕《科學與現代世界‧十八世紀》，頁83。

〔註119〕「簡單定位」的概念亦造成了歸納法之困難，懷德海說：「因為物質位形在任何一段時間中的位置，若與過去未來的任何其他時間都沒有關係，則我們可以立即推論：任何時期中的自然界都與其他時期中的自然界沒有關係。如此，歸納法便無法根據那通過觀察可以確定為自然界固有的事物，而我們對任何定律，如萬有引力定律等的信念，便都不能在自然界中找到根據。換句話說，自然的秩序不能單憑對自然的觀察來決定。因為當前的事物中並沒有固定的東西可以聯貫到過和未來。因此，記憶和歸納法在自然界本身似乎無法找到根據了。」（SMW75）《科學與現近代世界‧天才的世紀》，頁72～73。

存在的是具體的事實。以抽象的概念去解釋具體的事實，二者總有差距，要
是誤將抽象概念視爲具體事實，這就犯了「具體性誤置的謬誤」（the fallacy of
misplaced concreteness）。這樣的謬誤，造成了種種的二分。以實體與屬性爲例，
當我們觀察一個對象時，實是透過它的特性去了解它。這些特性有些是基本
的，少了它被觀察者即難以辨認。有些則是偶然性的存在。由觀察中，我們
得出了實體與屬性的概念。實體不變，屬性有變有不變。由實體與屬性，進
而區分了物體的初性與次性，「初性是實體的基本性質，而自然是由實體的時
空關係所構成。這些關係的秩序構成了自然的秩序，能爲人心所體會。不過
心靈必須與身體結合；心靈的體會是由身體某部分的活動（如大腦）所引發
的，因此心靈所體會的、所經驗的感覺，這物體的次性，只是心靈的性質，
並不是物體自身的性質。」〔註120〕初性與次性之分，實爲「具體性誤置的謬
誤」所引起的。

　　爲了避免此謬誤，必須由具體的事件去解釋抽象的事態。況且，在具體的
經驗世界中，並沒有一事件可和過去、未來切斷關係。職此之故，懷德海申明
在其理論中，他完全揚棄以「簡單定位」當作事物在「時—空」中的主要形式
的觀念，此因：「在某種意義看來，每一事物都是無時不在又無所不在的，因爲
每一位置在所有其他位置中都有自己的位態。因此，每一『時—空』的基點都
反映了整個世界。」〔註121〕（SMW133）事物在每一個位置在所有其他位置都
涉及自己的某些部份，其之存在不只是在自己所處的時空，實亦牽涉到其他時
空之其他事物。以事件言之，它牽涉到過去、現在、未來，此義懷氏詳言：「凡
事件皆有同時發生的其他事件。就是說，一事件把同時發生的其他事件的樣態
作爲當下達成的展現，而反映在自身之中。事件也有過去，就是說該事件在自
身中把先行事件的樣態反映出來，並作爲記憶混入自身的內容中去。事件還有
未來，就是說該事件在自身中反映出未來向現在反射回來的那些位態；亦即它
反映出由現在向未來決定的那些位態。」〔註122〕（SMW106～107）

　　事件在懷氏早期的著作中佔有重要的地位。到了後期，事件的概念發展
出實際事態（actual occasion）、實際事物（actual entity）的概念，事件的重要

〔註120〕俞懿嫻：〈懷海德哲學在《科學與現代世界》中的嬗變〉，《東海大學文學院學
　　　　報》，第44期，2003年7月，頁87。
〔註121〕《科學與現代世界・浪漫主義的逆潮》，頁135。
〔註122〕《科學與現代世界・十八世紀》，頁105。

性漸減。質言之，實際事態在《科學與現代世界》開始出現，而與事件交互使用。實際事物則首次出現於《形成中的宗教》。至《歷程與眞實》，事件爲二者取代，回歸到一般「發生某事」之義。〔註123〕事件、實際事態、實際事物在使用上雖經演變，然此三詞皆指陳終極的存在。〔註124〕

2. 範疇總綱

懷德海欲以一套範疇總綱解釋人類的一切經驗，此套範疇總綱共分四大類，分別爲終極範疇（the category of the ultimate）、存在範疇（categories of existence）、解釋範疇（categories of explanation）、規範範疇（categoreal obligations）或範疇的義務。（PR20～28）

就終極範疇而言，它是所有比較特殊範疇的預設，意即凡存在物皆不能脫離它。終極範疇是由「創造」（creativity）、「一」（one）、「多」（many）構成。懷德海稱「創造」、「一」、「多」與「事物」（thing）、「存在」（being）、「存在物」（entity）是同義詞。其中，「一」不是指數學整數的一，而是指事物的單一性，「有秩序的統一體」。「多」是指「分離的雜多事物」。而「一」、「多」又預設了「創造」的存在。故「創造」爲最普遍的觀念，最具體的事實，內存於一切實際事物中。因爲「創造」是共相的共相，終極的事實，故它統攝了「一」、「多」，因而一中有多，多中有一，亦即能使得雜多成爲統一體，同時亦使得統一體成爲新的雜多。〔註125〕

再者，「創造」還是一聚集的原理（principle of togetherness），它使得分離的宇宙的「多」走向聚集的「一」的狀態，這是「多」入於「一」。此外，「創造」尚是新穎之原理（principle of novelty），因它把新的因素應用於每一個統一體中。復次，「創造」又是共生之原理（principle of concrescence），新穎的

〔註123〕俞懿嫻說：「最先懷海德以自然最基本的事實是攝持活動，而『攝持統合單元』或者『攝持機緣』是這活動的單元。隨後他以『事件』（時空關聯者）取代『攝持』這『彆扭的語辭』，不久又以『機體』一辭取代了『事件』。嚴格地說，在《科學與現代世界》裡，『攝持』、『事件』與『機體』三個語辭沒有明顯的區分，要到《歷程與眞實》一書完成時，這些概念才有各自的用意……而『事件』在《科學與現代世界》裡，同時具備時空關係與生命特質，與機體幾無差別。但在《歷程與眞實》中，『事件』一辭漸漸消失，回歸到常識上『某事』的意義。」〈懷海德《科學與現代世界》中的機體思想〉，頁124。

〔註124〕關於「事件」的演變可詳見《懷德海哲學入門》，〈第二章　懷德海學術思想的開展〉的結語，頁122～125。

〔註125〕《懷德海哲學》，〈第一章　時代問題的起源、解決方式與存有原理〉，頁35。

聚集由共生中產生，故它是表現了由多到一（聚集），及由一到多（新穎）的歷程。〔註 126〕（PR21）由懷海德將「創造」列入終極範疇，強調了創造的重要，這也說明他心中的宇宙是一直處於創造的歷程中的，它並不需要一形而上的實體來保障其變化，因爲歷程即是實在。

所謂存在範疇，那是嘗試對人類所經驗到的一切存在事物加以分類。故一切眞實存在或可能存在的事物都是任一個存在範疇的例證。〔註 127〕存在範疇共有八個，此八範疇是彼此相關的。此八範疇爲：1 實際存在的事物（actual entities）（簡稱實際存在或實際事物）或實際發生的事態（actual occassions）（簡稱實際事態），這是構成整體宇宙最具體、最根源性、最後的眞實或最基本的單位；2 攝受（prehensions），此指任何存在物與其他存在物在每一刹那的活動都有關聯，而這些關聯是透過攝受的活動去產生的；3 集結（nexus）或社會（societies），諸多實際事態的相互需求，相互攝受所形成的整體；4 主觀方式或主體的形式（subjective form），即主體攝客體的方式；5 永恆對象（eternal objects），即理想形式，爲純粹的潛能與可能性；6 命題（propositions），也叫理論（theories）；7 多樣性或雜多分離的事態（multiplicities）；8 對比物或對比（contrasts）。〔註 128〕此八者中，實際事物和永恆對象是存在範疇的兩個終極，其差異性亦最大，其餘則爲兩者間的中介範疇。沈清松認爲，存在範疇中以實際事物或實際事態、攝受、集結、永恆對象最爲重要，此四者的關聯爲：當各實際事物相互攝受之時，不斷地形成集結，而構成複雜的社會。爲了說明這種社會整合活動中的客觀結構和確定形式，必須訴諸永恆對象。至於其他四者，或依屬於實際事物（如雜多爲社會化之前的眾多的實際事物），或依屬於攝受（如主觀方式爲攝受之方式，命題和對比爲攝受的結果或不同的成就狀態）。〔註 129〕

關於解釋範疇，懷氏總共列了二十七個，這是用來解釋說明八個存在範疇，以及存在範疇彼此間的關係。大略而言，第一至第九個範疇是解釋「實

〔註 126〕另可詳參《時代心靈之鑰──當代哲學思想家・懷德海》，頁 48～52；俞懿嫻：〈懷海德前期創生概念及其思想背景〉，《哲學論集》，第 38 期，2005 年 7月，頁 203～242。

〔註 127〕《懷德海哲學》，〈第一章　時代問題的起源、解決方式與存有原理〉，頁 35。

〔註 128〕楊士毅：《懷德海哲學入門》（臺北：揚智文化，2001 年 1 月初版），〈懷德海學術思想的開展〉，頁 73～74。

〔註 129〕《時代心靈之鑰──當代哲學思想家・懷德海》，頁 43。

際事物」的生成變化（第七個則解釋「永恆對象」）。第十個至第十三個範疇是解釋「攝受」，包含它的成分、種類等。第十四個範疇是解釋「集結」。第十五個範疇是解釋「命題」。第十六個範疇是解釋「多樣性」。第十七個範疇是解釋「對比」。第十八個範疇是解釋「本體論原理」。第十九個範疇是解釋存在物的基本類型：「實際事物」和「永恆對象」。第二十至第二十四個範疇是解釋「實際事物」的功能和作用。第二十五至第二十七個範疇是解釋「實際事物」的變化過程的最終狀態，亦即「滿足」。

　　至於規範範疇，共有九個，它提供了各個「實際事物」在生長過程中所應遵守的規範。以下言規範範疇，主要根據沈清松之劃分及歸納。〔註130〕沈氏是以主觀規範、客觀規範、經驗歷程規範來統論九個規範範疇。主觀規範者，它是由三個範疇構成。首先爲主觀統一性範疇（the category of subjective unity），「實際事物」有許多不完整狀態的感受，這些感受雖因不完整而未被整合，但只要有主觀的統一性，便可完全被整合。而主觀和諧範疇（the category of subjective harmony），規定說明了一主體的各種主觀形式（即其各種攝受之方式）都可彼此相感，且爲了主觀目的，彼此和諧地相互規定。主觀強度範疇（the category of subjective intensity），規定了各種概念攝受來自於主觀的目的，而主觀的目的則存在於主體之中，或存於相關的未來的主體的感受之強度。

　　客觀規範者包含兩個規範範疇：客觀統一性範疇（the category of objective identity）、客觀多樣性範疇（the category of objective diversity）。前者規定了每一「實際事物」在達致「滿足」之狀態時，它只能擁有一種與自己一致的功能。後者規定了不同的「實際事物」不可能只盡一個絕對的同一功能，而須在其殊多性中形成對比。

　　至於經驗歷程規範，則提出了經驗成長所經歷的歷程。首先概念性評價範疇（the category of conceptual valuation）規定了從每一個物理性攝受中產生概念性攝受。概念性攝受是以「永恆對象」爲對象。這是經驗成長的第一階段。其次，概念性翻轉範疇（the category of conceptual reversion）規定了前一階段的概念性攝受，必須翻轉向更高層次，指向更高的理想，此理想即「永恆對象」，它須與前一階段的概念部分相同，部分相異。而轉化性範疇（the category of transmutation），規定了由前二階段所得的概念或理想，須轉化實現

─────────────

〔註130〕《時代心靈之鑰──當代哲學思想家・懷德海》，頁46～48。

於一新的現實集結或社會中。

關於自由與決定範疇（the category of freedom and determination），規定了每一個「實際事物」在成長的第一階段都要順應主體在物理性攝受所接受者，以成就自己，此即被決定。其次，主體可通過概念性攝受來進行評價、翻轉，通過對比而有創新，此即其自由。

由這四個基本範疇，衍生出了數個重要概念，如上帝的先在性（primordial nature）與後得性（consequent nature），延展連續性（extensive continuity），心極（mental pole）與物極（physical pole）等。總之，懷德海的歷程哲學，說明了宇宙是由具體可經驗到的事物所構成，它們是有生命的機體，機體的特徵表現爲活動，故宇宙是處於機體不斷的活動與創造的歷程中，現實的宇宙是一歷程，歷程即是真實，因而懷氏所體認的宇宙不是了無生氣的，反而是生生不息、日新又新。

3. 實際事物（actual entities）、實際事態（actual occasions）

實際事物、實際事態的提出與「變化」和「不變」的論題有關。

遠在古希臘時代，哲學家就已思考萬物本原的問題，如泰利斯主張水爲萬物本原，畢達哥拉斯學派主張的是「數」，巴門尼德斯（Parmenides）主張「有（或存在）」（being）等。以巴門尼德斯而言，他主張「有」是一，且永恆不變，現行世界只是一表象的世界，「變化」爲其特性。如此，世界就二分成真實的世界與表象的世界，兩個世界並不等同。這樣的二分引起了理論上的困難，據俞懿嫻引來客瑞（Ivor Leclerc）之分析：「有」的世界既然和「變」的世界互不相容，便不能同時存在。即使說後者由前者衍生出來，也不能化解此矛盾。若「有」和「變」同時存在，「變」爲「有」中的某一部份，便不足以構成「實有」。〔註131〕總之，欲協調「變」與「不變」，在巴門尼德斯的理論中確有困難。

針對「變」和「不變」，亞里斯多德則提出「實體」的概念。據亞氏之意，實體是指萬物的本原，它獨立自存、永恆不滅。實體亦爲一切屬性的基礎，屬性依之而存，屬性可產生變化，實體則不變。在邏輯上，實體與其他事物的關係是主謂式的命題結構，意即實體是主詞，也只能作爲主詞，它不是某一主詞的謂詞，而是以其他事物作爲它的謂詞。亞氏認爲，實體最顯著的特

〔註131〕俞懿嫻：〈懷海德形上學研究〉，《東海大學文學院學報》，第45期，2004年7月，頁385。

徵，即是它保持同一不變而能容納相反的性質。換言之，現行事物在性質上與關係上容許變化，然其本質是不變的。此處亞氏援用了「本質特性」（essential features）「偶有特性」（accidental features）來說明：現行事物的「本質特性」必須是不變的，否則它無法保障自身的「個體性」（individuality）與「自我同一性」（self-identity）。若說它起變化，其所改變者是它的「偶有特性」。故現實事物在一系列「偶有特性」的改變之後，仍維持其「自我同一性」。〔註132〕

　　然懷德海不認同亞氏視現實事物爲變化中具有自我同一且持久特性的觀點，他以爲這只是抽象的概念，不是具體的事實。懷德海認爲亞氏將實體視爲永久不變、無歷程的存在，實忽略了呈現在經驗世界中的是有如一條持續的河流、一段連續的變化歷程。故欲有效的調和「變」與「不變」、「存有」與「生成」，必須認識到「歷程」是現實事物的本性。根據懷氏之說，「存在」是不能自「歷程」中抽離的，「存在」和「歷程」是相互預設的。（MT96）這是說只要有存在，即有「歷程」或「變化」。存在是由「歷程」或「變化」所構成的。不變的實體不合乎此義，故懷氏另提出「實際事物」的概念以代之。懷氏認爲，宇宙中最具體、眞實的存在實爲「實際事物」，不是實體。〔註133〕所謂「實際事物」，懷氏亦稱「實際事態」，它是構成世界的最終極的存在。不管是上帝或是遙遠虛空中的一陣風，皆是「實際事物」。所有的「實際事物」都是終極事實。（PR21）因「實際事態」含有「時—空」的意義，故此概念不能用在上帝。

　　進一步說，楊士毅認爲「實際事物」爲構成實際世界的基本單位，此所謂的最基本，非指它體積上最小，或時間上最短，而是指它「具有不可分分割的整體之意」。至於它在時間綿延有多長，在空間體積有多大，是跟隨不同

〔註132〕以下的部份內容主要是根據《現代形上學的祭酒——懷德海》而展開，詳參該書〈第三章　形上學〉，頁95～126。

〔註133〕唐君毅先生疏解懷氏之義說：「……寫字爲一事，我會客爲一事，……我唱、我走，亦各爲一事，……日光射亦爲一事。……是見常識中所謂事，或指一實體之有某一活動，或指一實體之一活動之及於其他實體。但如吾人換一眼光看，則除我一生所作之一一事外，即無我。除日不斷發光之事外，即無日。我並非在一一事之後，而支持此我所作之諸事之諸實體，我實只是我所作之全部之事之串系。亦即由此串系之事，以成爲我。其他之任一物，亦由其所生之一一事，以成其爲任一物。」唐先生由具體經驗出發，以我爲事之串系所構成而非實體，駁斥了實體之說。此中他所言之事即實際事物，它是一直處於變化的歷程中的。參《哲學概論（下）》，〈懷特海之機體哲學〉，頁276。

的實際事物而有不同。總之，實際事物在時間上不能分割，它是一「時段性的整體」（the epochal whole）；在空間上是一個不可分割的體。〔註134〕「實際事態」，唐君毅則譯爲「現實情境」，他認爲任一事件，皆在情境中發生。任一事件之本身，亦即爲一有情有境之一事。故現實存在之事，即一「現實情境」。「在此現實情境中，一面是情，此情之作用，即對於境之攝握。此爲屬於主體者。一面爲境，此爲屬於客體或對象者。在二元論之哲學，即由此分別主客與心物。但在懷氏，則以此二者，只爲一事之二面。此二面如分開來看，皆是一抽象，而非具體之實在。我們亦不能說，先有一純粹之主體及純粹之客體二者，再合爲一現實存在之情境。……但是我們可以說，每一事皆承宇宙其他之種種前事而起。即每一當前之現實情境，皆承宇宙間之其他情境而起。」〔註135〕吳汝鈞則指出二者之不同在於前者主要是指「事物、具有質體性（entitativeness）的意味」，後者則有「環境、際遇之意」。〔註136〕

再者，「實際事物」的存在是由其生成的歷程所構成，這也就是懷氏所說的「歷程原理」（the principle of process）。歷程既爲「實際事物」的特性，整個宇宙就是一個大歷程。就「實際事物」自身的生成言，此即「微觀歷程」（microscopic process）。而由已完成的「實際事物」到正在完成的「實際事物」的轉變，則爲「巨觀歷程」（mcroscopic process）。〔註137〕關於「歷程」之精義，楊士毅指出：「……『不同具體存在在不同刹那的經驗活動所形成的歷程』是不同的『實際事物』。但即使『同一特殊存在在不同刹那的經驗活動（行動）所形成的歷程』，也是不同的『實際事物』，……再加上『刹那』的性質，因此對於日常生活經驗到的實際事物的例子，則不能只說『這張椅子』是實際事物甲，那張椅子是實際事物乙，而須以精確的日常語言表達成：這張具體的椅子甲的這一刹那活動歷程是實際事物甲，另一張具體椅子乙的這一刹那的活動歷程是實際事物乙，甚至同一張具體的椅子的此一刹那或下一刹那的活動歷程也不是相同的實際事物，而是不同的實際事物。」〔註138〕

如上所述，懷德海強調了「實際事物」中「歷程」的重要性，然而懷氏

〔註134〕《懷海德哲學・歷程》，頁66～67。
〔註135〕詳參《哲學概論（下）・懷特海之機體哲學》，頁278。
〔註136〕吳汝鈞：《機體與力動：懷德海哲學研究與對話》（臺北：臺灣商務印書館，2004年10月初版），〈實際的境遇〉，頁55。
〔註137〕詳參《現代形上學的祭酒——懷德海・形上學》，頁115～126。
〔註138〕《懷海德哲學・歷程》，頁51～52。

認為，他主張的「實際事物」並沒有一個「連續的歷程」（continuous process）。蓋「連續的歷程」包含「連續」與「歷程」兩觀念，若結合兩者，則會犯了「惡性的後退」的錯誤。質言之，若把生成看作「連續的歷程」，其中任何的部份，如稍後的乙將取代較早的甲。然乙也是一「連續的歷程」，則乙中稍後的部份又將取代其較早的部份。如此無窮無盡，永遠到達不了乙的開始，因乙的任何部份都預設了乙中有一較早的部份，它晚於乙的起點而先於較晚的部份。以上所說的是「生成的連續性」（continuity of becoming），其強調的是任一物的生成是一個長時間連續的過程。然懷氏認為沒有「生成的連續性」，反而主張「連續性的生成」（becoming of continuity）。懷氏以為「實際事物」是生成的「時段性」（epochal）的單位。在每一個單位中，皆有完整的生成變化。而每個單位的生成歷程皆不相同。且每個單位既接續先前的單位，亦被後來的單位所繼承。換言之，「連續性的生成」是由一系列各別已完成生成變化的單位所構成。這些歷程的單位是個「時段性的整體」，不能再分割成連續生成的部份。

綜括而言，懷德海以「實際事物」調和了「變化」與「不變」。就變化來說，懷氏主張有兩種變化：一為發生在生成歷程中的變化。一為從一種狀況到另一種狀況的轉變。「實際事物」的生成是一個「時段性的整體」，其為「不變」，強調的是它的「自我同一性」。而「實際事物」之所以為「變化」，是就它的生成歷程而言。當它的生成歷程完成，它的存在隨之停止，不會轉變為其他「實際事物」，此即懷氏所言的「消逝，而不變化」。（PR35）

4. 攝　受（prehension）

「攝受」此概念首次出現在《科學與現代世界》，後歸為八個存在範疇之一個。原先，懷德海在自然哲學時期即以「事件」為時空關聯者（space-time relata），後為了強調「事件」的經驗內容及它含攝其他事物的功能，遂於《科學與現代世界》創造這詞。〔註139〕懷德海認為「攝受」具有「知覺」和「心靈」的涵義與作用，為闡明此義，他藉用了培根（Francis Bacon）和巴克萊（G. Berkeley）的理論來說明。

在《科學與現代世界》，懷德海引述了培根《自然史》（*Natural History*）中的「知覺」說，培根說：

〔註139〕〈懷海德形上學研究〉，頁 390～391。

肯定説來，無論任何物體，雖然它可能沒有官覺（sense），但是一
定有知覺（perception）；因為當一物體加於另一物體時，它會選擇
合意的部分相接納，而排斥不合意意的部分；不論這物體是改變他
物的或者被他物改變的，在行動之前總有一種知覺存在，否則一切
物體都要混同為一了。有時這種知覺在某些物體中遠較官覺更為精
微；官覺與它相形之下是十分魯鈍的……這種知覺的發生有時雖隔
一段距離，但其反應卻有如直接觸及；磁石吸鐵或巴比倫的石油火
焰，都是隔著一段極大距離發生的。〔註140〕（SMW60～61）

任何物體皆有「知覺」，它較「官覺」（即感覺）靈敏。故懷德海認為「知覺」
〔註141〕在一般的使用上，充滿了認識上的「體認」（apprehension）意義。「體
認」一詞即使去掉「認識上的」，仍充滿認識上的意義。故他要以「攝受」
（prehension）一詞代表「非認識的體認」，因而「體認」便可以是也不是認識
上的用語。〔註142〕

而巴克萊主張「存在即是被感知」，亦即知識的對象是被心靈所感知的。
懷德海引巴克萊的主張並引申其義說：

巴克萊主張：構成自然界實有的體現之物，就是在心靈統一體中被
感知的存在。這一概念可以用另一説法表示：體現過程就是事物聚
集到攝受的統一體中去的過程；由此體現的是攝受，而不是事物本
身。這種攝受的統一體是「此地」和「此時」的，而集中到攝受統
一體中去的事物，則在本質上與其他地點及其他時間有關。我以「攝
受的統一過程」來取代巴克萊的「心靈」。〔註143〕（SMW101～102）

根據巴克萊的主張，萬物包括時空皆在心靈中被體現，心外是無物的。懷德
海以為所有的存在都是真實且關聯時空的，非因心而存，故事物是在「聚集
到攝受的統一體中去的過程」被實現的，故體現的應是攝受，於是他以「攝
受的統一過程」來取代「心靈」。

每一「攝受」在組成上包含三個成分：一「攝受」的主體，即某特定的

〔註140〕《科學與現代世界・天才的世紀》，頁 59～60。
〔註141〕後來，懷德海於《象徵、其意義與效果》提出對於知覺的看法，他認為知覺
　　　　有兩種：直接呈現式的知覺（Presentational Immediacy）、因果實效式的知覺
　　　　（Causal Efficacy）。
〔註142〕《科學與現代世界・十八世紀》，頁 99～100。
〔註143〕《科學與現代世界・十八世紀》，頁 100～101。

「那種實際事物」；二被「攝受」的材料；三主體「攝受」材料的主觀形式，如情緒、敵意、厭惡等。（PR23）

　　以「攝受」的種類區分，有「積極攝受」（positive prehensions）、「消極攝受」（negative prehensions）兩種。前者又稱「感受」（feelings），後者則被認為應從感受中逃離。（PR23～24）進一步說，實際事物在「攝受」時，一方面積極的選擇與吸收宇宙中某些元素，使之成為其內在結構，這是「積極攝受」；另一方面在進行此感受歷程之同時，也排斥了宇宙中某些確定的元素，使之不影響其內在結構，這是「消極攝受」。〔註144〕

　　就「攝受」的材料而言，可分為：一「物理攝受」（physical prehension），所「攝受」者為「實際事物」。二「概念攝受」（conceptual prehension），所「攝受」者為「永恆對象」。所謂「永恆對象」，它是現實事物（案：即實際事物）確定的形式，一現實事物之所以為此而不為彼，即由此確定的形式所決定。〔註145〕楊士毅以為：「基本上，『永恆對象』是純粹的潛能，也是純粹形式，言其純粹，乃是因為其不含一點現實性、具體性及質料。同時，也因為此種『永恆對象』對於任何的『實際事物』都無所偏愛，因此它提供公平的機會讓『任何』實際事物去汲取、去攝受，以便此『實際事物』具有確定形式或特徵，因此永恆對象也可說是『用來對任何實際事物及任何事實作特殊限定的純粹形式』，而且也必然內在於實際事物中。」〔註146〕「永恆對象」基本上可分為簡單的「永恆對象」與複雜的「永恆對象」兩類：前者為一些直覺的對象，如顏色、聲音等，可發展為經驗內容；後者為思維的對象，如概念、邏輯規律、數學程式等，屬純粹形相。無論何種，應不是知識的涵義，因為懷氏所關心的不是知識論，而是存有論和宇宙論。〔註147〕對於「實際事物」來說，「永恆對象」是潛存的、抽象的，唯有當它被「概念攝受」，「契入」（ingression）實際事物時，它才能被實現。

　　質言之，一「實際事物」通過「攝受」與其他「實際事物」發生關聯，完成了自身的結構。而在「積極攝受」與「消極攝受」的歷程中，即有正面與負面的價值選擇。〔註148〕

〔註144〕《懷海德哲學・歷程》，頁62。
〔註145〕《現代形上學的祭酒──懷德海・形上學》，頁145。
〔註146〕《懷海德哲學・歷程》，頁57。
〔註147〕《機體與力動：懷德海哲學研究與對話・對象與永恆客體》，頁127。
〔註148〕《現代形上學的祭酒──懷德海・形上學》，頁150。

5. 上　帝

　　懷德海的上帝，其概念類似亞里斯多德的上帝。亞里斯多德認為，世間萬物的運動變化皆有原因推動。原因一直往上推，最後一定有個最終的原因。為了說明這最終原因，亞里斯多德遂提出「第一不動的動者」(The first unmoved mover) 的概念。此「不動的動者」即亞氏的上帝概念，其特性是本身不動，然又推動萬物的變化。必須強調的是，亞氏的上帝並非宗教信仰上的神，而是哲學概念上的神。而懷德海之所以於《科學與現代世界》首次提出「上帝」，這是基於形上學理論的需要而作的必要預設。〔註149〕懷氏說：

> 亞里斯多德發現要完成他的形上學，就必須引入第一推動者——上帝。……亞里斯多德的物理學必須假定出許多特殊的「因」來支持事物的運動。只要一般的宇宙運動能維持，這一點就很容易納入他的理論體系中。……因此便需要一個第一個推動者來維持天體運動，……但是，我們的一般形上學若還有少許近似前一講所簡述的情形，就會產生一個與亞里斯多德所說類似的形上學問題，而且也只有用類似的方法才能解決。我們需要一個上帝作為「具體原理」(Principle of Concretion)，這相當於亞里斯多德要求一個上帝作為第一推動者。〔註150〕（SMW249～250）

懷德海以作為「具體原理」的「上帝」取代亞氏的上帝觀。懷氏認為一「實際事物」在生成變化的過程中，它總是尋求與其他「實際事物」或與「永恆對象」相結合。當它與「永恆對象」結合，即受其限制。此限制不僅限制了它的可能性，也限制了其他「實際事物」與它的融合。這時，為了使得「實際事物」仍能保持自做決定與選擇的自由，就須要一形而上的實有來保障。對於個別「實際事物」，它與其他「實際事物」的融合，因不全然由機械因果決定，此中還牽涉到其自身的意圖與選擇，故仍有自由發展的空間，而「上帝」就是這自由的保障。而這保障也成了「實現性」得以實現的原理。〔註151〕

〔註149〕懷德海曾告訴其哈佛大學的同事霍金 (William Ernest Hocking) 說：「如果不是出於描寫事物完整性的嚴格要求，我根本不該把祂涵蓋在形上學中。我們必須給所有的要素一個基礎。如果提出一堆說辭，然後講：『噢！我相信有個上帝，那是沒有用的。』」轉引自〈懷海德《科學與現代世界》中的機體思想〉，頁133～134，原出處詳參 George L. Kline (ed.), Alfred North Whitehead :Essays on His philosophy (Englewood Cliffs, New Jersey:Prentie～Hall, 1963) ,p.16.

〔註150〕《科學與現代世界·上帝》，頁 252～253。

〔註151〕〈懷海德形上學研究〉，頁 414。

「上帝」同時也是「限制原理」（Principle of Limitation），懷德海說：

> 上帝是終極的限制（the ultimate limitation），上帝的存在也是終極
> 的非理性現象。祂的本性中為何恰好有那種限制，是沒有理由可說
> 的。上帝不是具體，但祂是具體的實際性之根源。我們對於上帝的
> 本性無法提出理由，因為那種本性就是理性的根據。〔註 152〕
> （SMW257）

「實際事物」的存在，本身即是一限制。它與其他「實際事物」或與「永恆
對象」的結合，亦為限制。上帝則為其後的「限制原理」。上帝在限制的同時，
亦提供個體活動各種標準與價值選擇。〔註 153〕而上帝的本性為何有此「限制
原理」，則非吾人理性可知。

在《歷程與真實》中，懷德海進一步提出上帝的三特性：先在性（primordial
nature）、後得性（consequent nature）、超主體性（superjective nature）。

現實世界中所存在的「實際事物」數量有限，它們在生成的歷程中所攝
受的「永恆對象」亦有限，故總有眾多未被契入者。然它們不能獨存，必須
依存於某個「實際事物」中。而它與一般的「實際事物」不同，蓋它能攝受
所有未實現的「永恆對象」。此「實際事物」即是上帝，上帝通過概念攝受，
攝受了所有的「永恆對象」，並對它們評價，此為上帝的「先在性」（即心極）。
上帝此特性又和創造有關聯，在理論上，祂是創造活動的最初存在，其他「實
際事物」因之生成，故可說上帝創造了世界。至於上帝的「後得性」（即物極），
這是指祂通過物理攝受，攝受了現行世界正在演化的眾多「實際事物」。而上
帝的「超主體性」，乃指祂必然被所有的「實際事物」所感受。這是說祂的「先
在性」感受了所有的「永恆對象」，被「實際剎那」（案：即「實際事物」）所
感受的這些對象或直接或間接來自祂，再加上祂的「後得性」感受了所有「實
際剎那」的所有感受，故是內在於宇宙且無所不在。在生成的歷程中，任一
「實際剎那」須感受其他「實際剎那」的感受或「永恆對象」，故其生成必感
受到上帝的「後得性」的某些感受，因而上帝必然被它們感受到。〔註 154〕上
帝就藉由其「超主體性」，進入到宇宙之中，參與了「實際事物」的演化歷程。

〔註 152〕《科學與現代世界‧上帝》，頁 259。
〔註 153〕〈懷海德與機體哲學〉，頁 175～176。
〔註 154〕《懷海德哲學‧上帝──偉大神聖的實際事物》，頁 168～172。關於上帝「先
　　　　在性」、「後得性」，可再參考《哲學概論（下）》，頁 295～297。

上帝的「先在性」與「後得性」表現了祂的超越性與內在性，這樣的理論就形成了「萬有在神論」（Panentheism）。如此的觀點實綜合了「有神論」（theism）的上帝超越世界，以及「泛神論」上帝內在於世界（pantheism）的理論而來。就懷氏而言，上帝不只存在於事物之先，且具有各種演化的歷程樣貌，而上帝與世界的關係就表現為：

> 上帝是恆常的，世界是流變的；也可說世界是恆常的，上帝是流變的。
>
> 上帝是一，世界是多；也可說世界是一，上帝是多。
>
> 上帝與世界相比，上帝是真實的；也可說世界與上帝相比，世界是真實的。
>
> 世界內在於上帝之中；也可說上帝內在於世界之中。
>
> 上帝超越世界；也可說世界超越上帝。
>
> 上帝創造世界；也可說世界創造上帝。（PR348）

「萬有在神論」認為上帝的本性難以用概念表達，而使用對立的概念則可見其特性，因此上帝就是既恆常又流變、既一且多、既超越又內在的。〔註155〕

三、懷德海哲學影響下的漢易詮釋舉隅

牟宗三先生在詮釋漢易時頗受懷德海的影響，此特別見於「D 鄭康成的易學」、「E 荀慈明的易學」及「G 漢易之綜結與評價」的內容中。這些篇章屢引懷德海的哲學觀點來闡述其義，茲扼要舉出一些例子以說明之，詳細的論述則見於後面的章節。

在「D 鄭康成的易學」中，牟宗三先生認為易之三義中的變易，即《乾鑿度》說的：「變易也者，其氣也」，其中的氣乃指「物實」（actual entity）、「事情」（event），即視陰陽二氣為宇宙最根本的原素，而這些「物實」的存在都是由其過程（process）所呈顯。在易數的討論上，他批判畢達哥拉斯學派將數當作萬物的本原的觀點。畢達哥拉斯學派誤將抽象之數視作具體之物，這是以抽象的概念解釋具體的事實，因而犯了「具體性誤置的謬誤」（the fallacy of misplaced concrete）。在「E 荀慈明的易學」中，牟先生以「感」為陰陽間的根本關係，陰陽相感才有新事物的產生。而感和「感受」（feeling）意思相

〔註155〕詳參〈懷海德形上學研究〉，頁 423。

近，事物通過感或「感受」才有創新可言。至於說陽據陰即成一個「滿足」（satisfication），陽據陰即陰陽化合構成一新的事物，有如在合生的過程中最終要構成一個新的實際事物。貞則是一爻或一卦的實現，一個爻或一個卦經由不正之正的過程（process），至其爲貞即成一個物實（actual entity）。以上所言皆詳見於第五章的討論中。

在「G 漢易之綜結與評價」中，牟宗三先生特別重視互體及卦變的意義。以互體言，他認爲互體由感而成。因「感受」之故，不同的元素，就以陰或陽這兩大類的方式結合在一起而成爲「結聚」（nexus）。每一個「互體」既由陰陽爻組成，自然也就是一個「結聚」。而互體牟先生又依清代方申分爲五種：一畫互的爻體、二畫互的半象、三畫互、四畫互、五畫互。其中，一畫互是最簡單的「結聚」，它同二畫互、四畫互、五畫互皆是「不實現的不完全的結聚」。由研究互體而得到的九點互體原則，牟先生又稱之爲「根本存在之範疇」（the categories of ultimate existence）。他認爲漢人即通過這些範疇來解析《周易》，以及事實之變化。至於卦變，牟先生以爲卦變是用來解釋互體的，因此卦變就是「解釋範疇」（categories of explanation）。互體要在一個卦中去完成，而卦變則能溝通各卦，使世界相互聯繫起來，因而它就成了「解釋互體或實體間的關係或生成變化之範疇」。此段所言皆詳見於第七章的討論中。

第三章　天人感應下的漢代易學

　　牟宗三先生在正式展開漢易各家易學內容的研究前，先對漢易的思想背景作了簡要的說明。這說明共分兩部份：一是論述董仲舒（生卒不詳）的天人感應之說，一是對於所擇取的漢易五家：孟喜（約西元前 90～前 40 前後）、京房（約西元前 77～前 37）、鄭玄（127～200）、荀爽（128～190）、虞翻（164～233），各易學家之間的傳承關係去作爬梳。天人感應之說影響了漢代象數易理論的構成與發展，可謂象數易重要的思想基礎和理論根據，惜牟先生所論過於簡略，因此以下就他所論加以述補，使其完整。必須強調的是，漢易特以象數易名之，似乎使人認為象數易純論象數，缺乏義理的內容。其實，象數和義理為易學的兩翼，二者缺一不可，而在象數易當中也有許多義理的展示，只是象數易畢竟是以象數為大宗。〔註1〕而漢易五家的傳承關係，牟先生所論的傳承脈絡與相關課題，或略而不論，或脈絡不清，因此也將這些問題加以澄清，使其明晰。固然，牟先生已申明他研究漢易的重點是著重在探討各家易學的思想內涵及意義，並不是要對漢易作思想史或經學史的研究，然在學術要求精確與完善的目的下，因此有必要對相關的議題作更進一步的

〔註1〕　唐君毅先生說：「此漢代之《易》學，一般稱之為重象數之《易》學，以與王弼之《易》學之言忘象重玄理、宋代《易》學之重人事之義理者異流。然實則凡《易》學無不有象數，王弼與宋儒之《易》學，同有象數。明儒至今之言《易》者，亦莫不言象數。又言象數者，亦莫不有其若干之義理。唯漢代之為《易》學者，首重此象數，則以漢代之《易》學，代表象數之《易》學，更以後之重此象數之《易》學，為漢代《易》學之流亦可。」參氏著《中國哲學原論・原道篇二》（臺北：臺灣學生書局，1986 年 9 月全集校訂版），〈第六章　漢代易學中之易道及其得失與流變〉，頁 301。

處理。而這樣的補充與說明，其實無損牟先生在漢易研究上所呈獻的卓見。

第一節　氣化宇宙論下的天人感應說

漢初的學術思想承繼先秦而來，並未顯現出專屬於漢代的特色，一直到董仲舒的學說出現，漢代才正式確立它的學術思想的特色。可以說漢代學術思想的底色就是董仲舒所建構的天人之學。〔註2〕

董仲舒，河北廣川人，少治春秋，景帝時為博士。武帝時進〈賢良對策〉，促成漢代學術走向獨尊儒術的方向。《漢書·五行志》說：「漢興，承秦滅學之後，景、武之世，董仲舒治《公羊春秋》，始推陰陽，為儒者宗。」〔註3〕此點明董仲舒的天人之學以《公羊春秋》為主幹，並融合了當時流行的陰陽五行、災異、自然知識等，鑄造出一套以天人感應〔註4〕為基礎，合乎時代需要的新學說。從《春秋繁露》可知，這樣的一種學說，所欲構作的是一無所不包的系統，因而它盡可能將宇宙、政治、人生等相關元素加以納入與聯結，使彼此構成關係緊密相連的有機體。董仲舒這套天人之學，有別於先秦儒學，故「為儒者宗」。在董仲舒之後的漢易，亦不免沾溉這樣的氛圍，因此牟先生認為漢易全是天人感應、陰陽災異下的產物，他說：「京氏全盤是災異，孟氏的卦氣，鄭氏的爻辰，皆是災異感應下的論理。〈說卦〉一篇即是預備作災異

〔註2〕　徐復觀先生認定董仲舒藉由陰陽五行塑造了漢代思想的特性。他說：「到了《呂氏春秋》，……第一次建立了以陰陽五行為依據的宇宙、人生、政治的特殊構造。此一特殊構造，給漢代思想家們以重大的影響。尤其是董仲舒所受的影響最為深刻，他由此而把陰陽四時五行的氣，認定是天的具體內容，伸向學術、政治、人生的每個角落，完成了天人的哲學大系統，以形成漢代思想的特性。可以說，在董仲舒以前，漢初思想，大概上是傳承先秦思想的格局，不易舉出它作為『漢代思想』的特性。漢代思想的特性，是由董仲舒所塑造的。」參氏著《兩漢思想史》（臺北：臺灣學生書局，1990年9月），第二卷，〈先秦儒家思想的轉折及天的哲學的完成〉，頁296。

〔註3〕　新校本《漢書·五行志》，卷二十七上，頁1317。「始推陰陽」之句，筆者以為可擴大解釋為「始推陰陽五行」，蓋陰陽與五行在漢代時是緊密不分的。蘇輿於〈五行相生〉題目下有案語云：「案：推陰陽，謂以五行推陰陽，此亦《春秋》家學。」參氏著《春秋繁露義證》（北京：中華書局，1992年12月第1版），卷十三，頁361。

〔註4〕　所謂「感應」，陳師麗桂認為「指的是一種互動關係，包括了人與天，與他人，與外物，乃至物與物彼此之間含帶神秘意味的互動關係。」參見〈《淮南子》與《春秋繁露》中的感應思想〉，收錄於《先秦兩漢論叢》（臺北：洪葉文化，1999年7月初版），第一輯，頁155。

感應論的幾個先行公理，也即是災異感應下的產物。」又說：「由西漢到魏晉這四五百年間的《易》學，其特性全是災異感應下的產物。」〔註5〕這樣的說法基本上掌握到漢易的基調，但若以之涵蓋整個漢代易學，則稍嫌太過，此因到了東漢，易學已逐漸脫離陰陽災異之說，走向經義訓釋闡明之路。

　　牟宗三先生認爲漢人的思想有系統化，具體化，切實化的特性，其天人感應觀即由此種特性而生。感應說之所以能建立，乃因宇宙條理、天人同情、天人合一三原則之故。〔註6〕下文即析論牟先生根據董仲舒之論所呈現的觀點，並加以整合述補。

一、氣化宇宙論的架構

　　牟宗三先生認爲漢人對於他所面對的宇宙建構出一套條理秩序，因而他特舉《春秋繁露》的〈五行之義〉，以及五行在官制上的使用即呈現在〈官制象天〉者爲例來說明這「宇宙條理」。

　　細察董仲舒的理論，宇宙條理固然表現在五行上，但它不僅止於此，還與天、氣、陰陽密切相關。而天、氣、陰陽、五行皆屬氣化宇宙論的內容。所謂「氣化宇宙論」，簡言之即從氣的角度來談論各種現象的生成變化，這是董仲舒，也是一般漢儒論述宇宙相關議題時所特顯的特色。

（一）天

　　董仲舒論天意涵豐富，或指自然之天，或爲萬物之本，或是意志之天等。

1. 自然之天

　　此義最爲普遍，它是指傳統意義下客觀存在能刮風下雨的天。關於自然之天，歷來的古籍多有陳述，如《左傳‧昭公三十二年》載：「天有三辰（案：日、月、星），地有五行。」《國語‧越語》說：「因陰陽之恆，順天地之常，柔而不屈，彊而不剛。」表示天由日、月、眾星組成，且具有恆常的特性。先秦儒道的代表人物亦多以自然言天，如荀子說：「天行有常，不爲堯存，不爲桀亡。應之以治則吉，應之以亂則凶。」（《荀子‧天論》）老子說：「故飄風不終朝，驟雨不終日。孰爲此者？天地。」（《老子》第二十三章）莊子說：「死生，命也，其有夜旦之常，天也。」（《莊子‧大宗師》）眾人皆表天爲純

〔註5〕　參見《全集1‧周義》，頁27、31。
〔註6〕　詳參《全集1‧周義》，頁15～21。

粹自然之物，不具有任何意志與目的。

在董仲舒的理論中，言自然之天者如：「天有十端，十端而止已。天爲一端，地爲一端，陰爲一端，陽爲一端，火爲一端，金爲一端，木爲一端，水爲一端，土爲一端，人爲一端，凡十端而畢，天之數也。」〔註7〕此十端約可粗分爲三組：天地人、陰陽與五行。十者當中，「天有十端」的天位階最高，爲超越眾物之上最高的主宰，而「天爲一端」的天，即天地人三者並列者，則爲自然之天。十端爲超越之天的內在結構，表示天是由這十個元素所組成。十端當中，其他九端是物質性的，性質顯然與人有別。而將人列入其中，是爲了凸顯人的地位，因爲唯人方可參天。

復次，天的內容與作用是展現在陰陽二氣的變化上，由陰陽之生化才有萬物的誕生，此即：「天者萬物之祖，萬物非天不生。獨陰不生，獨陽不生，陰陽與天地參然後生。」〔註8〕陰陽的變化盛衰具體展現爲一年四時春暖、夏暑、秋清、冬寒的輪替變換，這是天之道，也是王者施政應當留心效法的。

2. 根源之天

以自然說天，這是一般說的天的意義。此外，天還是萬物之根本，爲一切之所從出。董仲舒說：

> ……臣聞天者群物之祖也，……。〔註9〕

> 天地者，萬物之本，先祖之所出也。廣大無極，其德昭明，歷年眾
> 多，永永無疆。天出至明，眾知類也，其伏無不炤也。地出至晦，
> 星日爲明，不敢闇。君臣、父子、夫婦之道取之此。〔註10〕

此既視天地爲萬物與人類祖先的本源，並以天地的關係來類比人世間君臣、父子、夫婦的關係，這樣類比的目的是要爲這些倫理關係取得理論的基礎。

3. 意志之天

與上述屬於自然與身爲萬物之本之天相較，意志之天是董仲舒天論中較具特色的論述。意志之天說明天具有意志，能主宰萬物，他說：

> 天高其位而下其施，藏其形而見其光。高其位，所以爲尊也；下其
> 施，所以爲仁也；藏其形，所以爲神；見其光，所以爲明。故位尊

〔註7〕 《春秋繁露義證·官制象天》，卷七，頁216～217。
〔註8〕 《春秋繁露義證·順命》，卷十五，頁410。
〔註9〕 新校本《漢書·董仲舒傳》，卷五十六，頁2515。
〔註10〕 《春秋繁露義證·觀德》，卷九，頁269～270。

而施仁，藏神而見光者，天之行也。〔註11〕

> 仁之美者在於天。天，仁也。天覆育萬物，既化而生之，有養而成
> 之，事功無已，終而復始。……天常以愛利爲意，以養長爲事，春
> 秋冬夏皆其用也。……。喜氣爲暖而當春，怒氣爲清而當秋，樂氣
> 爲太陽而當夏，哀氣爲太陰而當冬。……春氣愛，秋氣嚴，夏氣樂，
> 冬氣哀。愛氣以生物，嚴氣以成功，樂氣以養生，哀氣以喪終，天
> 之志也。〔註12〕

此二引文，董仲舒強調了天所特具的仁德。天雖超越萬物之上，但它與萬物
不隔，能下施其仁，此仁德就表現在「天常以愛利爲意，以養長爲事」方面。
換言之，在春秋冬夏的暖清寒暑的變化中，春的愛氣之生物，夏的樂氣之養
物，秋的嚴氣之成物，冬的哀氣之終物，無不體現出天以仁爲其天志。

（二）氣

　　正如一般漢儒所強調的，宇宙萬物的生成發展是依氣而有秩序的展開，
董仲舒說：「天地之氣，合而爲一，分爲陰陽，判爲四時，列爲五行。行者行
也，其行不同，故謂之五行。」〔註13〕此敘述了宇宙發生的歷程，無論是陰
陽，或四時、五行皆由此始而未分、合而爲一的天地之氣化生。如此性質的
氣即爲「元氣」，《春秋繁露義證·王道》說：「王正，則元氣和順，風雨時，
景星見，黃龍見。」故元氣生化萬物，流佈宇宙，其和諧可風調雨順。「元氣」
的「元」有宇宙本根、萬物本原的意思。〔註14〕由元氣分化出天地之氣，此
時的天地之氣即是陰陽二氣。〔註15〕陰陽在一年中的運行造成四時的循環變

〔註11〕《春秋繁露義證·離合根》，卷六，頁164～165。

〔註12〕《春秋繁露義證·王道通三》，卷十一，頁329～331。

〔註13〕《春秋繁露義證·五行相生》，卷十三，頁362。

〔註14〕董仲舒說：「臣謹案春秋謂一元之意，一者萬物之所從始也，元者辭之所謂大
　　　　也。……謂一爲元者，視大始而欲正本也。」（《新校本漢書·董仲舒傳》，卷
　　　　五十六，頁2502）又說：「是以《春秋》變一謂之元，元猶原也，……故元者，
　　　　爲萬物之本。」（《春秋繁露義證·重政》，卷五，頁147）何休釋云：「變一爲
　　　　元，元者，氣也。無形以起，有形以分，造起天地，天地之始也。」徐彥引
　　　　《春秋說》：「元者，端也，氣泉。」注云：「元爲氣之始，如水之有泉，泉流
　　　　之原，無形以起，有形以分，窺之不見，聽之不聞。」（《春秋公羊傳注疏·
　　　　隱公元年》，卷一，頁8）二人皆以氣釋元，足證元即元氣。

〔註15〕董仲舒說：「陽，天氣也，陰，地氣也。」《春秋繁露義證·人副天數》，卷十
　　　　三，頁256。

化。「元氣」進一步分化成五行。陰陽與五行生化出萬物，在生化的過程中，一切有條不紊的依其內外在的理序展開，此即牟先生說的「宇宙之生成有條理有秩序」。

既然宇宙是氣化而成，故氣是充塞於天地之間的，只是人因其不可見與習以為常，故總感覺不到氣的存在，這就是：「天地之閒，有陰陽之氣，常漸人者，若水常漸魚也。所以異於水者，可見與不可見耳，其澹澹也。然則人之居天地之閒，其猶魚之離水也，一也。其無閒若氣而淖於水。水之比於氣也，若泥之比於水也。是天地之閒，若虛而實，人常漸是澹澹之中，……」〔註16〕

復次，天的生物，就具體呈現在四時之氣的內容上，這是說：「故天地之化，春氣生而百物皆出，夏氣養而百物皆長，秋氣殺而百物皆死，冬氣收而百物皆藏。是故惟天地之氣而精，出入無形，而物莫不應，實之至也。」〔註17〕由春氣之生，夏氣之養，秋氣之殺，冬氣之收，造成了萬物出、長、死、藏的變化，此皆應精粹的天地之氣而來。氣雖不可見，但充滿天地之間，具有生物的實功。

（三）陰　陽

陰陽為天的十端之二，而天意或天道的內容可自陰陽五行的生成變化去加以瞭解，〈天地陰陽〉說：「天意難見也，其道難理。是故明陽陰、入出、實虛之處，所以觀天之志。辨五行之本末順逆、小大廣狹，所以觀天道也。」故無論是天意或天道，都不能憑空或抽象的去懸想，而須落在實際的陰陽、五行的變化去觀察，這也反映了漢人思維具體又樸實的性格。

單就陰陽來說，它們表現為自然界運行的兩大規律。董仲舒說：

> 天道大數，相反之物也，不得俱出，陰陽是也。春出陽而入陰，秋出陰而入陽，夏右陽而左陰，冬右陰而左陽。陰出則陽入，陽出則陰入；陰右則陽左，陰左則陽右。是故春俱南，秋俱北，而不同道；夏交於前，冬交於後，而不同理。竝行而不相亂，澆滑而各持分，此之謂天之意。〔註18〕

> 出入之處常相反也。多少調和之適，常相順也。有多而無溢，有少而無絕。春夏陽多而陰少，秋冬陽少而陰多，多少無常，未嘗不分

〔註16〕《春秋繁露義證・天地陰陽》，卷十七，頁467。
〔註17〕《春秋繁露義證・循天之道》，卷十六，頁446。
〔註18〕《春秋繁露義證・陰陽出入上下》，卷十二，頁342。

而相散也。以出入相損益，以多少相漑濟也，〔註19〕

陰陽是天的常道，二氣因性質相反，故不能同時出現。換言之，一顯則一隱，一盛則一衰。因而春天陽氣出而陰氣潛，秋天陰氣出而陽氣潛，夏天陽氣往右而陰氣往左，冬天陰氣往右而陽氣往左。在運行上，無論是春天的二氣俱往南行，或是秋天的俱往北行，都是依循不同軌道。而二氣於夏天的往南相交，或冬天時的往北相交，雖方向不一，但都遵循一定的理則。故由「陽多而陰少」、「陽少而陰多」，彼此的相輔相陳造成了四季的不同風貌。

進一步說，冬去春來，陰陽二氣開始南行，陽氣由寅之處出，陰氣由戌之處入。夏去秋來，二氣就北行，陽氣入於申之處，陰氣出於辰之處。春分時，陽在正東，陰在正西。此時陰日損而陽日益，故氣候漸趨暖熱。秋分時，二氣的位置則相反。冬至時，分別自東往西的陰氣，與自西往東的陽氣相遇於北方。夏至時二氣則相遇於南方。〔註20〕

陰陽是兩股自然界的力量，地位本來平等，董仲舒卻進一步賦與陰陽刑德尊卑的身份，他說：

> 陽之出，常縣於前而任歲事；陰之出，常縣於後而守空虛。陽之休也，功已成於上而伏於下；陰之伏也，不得近義而遠其處也。天之任陽不任陰，好德不好刑如是。故陽出而前，陰出而後，尊德而卑刑之心見矣。〔註21〕

天道之大者在陰陽。陽爲德，陰爲刑；刑主殺而德主生。是故陽常

〔註19〕《春秋繁露義證・陰陽終始》，卷十二，頁339。

〔註20〕董仲舒說：「天之道，初薄大冬，陰陽各從一方來，而移於後。陰由東方來西，陽由西方來東，至於中冬之月，相遇北方，合而爲一，謂之曰至。別而相去，陰適右，陽適左。適左者其道順，適右者其道逆。逆氣左上，順氣右下，故下暖而上寒。以此見天之冬右陰而左陽也，上所右而下所左也。冬月盡，而陰陽俱南還，陽南還出於寅，陰南還入於戌，此陰陽所始出地入地之見處也。至於仲春之月，陽在正東，陰在正西，謂之春分。春分者，陰陽相半也，故晝夜均而寒暑平。陰日損而隨陽，陽日益而鴻，故爲暖熱。初得大夏之月，相遇南方，合而爲一，謂之曰至。別而相去，陽適右，陰適左。適左由下，適右由上，上暑而下寒，以此見天之夏右陽而左陰也。上其所右，下其所左。夏月盡，而陰陽俱北還。陽北還而入於申，陰北還而出於辰，此陰陽所始出地入地之見處也。至於中秋之月，陽在正西，陰在正東，謂之秋分。秋分者，陰陽相半也，故晝夜均而寒暑平。陽日損而隨陰，陰日益而鴻，故至於季秋而始霜，至於孟冬而始寒，小雪而物成成，大寒而物畢藏，天地之功終矣。」《春秋繁露義證・陰陽出入上下》，卷十二，頁343～345。

〔註21〕《春秋繁露義證・天道無二》，卷十二，頁345。

居大夏，而以生育養長爲事；陰常居大冬，而積於空虛不用之處。
以此見天之任德不任刑也。天使陽出布施於上而主歲功，使陰入伏
於下而時出佐陽；陽不得陰之助，亦不能獨成歲。〔註22〕

從陽出在前而陰總跟隨在後，陽出而物亦隨之而出，已見天道任陽不任陰，
尊德卑刑之心。在長育萬物方面，雖說陽雖需陰之佐助，才能完成它的任務，
但顯然以陽來「主歲功」。因而陽爲主，陰爲輔。陽能生物，故爲德爲經；陰
主殺物，故爲刑爲權。順著陽德陰刑而論，可以得出凡陽者皆爲善，陰者皆
爲惡的結論，所謂：「惡之屬盡爲陰，善之屬盡爲陽。……陽氣暖而陰氣寒，
陽氣予而陰氣奪，陽氣仁而陰氣戾，陽氣寬而陰氣急，陽氣愛而陰氣惡，陽
氣生而陰氣殺。是故陽常居實位而行於盛，陰常居空位而行於末。天之好仁
而近，惡戾之變而遠，大德而小刑之意也。」〔註23〕

　　從陰陽二氣的運行，董仲舒得出陽德陰刑的結論，他並進一步推論出陽
貴陰賤之說，並用之於社會人倫關係，〈陽尊陰卑〉說：「故陽氣出於東北，
入於西北，於發孟春，畢於孟冬，而物莫不應是。陽始出，物亦始出；陽方
盛，物亦方盛；陽初衰，物亦初衰。物隨陽而出入，數隨陽而終始，三王之
正隨陽而更起。以此見之，貴陽而賤陰也。」在陽氣在天空中運轉的十個月
當中，不只物隨之而「始出、方盛、初衰」，連三王之改正朔，亦莫不遵守陽
氣的變化規律，這就看出無論是自然或人文世界都有貴陽而賤陰的傾向。推
擴而論，老幼貴賤、君臣父子的尊卑位置，也是依照陽氣的盛衰而排列，所
謂：「天下之尊卑隨陽而序位。幼者居陽之所少，老者居陽之所老，貴者居陽
之所盛，賤者居陽之所衰。藏者，言其不得當陽。不當陽者臣子是也，當陽
者君父是也。故人主南面，以陽爲位也，陽貴而陰賤，天之制也。」〔註24〕
而三綱中的君臣、父子、夫婦，因君、父、夫爲陽，臣、子、婦爲陰，故對
於三綱中的個別角色，須依其陰陽屬性之不同，分別採取尊君卑臣，尊父卑
子，尊夫卑婦的態度。於是這就將人倫之間原本的相對性的關係，轉爲絕對
性的關係，而爲後人所誤用。

（四）五 行

　　五行和陰陽一樣，皆屬於天的十端。五行和陰陽的思想在先秦時本是各

〔註22〕 新校本《漢書‧董仲舒傳》，卷五十六，頁 2501。
〔註23〕 《春秋繁露義證‧陽尊陰卑》，卷十一，頁 326～327。
〔註24〕 《春秋繁露義證‧天辨在人》，卷十一，頁 336～337。

自發展，到了董仲舒，就將這兩者聯結起來。〔註25〕〈天辨在人〉說：「如金木水火，各奉其主以從陰陽，相與一力而并功。其實非獨陽也，然而陰陽因之以起，助其所主。故少陽因木而起，助春之生也；太陽因火而起，助夏之養也；少陰因金而起，助秋之成也；太陰因水而起，助冬之藏也。陰雖與水并氣而合冬，其實不同，故水獨有喪而陰不與焉。」因此董仲舒的聯結是先分陰陽爲少陽、太陽、少陰、太陰，認爲四者分別因木、火、金、水而起，再以之和四時相配，如此陰陽、四時、五行便搭配起來。而金木水火就與運行到它所在方位的陰陽之氣並力促成春生、夏養、秋成、冬藏之功。至於冬季之喪物，陰並未參與，反而由水獨自擔負。

以上所論雖言五行，實際上缺少土，只有四行。五行與四時的搭配本不易解決，《呂氏春秋》將土納入一年中央的六、七月之間，視爲中央土；《淮南子》則以季夏六月配土，然二者如此的處理，問題仍存在，蓋因土皆會侵犯到原有的當令的某一行。董仲舒的方法是將土置於中央，給與尊貴的地位，這就變成了「土居中央，爲之天潤。土者，天之股肱也。其德茂美，不可名以一時之事，故五行而四時者。土兼之也。金木水火雖各職，不因土，方不立，……土者，五行之主也。」〔註26〕於是土的地位上升，成爲天的輔助，它的角色是兼管四時，且其他四行與土配合完成各自的職責，因而土與四行就有主從的關係。然而董仲舒有時又以土主季夏，〈五行對〉說：「水爲冬，金爲秋，土爲季夏，火爲夏，木爲春。春主生，夏主長，季夏主養，秋主收，冬主藏。」因而其理論有矛盾之處。

具體來說，董仲舒說五行源於天，且五行有相生之特色，所謂：

> 天有五行：一曰木，二曰火，三曰土，四曰金，五曰水。木，五行之始也，水，五行之終也，土，五行之中也，此其天次之序也。木生火，火生土，土生金，金生水，水生木，此其父子也。木居左，金居右，火居前，水居後，土居中央，此其父子也，相受而布。是故木受水，而火受木，土受火，金受土，水受金也。諸授之者，皆其父也；受之者，皆其子也；常因其父，以使其子，天之道也。是故木已生而火養之，金已死而水藏之，火樂木而養以陽，水剋金而

〔註25〕 李威熊：《董仲舒與西漢學術》（臺北：文史哲出版社，1978 年 6 月初版），〈第三章　董仲舒的學術思想體系〉，頁 69。
〔註26〕 《春秋繁露義證・五行之義》，卷十一，頁 322。

> 喪以陰，土之事火竭其忠。故五行者，乃孝子忠臣之行也。五行之
> 為言也，猶五行歟？〔註27〕

此處說明天之五行，依序是：木、火、土、金、水。〔註28〕順著此順序，五行產生了相生的關係，此即：木生火，火生土，土生金，金生水，水生木。這樣的相生是「比相生」。〔註29〕除「五行相生」，董仲舒尚有「五行相勝」之說，這是指木、火、土、金、水五行，其間隔的兩行相剋，所謂：金勝木，中隔水；水勝火，中隔木；木勝土，中隔火；火勝金，中隔土；土勝水，中隔金。這兩種五行說，標誌著原由《尚書》從特性、功能的角度所解釋的五行，轉而以一穩固的結構呈現。

在五行相生中，後一行不能違逆前一行，例如木能生火，火不能生木，董氏甚至類比前後二行的關係為人類社會中的父子君臣的關係，此即前一行為君父，後一行為臣子，君父之諸般所為，臣子皆須奉行，此方為忠孝，方合乎天道。於是五行不只是物質性的意義，董氏還賦予它們倫理道德上的意味。董仲舒以五行相生的順序來論忠、孝，這是從氣化自然的角度來解釋君臣和父子的關係，亦是一種附會。如此論述忠、孝，而後將此歸為「天之道」、「天之經」，以顯出其必然性，卻不直接就其內在的道德心性去尋求其根源，此實為道德價值的外在追求。如此，道德實踐的根基是薄弱的，且此種詮釋易令忠、孝等德目籠罩在神祕的氛圍中。

以上所述〈五行之義〉的內容，牟先生認為有以下的意義：

（i）宇宙之生成是有條理有秩序的，這種普遍的宇宙條理可以五行象之。

（ii）五行間的關係，便是人間的關係。人間的關係由五行的關係昭示之。

（iii）五行之隨，各如其序；五行之官，各致其能。其間的因果關係，連結的是很緊嚴的，是很有自然而必然之性的。

（iv）所以人間的條理與五行的條理，可以說都是自然生成的。既非人造，亦非神造。這種自然生成之條理可以叫做「宇宙條

〔註27〕《春秋繁露義證・五行之義》，卷十一，頁321。

〔註28〕除〈治亂五行〉外，《春秋繁露》以五行名篇之各篇，其內容中五行之順序，皆依木、火、土、金、水之順序排列。

〔註29〕董仲舒說：「五行者，五官也，比相生而間相勝也。」《春秋繁露義證・五行相生》，卷十三，頁362。

理」。〔註30〕

除（iii）之外，其他三點已於以上的討論中展現。檢視牟先生所言，他說宇宙的生成有條理有秩序，這樣的說明基本無誤，然不足之處有：（i）天、氣、陰陽、五行構成了董仲舒氣化宇宙論中的重要論述，此四者環環相扣，尤以陰陽和五行，其關係更加緊密。牟先生論宇宙條理時只以五行論之，遺漏了天、氣、陰陽，畢竟有所缺失，因為天、氣、陰陽也自不同的角度展示出宇宙條理。（iv）牟先生說宇宙條理見諸人間與五行的條理上。五行的條理，如木生火，火生土等，而在董氏理論中，人間條理因是依五行類推而來，故可以說間接的由自然生成，由此也可限制的說顯出其自然又必然性。然而，人間的條理與五行的條理畢竟有差異。人間的條理是人文化成，人為制定的，如君臣父子夫妻之間的關係和彼此的相處之道，是依照禮儀來規範的，而禮儀源自人的本心，故個人所言所行皆以道德心為基礎。相對的，若是從經驗事實出發去建立道德基礎，道德基礎是不穩固的。牟先生於此實應進一步剖析為何人間的條理就一定是宇宙條理，其與五行之間究竟如何發生聯結等問題。

就（iii）而言，這是董仲舒說的：

> 五行之隨，各如其序，五行之官，各致其能。是故木居東方而主春氣，火居南方而主夏氣，金居西方而主秋氣，水居北方而主冬氣。是故木主生而金主殺，火主暑而水主寒，使人必以其序，官人必以其能，天之數也。〔註31〕

「五行之隨，各如其序」說明五行的運行有其順序，因而各行各居其位，各有其所主的四時之氣。「五行之官，各致其能」則是五行各有它應盡的職責，因此「木主生而金主殺，火主暑而水主寒」。既然五行有以上的特質，因而人要加以效法，尤其官職的設置要仿效五行，此方合乎天之道。

董仲舒說：「五行者，五官也，……逆之則亂，順之則治。」〔註32〕由五行推論出五種官職，此即：木為司農，火為司馬，土為司營，金為司徒，水為司寇。任用五官或是治國，皆要順著五行相生相勝的原則進行，遵之則國治，違之則國亂，此在〈五行順逆〉、〈五行變救〉已有詳細載明，而這套與時令配合的治國術，雖說欲讓政治有所依循，依照五行的順序去展開，但其

〔註30〕《全集 1・周義》，頁 16。
〔註31〕《春秋繁露義證・五行之義》，卷十一，頁 322。
〔註32〕《春秋繁露義證・五行相生》，卷十三，頁 362。

缺點爲失之僵硬，無法面對複雜多變的政治環境。

任用五官固然須依照五行的規律進行，而三公、九卿、二十七大夫、八十一元士之選定亦須取諸「天大經」「天之時」，〈官制象天〉說：

> 王者制官，三公、九卿、二十七大夫、八十一元士，凡百二十人，而列臣備矣。吾聞聖王所取儀，金天之大經，三起而成，四轉而終，官制亦然者，此其儀與？三人而爲一選，儀於三月而爲一時也。四選而止，儀于四時而終也。三公者，王之所以自持也。天以三成之，王以三自持。立成數以爲植而四重之，其可以無失矣。備天數以參事，治謹於道之意也。此百二十臣者，皆先王之所與直道而行也。
>
> 是故天子自參以三公，三公自參以九卿，九卿自參以三大夫，三大夫自參以三士。三人爲選者四重，自三之道以治天下，若天之四重，自三之時以終始歲也。一陽而三春，非自三之時與？而天四重之，其數同矣。天有四時，時三月：王有四選，選三臣。是故有孟、有仲、有季，一時之情也；有上、有下、有中，一選之情也；三臣而爲一選，四選而止，人情盡矣。人之材固有四選，如天之時固有四變也。……
>
> 何謂天之大經？三起而成日，三日而成規，三旬而成月，三月而成時，三時而成功。寒暑與和，三而成物；日月與星，三而成光；天地與人，三而成德。由此觀之，三而一成，天之大經也，以此爲天製。是故禮三讓而成一節，官三人而成一選。三公爲一選，三卿爲一選，三大夫爲一選，三士爲一選，凡四選。三臣應天之制，凡四時之三月也。
>
> 是故其以三爲選，取諸天之經；其以四爲制，取諸天之時；其以十二臣爲一條，取諸歲之度；其至十條而止，取之天端。……天數畢於十，王者受十端於天，而一條之率。每條一端以十二時，如天之每終一歲以十二月也。十者天之數也，十二者歲之度也。用歲之度，條天之數，十二而天數畢。是故終十歲而用百二十月，條十端亦用百二十臣，以率被之，皆合於天。〔註33〕

一歲有四時，即「四轉而終」；一時有三月，即「三起而成」。「四轉而終」、「三起而成」是天之大經，官制之制定與選用，亦須依天而行，故一年共要選擇四次官吏，即共選三公、三卿、三大夫、三元士，這是「儀于四時」；每次以

〔註33〕 《春秋繁露義證・官制象天》，卷七，頁 214～217。

三人爲一選，這是「儀於三月」。這是說天子只選擇三公，餘下各官自己選擇屬下來輔佐自己，於是三公每一公選擇三卿，九卿每一卿選擇三大夫，二十七大夫每一大夫選擇三元士。至於一百二十官也是配合月份和天之十瑞：天地、陰陽、五行、人而制定的。以十二臣爲一條，這是因一年有十二月的關係；至十條爲止，這是因十爲天之數，於是在十二月和十條相配之下，一百二十官之數目就與十歲共百十二月之數相符。

由一歲的運行過程中，王者仿天來制定官制與選定官員。這樣的過程，牟先生說它顯示的是「一個始、壯、究之波動」，亦即四時依「始、壯、究」來變換。換言之，一歲之四時，一時之三月，皆依此波動而進行，故四時與三月皆爲一「自然而必然之條理」，亦是宇宙條理。至於牟先生說：「人間之官制關係也是自然而有這種條理，非象天而使其然也。」此處的詮釋有誤，蓋官制之制定，最初是人爲的，其後才將各官制的關係與天時聯結配合，這是自某一角度所說的「象天」。因此，官制的關係可以說象天而然，但非自然而有這樣的宇宙條理。至於說道「這種三起四變之波動節奏觀，……，可以盡一切之變動與關係。」以及「由這個條理，可以把天人攏在一起。所以天人同情，天人合一，也就含於其中。」〔註34〕此則嫌語焉不詳。

二、天人感應

天人感應說保存了先秦以來大量的自然知識，它視宇宙爲一有機的構造，處於當中同類的事物皆能相互溝通與聯繫。天人感應說自《易傳》、《呂氏春秋》、《淮南子》以來，就有長足的發展。到了董仲舒，爲了讓這理論更加完善，更具有系統性和說服力，他就將各種各樣的哲學思想和自然知識作大幅度的整合，納入氣化宇宙論的架構下去開展。

（一）天人同類

董仲舒認爲天人存在著同類的關係，這是天人感應論的重要基礎，所謂：

以類合之，天人一也。〔註35〕

爲生不能爲人，爲人者天也。人之人本於天，天亦人之曾祖父也。此人之所以乃上類天也。人之形體，化天數而成；人之血氣，化天

〔註34〕《全集 1・周義》，頁 18。
〔註35〕《春秋繁露義證・陰陽義》，卷十二，頁 341。

> 志而仁；人之德行，化天理而義；人之好惡，化天之暖清；人之喜
> 怒，化天之寒暑；人之受命，化天之四時；人生有喜怒哀樂之答，
> 春秋冬夏之類也。……天之副在乎人，人之情性有由天者矣。〔註36〕

因天人同類，人是天的副本，所以天有的，人也就有，故無論是人的形體、
血氣、德行、情緒，皆由天數、天志、天理、四時變化而來。詳細而論，人
的身體結構與天是同類同構的，董仲舒比附二者的關係說：

> 人有三百六十節，偶天之數也；形體骨肉，偶地之厚也。上有耳
> 目聰明，日月之象也；體有空竅理脈，川谷之象也；心有哀樂喜
> 怒，神氣之類也。……人之身，首坌而員，象天容也；髮，象星
> 辰也；耳目戾戾，象日月也；鼻口呼吸，象風氣也；胸中達知，
> 象神明也，腹胞實虛，象百物也。……。頸以上者，精神尊嚴，
> 明天類之狀也；頸而下者，豐厚卑辱，土壤之比也。足布而方，
> 地形之象也。……天地之符，陰陽之副，常設於身，身猶天也，
> 數與之相參，故命與之相連也。天以終歲之數，成人之身，故小
> 節三百六十六，副日數也；大節十二分，副月數也；內有五藏，
> 副五行數也；外有四肢，副四時數也；乍視乍暝，副晝夜也；乍
> 剛乍柔，副冬夏也；乍哀乍樂，副陰陽也；心有計慮，副度數也；
> 行有倫理，副天地也。……於其可數也，副數；不可數者，副類。
> 皆當同而副天，一也。〔註37〕

此一大段無不極盡附會之能事，從人外在的生理結構、內在的情緒去比附天
地之象、天地之數等，凡有數目可以表示的，「於其可數也，副數」；無數目
可表示的，「不可數者，副類」，以此證明人副於天，人與自然存在著某種特
殊的同數、同構、同類的關係，於是天人之間的關係就初步建立起來。

　　人不只身體結構，在情感上也與天同類，這是天人同情。董仲舒就特別
強調四氣與四情的關係，他說：

> 夫喜怒哀樂之發，與清暖寒暑，其實一貫也。喜氣為暖而當春，怒
> 氣為清而當秋，樂氣為太陽而當夏，哀氣為太陰而當冬。四氣者，
> 天與人所同有也，非人所能蓄也。……人生於天，而取化於天。喜
> 氣取諸春，樂氣取諸夏，怒氣取諸秋，哀氣取諸冬，四氣之心也。

〔註36〕《春秋繁露義證‧為人者天》，卷十一，頁318～319。
〔註37〕《春秋繁露義證‧人副天數》，卷十三，頁354～357。

〔註38〕

> 喜怒之禍，哀樂之義，不獨在人，亦在於天，而春夏之陽，秋冬之
> 陰，不獨在天，亦在於人。人無春氣，何以博愛而容眾？人無秋氣，
> 何以立嚴而成功？人無夏氣，何以盛養而樂生？人無冬氣，何以哀
> 死而恤喪？天無喜氣，亦何以暖而春生育？天無怒氣，亦何以清而
> 秋殺就？天無樂氣，亦何以疏陽而夏養長？天無哀氣，亦何以激陰
> 而冬閉藏？故曰：天乃有喜怒哀樂之行，人亦有春秋冬夏之氣者，
> 合類之謂也。〔註39〕

在氣化流行之下，四時所展現的宇宙條理是清、暖、寒、暑，發於人則為喜、
怒、哀、樂。同樣的，天的春夏秋冬就是人的喜怒哀樂，人的喜怒哀樂就是
天的春夏秋冬，這都是將四時之氣與人之四情加以「合類」論之。人因具有
四氣，故自然的表現出博愛、長養、成就、哀死的情感。因為天人同類，所
以王者施政應法天而行，所謂：「聖人副天之所行以為政，故以慶副暖而當春，
以賞副暑而當夏，以罰副清而當秋，以刑副寒而當冬。慶賞罰刑，異事而同
功，皆王者之所以成德也。慶賞罰刑與春夏秋冬，以類相應也，如合符。故
曰王者配天，謂其道。天有四時，王有四政，四政若四時，通類也，天人所
同有也。」〔註40〕此強調王者應副天而行，推行和春暖之生、夏暑之養、秋
清之殺、冬寒之藏相配的四政：慶、賞、罰、刑，四政應具備妥當、按時實
行、行於正處、不可相干犯等，正如四時的運行依次進行一般，這也是出於
通貫天人，天人合一的目的。

（二）同類相應

上文說天和萬物具有同類、同數、同構的關係，而只有同類之物才能相
互感應，董仲舒說：

> 今平地注水，去燥就溼，均薪施火，去溼就燥。百物去其所與異，
> 而從其所與同。故氣同則會，聲比則應，其驗皦然也。試調琴瑟而
> 錯之，鼓其宮則他宮應之，鼓其商而他商應之，五音比而自鳴，非
> 有神，其數然也。美事召美類，惡事召惡類，類之相應而起也。如
> 馬鳴則馬應之，牛鳴則牛應之。……物固以類相召也。……故琴瑟

〔註38〕《春秋繁露義證・王道通三》，卷十一，頁330～331。
〔註39〕《春秋繁露義證・天辨在人》，卷十一，頁335～336。
〔註40〕《春秋繁露義證・四時之副》，卷十三，頁353。

> 報彈其宮，他宮自鳴而應之，此物之以類動者也。其動以聲而無形，
> 人不見其動之形，則謂之自鳴也。又相動無形，則謂之自然，其實
> 非自然也，有使之然者矣。物固有實使之，其使之無形。〔註41〕

此發展了自《易傳・乾文言》「同聲相應，同氣相求」、《呂氏春秋・應同》的感應理論。董仲舒於此首先指出同類的感應是自然而起的現象，所謂「非有神，其數然也」。然而他又認為這些感應實因無形之天造成的，由天意所為，這就有目的論的說法。那它們如何起感應呢？關鍵就在於彼此因皆為一氣所化，故能通過氣來相互感應，即「氣同則會」。董仲舒說：

> 天有陰陽，人亦有陰陽。天地之陰氣起，而人之陰氣應之而起，人
> 之陰氣起，而天地之陰氣亦宜應之而起，其道一也。〔註42〕

可見天地與人的感應，乃基於天人同有陰陽之氣的緣故。且這感應不是由某一方興起，另一方被動起反應，而是平行相互的過程。總之，若天與人之間不先承認有一媒介可相通的話，彼此是無法感通的，故董仲舒經由氣之通天人的理論，就為天人感應建立一良好的理論基礎。

董仲舒之所以講這一大套天人感應，其最終目的是要以災異警示國君，祈求政治清明，他說：

> 天地之物有不常之變者，謂之異，小者謂之災。災常先至而異乃隨
> 之。災者，天之譴也；異者，天之威也。譴之而不知，乃畏之以威。
> 《詩》云：「畏天之威」，殆此之謂也。凡災異之本，盡生於國家之
> 失，國家之失乃始萌芽，而天出災害以譴告之；譴告之而不知變，
> 乃見怪異以驚駭之，驚駭之尚不知畏恐，其殃咎乃至。以此見天意
> 之仁而不欲陷人也。謹案災異以見天意。天意有欲也，有不欲也。
> 所欲所不欲者，人內以自省，宜有懲於心；外以觀其事，宜有驗於
> 國。〔註43〕

董仲舒認為天有欲與不欲，災異如水旱災、火災、地震等即為天的意志的展現。災異之生肇因國政不修，國君失職。上天之所以用先災後異的手段譴告，目的是要國君自省，修明國政，此體現了上天對國君的仁心。故災異來時，國君應通過它們去體認天意，進而更須法天而行，此即：「天志仁，其道也義。

〔註41〕《春秋繁露義證・同類相動》，卷十三，頁 358～361。
〔註42〕《春秋繁露義證・同類相動》，卷十三，頁 360。
〔註43〕《春秋繁露義證・必仁且智》，卷八，頁 259～260。

為人主者，予奪生殺，各當其義，若四時；列官置吏，必以其能，若五行；好仁惡戾，任德遠刑，若陰陽；此之謂能配天。」〔註44〕天志的仁義，顯為陰陽、四時、五行的仁義，故國君的任德遠刑、予奪生殺、設立官職，皆要與天志呼應。若國君能推行以上的德政，上天就會出現祥瑞相應。由此可見，天人感應說雖是既神秘又迷信，但它有一積極的政治上的目的，就是希望通過此理論來制衡君權，勉勵國君施行仁政，造福百姓。

總括來說，董仲舒的氣化宇宙論構建了一幅世界圖式。在此圖式中，人生活於天地之間，陰陽二氣是造成萬物變化的兩股力量，五行是這世界的五個支柱，這些皆是宇宙條理的展現，也是一極盡可能的去網羅萬象的大系統。而無論是自然界或人類社會的文明，都依此宇宙條理作規律性的發展。固然，有學者視雜揉陰陽五行的系統是「漢儒的沒落」，但董仲舒能正面呼應時代的要求，將儒家思想和陰陽五行說加以結合，使儒學具有心性論與宇宙論的內容，無疑是哲學思想的發展與進步。〔註45〕復次，天人感應說在天人同類與同類相應的原則之下，探討萬物之間的關係，認為萬物雖各以不同的類存在著，但同類之間之所以能相應，皆因彼此秉氣而生，故能通過氣來相互感應。

第二節　漢易的傳承與發展

在漢易的研究上，牟宗三先生依序論述了孟喜、京房、鄭玄、荀爽、虞翻五大家的《易》學內容。在論述的開展上，他先是說明漢易的背景，接著他大幅參考了張惠言的《易義別錄》、陸德明的《經典釋文・序錄》、《隋書・經籍志》等，於「B.孟京費三派之分野」對漢易的派別：孟喜、京房、費直三派及宗此三派的人物、著作、《易》說等作了簡單的考述，其中宗法孟氏《易》

〔註44〕《春秋繁露義證・天地陰陽》，卷十七，頁467～468。

〔註45〕有關「漢儒的沒落」，詳參勞思光：《新編中國哲學史（二）》（臺北：三民書局，1984年1月增訂初版），〈第一章　漢代哲學〉，頁9～17。李澤厚說：「董仲舒的貢獻就在於，他最明確地把儒家的基本理論（孔孟講的仁義等等）與戰國以來風行不衰的陰陽家的五行宇宙論，具體地配置安排起來，從而使儒家的倫常政治綱領有了一個系統論的宇宙圖式作為基石，使《易傳》、《中庸》以來儒家嚮往的『人與天地參』的世界觀得到了具體的落實，完成了自《呂氏春秋・十二紀》起始的、以儒為主、融合各家以建構體系的時代要求。」參李澤厚：《中國古代思想史論》（臺北：三民，1996年9月初版），〈五、秦漢思想簡議〉，頁151～152。

的有姚信、翟子元、蜀才、虞翻；宗法京氏《易》的有陸績、干寶；宗法費
氏《易》的有馬融、宋衷、劉表、王肅、董遇、王廙、劉瓛、鄭玄、荀爽。
最後他總結說：

> 由西漢至魏晉這四五百年間的《易》學，其特性全是災異感應下的
> 產物。其間有跡可循者只有孟京荀鄭虞五人耳。其餘則只在歷史上
> 有名而爲漢《易》之附庸，不足述。自田何到孟喜再至虞翻是漢《易》
> 之正宗。京氏後起，且無可述之傳受者；費氏本人無訓說，則雖鄭
> 荀據相傳爲費氏《易》，然亦直是鄭荀已耳。是故傳漢《易》之衣缽
> 者，厥爲虞翻。此三派中共有五中堅人物，其爲：（i）孟喜──虞
> 翻──孟氏派；（ii）京房──京氏派；（iii）鄭，荀（代費氏）──
> 費氏派。〔註46〕

漢代的易學情況複雜，牟先生所論是屬於儒家《易》的範圍。他認爲漢易可分
爲三大派，此三大派中共有五位重要的《易》學家。一是田何以下的孟氏派，
代表人物爲孟喜、虞翻；二是以京房及其後學爲代表的京氏派；三是費氏派的
鄭玄，荀爽。牟先生的認知，基本上合乎漢易的發展，惜所言簡略。爲讓人對
於漢易的傳承及其代表人物有一清楚的認知，以下論述時不擬對整個漢易的發
展概況作處理，只針對這三大派中的五位中堅人物，及相關問題作一詳細的爬
梳與說明。至於他行文偶及的其他人物，因留傳至後世的《易》學著作不多，
影響亦小，爲避免行文冗贅細碎及焦點分散，故不擬討論。〔註47〕

一、秦火造成易學的獨興

　　牟宗三先生提到「自田何到孟喜再至虞翻是漢《易》之正宗。」田何在
易學史上是漢初傳易的關鍵人物，而易學在漢代發展迅速，又與秦火有關。

　　原本，儒家的經典原是上古三代文化的文獻滙編，亦爲諸子百家學說的
基礎。它們本來收藏在官府，作爲貴族教授子弟的教材。春秋以來，禮崩樂

〔註46〕《全集 1・周義》，頁 31。

〔註47〕相關人物及其易學內容煩詳參《全集 1・周義》，頁 21～32；簡博賢：《魏晉
　　　　四家易研究》（臺北：文史哲出版社，1986 年月初版），書中論及蜀才、干寶；
　　　　徐芹庭：《魏晉七家易學之研究》（臺北：成文出版社，1977 年初版），書中論
　　　　及姚信、蜀才、翟元、王肅、董遇；高懷民：《兩漢易學史》（臺北：中國學
　　　　術著作獎助委員會，1970 年 12 月初版），頁 233～249；劉玉建：《兩漢象數
　　　　易學研究（下）》（廣西：教育出版社，1996 年 9 月第 1 版），頁 586～611。

壞，官學失守，原爲貴族掌握的學術，也逐漸散入民間。孔子出身沒落的貴族，本欲投身政治，無奈不爲時用，於是就筆削整理這些上古的文獻，以之教學。這些寄托孔子理想的文獻經他一再的詮釋以後，性質改變，就成爲儒者專門研究的對象。自此之後，孔門弟子研習經典不輟，講學不斷，賦予這些文獻更多的闡釋與意義，這也才逐漸形成了經學。然此榮景卻橫遭秦始皇焚書、項羽焚毀秦宮、楚漢之爭等數次惡運，以致經籍尤其是《詩》、《書》的大量亡失，經學的傳習不絕如縷。

　　秦之焚書，並非始於秦始皇。早在秦孝公時，商鞅爲了「行法令」就建議國君「燔《詩》、《書》」。〔註 48〕秦統一中國之後，爲了統治這史無前例的大帝國，更須加倍嚴厲的去箝制人民的思想，因而就有焚書之事。

　　確切的說，秦之焚書與國家體制的討論有關。西元前 221 年（始皇二十六年），秦朝建立以後，丞相王綰等建議實行封建制度，此議廷尉李斯反對，主張推行郡縣制度。於是秦始皇就採用李斯的意見，將天下分爲三十六郡，每郡下轄若干縣，郡守與縣令由中央任命。西元前 213 年（始皇三十四年），諸臣在咸陽宮爲始皇祝壽。時僕射周青臣進頌讚揚始皇建立郡縣制之功，然博士淳于越不只駁斥周青臣的阿諛，且主張重新實行封建制度。丞相李斯聞之，反對淳于越之見，並進而有焚書之議。據李斯所上的奏議可知，他描摹從前的儒者具有「語皆道古以害今，飾虛言以亂實，人善其所私學，以非上之所建立」的特質。而當時的儒者「不師今而學古，以非當世，惑亂黔首。……私學而相與非法教，人聞令下，則各以其學議之，入則心非，出則巷議，夸主以爲名，異取以爲高，率群下以造謗。」〔註 49〕可見以古非今是知識份子通病，這不只易惑亂老百姓的想法，且動搖了國家法令的尊嚴，確實不利於國家的統一。爲了免除此弊，秦始皇就接受李斯的建議，焚毀相關書籍。而焚書其實也就表示了代表法家力治的秦國，要杜絕儒家「德治」思想傳統對於政治影響的嘗試。〔註 50〕焚書令說：

　　　　史官非《秦記》皆燒之。非博士官所職，天下敢有藏《詩》、《書》、

〔註 48〕《韓非子‧和氏》曰：「商君教秦孝公以連什伍，設告坐之過，燔《詩》《書》而明法令，塞私門之請而遂公家之勞，禁游宦之民而顯耕戰之士。孝公行之，主以尊安，國以富強。」

〔註 49〕新校本《史記‧秦始皇本紀》，卷六，頁 254。

〔註 50〕姜廣輝主編：《中國經學思想史》第一卷（北京：中國社會科學出版社，2003年 9 月第 1 版），〈第二十三章　德、力之爭的演變及「焚書坑儒」〉，頁 733。

百家語者，悉詣守、尉雜燒之。有敢偶語《詩》、《書》者棄市。以古非今者族。吏見知不舉者與同罪。令下三十日不燒，黥爲城旦。所不去者，醫藥、卜筮、種樹之書。若欲有學法令，以吏爲師。〔註51〕

此令一下，除《秦記》外，六國的史官書，以及《詩》、《書》、百家語這些對於秦朝集權統治構成威脅的書籍皆遭焚燒。這次的文化浩劫，不只造成後人研究六國歷史的困難，且使得儒家及《六藝》遭遇到極大的損害。

而李斯之所以選定的這三類書，錢穆先生認爲有特定的目的，他說：

故秦廷此次焚書，其首要者爲六國之史記，（以及三代舊史爲史官傳統職掌者。）以其多譏刺及秦，且多涉及政治也。其次爲《詩》《書》，即古代官書（此本亦史官所掌，故章學誠謂「六經皆史」也。）之流傳民間者，以其每爲師古議政者所憑藉也。再次乃及百家語，似是牽連及之，並不重視。而禁令中焚書一事，亦僅居第三最次之列。第一禁議論當代政治，第二禁研究古代文籍，第三始禁家藏書本。其所謂二「悉詣守、尉雜燒」，是未嚴切搜檢也。民間之私藏，以情事推之，不僅難免，實宜多有。自此以下，至陳涉起兵，不過五年，故謂秦廷焚書，而民間書籍絕少留存，決非事實。惟《詩》《書》古文，流傳本狹，而秦廷禁令，特所注重，則其過絕，當較晚出百家語爲甚。故自西漢以來，均謂秦焚書不及諸子，（王充《論衡》〈書解〉、〈佚說〉、〈正文〉諸篇，趙岐〈孟子題辭〉，王肅〈家語後序〉，《續漢・天文志》，劉勰《文心雕龍・諸子篇》，逢行珪注〈鬻子敘〉等。）又謂秦焚書而《詩》《書》古文遂絕，（《史記・六國表序》、〈太史公自序〉，揚雄〈劇秦美新〉，及《論衡》上舉諸篇。）蓋非無據而言也。〔註52〕

〔註51〕 參新校本《史記・秦始皇本紀》，卷六，頁254。《史記・儒林列傳》則載：「及至秦之季世，焚《詩》、《書》，院術士，《六藝》從此缺焉。」參見新校本《史記》，卷一百二十一，頁3106。

〔註52〕 詳參錢穆：《兩漢經學今古文平議》（收入《錢賓四先生全集》甲編8，臺北：聯經出版社，1998年5月初版），〈兩漢博士家法考〉，頁185～189，《國學概論》（收入《錢賓四先生全集》甲編1，臺北：聯經出版社，1998年5月初版），〈第三章 嬴秦之焚書坑儒〉，頁73～90；林啓屏：〈中國古代學術史上的關鍵事件及其意義——以「秦火焚書」爲討論的核心〉，《清華學報》，第36卷第1期，2006年6月，頁109～133。杜正勝：〈秦火與焚書〉，《歷史月刊》第8期，1988年9月，頁6～11。

六國的史記，對秦多所譏刺及多涉政治；《詩》、《書》是古代流傳下來的官書，其內容每被戰國的知識份子奉爲圭臬或加以詮釋後用來批判政治、社會，且《詩》、《書》多爲古文，與秦朝文字不合；百家語是限制在對於《詩》、《書》的注解和引申的這些書上。因此，這三類書必須焚毀。群經之中，《易》幸運的逃過焚毀的劫難。〔註53〕這除了因它是卜筮之書的緣故之外，還因其內容有助於指導秦朝去治理天下，張濤就認爲秦始皇不焚《周易》的原因有二：一是因秦地一直有宗教巫術這類的傳統，《周易》爲卜筮之書，故秦始皇對此方面的相關事物也深信不疑；一則因《周易》中的宇宙觀、人生理想觀等思想可爲秦始皇直接取資以治理天下，換言之，《周易》是合乎政治與社會的需要的。而秦始皇的不焚《周易》，基本上終結了先秦百家爭鳴的局面，但也開創了秦亡之後以《易》爲中心來綜合、融通、發展的諸子百家之學的新時代。〔註54〕

　　秦始皇死後，各地揭竿而起反抗暴秦。之後，項羽西入咸陽，殺死投降的王子嬰，並大肆焚燒秦朝宮室，這場大火燒了三個月猶未熄滅。於是宮中所藏的典籍就因項羽而遭到焚毀。接著登場的楚漢相爭，戰禍更是頻仍。在此紛亂的時局下，書籍損毀亡佚得更多，文化受到很大的破壞。這情況直到漢朝建立以後才得到改善。

二、漢初易學的傳承問題

　　漢初，諸帝與民休息，鼓勵文教。此時，各種經籍陸續出現，而《易》因免於秦火，故其保存與流傳，無疑的是較他經來得完整與廣布的。〔註55〕這樣的特性也造成了他人對於《易》的廣泛使用。換言之，因《詩》、《書》等可傳播思想的書籍已於秦時焚毀，人們不得不利用解《易》的方式來傳述其學說，闡發其思想。〔註56〕《易》除被廣爲使用與研究外，在漢代流傳的

〔註53〕《漢書·藝文志》說：「及秦燔書，而易爲筮卜之事，傳者不絕。」同書〈儒林傳〉也說：「及秦禁學，易爲筮卜之書，獨不禁，故傳受者不絕也。」參見新校本《漢書》，卷三十、八十八，頁1704、3596。

〔註54〕詳參張濤：《秦漢易學思想研究》（北京：中華書局，2005年3月第1版），〈第二章　秦始皇與《周易》〉，頁23～43。此又見於張濤：〈秦代易學思想探微〉，《漢學研究》，第18卷第2期（總37期），2000年12月，頁35～55。

〔註55〕高懷民說：「漢興儒門易經的得以保全，是由於披著筮術的防護衣，僥倖度過了秦火之劫。」參氏著：《兩漢易學史》，〈第一章　漢易中幾個特殊問題〉，頁7。

〔註56〕王葆玹：《西漢經學源流》（臺北：東大圖書，1994年6月初版），〈學院派易學的形成和演變〉，頁264。

眾經籍當中，它的傳授系統也是記載得最爲清楚的。

據《史記》所載，《易》自孔子傳至商瞿開始，至西漢楊何已歷八傳。《史記·儒林傳》說：「自魯商瞿受《易》孔子，孔子卒，商瞿傳《易》，六世至齊人田何，字子莊，而漢興。田何傳東武人王同子仲，子仲傳菑川人楊何。何以《易》，元光元年徵，官至中大夫。齊人即墨成以《易》至城陽相。廣川人孟但以《易》爲太子門大夫。魯人周霸，莒人衡胡，臨菑人主父偃，皆以《易》至二千石。然要言《易》者本於楊何之家。」又言：「言《易》，自菑川田生。」《史記·仲尼弟子列傳》則載：「孔子傳《易》於瞿，瞿傳楚人馯臂子弘，弘傳江東人矯子庸疵，疵傳燕人周子家豎，豎傳淳于人光子乘羽，羽傳齊人田子莊何，何傳東武人王子中同，同傳菑川人楊何。何元朔中以治《易》爲漢中大夫。」〔註57〕以表列之，《史記·仲尼弟子列傳》之載爲：

> 孔子→（魯）商瞿→（楚）馯臂子弘→（江東）矯子庸疵→（燕）
> 周子家豎→（淳于）光子乘羽→（齊）田子莊何→（東武）王子中
> 同→（菑川）楊何

《漢書·儒林傳》亦載：「自魯商瞿子木受《易》孔子，以授魯橋庇子庸。子庸授江東馯臂子弓。子弓授燕周醜子家。子家授東武孫虞子乘。子乘授齊田何子裝。……漢興，田何以齊田徙杜陵，號杜田生，授東武王同子中、雒陽周王孫、丁寬、齊服生，皆著《易傳》數篇。同授淄川楊何，字叔元，元光中徵爲太中大夫。齊即墨成，至城陽相。廣川孟但，爲太子門大夫。魯周霸、莒衡胡、臨淄主父偃，皆以《易》至大官。要言《易》者本之田何。」〈儒林傳·贊〉則作「《易》楊」。〔註58〕以表列之，《漢書·儒林傳》之載爲：

> 孔子→（魯）商瞿子木→（魯）橋庇子庸→（江東）馯臂子弓→（燕）
> 周醜子家→（東武）孫虞子乘→（齊）田何子裝。（漢代以前的傳《易》
> 系統）

> 田何→（東武）王同子中、（雒陽）周王孫、（梁）丁寬、（齊）服生
> （東武）王同子中→（淄川）楊何。（漢代以後的傳《易》系統）

比較《史記》、《漢書》所載的傳授系統，初步發現漢朝田何以前不只人的姓名地域不同，且傳授的順序有前後倒置的現象，這也透露出幾個問題：一是孔子傳《易》於商瞿的問題。二是《易》之傳授諸人的問題。最後是漢

〔註57〕分別參見新校本《史記》，卷一百二十一、六十七，頁 3116、3107、2211。
〔註58〕參見新校本《漢書·儒林傳》，卷八十八，頁 3597、3621。

代言《易》究竟是本於田何或楊何的問題。

　　針對前兩個問題，錢穆先生已於《先秦諸子繫年・孔門傳經辨》舉出六點質疑，他認為一商瞿和孔子關係可疑，司馬遷說「商瞿受《易》孔子」，說明商瞿是少於孔子二十九歲的弟子，《易緯・乾坤鑿度》則載商瞿長於孔子，孔子曾向他請益《易》之本的問題。二者誰長誰幼，殊難判定。二是商瞿為孔門弟子之可疑。《易》所言為性與天道之事，子貢已感嘆不可聞，商瞿非孔門巨子，為何獨能受《易》於孔子，而不傳與他人？商瞿既獨受《易》於孔子，這樣重要的人物其名為何不見載於《論語》？且孔子死後，諸弟子論學，亦未提及商瞿。三是文獻紀錄之可疑。《史記・仲尼弟子列傳》和《漢書・儒林傳》之記述中，各人的姓名住處不一，傳授的先後亦不同。究竟該相信何者呢？四是獨標《易》學傳授系統的可疑。為何史書只記錄《易》學的傳授系統，而沒有子游傳《禮》至二戴，或子夏傳《春秋》至嚴顏等的記載。五是《易》學之外其他各經秦前大師毫無稽考之可疑。固然《易》因卜筮之故而傳授者不絕，然在秦前五經各師的傳授必可察考，為何完全沒有一絲紀錄？六是師弟時壽之可疑。自商瞿至田何只有六傳，孔子九世孫孔鮒至秦末時已為九世，時任陳涉的博士。然漢朝傳《易》的田何離孔子只有七世，若此二人的時間要能相配起來，則可能要像崔適於《史記探源》所說的：「師必年逾七十而傳經，弟子皆十餘歲而受業，乃能幾及。」但這於情於理皆不合，因為並非每代的師弟傳授恰好是這情形。因此錢穆先生就認為孔門傳《易》之事不可信。〔註59〕徐復觀先生認為此傳承譜系斷難成立，理由有三；一為孔門四科中以文學聞名的子游、子夏並沒有明顯的傳經紀錄，為何獨載商瞿傳《易》呢？二為司馬遷是根據《弟子籍》寫〈仲尼弟子列傳〉，《弟子籍》所記僅及孔子弟子本身，未及再傳弟子，為何獨對商瞿一直紀錄到田何？三為在先秦引《易》的所有古籍及出土的馬王堆帛書中，絲毫不見有與此傳承相關的記載。故徐先生推測此傳承譜系是田何為了推尊其術，並與市井中的卜筮之徒區別開來，故而加以偽造。〔註60〕總之，錢先生與徐先生結合了傳世資料和出土資料，證明此傳授系統難以成立。

〔註59〕　參錢穆：《先秦諸子繫年》（收入《錢賓四先生全集》甲編 5，臺北：聯經出版社，1998 年 5 月初版），〈孔門傳經辨〉，頁 97～98。

〔註60〕　徐復觀：《中國經學史的基礎》（臺北：臺灣學生書局，1982 年 5 月初版），〈西漢經學史〉，頁 92～93。

再者，《易》究竟是本於田何或楊何？《史記》和《漢書》之載二人皆採，並不專主某一人。針對此問題，徐復觀先生以爲，言田何是溯自漢初，言楊何乃是從他立爲五經博士的時間說。〔註61〕黃師慶萱試爲調停，他認爲太史公〈自序〉說：「（司馬談）受《易》於楊何」，而楊何之《易》實出於田何，猶申培之《詩》本於浮丘伯；《史記》言《易》「本於楊何之家」而不言「本於田何」，這有如言《詩》「本於申公」而不言「本於浮丘伯」。而《漢書·儒林傳》雖改「楊」爲「田」，所謂言《易》者「本之田何」而非「本之楊何」，但其〈贊〉則作「《易》楊」而非「《易》田」。〔註62〕徐說自時間的觀點推論，黃師從漢代傳《易》的代表人物言，二說皆自成理緒。

前述言漢代之前，《易》的傳授系統不可信，至於入漢以後的傳授系統因爲漢本朝的事，故是可信的。無論是《史記》或《漢書》，皆以田何爲漢初傳《易》的關鍵人物。田何的事迹，除《漢書·儒林傳》載：「漢興，田何以齊田徙杜陵，號杜田生。」其他史傳則未見載錄。後來田何的這一支就衍爲漢易的大宗。

三、漢易的發展 —— 由義理到象數

根據《漢書》之載，田何傳《易》給王同、周王孫、丁寬、服生四人，四人皆著有《易傳》。其中丁寬傳與田王孫，田王孫又傳給施讎、孟喜、梁丘賀，諸人皆成大家。孟喜又影響了焦延壽，焦延壽再傳給京房。這樣的一個傳承譜系，貫穿整個西漢，尤其孟喜、焦延壽、京房的《易》學思想就是象數易的代表，這是漢易的主幹。但在漢初，《易》學具有明顯的義理特徵。

（一）漢初易學的義理性格

從漢易的發展史來考察，漢易最初不是先發展出象數易的特色，反而是義理居於前導。

漢初，易學繼承先秦各家如《左傳》、《國語》、《論語》、《荀子》等解《易》的風格，表現出重義理的傾向，這也是皮錫瑞說的漢初解《易》具有「主義理，切人事，不言陰陽術數」的特色。皮錫瑞並舉劉安《淮南子》、賈誼《新書》、董仲舒《春秋繁露》、劉向《說苑》爲例證明。最後結論說：「賈董漢初

〔註61〕 徐復觀：《中國經學史的基礎》，〈西漢經學史〉，頁 93～94。
〔註62〕 《史記漢書儒林列傳疏證》（臺北：嘉新水泥公司文化基金會，1966 年 3 月初版），頁 86、137，注 12、17。

大儒，其說易皆明白正大，主義理，切人事，不言陰陽術數，蓋得易之正傳。田何楊叔之遺，猶可考見。」〔註63〕此外，陸賈的《新語》、《韓詩外傳》、司馬遷的《史記》，書中所引的《易》例，皆未涉象數。以上諸例，大致上表現出儒家的立場。

　　以陸賈、賈誼爲例，陸賈爲開漢的第一儒，他並沒有專門的《易》學著作，而是在《新語》中隨引《易》說以證其論。例如他在《新語・辨惑》評論秦二世指鹿爲馬之事，引《易》：「二人同心，其義斷金」說：「群黨合意，以傾一君，孰不移哉！」抨擊了小人的結黨營私；《新語・思務》說：「自人君至於庶人，未有不法聖道而爲賢者也。《易》曰：『豐其屋，蔀其家，闚其戶，闃其無人。』無人者，非無人也，言無聖賢以治之耳。」強調了國君要任用賢材治理國家的重要。賈誼的情況類同陸賈，亦是於《新書》中屢引《易》說來加強其論點，如他引龍來解說國君要察於時中，居於中正，而非效法極端的亢龍往而不返，在《新書・容經》他就說：「龍也者，人主之辟也。亢龍往而不返，故《易》曰：『有悔。』悔者，凶也。潛龍入而不能出，故曰：『勿用。』勿用者，不可也。龍之神也，其惟茲龍乎！能與細細，能與巨巨，能與高高，能與下下。吾故曰：『龍變無常，能幽能章。』故至人者，……明是審非，察中居宜，此之謂有威儀。」又，《新書・春秋》說：「故愛出者愛反，福往者福來。《易》曰：『鳴鶴在陰，其子和之。』其此之謂乎！故曰：『天子有道，守在四夷；諸侯有道，守在四鄰。』」說明了國君要行仁政，才能取得民心。

　　再就專門的易學家丁寬及其後學論之：

　　　丁寬字子襄，梁人也。初梁項生從田何受《易》，時寬爲項生從者，讀《易》精敏，材過項生，遂事何。學成，何謝寬。寬東歸，何謂門人曰：「《易》以東矣。」寬至雒陽，復從周王孫受古義，號《周氏傳》。景帝時，寬爲梁孝王將軍距吳楚，號丁將軍，作《易說》三萬言，訓故舉大誼而已，今《小章句》是也。寬授同郡碭田王孫。王孫授施讎、孟喜、梁丘賀。繇是《易》有施、孟、梁丘之學。〔註64〕

〔註63〕　詳參皮錫瑞：《經學通論》（臺北：河洛出版社，1974 年 12 月初版），〈一　易經〉，頁 16～18。關於《左傳》、《國語》、先秦諸子、武帝前諸子的易例，詳參屈萬里：《先秦漢魏易例述評》（臺北：臺灣學生書局，1969 年 4 月初版），頁 60～75。
〔註64〕　新校本《漢書・儒林傳》，卷八十八，頁 3597。

　　丁寬本從田何學《易》，後他離開田何至雒陽，跟隨同門周王孫學《易》的古義。周王孫著的《周氏易傳》既爲古義，則田何所授應是今義。〔註 65〕古義、今義的內容，今已難曉知。《漢志》錄王同、周王孫、服生各著有《易傳》兩篇，丁寬在篇數上多出各家，而著有「《丁氏》八篇」，可能是丁寬吸收了二家之長，因而才著作了三萬字的《易說》，現其內容多有亡佚，只存輯佚。據班固所言，丁寬解《易》的特點爲「訓故舉大誼」，顏師古注曰：「故謂經之旨趣也。」意即對於經中的旨趣，只舉其大義。可見丁寬所走的仍是義理的路子。後丁寬授其學於同郡田王孫。田王孫授與施讎、孟喜、梁丘賀。於是《易》學大盛，出現了施、孟、梁丘專門之學。〔註 66〕丁寬的傳授系統以表列之，即：

　　　　丁寬→田王孫→施讎、孟喜、梁丘賀

　　（案：實線的箭頭表示見於史傳所載，以下皆同）

　　復次，還有韓嬰一系的《易》學，在當時不只傳習者少，且快速衰微。韓嬰是燕人，在文帝時爲博士，景帝時官至常山太傅。他爲人精悍，處事分明，曾與董仲舒在武帝面前論事，董仲舒無法駁斥他。後其孫韓商成爲博士。在宣帝時，其後人涿郡韓生因習韓氏《易》而被徵，彼時司隸校尉蓋寬饒原本受《易》於孟喜，因韓氏《易》之故就轉而隨他學《易》。韓嬰不只傳《詩》，「亦以《易》授人，推《易》意而爲之傳」，《漢志》錄有其《易傳》兩篇。今韓嬰的《韓氏易傳》已亡佚，《韓詩外傳》中的易說，應是他易學思想的片斷。韓氏《易》的傳授並不盛，它是由韓嬰→韓嬰之子→韓商→韓生→蓋寬饒。〔註 67〕

　　此外，南方又有楚地的易學，亦另成一系統，這是特指 1973 年 12 月長沙馬王堆三號漢墓出土的《帛書易經》、《帛書易傳》來說。雖然現在學界對於它們的產生年代、作者、學派歸屬有不同的看法，但大致認爲成於戰國末年或秦漢時期，因而筆者就將它納入漢初來討論。《帛書易經》、《帛書易傳》在卦序、文字、內容上，與通行本的經傳有許多明顯的差異。傳統的卦序是始於〈乾〉、〈坤〉，終於〈既濟〉、〈未濟〉，此卦序既有一定的邏輯性，且富含哲理；《帛書易經》則始於〈鍵〉（〈乾〉）、〈婦〉（〈否〉），終於〈家人〉、〈益〉。

〔註 65〕《史記漢書儒林列傳疏證》，頁 138。
〔註 66〕詳參新校本《漢書・儒林傳》，卷八十八，頁 3597～3598。
〔註 67〕詳參新校本《漢書・儒林傳》，卷八十八，頁 3613～3614。

在文字上，二者充滿了假借字、衍文、脫文等。至於《帛書易傳》的內容：〈二三子〉、〈易之義〉、〈要〉、〈繆和〉、〈昭力〉，它的思想較通行本更複雜，因它兼含了儒家、法家和黃老思想的成份。〈二三子〉述龍德，與〈文言〉的說法相關；〈易之義〉論陰陽相濟的道理；〈要〉論述了晚年孔子學習《周易》的情形與德義觀；〈繆和〉、〈昭力〉，闡發卦爻辭的德義與政治思想，大致上反映了儒家立場。然〈二三子〉在論〈豐〉卦卦辭提到「黃帝四輔，堯立三卿」，有黃老的意味；〈繆和〉的君以爵祿勸臣下，顯為法家的思想。

綜上所論，我們可知漢初易學並非如《史》、《漢》所載般為田何一系的單線發展，而是多線散射的。除了傳統上的卜筮之《易》外，陸賈等諸子、韓嬰一系、楚地的易學，他們自義理的角度解《易》，在一定的程度上豐富了漢初易學的內容。

（二）西漢易學的轉向與象數易的興盛

1. 西漢易學的轉向

漢易最初既然是「主義理，切人事，不言陰陽術數」，為何後來不繼續往這方向前進，卻發展成象數易呢？皮錫瑞說：「至孟京出而說始異，故雖各有所授，而止得為易之別傳也。」〔註68〕皮錫瑞以孟喜、京房解《易》多雜陰陽術數災異，轉變了漢初易學的風格，認為這是易之別傳。皮說從內容區分出孟京與前人的不同，但未言及由義理轉向象數的轉折。其實，象數易的興起和董仲舒、魏相有很大的關係。

漢朝建立以後，學術逐漸復興。漢朝開國之君漢高祖雖是一介武夫，不喜儒生，但他也能接受陸賈時以《詩》、《書》向他規勸，而叔孫通的制定朝儀，令其明了「儒者難與進取，可與守成」的好處。至於高祖的「過魯，以大牢祠孔子。」更是他看重儒學的象徵。在政治上，他還援引了一批儒者助他治國。〔註69〕其後，惠帝四年（西元前191年）廢挾書律，廣開民間獻書之路。諸侯王中，河間獻王劉德也仿效朝廷，鼓勵民間獻書。〔註70〕另外，

〔註68〕《經學通論》，〈一　易經〉，頁19。

〔註69〕分別詳見新校本《史記・酈生陸賈列傳》、《史記・劉敬叔孫通列傳》、《漢書・高帝紀》，卷九十七、卷九十九、卷一下，頁2699、2722～2724、76。

〔註70〕《漢書》說：「河間獻王德以孝景前二年立，修學好古，實事求是。從民得善書，必為好寫與之，留其真，加金帛賜以招之。繇是四方道術之人不遠千里，或有先祖舊書，多奉以奏獻王者，故得書多，與漢朝等。」新校本《漢書・景十三王傳》，卷五十三，頁2409。

文帝也曾派鼌錯至齊從伏生受《尚書》，並廣立博士。〔註71〕這些舉措，反映了在上位者體認到欲國家長治久安，純靠武力或箝制思想是萬萬行不通的，根本之道還在於重視文教，爭取民心。

西元前 140 年，漢武帝劉徹即位。西元前 134 年（元光元年），武帝舉賢良方正文學之士，董仲舒進〈賢良對策〉（又稱〈天人三策〉）。〈天人三策〉以武帝問，董仲舒答來依次展開，所討論的事項牽涉廣泛。董仲舒除於策中扼要的論述他的哲學思想外，還提出了影響漢代經學發展的主張。他說：

> 《春秋》大一統者，天地之常經，古今之通誼也。今師異道，人異論，百家殊方，指意不同，是以上亡以持一統；法制數變，下不知所守。臣愚以為諸不在六藝之科孔子之術者，皆絕其道，勿使並進。
>
> 邪辟之說滅息，然後統紀可一而法度可明，民知所從矣。〔註72〕

漢武帝接受董仲舒的意見，於是就實行「罷黜百家，獨尊儒術」的政策。〔註73〕具體的措施見於西元前 136 年（建元五年）武帝立《詩》、《書》、《易》、《禮》、《春秋》五經博士，這是《漢書‧儒林傳‧贊》說的：「初，《書》唯有歐陽，《禮》后，《易》楊，《春秋》公羊而已。」此五經皆為今文經學，《詩》因文帝時已立，就順承前朝，不再特別另立。至於博士之制，早在秦時就已設有博士七十餘人，且博士未必是儒生，如善於占夢者亦可為博士。漢初，仿秦制而設博士，時諸子百家皆可擔任。至武帝才獨尊儒術，此指他以專經立為博士，特稱為五經博士，博士也只有研究與講述五經的儒生才能擔任。〔註74〕而隨著博士制度的出現，經學在漢代被立為學官，這是經學的確立。此後，易學的研究才成為一門專門的學問。〔註75〕武帝又於西元前 124 年（元朔五年），接受公孫弘的建議，為博士置弟子員五十人，這些弟子員是由各

〔註71〕 劉歆〈移讓太常博士書〉說：「至孝文皇帝，始使掌故鼌錯從伏生受《尚書》。……天下眾書往往頗出，皆諸子傳說，猶廣立於學官，為置博士。」參新校本《漢書‧楚元王傳》，卷三十六，頁 1968～1969。

〔註72〕 新校本《漢書‧董仲舒傳》，卷五十六，頁 2523。

〔註73〕 牟宗三先生認為董仲舒的〈天人三策〉，寄托了復古更化的理想，表現出思想之超越性、理想性、涵蓋性，非有如武帝般具有發揚之精神、盡氣的材能，不能欣趣而肯定與接受實行。詳參《全集 9‧歷史哲學》（臺北：聯經出版社，2003 年 4 月初版），〈第四部　第二章　仲舒對策，漢武更化〉，頁 295～322。

〔註74〕 《兩漢經學今古文平議》，頁 198。

〔註75〕 朱伯崑說：「只有到了漢代，隨著經學的確立和發展，人們對《周易》研究才成為一種專門的學問，於是產生了易學。」朱伯崑：《易學基礎教程》（北京：九州出版社，2003 年 2 月 1 版），頁 131。

地優秀青年中選出。弟子員要定期考試，考獲「高第」者可以爲郎中，能通一藝者補文學掌故。此後，因能通曉五經即能當官食祿，故公卿、大夫、士吏多爲文學之士。漢室的諸種作爲鼓勵與保障了經學的發展，在此良好的氛圍之下，經學開始興盛，籠罩漢初各方面的黃老思想也被儒學漸次取代。五經既爲官方重視，而儒學因與五經有密不可分的關係，所以就取代百家，成爲中華文化的主流。

　　只是這樣的儒學，已和先秦孔孟側重道德論述的儒學大相迥異。在董仲舒所開啓的新儒學中，它的天人感應、陰陽五行災異、養生等理論，未見於先秦儒學，但它在一定程度上豐富了儒學原有的內容，且爲漢代學術的發展帶來新契機。

　　董仲舒的新儒學觀點已於上節論之，此就總括言之。董仲舒本於氣化宇宙的觀點，以陰陽五行的宇宙圖式，結合了漢代的天文、曆法、醫學等自然科學的知識，建立了天人感應說。此說在政治上，以陰陽論刑德與三綱，主張國君治國重德輕刑，而三綱中陰絕對服從陽；又以五行和五常、五官相配；並以災異譴告來警示國君。在社會上，由五行推論倫理之間的關係。而天人同類，人副天數之說，以數來聯繫天人，顯然因《周易》而來，徐復觀先生認爲：「由《周易》的流行，而更增數的神秘性，認爲數是天道的一種表現；這一點完全由董氏所繼承。」〔註76〕董仲舒也曾說：「《易》本天地，故長於數。」〔註77〕故由《易》數進而論人與天之數的配合，呈現出另一種天人關係觀。雖然董仲舒的《易》說乃自義理言之，但他整體的學術思想基本上反映了齊學「恢奇駁雜」的特色，此派重在以陰陽災異縱論時政，講求「通經致用」之效，這與魯學的謹守經義大爲不同。〔註78〕

〔註76〕徐復觀：《兩漢思想史》，第二卷，頁391。

〔註77〕《春秋繁露義證‧玉杯》，卷一，頁36。

〔註78〕皮錫瑞說：「漢有一種天人之學而齊學尤盛。《伏傳》五行，《齊詩》五際，《公羊春秋》多言災異，皆齊學也。《易》有象數占驗，《禮》有明堂陰陽，不盡齊學，而其旨略同。當時儒者以爲人主至尊，無所畏憚，借天象以示儆，庶使其君有失德者猶知恐懼修省。」《經學歷史》，〈四、經學極盛時代〉，頁103～104。錢穆先生認爲齊學和魯學有「恢奇駁雜」與「純謹篤守師說」之區別，他說：「至於治《易》者，施、孟、梁丘皆出於田何；何，齊人也，故諸家亦好言陰陽災變，推之人事。惟《費氏易》較不言陰陽，較爲純謹。故漢之經學，自申公《魯詩》、《穀梁》而外，惟高堂生傳《禮》亦魯學。其他如伏生《尚書》，如《齊》、《韓詩》，如《公羊春秋》，及諸家言《易》，大抵皆出齊學，莫勿以陰陽災異推論時事，所謂『通經致用』是也。」《兩漢經學今古文

　　董仲舒的思想既合乎時代的要求，《公羊》學又被立爲博士，影響所及，以陰陽五行災異解經之風遍及各經。牟先生就說：「凡言災異，大抵以陰陽、五行、易卦節氣之說比附人事：或言政治之得失，或卜個人之休咎，或推王運之盛衰，或議制度之改創。自孝武重儒後，儒生之理想寄于此者佔大半矣。」〔註79〕災異雖比附人事，但更多的是寄托了儒者的理想。它在政治與學術思想上發揮了很大的作用，不容忽略。

　　除董仲舒外，魏相（生？卒？）也促使象數易的發展。魏相，字弱翁，濟陰定陶人（今山東省定陶），後徙平陵（今陝西西北）。他年少即學《易經》，且有師法，曾以《易陰陽》及《明堂月令》上奏宣帝，他說：

> 臣相幸得備員，奉職不修，不能宣廣教化。陰陽未和，災害未息，咎在臣等。臣聞《易》曰：「天地以順動，故日月不過，四時不忒；聖王以順動，故刑罰清而民服。」天地變化，必緣陰陽，陰陽之分，以日爲紀。日冬夏至，則八風之序立，萬物之性成，各有常職，不得相干。東方之神太昊，乘〈震〉執規司春；南方之神炎帝，乘〈離〉執衡司夏；西方之神少昊，乘〈兌〉執矩司秋；北方之神顓頊，乘〈坎〉執權司冬；中央之神黃帝，乘〈坤〉〈艮〉執繩司下土。茲五帝所司，各有時也。東方之卦不可以治西方，南方之卦不可以治北方。春興〈兌〉治則飢，秋興〈震〉治則華，冬興〈離〉治則泄，夏興〈坎〉治則雹。明王謹於尊天，慎于養人，故立羲和之官以乘四時，節授民事。君動靜以道，奉順陰陽，則日月光明，風雨時節，寒暑調和。三者得敘，則災害不生，……君尊民說，上下亡怨，政教不違，禮讓可興。……臣愚以爲陰陽者，王事之本，群生之命，自古賢聖未有不緣者也。……願陛下選明經通知陰陽者四人，各主一時，時至明言所職，以和陰陽，天下幸甚！〔註80〕

此勸君王要災害不生，國家安治，必須「奉順陰陽」，宣帝也接受了他的建

平議》，〈兩漢博士家法考〉，頁194～195。王葆玹認爲《史》、《漢》所載的《易》學傳承系統爲一熱衷於占筮的齊學系統。詳參王葆玹：《今古文經學新論》（北京：中國社會科學出版社，1997年11月第1版），〈從帛書《周易》到王弼《易》學的演變〉，頁386～392。

〔註79〕《全集9‧歷史哲學》，〈第四部　第三章　更化後有關文獻摘錄〉，頁339。

〔註80〕新校本《漢書‧魏相傳》，卷七十四，頁3139。

議。由此可知，魏相以四卦和四時、四方並論，各卦有其應主的方位與時節，不能相干犯。若某卦所主的時位不當，就會發生災害，這就是引陰陽災異思想入《易》。後來孟喜以四正卦：〈坎〉、〈離〉、〈震〉、〈兌〉主四時，應是受到魏相的啓示。至於焦延壽、京房，其易學也和魏相有某一程度的關聯，盧央說：「魏相以五帝乘卦執度衡之器司掌四時，焦贛京房亦以六十四卦直日用事，皆以卦論時節風雨寒溫之變。魏相之『奉順陰陽』，主要在于日月是否光明，風雨是否符合時節，寒暑是否及時而且調和，這又與焦京以風雨寒溫爲候的論述若合符節。因此焦京之學或受魏氏之啓迪，或對魏易有所承受。但可肯定，京房和焦贛的測候中蘊涵了魏相易學的主要內容。」〔註81〕

　　因此，在董仲舒、魏相的理論爲前導之下，孟喜的易學就乘此契機發展起來。

2. 象數易的興盛──田何一系易學的發展

（1）孟喜卦氣說為象數易的發展奠定基礎

　　孟喜是漢代象數易的開創者，與施讎、梁丘賀是同學，同爲田王孫的學生。田王孫的存世資料不多，施讎的情況亦不清楚，只知他自幼跟隨田王孫學習，後來梁丘賀曾遣其子梁丘臨及門人張禹等向他學《易》，並因梁丘賀之薦拜爲博士。再者，施讎曾於宣帝甘露三年於石渠閣與諸儒論五經同異。至於梁丘賀，他原本跟從楊何的弟子太中大夫京房受《易》，後因京房出任齊郡太守，就跟隨田王孫學《易》。楊何之學本出自田何，丁寬弟子爲田王孫，丁寬除隨田何習《易》，又隨同門周王孫學《易》的古義，故兼有《易》的今古義，梁丘賀既然跟隨楊何、丁寬的弟子學《易》，身上應兼習了兩種不同的《易》學，所主應是義理。

　　至於孟喜，他「好自稱譽」，並詐言其師田王孫臨死前獨傳他「《易》家候陰陽災變書」而改田王孫的師法。此事後遭梁丘賀證明其僞，因田王孫死時，孟喜已回返東海，伴隨他的是施讎。而擅改師法也造成他後來不能擔任博士的原因。

　　另外蜀人趙賓有「箕子明夷，陰陽氣亡箕子；箕子者，萬物方荄茲也」之論。趙賓以「荄茲」釋「箕子」，「荄茲」據顏注是指「言其根荄方滋茂」，原本箕子與陰陽氣無關，今趙賓強爲之解，刻意將二者聯繫起來。這樣的巧

〔註81〕盧央：《京房評傳》（南京：南京大學出版社，1998 年），〈第三章　京房的卦氣說〉，頁 205。

言立說他人以爲不合古法，倒和孟喜解《易》之路相似，故趙賓就自稱受之於孟喜。然孟喜在趙賓死後，又否認此事。

孟喜的易學本主義理，但他後來改師法，轉以陰陽災異解說《周易》，建立以卦氣說爲核心的理論，其四正卦說、十二消息卦說、六日七分說等廣爲後人所採用。這些理論將在論文中正式探討，此處簡要帶過，不擬復述，以免累贅。以下論及京房、鄭玄、荀爽、虞翻的《易》學內容亦採取此種方式簡要處理。

孟喜後授其學與同郡的白光少子、沛地的翟牧子兄，二人皆爲博士。於是孟氏《易》就出現了翟、白之學。〔註82〕白光爲白子友，〔註83〕後授魯朱雲。朱雲又授九江嚴望及嚴望之兄嚴子元，皆爲博士。〔註84〕蓋寬饒之學亦出於孟喜。南陽洼丹、中山觟陽鴻、廣漢任安，皆傳孟氏《易》。〔註85〕

以上孟氏《易》的傳授系統爲：

孟喜→白光、翟牧、蓋寬饒

　　　白光→朱雲→嚴望、嚴子元→

　　　－－－→趙賓　　（－－－→表示遠承某人，以下使用亦同）

　　　－－－→焦延壽

　　　－－－→洼丹、觟陽鴻、任安

　　　－－－→虞翻

（2）焦延壽繼承發展卦氣說

焦延壽，字贛。焦延壽出身貧賤，因好學而得到梁王的贊助求學。學成之後，出任郡史，察舉補小黃令。他因爲具有「候司先知姦邪」之術，故縣

〔註82〕詳參新校本《漢書・儒林傳》，卷八十八，頁 3599～3600。

〔註83〕《漢書・朱雲傳》曰：「年四十，乃變節從博士白子友受《易》。」齊召南考證云：「白子友當即白光。」王國維《兩漢博士題名考》以爲：「子友爲博士，亦在宣帝時，蓋孟氏初置博士即以子友爲之也。」轉引自《史記漢書儒林列傳疏證》，頁146。

〔註84〕《漢書・朱雲傳》曰：「九江嚴望及望兄子元，字仲，能傳雲學，皆爲博士。」卷六十七，頁2916。

〔註85〕《後漢書・儒林傳》曰：「洼丹字子玉，南陽育陽人也。世傳孟氏《易》。王莽時，常避世教授，專志不仕，徒眾數百人。建武初，爲博士，稍遷，十一年，爲大鴻臚。作《易通論》七篇，世號洼君通。丹學義研深，《易》家宗之，稱爲大儒。」「時中山觟陽鴻，字孟孫，亦以孟氏《易》教授，有名稱，永平中爲少府。」「任安字定祖，廣漢綿竹人也。少遊太學，受孟氏《易》，兼通數經。又從同郡楊厚學圖讖，究極其術。」（頁2551）。

內的盜賊不敢妄爲。焦延壽爲官政績顯著，頗得民心。他本當高昇，然因百姓的厚愛，就卒於小黃。〔註86〕

　　焦延壽自稱曾問《易》於孟喜。〔註87〕在孟喜死後，京房也認定延壽之《易》即孟氏《易》，然此遭到孟喜的弟子翟牧、白生的否認。至劉向校書時，他考察諸家《易》說之後，認爲各家因源自田何、楊何、丁將軍，故大義略同，然焦延壽之《易》學內容異於他人，於是劉向疑惑或許是他「獨得隱士之說」，故「託之孟氏，不相與同」。〔註88〕從這些記載中，令人思及焦氏《易》與孟喜的關係：焦延壽之《易》是否受到孟喜的影響而產生，或是他假託於孟喜，獨立發展成另一套？

　　關於此二人的關係，徐復觀先生從兩家的《易》學內容來判定：焦延壽之《易》，「其說長於災變，分六十四卦，更直日用事，以風雨寒溫爲候：各有占驗。」孟康釋曰：「分卦直日之法，一爻主一日，六十卦爲三百六十日。餘四卦，〈震〉、〈離〉、〈兌〉、〈坎〉，爲方伯監司之官。所以用〈震〉、〈離〉、〈兌〉、〈坎〉者，是二至二分用事之日，又是四時各專王之氣。各卦主時，其占法各以日觀其善惡也。」〔註89〕焦氏的著作《焦氏易林》〔註90〕中亦附列「分卦直日之法」，名爲「焦林值日」，即以「六十卦每卦值六日，共直三百六十日，餘四卦各寄直一日」，且「每兩節氣共三十日，管五卦，逐日終而復始排定，一卦相次管六日。凡卜，看本日得何卦，便於本日卦內尋所卜得卦，看吉凶。」故六十四卦共主三百六十四日。至於孟喜之《易》，「孟喜以一卦當一月，以四卦當二至二分。焦延壽則由此再推進一步，以一爻當一日，以此表現陰陽消長之數，則更爲精密；卦氣說至此而得初步建立其輪廓，這

〔註86〕參見新校本《漢書・京房傳》，卷七十五，頁3160。
〔註87〕馬國翰於《玉函山房輯佚書・費氏易林》附考說：「延壽及問孟喜，蓋在宣帝之世，年當在二十左右。自元帝初元元年數至王莽始建國元年，僅五十七年，焦於斯時，約不過八十餘歲。」
〔註88〕新校本《漢書・儒林傳》，卷八十八，頁3601。
〔註89〕詳參新校本《漢書・京房傳》，卷七十五，頁3160。案：孟康之釋《漢書》原作「六十四卦爲三百六十日」，然若「六十四卦爲三百六十日」，又如何「餘四卦」去主二至二分，可見原書所載有誤。今茲從楊樹達據宋本《焦氏易林序》所引孟康說刪去「四」字。
〔註90〕《四庫提要》說：「蓋《易》於象數之中別爲占候一派者，實自贛始。所撰有《易林》十六卷，又《易林變占》十六卷，並見《隋志》。《變占》久佚，惟《易林》尚存。其書以一卦變六十四，六十四卦之變共四千九十有六。各繫一詞，皆四言韻語。」

是順承孟喜而來的發展，與焦延壽候司先知姦邪之術，毫不相干。」〔註91〕故焦氏《易》學既有以卦值日之說，且重視陰陽災異，足證他有承繼孟喜之處。

（3）京房發揚卦氣說

漢代有兩位治《易》的京房。

前一位京房，《漢書·儒林傳》載其事跡云：「梁丘賀字長翁，……從太中大夫京房受易。房者，淄川楊何弟子也。」顏師古注曰：「自別一京房，非焦延壽弟子爲課吏法者。」〈儒林傳〉續云：「房出爲齊郡太守，賀更事田王孫。宣帝時，聞京房爲《易》明，求其門人，得賀。」〔註92〕故此京房是漢初的易學家，乃楊何的弟子，梁丘賀之師，武帝時爲太中大夫，後出爲齊郡太守。

後一位京房字君明，東郡頓丘人。他本姓李，因好音律，推律自定爲京氏。此位京房，影響深遠，他也是牟先生所討論的對象。京房治《易》，師從梁人焦延壽，因善言災異而爲元帝寵信。後他因整頓吏治得罪眾臣，彈劾權臣中書令石顯專權，被逐出爲魏郡太守。其後京房又因屢次上疏藉陰陽卦氣災變來抨擊朝政，而遭石顯以「非謗政治，歸惡天子」之罪棄市，這也應驗焦延壽說的：「得我道以亡身者，必京生也。」孟、焦、京三人既然皆言陰陽災異，其易學顯有相互承啓之處。〔註93〕

在易學上，京房在既有的卦氣說的基礎上，又提出了八宮說、納甲說、納支說、建候說、積算說、世應飛伏說等理論，使卦氣說更具系統與完善。

京房後授其學與東海殷嘉、河東姚平、河南乘弘，三人皆爲郎、博士，於是《易》就有京氏之學。〔註94〕另外，跟隨京房習易的尚有任良〔註95〕、

〔註91〕《中國經學史的基礎》，頁99～100。

〔註92〕參見新校本《漢書·儒林傳》，卷八十八，頁3600、3601。

〔註93〕清王保訓輯有《京氏易》八卷（嚴可均校，木犀軒本），其敘曰：「易以道陰陽，有陰陽即有五行。孟喜受易家陰陽，立十二月辟卦，其說本於氣以準天時，明人事。授之焦贛，焦贛又得隱士之説五行消受，授之京房。京房兼而用之，長于災變，布六十四卦于一歲中，卦值六日七分，迭更用事，以風雨寒溫爲候，各有占驗，獨成一家。」

〔註94〕詳參新校本《漢書·京房傳》、《漢書·儒林傳》，卷七十五、八十八，頁3160～3167、3601～3602；新校本《後漢書·律歷志上》，頁3000～3001。

〔註95〕《漢書·京房傳》曰：「房罷出，後上令房上弟子曉知考功課吏事者，欲試用之。房上中郎任良、姚平，『願以爲刺史，試考功法，臣得通籍殿中，爲奏事，以防雍塞。』」（頁3163）又曰：「初，淮陽憲王舅張博從房受學，以女妻房。」

張博，西漢谷永亦精京氏《易》。又，汝南戴憑、南陽魏滿、濟陰孫期亦習京氏《易》。〔註96〕

以上京氏《易》的傳授系統為：

焦延壽→京房→殷嘉、姚平、乘弘、任良、張博

除以上三大家外，高相亦以陰陽災異解經。高相治《易》約與費直同時，自言其《易》學源自丁將軍。其《易》學的特點為「亡章句，專說陰陽災異」。高相傳《易》給其子高康及蘭陵人毋將永。高康因明於《易》而為郎，毋將永則官至豫章都尉。於是《易》就有高氏之學。〔註97〕

此外，讖緯與揚雄的易學也是西漢易學重要的一環。讖緯開始流行於兩漢之際，它們是天人感應思想、孟京易說影響下的產物。讖緯中與六經有關的是緯，緯是對經的解釋，《易緯》即解釋《易經》。《易緯》共有八種，如《乾鑿度》、《乾坤鑿度》等，它們的內容龐雜，包含天文、地理、神話、卦氣說等。簡言之，《易緯》探討了易之名、易之三義、三聖演義、易數等問題，而《乾鑿度》發展出來的宇宙論，更是時代思潮的反映。至於揚雄（前53～81），他吸收老子、黃老、卦氣說等諸家思想及自然科學的成果，模仿《周易》而作《太玄》。《太玄》共八十一首，擬卦。其奇—、偶——、叁———擬類陰陽爻，三個符號四重而成一首，由上而下分別為方、州、部、家。每一首有九贊，贊有贊辭，擬爻，共七百九十二贊。《易》有十翼，《太玄》以〈首〉、〈測〉、〈文〉等十一篇擬之。《太玄》除可用以占筮外，內容上它以玄為最高的本體，由玄去開展出一套宇宙生成論，而在所建構出的無所不包的世界圖式中，任何事物皆能由此圖式推衍出來。〔註98〕

（頁3166）。

〔註96〕《後漢書・儒林傳》曰：「戴憑字次仲，汝南平輿人也。習京氏《易》。」（頁2553）又曰：「時南陽魏滿字叔牙，亦習京氏《易》，教授。」（頁2554）「孫期字仲彧，濟陰成武人也。少為諸生，習京氏《易》、《古文尚書》。」（頁2554）

〔註97〕參新校本《後漢書・儒林傳》，卷七十九上，頁3602。又，《隋書・經籍志》云：「漢初又有東萊費直傳《易》，其本皆古字，號曰古文易。以授琅邪王璜，璜授沛人高相，相以授子康及蘭陵毋將永。故有費氏之學，行於人間，而未得立。……自是費氏大興，高氏遂衰。」（頁912）《隋志》之載有誤，因若費傳《易》給高相的話，高氏之學即是費氏之學，如何能說「費氏大興，高氏遂衰」呢？且「璜授沛人高相」亦不可信，蓋因高康之門人與王璜時代相近，高相為高康之父，不可能從之受《易》。詳參《史記漢書儒林列傳疏證》，頁157～158。

〔註98〕詳參張濤：《秦漢易學思想研究》，〈第四章　象數易學的興盛和發展〉，頁170

　　另外，以上施讎、孟喜、梁丘賀、京房分別在宣帝、元帝時列於學官，立為博士，此四家皆屬今文的官方易學。施讎、梁丘賀傳世資料稀少，情況難以判定，孟喜、京房的今文經學則特喜以陰陽災異說經，並且今文經學還注重師法和家法。以前者言，孟喜以卦氣的順遂與否來占驗人事吉凶，若以卦爻的變化推論出的卦氣是反常的話，則是上天給人的災異譴告；京房說：「八卦，仰觀俯察在乎人，隱顯災祥在乎人，考天時、察人事在乎卦。」〔註99〕而元帝「永光、建昭間，西羌反，日蝕，又久青亡光，陰霧不精。房數上疏，先言其將然，近數月，遠一歲，所言屢中，天子說之。數召見問，房對曰：『古帝王以功舉賢，則萬化成，瑞應著，末世以毀譽取人，故功業廢而致災異。宜令百官各試其功，災異可息。』」〔註100〕亦顯陰陽災異的特色。其後的《漢書・五行志》更多處引用京房的論點，更可見京房的影響。然以陰陽災異解說五經，謀求政治上的效用，有一定的風險存在，即若國君已採取行動匡正過錯，災異依然降臨的話，那些主張災異的人將受到嚴厲的懲罰。〔註101〕

　　再者，漢代經學的傳授著重師法與家法。就此問題言，皮錫瑞認為：「前漢重師法，後漢重家法。先有師法，而後能成一家之言。師法者，溯其源；家法者，衍其流也。師法、家法所以分者：如《易》有施、孟、梁丘之學，是師法；施家有張、彭之學，孟有翟、孟、白之學，梁丘有士孫、鄧、衡之學，是家法。家法從師法分出，而施、孟、梁丘之師法又從田王孫一師分出者也。」〔註102〕依皮氏所論，師法與家法是相對而論，某一家的師法可能成為家法，如田王孫是師法，施、孟、梁丘是家法；施、孟、梁丘之學是師法，其後學專家為家法。但皮錫瑞所言不清楚，因「前漢重師法」，但如張、彭之學這些家法也出現在前漢，故前漢不只重師法，也重家法。若考溯其源，師

　　　　～211：鄭萬耕：《揚雄及其太玄》（臺北：藍燈，1992 年 9 月初版），王青：〈「太玄」研究〉，《漢學研究》，第 19 卷第 1 期，2001 年 6 月，頁 77～102。

〔註99〕 陸績：《陸績京氏易傳》（臺北：成文，1976 年初版，《無求備齋易經集成》177 本，據明嘉靖間范氏天一閣刊本影印），卷下，頁 114。

〔註100〕新校本《漢書・京房傳》，卷七十五，頁 3160。

〔註101〕班固說：「漢興推陰陽言災異者，孝武時有董仲舒、夏侯始昌，昭、宣則眭孟、夏侯勝，元、成則京房、翼奉、劉向、谷永，哀、平則李尋、田終術。此其納說時君著明者也。察其所言，仿佛一端。假經設誼，依託象類，或不免乎『億則屢中』。仲舒下吏，夏侯囚執，眭孟誅戮，李尋流放，此學者之大戒也。京房區區，不量淺深，危言刺譏，構怨彊臣，罪辜不旋踵，亦不密以失身，悲夫！」新校本《漢書・京房傳》，卷七十五，頁 3194～3195。

〔註102〕《經學歷史》，〈四、經學極盛時代〉，頁 139。

法起源漢初。秦末漢初，戰亂頻仍，五經殘破，人們欲習五經，只得向大師
學習他們解經的觀念，這就是師法。後來，這些大師被立為五經博士，各經
又有自己的傳承，就衍為家法，一直到東漢五經十四博士確立之後，今文經
的家法才告完成。又，錢穆先生認為家法和章句有關，有章句才有家法。他
說：「《五經》博士置自武帝，而博士分家起於宣帝。則諸經章句之完成，亦
當在宣帝之後矣。……講《五經》異同，若不分章逐句為說，但訓故舉大誼，
則易為論敵所乘也。故章句必『具文』，具文者，備具原文而一一說之。遇有
不可說處，則不免於『飾說』矣。」〔註103〕漢初諸儒講經是「訓故舉大誼」，
有其疏略之處，但自五經立為博士後，諸博士為了方便傳授與應付他人的攻
擊，有必要以較周密的分章逐句的型態講經。這些章句，弟子皆要遵守，於
是家法就確立了。師法與家法演變至後來就混不可分，如馬融注《易》本源
自費氏，但又雜有孟氏、京氏等學。重師法與家法的結果造成弊病叢生，今
文學家為爭立博士，以證明自己學說的權威，就廣為異說，以至說經直至百
萬言，學者猶不明經的大意；而因嚴守家法，儒者抱殘守缺，思想僵化，無
法賦予經學新的闡釋，經學就失去其活力。這種種不利的因素，造成今文經
學的衰微，古文經學取而代之。

（三）東漢易學的發展

　　東漢的易學言天人感應和陰陽災異的內容漸漸沖淡，固然，卦氣說仍廣
泛應用，但各易學家已能注重經傳文本的解讀和象數義例如卦變說等的建
立。此時，重要的易學家：馬融、鄭玄、荀爽，除傳孟氏《易》，身為漢易集
大成的虞翻的《易》學外，史載皆承西漢費直而來。此處不將費直列於孟京
之處探討，反列於此，是為了方便集中討論之故。費直之《易》，傳統認為屬
於古文，「即古文《易》」，這古文就有進一步討論的空間。

1. 費直古文易的問題

　　費直（生卒年不詳），因治《易》而為郎，官至單父令，其《易》學的特
點，《漢書・儒林傳》說是：「長於卦筮，亡章句，徒以〈彖〉〈象〉〈繫辭〉
十篇〈文言〉解說上下經。」費直解《易》不主章句，〔註104〕專以《易傳》

〔註103〕《兩漢經學今古文平議》，〈兩漢博士家法考〉，頁124～125。
〔註104〕《經典釋文敘錄》引《七略》說：「《費氏章句》四卷，殘缺。」應是後人所
　　　　著，因《漢書》已說費直「亡章句」。又，《隋書・經籍志》著錄費直著有《易
　　　　林》二卷、《易內神筮》二卷、《周易筮占林》五卷，應是偽托。

解經，屬於義理解經的範圍。費直傳世資料稀少，《漢書‧藝文志》亦未著錄其書，王葆玹推測是因當時劉向的《別錄》為皇家秘府藏書的目錄，費氏之書為民間傳本，非秘府藏書，故無著錄的必要。沿襲《別錄》的《七略》、《漢志》自然也不會著錄費氏《易》的寫本。〔註105〕

《漢志》說：「劉向以中《古文易經》校施、孟、梁丘經，或脫去『無咎』、『悔亡』，唯費氏經與古文同。」這說明費氏經與秘府所藏的《古文易經》，二者皆有「無咎」、「悔亡」之辭。徐復觀先生認為從《漢書》相關的記載中，《漢書‧儒林傳》並未言費直《易》為古文《易》，《漢志》只說明它是一較完善的版本，「與古文同」則證明費氏《易》不是古文。然至《後漢書‧儒林傳》作「有東萊費直，傳《易》，授琅邪王橫，為費氏學。本以古字，號古文《易》。」《隋書‧經籍志》的說法亦同。這是從文字上去區分今古文，今文即隸書，古文即籀書。《後漢書》的說法，前無所本，是范升的誤會所致。〔註106〕錢穆先生進一步指出，費氏《易》無章句，常治訓詁，這是西漢初年解經之遺風，號為「古學」。後人不辨，專重文字，故稱費氏《易》為「古文《易》」。古學與古文是不同的，「故古學者，乃指兼通數經大義，不守博士一家章句，古文則指文字形制義訓之異於俗隸而言」〔註107〕在錢穆先生看來，漢初的五經皆是用漢代流行的今文書寫，以利於流傳，而諸經皆有古文，古文的五經則收藏於官府。即使是治古學者，其經籍中也有用今字的，博士使用的今文經也有用古字的，故今古文的區分，是在於今古學上的章句與訓詁，不關乎文字。因此，費氏解《易》所保有的漢初主於義理之風，無關乎隸書與籀書。

費直、高相並未立為博士，只盛於民間。費直後傳《易》給琅邪人王璜平中。東漢的陳元、鄭眾、馬融都傳費氏《易》。馬融後傳給鄭玄，鄭玄為費氏《易》作《易注》，荀爽則為之作《易傳》，王弼並為它作注，於是費氏《易》大興。費氏《易》的影響直至今日，今所用十三經注疏本的《周易》即和費氏有關。

以上費氏《易》的傳授系統可概括為：

費直→王璜→陳元、鄭眾→馬融→鄭玄、荀爽

〔註105〕參《今古文經學新論》，〈從帛書《周易》到王弼《易》學的演變〉，頁412～413。

〔註106〕詳參《中國經學史的基礎》，〈西漢經學史〉，頁101～105。

〔註107〕《兩漢經學今古文平議》，〈兩漢博士家法考〉，頁252、257。

2. 費直一系易學的發展

（1）馬融初步融合今古文易學

馬融（79～166），字季長，扶風茂陵人。他曾跟隨京兆摯恂學習，因而博通經籍，名聞士林。他曾與五經博士，校定了東觀五經、諸子傳記、百家藝術。曾任校書郎中、議郎，南郡太守等官，對國事提出多次建言。馬融遍注群經，號稱「通儒」。其門下弟子眾多，盧植、鄭玄即為其徒。〔註108〕

馬融的《易》著大部份已亡佚，從現存的《易》注中，可以發現他已初步融合今古文易學，具有卦氣說、五行解《易》、以義理訓詁解經等的特點，如〈乾〉初九「潛龍勿用」，馬注云：「物莫大於龍，故借龍以喻天之陽氣也。初九，建子之月，陽氣始動於黃泉，既未萌牙，猶是潛伏，故曰潛龍也。」〔註109〕以龍喻陽氣，並將未萌的陽氣歸於某月，這顯有借鏡於卦氣說之處。又，〈繫辭上〉「大衍之數五十，其用四十有九」，他注以「易有太極，謂北辰也。太極生兩儀，兩儀生日月，日月生四時，四時生五行，五行生十二月，十二月生二十四氣。北辰居位不動，其餘四十九轉運而用也。」〔註110〕此即引五行以解說易數。又，如〈革〉九五「大人虎變，未占有孚。」馬注云：「大人虎變，虎變威德折沖萬里，望風而信，以喻舜舞干羽，而有曲自服。周公脩文德，越裳獻雉，故曰：『未占有孚』矣。」具有儒家賢人政治的思想。又，〈坎〉上六「係用徽纆」，注云：「徽纆，黑索也。」〔註111〕則用訓詁解經。這些融合今古文的易注，對後來的易學家造成深遠的影響。

（2）鄭玄融通今古文易學

鄭玄，字康成，北海高密人。他自幼好學，學成之後，雖屢被權臣徵召為官，然皆拒絕。

鄭玄於《易》先師事京兆第五元先，通京氏《易》。後以山東無人可教，就師事馬融習費氏《易》。鄭玄在外游學十餘年之後，就回歸鄉里講學，生徒頗多。・其後，因反對宦官而被禁錮，於是杜門不出，專心著述，遍注群經。〔註112〕

鄭玄的《易》學兼具象數和義理之長，他不只繼承孟、京及《易緯》以

〔註108〕詳參新校本《後漢書・馬融傳》，卷六十上，頁1953～1972。

〔註109〕李鼎祚輯：《周易集解》（臺北：臺灣商務印書館，1968年12月初版），卷一，頁1。

〔註110〕《周易正義・繫辭上》，卷七，頁152。

〔註111〕《周易集解》，卷六、十，頁153、244。

〔註112〕詳參新校本《後漢書・鄭玄傳》，卷三十五，頁1206～1212。

來的《易》學成果，並創立了爻辰說、爻體說等，亦長於易學訓詁及聲韻。在經學史上，鄭玄是精通今古文的經學大師。在他的努力之下，今古文經得到初步的統一。因鄭玄之經注含賅百家，學者就拋除繁瑣的眾家說法，翕然歸之，經學至此亦一變。然亦因鄭玄的關係，施、孟、梁丘、京等家《易》學被隱沒，兩漢家法不可考。〔註113〕

（3）荀爽解易兼賅今古文易學

荀爽，字慈明，潁川人，幼而好學，年十二，就通《春秋》、《論語》。他在桓帝時拜郎中，即上奏書力陳時弊。後遭黨錮，隱居十多年，以著述為事。後因見董卓的殘暴專權，欲與王允等密謀除掉董卓，然事未成就病卒。

荀爽治《易》既繼承費氏，也博採眾家，本身並創立〈乾〉升〈坤〉降說，並以卦變說、消息說及據、承、征等來解《易》。〔註114〕

（4）虞翻集象數易的大成

虞翻，字仲翔，三國時吳國會稽人。最初，為太守王朗的功曹。後，追隨孫權為騎都尉。虞翻性情疏直，對孫權多次犯顏諫爭，故被流放。雖如此，仍講學不倦，潛心著述，門徒常有數百人。虞翻精通筮法，曾準確斷定關羽的命運。〔註115〕

虞翻為漢易的集大成者，自言其家五世傳孟氏《易》。因身處漢末，虞翻《易》學集合眾家之長，並進而創造許多新說，主要的《易》說有卦變說、之正說、旁通說等。固然虞翻所提出的《易》例豐富了漢易的內容，然因他過於注重象，以致漢易走向繁雜瑣碎之路。後之王弼就起而掃象，走向義理之路。

除以上諸人外，這時期的王符、荀悅等在其專著中也有易學的討論。《太平經》、《周易參同契》也顯露了道教《易》學的特色。

以上敘述漢代的易學傳承是從《易》學的內容型態去區分為兩大系統：田何系統與費直系統。前者由丁寬、孟喜、京房、焦延壽、高相、虞翻等人

〔註113〕《經學歷史》，〈四、經學中衰時代〉，頁154。

〔註114〕荀爽之姪荀悅於《漢紀》說明其《易》學特色，他說：「……及臣叔父故司空爽著《易傳》，據爻象承應、陰陽變化之義，以十篇之文解說經意，由是哀、豫之言《易》者，咸傳荀氏學。」參《易漢學》（據清光緒二十二年彙文軒刊本影印，《無求備齋易經集成》第119本，臺北：成文出版社，1976年初版），〈荀慈明易〉，卷七，頁183。

〔註115〕詳參新校本《三國志·吳書·虞翻傳》、《三國志·吳書·翻別傳》，卷五十七，頁1317～1326。

爲代表，後者由費直、馬融、鄭玄、荀爽等人爲代表。田何系統諸人，多言陰陽術數災異，以收通經致用之效。費氏系統注重以傳解經，風格篤實。至於各家流傳至後世的情形，《隋書·經籍志》云：「梁丘、施氏、高氏，亡於西晉。孟氏、京氏，有書無師。梁、陳鄭玄、王弼二注，列於國學。齊代唯傳鄭義。至隋，王注盛行，鄭學浸微，今殆絕矣。」故諸家之說或亡或衰，唯獨王弼注《易》所參採的費氏《易》流傳至今。

　　另就漢易諸大家的著作言，西漢《易》學家的著作大部份已亡佚，東漢諸人的著作則有較完整的保存。根據《漢志》所載，施讎、孟喜、梁丘賀三家著有「《易經》十二篇」、「《章句》各二篇」，孟喜、京房著有「《孟氏京房》十一篇、《災異孟氏京房》六十六篇」、費氏《易》、高氏《易》則未著錄，焦延壽據《隋志》載著有《易林》。東漢的馬融、鄭玄、荀爽則分別著有《易注》十卷、《易注》九卷、《易傳》十卷。這些《易》著在流傳的過程中，或亡或缺，後人如清馬國翰的《玉函山房輯佚書》，黃奭的《漢學堂叢書》、孫堂的《漢魏二十一家易註》等都有所輯錄。〔註116〕

第三節　牟宗三先生解析漢易的兩個原則概說

　　整體而言，漢代的易學表現出極爲重視象數的特徵，漢代同時也是象數易學發展最蓬勃的時代。兩漢相較而論，西漢易學家的著作尤較東漢凸顯這方面的特色。西漢學者的易學表現了三種傾向，一是以孟喜、京房爲代表的象數易學，一是以費直爲代表的義理易學，一則以道家黃老之學解釋《周易》，其中以孟、京之《易》學爲漢易的代表。〔註117〕到了東漢，易學家如鄭玄、

〔註116〕關於各家《易》注及其輯本，詳參《兩漢象數易學研究（上）、（下）》，頁118～120（孟喜）、頁167～170（焦延壽）、頁192～200（京房）、頁349～350（馬融）、頁384～350（鄭玄）、頁519～521（荀爽）、頁616～620（虞翻）。

〔註117〕朱伯崑說：「西漢學者解易，就其學風說，可以歸結爲三種傾向。一是以孟喜和京房爲代表的官方易學。……其特點有三：其一，以奇偶之數和八卦所象徵的物象解說《周易》經傳文；其二，以卦氣說解釋《周易》原理；其三，利用《周易》，講陰陽災變。十翼中的《說卦》，對此派易學起了很大的影響。二是以費直爲代表的易學。……此派易學不講卦氣說和陰陽災變，而是以《易傳》文意解經，注重義理，多半是繼承漢初的易學傳統。……費氏易學，後來發展爲義理學派。三是以道家黃老之學解釋《周易》，或者說，將易學同黃老學說結合起來，講陰陽變易學說。這種解易的風氣，到西漢後期被嚴君平繼承下來。他著有《道德經指歸》引《周易》經傳文意，解釋老子的《道德

荀爽、虞翻等不只繼承西漢以來所創立的象數學說，並在此基礎上加入了新的內容。〔註118〕兩漢雖然皆重視象數，然仍有區別。西漢孟喜、焦延壽、京房等人，將《周易》的內容和當時的陰陽、五行、曆律等加以結合，用以占筮和解說陰陽災異，故稱為「前期占驗派象數易」。東漢中葉以後的鄭玄、荀爽、虞翻，以象數來注解《周易》，故稱為「後期注經派象數易」。〔註119〕

漢代象數易學家在解《易》的過程中，提出了不少原則，如孟喜的卦氣說，京房的八宮卦說、納甲說、飛伏說、世應說，鄭玄的爻辰說，荀爽的卦變說、乾升坤降說，虞翻的旁通說、半象說等。這些條例不單盛行於漢代，而是貫穿整個《易》學發展史，此從後來的學者在解《易》時多加引用的情況可知。

在漢易的研究上，牟宗三先生依序論述了孟喜、京房、鄭玄、荀爽、虞翻五大家，其研究特點並不斤斤於剖析各家象數易學的內容，而是重在抉發各家易學內容背後所蘊藏的哲學意涵。在材料擇取上，主要取材自張惠言的《周易虞氏義》、《周易鄭氏義》、《周易荀氏九家義》、《易義別錄》，李銳的《周易虞氏略例》，惠棟的《易漢學》，鄭玄注的《乾鑿度》，李道平的《周易集解纂疏》，方申的《易學五書》。

接著，他以兩個原則：宇宙論上的原則（大宇宙公式）、本體論上的原則

經》。」參見氏著《易學哲學史（一）》，〈漢代的象數之學〉，頁128～130。

〔註118〕 朱伯崑說：「東漢時期，……實際上以京房易為代表的漢易，並未中斷，而且傳費氏易的，也都受了京氏易學以及《易緯》的影響。……。就經學史說，如鄭玄解經，雖屬古文經學的傳統，但又精通今文經學，而且以注緯書而聞名。荀爽雖不大講陰陽災變，但亦主卦氣說。繼承費氏易學的傳統，排斥京房易學影響的是曹魏時期的王肅。王肅解易，注重義理，略于象數，成了義理派王弼易學的先導。與王肅同時的東吳虞翻，一方面講卦氣說，一方面又繼承了荀爽易學的傳統，其易學可以說是漢易中象數之學的進一步發展。……但從易學的角度看，由于追求卦爻象和卦爻辭間的內在聯繫，在卦氣說的影響下，他們提出一些新的體例，……總的說來，可以稱之為卦變說。卦變是說，一卦之中的爻象互易，成為另一卦象，以此解說卦爻辭的意義。……荀爽和虞翻都以提倡卦變說而聞名。鄭玄則以五行說解釋筮法和《周易》經傳，對後來也有一定的影響。……除上述儒家解易的系統外，還有道家黃老學派解易的傳統。……東漢末年的魏伯陽，著有《周易參同契》，將卦氣說同煉丹術結合起來，以《周易》的原理解說煉丹的理論和方法。此書提出月體納甲說，成為道教易學的先驅。《參同契》解易，從易學史的角度看，亦屬于象數學派，對後來易學的發展也起了一定的影響。」參見氏著《易學哲學史（一）》，〈漢代的象數之學〉，頁222～223。

〔註119〕 詳參《兩漢易學史》，〈兩漢易學綜述〉，頁330～338。

（小宇宙公式）來統攝析論漢易「三派五中堅人物」：孟喜、京房、鄭玄、荀爽、虞翻之《易》說，他說：

> ……大宇宙公式，我可以名之曰「宇宙論上的原則」（cosmological principle），即解析宇宙之生成進化的原則；小宇宙公式，我可以名之曰「本體論上的原則」（ontological principle），即解析宇宙的根本存在（ultimate existence）間的諸關係諸變化也。自然這兩種原則是互相出入的。全部漢《易》可以這兩原則馭之。孟喜的卦氣說，即是宇宙論上的原則，京房的「世」「應」「飛」「伏」即是本體論上的原則，他的「世應」「四易」便是宇宙論上的原則。鄭氏的「據」「承」「乘」「互」諸關係是本體論上的原則，而他的卦氣消息爻辰十二律之配合，便是宇宙論上的原則。以下講的荀虞也不過就是這兩方面而已。〔註120〕

據此而言，孟喜的卦氣說，京房的「世應」、「四易」，鄭玄的卦氣消息爻辰十二律之配合屬「宇宙論上的原則」；京房的「世」、「應」、「飛」、「伏」，鄭玄的「據」、「承」、「乘」、「互」諸關係屬「本體論上的原則」。以兩原則來貫穿漢易大家之易說，可謂前所未見。這樣的切入點，其優點是提綱契領，使人從繁複瑣碎的象數中解放出來，察見了漢代人了解世界的思維，然而，在正式展開時因缺乏更深一層的討論，造成了吾人對於漢易五大家的學說，無法有一全面性的觀照，遂有蜻蜓點水之憾。此兩個原則在論述各家的易學時，將有更進一步的討論。

　　牟先生以兩個原則研究漢易，這和他是哲學家而非經學家有關。他對《易》學的研究，本來就是哲學的欣趣高於經學的探索。至於深廣度的問題，他的研究對象──漢易五大家原本牽涉的層面就很寬廣，不可能以兩個原則即可貫穿每個層面，故其漢易研究的成績深度可觀，廣度不足。

　　以下在論述時，爲了避免文字累贅兼集中論述之便，凡是牟先生言及的易學家，其所牽涉到的易說則給予說明，其餘則不論。在行文時，先舉各家易說，再舉牟先生之觀點加以論析。

〔註120〕《全集 1・周義》，頁 60。

第四章　牟宗三先生詮釋「孟喜、京房易學」述評

第一節　孟喜的易學暨牟宗三先生的詮釋述評

　　孟喜是漢代象數易學的開創者，其代表學說為卦氣說。在漢易五家當中，孟喜的傳世資料是最少的，其易學著述，大部份已亡佚，惟卦氣說的內容尚保存於《新唐書》唐僧一行《大衍歷議》十二議第六篇《卦議》所引的《孟氏章句》中，其《易》注則見諸張惠言、孫堂、馬國翰、黃奭等的輯本中。〔註1〕牟先生對於孟喜的研究皆是針對卦氣說而論，此從他所立的標題為「C1 孟喜的卦氣說」可知。牟先生並不詳加解說卦氣說的內容，而是：一探討卦氣說的意義，二引《易緯》以說明卦氣說的來源。以下就先說明孟喜的卦氣說，後再解析牟先生之所論。

一、孟喜的易學

　　孟喜是漢代卦氣說的倡導者。自此之後，京房、鄭玄等莫不受其影響。所謂卦氣說，簡言之，就是卦爻與氣候曆法的配合，它是以六十四卦去表現一年中陰陽之氣的消長，以卦爻與四時、十二月、二十四節氣、七十二候、三百六十五日相配合。唐僧一行於《卦議》中說：

〔註1〕　詳參劉玉建：《兩漢象數易學研究（上）》（廣西：廣西教育出版社，1996年9月第1版），〈第四章　孟喜易學〉，頁118～121。

自冬至初，中孚用事。一月之策，九六、七八，是爲三十。而卦以地六，候以天五，五六相乘，消息一變，十有二變而歲復初。坎、震、離、兌，二十四氣，次主一爻，其初則二至、二分也。坎以陰包陽，故自北正，微陽動於下，升而未達，極於二月，凝涸之氣消，坎運終焉。春分出於震，始據萬物之元，爲主於內，則群陰化而從之，極于南正，而豐大之變窮，震功究焉。離以陽包陰，故自南正，微陰生於地下，積而未章，至于八月，文明之質衰，離運終焉。仲秋陰形于兌，始循萬物之末，爲主於內，群陽降而承之，極於北正，而天澤之施窮，兌功究焉。故陽七之靜始於坎，陽九之動始于震，陰八之靜始于離，陰六之動始于兌。故四象之變，皆兼六爻，而中節之應備矣。〔註2〕

清惠棟總釋孟喜的卦氣說云：

孟氏卦氣圖以〈坎〉、〈離〉、〈震〉、〈兌〉爲四正卦。餘六十卦，卦主六日七分，合周天之數。內辟卦十二，謂之消息卦。……四卦主四時，爻主二十四氣。十二卦主十二辰，爻主七十二候。六十卦主六日七分，爻主三百六十五日四分日之一。辟卦爲君，雜卦爲臣，四正爲方伯。二至二分，寒溫風雨，總以應卦爲節。〔註3〕

以上呈現了卦氣說的重要內容：四正卦說、十二消息卦說、六日七分說等，茲據《卦議》中所引分述如下。

（一）四正卦說

孟喜將六十四卦分爲四卦和六十卦兩二部分，四卦中的〈坎〉、〈離〉、〈震〉、〈兌〉是四正卦，它們分主四時，〈坎〉主冬、〈震〉主春、〈離〉主夏、〈兌〉主秋；此四卦二十四爻又主管一年之二十四節氣，此即「坎、震、離、兌，二十四氣」。具體來說，一卦六爻共主管六個節氣，〈坎〉卦主冬至至驚蟄，〈震〉卦主春分至芒種，〈離〉卦主夏至至白露、〈兌〉卦主秋分至大雪。每卦六爻分別由初至上各主管一節氣，這是「次主一爻」。至於其主的情形如何，下將言之。四正卦之初爻分主冬至、夏至、春分、秋分，故云：「其初則二至二分」。

孟喜又以四正卦中陰陽之氣的消長及筮法中的九六七八之數，以之說明

〔註2〕 參新校本《新唐書・志・曆三上》（臺北：鼎文書局，1989 年 12 月 5 版），卷二十七上，頁 599。

〔註3〕 《易漢學・孟長卿易上》，卷一，頁 3～4。

四正卦主管四時的情況。就〈坎〉卦言，它是由二經卦〈坎〉相重而成，每一個〈坎〉中爲一陽爻，外爲二陰爻所包。〈坎〉卦主多居北，十一月時陽氣萌動而未通達，到二月時，凝固之氣消失，〈坎〉卦用事結束。以上即是：「坎以陰包陽，故自北正，微陽動於下，升而未達，極於二月，凝涸之氣消，坎運終焉。」〈坎〉卦用事期間，其六爻各主一節氣，分別是初六主冬至，九二主小寒，六三主大寒，六四主立春，九五主雨水，上六主驚蟄。〈坎〉卦中的陽爻，孟喜視爲「陽七」，「陽七」本爲筮法中的少陽，根據筮法中「老陽（九）老陰（六）變，少陽（七）少陰（八）不變」的原則，少陽不變，表示陽氣初萌動而未通達，不變即靜，故「陽七之靜始於坎」。

　　接續〈坎〉卦主事的是〈震〉卦。〈震〉卦是由二經卦〈震〉相重而成，每一個〈震〉是一陽動於下，二陰爻居其上，陽爻爲卦主，二陰隨而從之。〈震〉卦主春居東，〈震〉卦象徵了春分時陽氣震動萬物，萬物於是生生不息，至五月時漸漸茁壯，此時〈震〉卦用事結束。這就是：「春分出於震，始據萬物之元，爲主於內，則群陰化而從之，極于南正，而豐大之變窮，震功究焉。」〈震〉卦用事期間，其六爻各主一節氣，分別是初九主春分，六二主清明，六三主穀雨，九四主立夏，六五主小滿，上六主芒種。〈震〉卦中的初陽，孟喜視爲「陽九」，「陽九」爲老陽故要變，表示陽氣生化之不息，此即「陽九之動始于震」。

　　接續〈震〉卦主事的是〈離〉卦。〈離〉卦是由二經卦〈離〉相重而成，每一個〈離〉中爲陰爻，外爲二陽爻所包。〈離〉卦主夏居南，此時陽氣越來越盛，微弱之陰氣生於地下，雖累積而未彰明，到了八月，萬物盛極而衰，〈離〉卦用事結束。此即：「離以陽包陰，故自南正，微陰生於地下，積而未章，至于八月，文明之質衰，離運終焉。」〈離〉卦用事期間，其六爻各主一節氣，分別是初九主夏至，六二主小暑，九三主大暑，九四主立秋，六五主處暑，上九主白露。〈離〉卦中的陰爻，孟喜視爲「陰八」，「陰八」爲少陰不須變，表示陰氣尚未興起，不變即靜，故「陰八之靜始于離」。

　　接續〈離〉卦主事的是〈兌〉卦。〈兌〉卦是由二經卦〈兌〉相重而成，每一個〈兌〉卦爲陰爻居最上，二陽在下，故陰爻爲卦主，眾陽降而奉承之。〈兌〉卦主秋居西，至十一月時，陰氣最盛，萬物肅殺，代表了上天施與的恩澤結束，〈兌〉卦用事結束。此即：「仲秋陰形于兌，始循萬物之末，爲主於內，群陽降而承之，極於北正，而天澤之施窮，兌功究焉。」〈兌〉卦用事期間，其六爻各主一節氣，分別是初九主秋分，九二主寒露，六三主霜降，

九四主立冬，九五主小雪，上六主大雪。〈兌〉卦中的陰爻，孟喜視爲「陰六」，「陰六」爲老陰故須起變化，表示陰氣大盛，故「陰六之動始于兌」。

（二）十二消息卦說

十二消息卦又稱十二月卦、十二辟（君）卦，僧一行於《卦議》曰：「十二月卦出於《孟氏章句》，其說《易》本於氣，而後以人事明之。」〔註4〕這是指從六十四卦中選出十二卦，依其卦中陰爻、陽爻（陰爻、陽爻象徵陰氣、陽氣）之情況依序排列，以一卦值一月的方式和十二月相配，它實質上是以卦表示一年中陰陽二氣盈虛消長的情形。

十二消息卦各卦所匹配的月份爲：〈復〉（十一月）、〈臨〉（十二月）、〈泰〉（正月）、〈大壯〉（二月）、〈夬〉（三月）、〈乾〉（四月）、〈姤〉（五月）、〈遯〉（六月）、〈否〉（七月）、〈觀〉（八月）、〈剝〉（九月）、〈坤〉（十月）。從〈復〉到〈乾〉六卦，陽爻逐漸增加，從最初的一陽初生，漸次增至六爻皆陽，此代表了陽氣由初生至盛大的過程，陽氣增強則陰氣減弱，這也是陽息（生）陰消的過程，故此六卦又稱「息卦」。從〈姤〉到〈坤〉六卦則相反，此時卦由一陰初起至六爻皆陰，顯示了陰氣漸生至極盛的過程，此亦是陰息陽消的過程，故此六卦又稱「消卦」。如此的循環，年年往復，永無休止。

孟喜又以十二月卦與七十二候相配。在十二月卦中，每卦爲六爻，十二卦總共七十二爻，故其配法爲每一爻主一候，一卦則主六候。

（三）六日七分說

僧一行於《卦議》曰：「自冬至初，中孚用事。一月之策，九六七八，是爲三十。而卦以地六，候以天五，五六相乘，消息一變，十有二變而歲復初。」這是說自十一月冬至初候開始，〈中孚〉用事。原本，依十二消息卦，冬至應配〈復〉，此爲何配〈中孚〉？此應是十二消息卦所配之月皆爲中氣，中氣所配之候爲次候，故退一位由〈中孚〉開始，且中孚有陽氣化生於中之義。〔註5〕而「九、六、七、八」是指策數，其總和爲三十，恰等同一月之天數。「卦以地六」，是指先抽離四正卦，蓋因四正卦已與二至二分相配，再以六十卦值三百六十五日又四分之一，每個月共配五卦，故每卦值六日七分。進一步說，六十卦共值

〔註4〕 參新校本《新唐書・志・曆三上》，卷二十七上，頁598。

〔註5〕 參周立升：〈孟喜易學評估〉，《大易集義》（上海：上海古籍出版社，2002年12月第1版），頁244～245。

三百六十日，一卦則值六日，餘下的五又四分之一日，每日先分爲八十分，故五又四分之一日爲四百二十分，再以六十卦除之，得出每卦值七分，如此每卦所主爲六日七分，此即爲「六日七分說」。〔註6〕關於每個月配五卦，《易緯・稽覽圖》即有記載，以十一月爲例，此月所配之卦爲：〈未濟〉、〈蹇〉、〈頤〉、〈中孚〉、〈復〉，十二月則爲：〈屯〉、〈謙〉、〈睽〉、〈升〉、〈臨〉。〔註7〕

　　至於「候以天五」的「候」是指七十二候，七十二候是二十四節氣的每一節氣三分的結果，此即每一節氣有初候、次候、末候三候，每一候各有特定的天象或動植物以作爲該候的特徵，如二月中春分的初候爲「玄鳥至」、次候爲「雷乃發聲」，末候爲「始電」。一個月有二節氣，每月有六候，則一候主五日餘。〔註8〕爲何稱「地六」、「天五」，此是緣自取地數與天數的中數而來，〈繫辭上〉說：「天一，地二，天三，地四，天五，地六，天七，地八，天九，地十。」五、六恰居其中，五六相乘爲三十日，恰爲一個月的日數。「消息一變」，是說一個月內陰陽之氣的消息變化。「十有二變而歲復初」，說明了

〔註6〕　六日七分共有三說，文中所論乃據《易緯・稽覽圖》之載，說者謂此爲孟氏之說，《易緯・稽覽圖》曰：「甲子卦氣起〈中孚〉，六日八十分之七。鄭康成注云：『六以候也，八十分爲一日，日，之七者，一卦六日七分也。』」復引《易緯・是類謀》曰：「冬至日在〈坎〉，春分日在〈震〉，夏至日在〈離〉，秋分日在〈兌〉。四正之卦，卦有六爻，爻主一氣。餘六十卦，卦主六日七分。八十分日之七，正歲三百六十五日四分日之一，六十而一周。」又，〈復〉卦卦辭曰：「七日來復。」孔穎達《正義》云：「案《易緯》緯云：卦氣起〈中孚〉，故〈離〉、〈坎〉、〈震〉、〈兌〉，各主其一方。其餘六十卦，卦有六爻，爻別主一日，凡主三百六十日。餘有五日四分日之一者，每日分爲八十分，五日分爲四百分：四分日之一，又分爲二十分，是四百二十分。六十卦分之，六七四十二，卦別各得七分。是每卦六日七分也。」其餘二說出自京房、《易軌》，此三說詳參《易漢學》，〈孟長卿易上・卦氣圖說〉，卷一，頁3～11。另外，以卦配月之說，無法論及到爻。蓋一年有三百六十五又四分之一日，以六十四卦去配一年日數，固然爻數超過，但有爻數配不完之病。故去掉四正卦，以六十卦三百六十爻配三百六十日，則餘五又四分之一日，然遇到一難題，因五又四分之一日用六十卦去除所得爲 0.0875，用三百六十爻去除所得更小，於是孟喜採用分每日爲八十分，五又四分之一日爲四百二十分，以六十卦除每卦得七分。故一卦表示六日七分，然七分再用六爻去除則除不盡，故不論爻，爻就不能配日數。參見高懷民：《兩漢易學史》，〈第四章　前期占驗派易學〉，頁115～116。

〔註7〕　《易緯・稽覽圖》（據清同治十二年刊「古經解彙函」本合刊影印，《無求備齋易經集成》159本，臺北：成文出版社，1976年初版），卷下，頁37。

〔註8〕　僧一行嘗據孟說製一卦氣圖，詳參新校本《新唐書・志・曆四上》，卷二十八上，頁640～642。

一年十二個月陰陽之氣的消長，這樣的消長是循環不息的。

孟喜又以六十卦（除四正卦）配七十二候，在以卦配候時，他將六十卦按辟（君）、公、侯、卿、大夫五爵分爲五組，每組十二個卦。〔註9〕而六十卦欲與七十二候完全相配有其困難，蓋因六十卦尚欠缺十二卦，其解決之方法爲以侯卦補之，即侯卦分爲內外。具體而言，古代曆法以五日爲一候，三候爲一氣，一月有二氣：月首的節氣、月中的中氣。一氣的三候爲初候、次候、末候。初候爲始卦，次候爲中卦，末候爲終卦。十二公卦和十二侯外卦配初候，故初候共二十四。十二辟卦和十二大夫卦配次候，故次候有二十四。十二侯內卦和卿卦配末候，故末候有二十四。再者，二十四節氣分爲十二中氣和十二節氣。這些節氣的變化與六十卦是相應的，此即孟喜說的：「四象之變，皆兼六爻，而中、節之應備矣。」

二、牟宗三先生的詮釋述評

本章首節展示了孟喜的卦氣說的主要內容。對於漢易五家來說，牟先生對孟喜的卦氣說引述最多，發揮最少，此是文獻不足所致。牟先生認爲卦氣說展現的是宇宙條理，蓋它以六十四卦匹配一歲之時序或氣候，每一時每一氣必有一卦之性相應，此即以卦表象時序。〔註10〕考宇宙條理，牟先生特以五行表象之，此由自然生成的五行，因其生滅運動有其條理，推論至人事也必有其條理。然以五行來論宇宙條理，卻忽略了陰陽，此在分析上有不窮盡之處。因在牟先生所根據的《春秋繁露》中，董仲舒就有不少討論陰陽的篇章，而這些有關於陰陽的討論，就構成了董氏思想重要的一環。或者說，董仲舒以陰陽及五行爲間架，架構起一個包括自然與社會人事的組織，這其中顯現出獨有的秩序與條理。然宇宙條理的說明偏重於五行，確實不能呈現董仲舒理論的全貌。再者，牟先生以偏重五行思想的宇宙條理來說明孟喜的卦氣說，恐有不切合之病。因對《周易》經傳來說，它主要論及的是陰陽消長的道理，所謂：「易以道陰陽」，五行反較次要。就卦爻符號所代表的意涵而言，它不是陰爻即是陽爻。若就卦爻的組合變化觀察，其所呈現的也只是一幅幅不同的陰陽之象。雖然由陰陽可以衍申出五行，但易學終究以陰陽爲本。

〔註9〕 詳參屈萬里：《先秦漢魏易例述評》（臺北：臺灣學生書局，1969年4月初版），〈以象數解易之始〉，卷下，頁88～89。

〔註10〕 《全集1・周義》，頁32。

再就卦氣說言，四正卦說、十二消息卦說、六日七分說也是主要從陰陽的角度來說明一歲的時序。四正卦說以卦來主四時，而卦就有陰陽之分，根據「陽卦多陰，陰卦多陽」的原則，〈坎〉、〈震〉爲陽卦，〈兌〉、〈離〉爲陰卦。四正卦各爻又主二十四節氣，這些爻也有陰陽之分。十二消息卦說則由十二卦展現一年陰陽二氣的消長。六日七分說以每卦主六日七分，卦有陰陽，由某卦的卦爻即可判斷其性質，故六日七分說也是以陽卦或陰卦來表示。簡言之，孟喜的卦氣說特重由陰陽來體現一歲之時序，故其所展現的條理亦須主要自陰陽的角度去理解。

此外，卦氣說以卦配時，每一卦爻都有與之相對應的時物，此時卦爻就不單純爲卦爻，而是承載某時某物意義的符號。〔註11〕換言之，卦氣說下的卦爻已不同於一般所說的卦爻，它的任一卦或任一爻都承載了複雜的訊息，這是它的極複雜處。然而當它將天地萬物化約爲符號時，此即它的極簡處。故宇宙條理，雖爲具體事物所成，又可通過抽象的卦爻去加以把握。

復次，牟宗三先生在論述鄭玄的易學時，於「D.4 卦氣消息」主張孟喜的卦氣說有三套可以表象一歲之時序的自然律，他說：

（i）以坎、離、震、兌爲四正卦象四時，以其 24 爻主 24 氣，則一歲之時序，亦完全表象出了；不過粗略一點。

（ii）12 辟卦主 12 辰，其 72 爻主 72 候，則一歲之時序，亦可由此而完全表象出來。

（iii）60 卦，每卦主 6 日 7 分，其 365 爻主周天之日數。這也可以完全表象一歲之時序。

最後這三個公式融而爲一，把時序完全表示出了。〔註12〕

此三套自然律將一歲的時間自三個角度來陳述，看似新奇，其實只是根據四正卦、十二消息卦、六日七分說再復述一次，其存在對於卦氣說的瞭解，

〔註11〕金春峰説：「它（案：孟喜易學）可以説是將陰陽的消息盈虛所造成的天地運行、四時分布、氣候變化，以易符號化。也可以説是將易之卦爻客觀實體化，成爲卦氣，以卦氣之消息盈虛取代陰陽二氣而成爲天地、四時、氣候、災變之根據、始基。如是前一意義，易的符號只起編碼表徵的作用；如是後一意義，則八卦乾坤就成爲天地之體，八卦就完全同五行一樣，即是學説，又是構成宇宙的基元了。孟喜的卦氣説，後一種意義是更爲顯著的。」參氏著《漢代思想史》（北京：中國社會科學出版社，1997 年 12 月修訂第 2 版），〈孟喜京房易學思想的特點及其影響〉，頁 345。

〔註12〕《全集 1・周義》，頁 57。

意義並不大，可以取消。

再者，牟先生讚揚卦氣說曰：「卦氣說實是天人感應的一個很好的根本原理。時序氣候人事階級一切的一切皆配成一個大條理，以表示其間的徵應。」〔註13〕換言之，卦氣說是天人感應下的具體成果。此時，自然世界與人文世界在卦爻統合之下緊密相配，彼此時時相感。而一歲之變化既然可由六十四卦完全表象出來，其所表象者即爲宇宙之條理。唐君毅先生也說卦氣說爲天人感應下的產物，他說：「至其以人之所行不合道德，則自然之卦氣亂，並以此卦氣之亂，見人之失德失道，則依于天人恆相感應之信仰。孟喜更細言及在一年之中，人與天亦時時在相互之感應中耳。由此卦氣之與人事之相應，而人用易以占卜時，占得何卦何爻，即知其時之如何，其時之自然之變如何，其相應之人事之變與吉凶得失又如何。此即依卦氣以言陰陽災變之思想道路也。」〔註14〕總之，孟喜的卦氣說，表現出當時董仲舒天人感應、陰陽災異之說盛行下對易學的滲透。〔註15〕孟喜通過卦爻的變化來推測卦氣的運行是否正常，並以之比附人事，最終的目的是用來占驗人事吉凶，推說災異。當卦氣出現反常的情況，正有如上天發出的災異譴告，此時爲政者就必須改變施政的內容，以求順應上天。

固然，誠如上段牟先生所說，孟喜的卦氣說達到了將「時序氣候人事階級一切的一切皆配成一個大條理，以表示其間的徵應。」的目的。進一步說，孟喜爲將時序氣候人事等納入卦爻，以求彼此的相對應，於是他就捨棄傳統的卦序，另外建立一個嶄新的卦序。

傳統的卦序又稱文王卦序，它始於〈乾〉、〈坤〉，終於〈既濟〉、〈未濟〉，此亦即〈序卦傳〉所言者。它反映的是天地陰陽創生萬物，萬物不斷成長發展，到達圓熟後又重新開始的哲學意義。文王卦序在各卦的排列順序上是遵照「二二相耦，非覆即變」〔註16〕的原則。由這樣的排列順序，它寄寓了「生

〔註13〕《全集1‧周義》，頁33。

〔註14〕《中國哲學原論‧原道篇（二）》（臺北：臺灣學生書局，1986年9月初版），〈第六章　漢代易學中之易道及其得失與流變〉，頁296。

〔註15〕金春峰說：「孟喜易學的產生，本質上，是漢代以董仲舒爲代表的陰陽五行之天人感應學說在《周易》中的具體發展和表現。孟喜以前，董仲舒以陰陽災異說《公羊春秋》，爲儒者宗。董仲舒學說的基本內核即是以陰陽五行之消息盈虛爲天道之正常與變異及由此造成的人事吉凶禍福之根據。孟喜不過是把它具體引入易學，使之易學化而已。」參見《漢代思想史》，〈孟喜京房易學思想的特點及其影響〉，頁339。

〔註16〕孔穎達說：「今驗六十四卦，二二相耦，非覆即變。覆者，表裏視之，遂成兩

生」之義、「圓道周流」之義、「天人相應」之義、「對立統一」之義。「生生」之義說明《易》之所以始於〈乾〉、〈坤〉，其意義重在揭示萬物生於陰陽之大用，其後接續的〈屯〉、〈蒙〉、〈需〉等卦亦體現了「生生」之義。「圓道周流」之義則視自〈乾〉、〈坤〉至〈既濟〉是一已完成的圓道周流，〈未濟〉則又是下一個圓道周流的開始。六十四卦是一大圓道周流，各卦則是一小圓道周流。彼此緊密相扣，呈現大中有小，小中有大的現象。「天人相應」之義說明自《易》之上經始於〈乾〉、〈坤〉，點出萬物感應於陰陽而生之義；《易》之下經始於〈咸〉、〈恒〉，則點出人因男女感應而生之義。其他各卦莫不有天理人事相通之義。「對立統一」之義揭示陰陽固然為相對，然就整體而言則統歸為一太極。在六十四卦的排列中，各卦莫不依相錯、反對二原則進行，而相錯、反對的任何兩卦皆有卦象接近的情形，顯示了二者原為一體之分。〔註17〕

　　文王卦序雖含蘊豐富，自成理路，然這樣的卦序並不適合說明陰陽二氣在一年中消長的情形，故有必要更動它，以使諸卦的排列順序能配合當時曆法氣候的變化。基於此點，孟喜提出新的卦氣說的卦序，此卦序始於〈中孚〉，終於〈頤〉，用意在於配合時日以推測氣候的變化。事實上，卦氣說融前人及當時的天文、曆法、物候等科學知識於易學中，目的乃欲建構一個以陰陽五行為間架，包含所有宇宙的生成變化和人文世界的相關活動的世界圖式。這樣的圖式在孟喜之前即存在，如《呂氏春秋·十二月紀》、《淮南子·天文》、《淮南子·時則》、《禮記·月令》中所見，孟喜所作不過是將這些資料加以整合，使其展現條理、構成系統。此即牟先生所言之宇宙條理觀。然而這樣的一種匹配，雖寄寓追求天人和諧的理想，卻失之於比附與機械，他以易學去符合曆法，欲結合二者，失之牽強，清人皮錫瑞就批評說：「六十四卦直日用事，何以震、離、兌、坎四卦不在內，但主二至二分，乾坤為諸卦之宗，何以與諸卦並列，似未免削趾適屨，強合牽附。」〔註18〕

　　雖然孟說有牽強之處，然亦有其功。蓋天道幽冥難測，就漢人質樸的心

卦，〈屯〉、〈蒙〉、〈需〉、〈訟〉、〈師〉、〈比〉之類是也；變者，反覆唯成一卦，則變以對之，〈乾〉、〈坤〉、〈坎〉、〈離〉、〈大過〉、〈頤〉、〈中孚〉、〈小過〉之類是也。」參《十三經注疏·周易正義》（臺北：藝文印書館，1993年9月初版），卷九，頁186～187。

〔註17〕詳參高懷民：《大易哲學論》（臺北：成文出版社，1978年6月初版），〈第一論　四項基本認識〉，頁49～54。

〔註18〕《經學通論》，〈易經·論孟氏為京氏所託虞氏所傳孟學亦間出道家〉，頁20。

靈而言，現實中陰陽二氣的消長就展現出天道。《周易》注重闡發天道，書中的卦爻又恰爲陰陽的展現。換言之，欲掌握抽象難窺的天道，通過觀察具體的卦爻的變化所展現出來的陰陽二氣的運動規律即可，而卦氣說就提供了一個切入點，故其講天道實正爲證驗人道。此中的卦爻詳細的展示了四時、十二月、三百六十五日、二十四節氣、七十二候的具體情況，無論是統治者或老百姓，欲了解天道，就必須符合掌握這些具體瑣細的細節。

第二節　京房的易學暨牟宗三先生的詮釋述評

　　牟宗三先生對於京房的易學，主要論述了他的八宮說、世應說、飛伏說、建候說、積算說、互體等，以下就先呈現京房原本的理論，再剖析牟先生對於相關理論的闡述。

一、京房的易學

　　京房的易學繼承孟喜、焦延壽而來，亦開創了許多新說，如八宮說、世應說、飛伏說、納甲說、納支說等。京房認爲作易的目的是要「定人倫、明王道」，其途徑是通過八卦來「考天时、察人事」，京房說：「故《易》所以斷天下之理，定之以人倫而明王道。八卦建五氣，立五常，法象乾坤，順於陰陽，以正君臣父子之義，……且《易》者，包備有無，有吉則有凶，有凶則有吉，生吉凶之義，始於五行，終於八卦。從無入有，見災於星辰也。從有入無，見象於陰陽也。陰陽之義，歲月分也。歲月既分，吉凶定矣，故曰『八卦成列，象在其中矣。』六爻上下，天地陰陽，運轉有無之象，配乎人事。八卦仰觀俯察在乎人，隱顯災祥在乎天，考天时察人事在卦。」〔註 19〕《易》包備有無，包含「從無入有」及「從有入無」的道理，而由有無即見陰陽，由陰陽而顯吉凶。這是說星辰的運行所顯現的災異是「有」，陰陽的變化是無形可見故爲「無」。而陰陽二氣的消長，造成了自然界節氣的變化，而節氣就影響人事的吉凶。陰陽顯現於卦爻，且與人事相配。通過八卦的變易，既能考察天時的災祥，亦能觀察人事的吉凶，自然可以「定人倫、明王道」。

　　京房的易學著作，主要分成兩大類，一是注解《周易》之作，一是關於

〔註 19〕　《陸績京氏易傳》（據據明嘉靖間范氏天一閣刊本影印，《無求備齋易經集成》
　　　　　176 本，臺北：成文出版社，1976 年初版），卷下，頁 113～114。

災異占候者。前者僅存《京氏易傳》傳世。〔註20〕後者的數量尤多，然大部份已亡佚，但從《漢書》：「其說長於災變，分六十四卦，更直日用事，以風雨寒溫爲候：各有占驗。房用之尤精。」〔註21〕《隋書・五行志》：「漢時有……京房……之倫，能言災異，顧盼六經，有足觀者。」〔註22〕的紀錄，可見歷代對其易學的評述都頗注重他災異占候的部份。而這些災異占候的理論對於後人，尤其是術數之士影響更是深遠。〔註23〕

（一）八宮說

京房於其《易傳》中提出始於〈乾〉終於〈歸妹〉的新卦序，以求符合占筮的需要。京房的八宮說將六十四卦分爲八組，每一組稱一宮，如〈乾〉宮、〈震〉宮等，八組就稱八宮。每一宮中共有八個卦，各宮各由八經卦的重卦（亦稱八純卦）中的某一卦統領其他七卦，亦由其所變。八純卦的排列順

〔註20〕　參新校本《漢書・藝文志》，卷三十，頁 1703、1704。有關京房《易》注及其著述、《京氏易傳》的眞僞、京氏《易》注輯本的情形，詳參劉玉建：《兩漢象數易學研究（上）》，〈第六章　京房易學〉，頁 192～200。江弘遠延伸沈延國的論點，認爲兩漢書所引的《京房易傳》與《京氏易傳》的內容不同，前者多出自京房本人，後者則出自後人之手。詳參氏著《京房易學流變考》（臺中：瑞成書局，1996 年 8 月初版），頁 231～245。
〔註21〕　新校本《漢書・京房傳》，卷七十五，頁 3159。
〔註22〕　新校本《隋書・五行志》，卷二十二，頁 617。
〔註23〕　《四庫全書總目》評《京氏易傳》云：「其書雖以《易傳》爲名，而絕不詮釋經文，亦絕不附合易義。上卷中卷以八卦分八宮，每宮一純卦統七變卦，而註其世應、飛伏、游魂、歸魂諸例。下卷首論聖人作《易》揲蓍布卦，次論納甲法，次論二十四氣候配卦，與夫天、地、人、鬼四易，父母、兄弟、妻子、官鬼等爻，龍德、虎形、天官、地官，與五行生死所寓之類，蓋後來錢卜之法，實出於此。故項安世謂以《京易》考之，世所傳『火珠林』即其遺法。……張行成亦謂衛元嵩《元包》，其法合於『火珠林』，『火珠林』之用，祖於京房。陸德明《經典釋文》乃於《周易》六十四卦之下悉註某宮一世、二世、三世、四世、遊魂、歸魂諸名，引而附合於經義，誤之甚矣。」《總目》的說法概括了京房《易》的獨特內容和它的影響，但認爲它「絕不詮釋經文，亦絕不附合易義」，則失之偏頗。張惠言云：「自君明長於災異，《易》家世應、飛伏、六位、十甲、五星、四氣、六親、九族、福德、形殺，皆出京氏。然嘗推求漢唐以來，引京氏言災異者皆舉其《易傳》，而未嘗及《章句》。至陸德明、李鼎祚往往引京氏之文，率與《易傳》大異，蓋出於《章句》。將非京氏自以《易》說災異，而未始以災異說《易》，後世之言京氏者失其本耶？」《易義別錄》，頁 66。張氏疑京房未始以災異說《易》，恐未必然，蓋漢人說《易》常藉助《易》以外的其他理論解之，故「可以《易》說災異，亦可以災異說《易》」。參見《全集 1・周義》，頁 25。

序則依次是：〈乾〉、〈震〉、〈坎〉、〈艮〉、〈坤〉、〈巽〉、〈離〉、〈兌〉，其中前四卦爲陽卦，後四卦爲陰卦，這樣的排列順序應是體現了〈說卦傳〉中〈乾〉〈坤〉生六子，父母各統三男三女之意。清黃宗羲於《易學象數論》將京房的八宮說制成「八宮世應圖」：﹝註24﹞

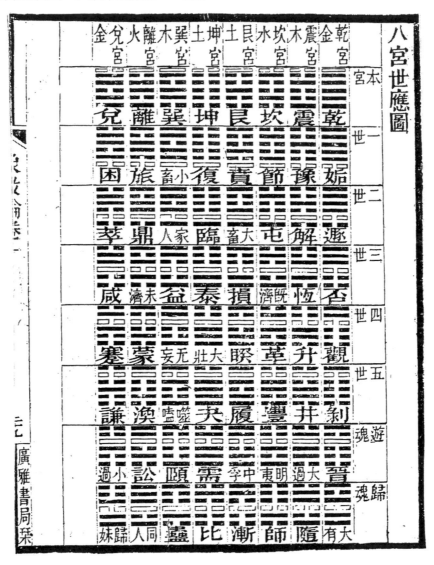

就每一宮所統領之各卦而言，首卦爲上世卦（又稱八純卦、本宮卦），其他七卦自上至下依次爲一世卦、二世卦、三世卦、四世卦、五世卦、游魂卦、

﹝註24﹞參見是書頁69。

歸魂卦。各宮之上世卦的上爻不變，其初爻變者則爲一世卦，變至二爻則爲二世卦，變至三爻則爲三世卦，變至四爻則爲四世卦，變至五爻則爲五世卦，之後就不變至上爻。爲何不接續變至上爻呢？此因某宮卦的陰氣或陽氣不能盡消，否則又將變成八純卦。如〈乾〉變至第五爻，所成之卦爲〈剝〉，〈剝〉再變其上爻則爲〈坤〉，此時陽氣消失，不復〈乾〉性。再者，若〈剝〉變爲〈坤〉，〈坤〉居〈乾〉宮中，則〈坤〉宮除有一統領〈坤〉之外，又復爲他宮所統率。這也就是說一個八純卦具有兩種身份。此將造成卦在排列上發生殽亂的情況。〔註25〕

　　接著五世卦之後是游魂卦，游魂卦是變五世卦之第四爻而生。游魂之得名本於《易傳》，《京氏易傳》釋〈震〉宮游魂卦〈大過〉云：「大過，陰陽代謝，至於游魂。〈繫〉云：『精氣爲物，游魂爲變，是故知鬼神之情狀』。」〔註26〕以〈乾〉宮游魂卦〈晉〉卦來說，〈晉〉卦「陰陽返復，進退不居，精粹氣純，是爲游魂。」陸績注云：「爲陰極剝盡，陽道不可盡滅，故返陽道。道不復本位，爲歸魂（案：疑應作游魂）例入卦。」〔註27〕〈乾〉宮五世卦爲〈剝〉卦，爻變至此不能再往上變，因爲陽道不可盡剝，必須加以恢復，此時〈剝〉即變其六四爻爲陽爻，於是變成游魂卦〈晉〉卦，之所以稱游魂乃因它所變之爻位在外卦，尚未回歸至本宮卦，此有若靈魂游蕩在外也。最後，游魂卦內卦三爻全變，成爲歸魂卦。以〈乾〉宮歸魂卦〈大有〉來說，〈晉〉卦是：「復歸本位爲大有。」〈大有〉是：「卦復本宮曰〈大有〉，內象見〈乾〉是本位」〔註28〕〈大有〉之內卦由游魂卦內卦之三爻全變，變後同於本宮卦〈乾〉之內卦，這是復歸本宮，這也是牟先生說的：「四爻以下皆反復過來而歸其未變時之本象即爲歸魂。」〔註29〕

〔註25〕　宋張行成說：「若上九變，遂成純〈坤〉，無復〈乾〉性矣。〈乾〉之世爻，上九不變，九返於四而成〈離〉，則明出地上，陽道復行，故遊魂爲〈晉〉。歸魂於〈大有〉，則〈乾〉體復於下矣。」「若上六變，遂成純〈乾〉，無復〈坤〉性矣。〈坤〉之世爻，上六不變，六返於四而成〈坎〉，則雲上於天，陰道復行，故遊魂之卦爲〈需〉。歸魂於〈比〉，則〈坤〉體復於下矣。」《元包數總義》（據明嘉靖間天一閣刊本影印，《無求備齋易經集成》155本，臺北：成文出版社，1976年初版），卷一，頁8、9。

〔註26〕　《京氏易傳》，卷上，頁25。

〔註27〕　《京氏易傳》，卷上，頁13。

〔註28〕　《京氏易傳》，卷上，頁14。

〔註29〕　《全集1·周義》，頁39。

以上所言一宮諸卦之變化，茲以〈乾〉宮為例釋之，〈乾〉宮所統之七卦分別為：〈姤〉、〈遯〉、〈否〉、〈觀〉、〈剝〉、〈晉〉與〈大有〉。〈乾〉者，「純陽用事。」〔註30〕〈乾〉之初九變為〈姤〉，〈姤〉是「陰遇陽。」「陰盪陽，降入〈遯〉。」〔註31〕故變至二爻為〈遯〉，〈遯〉是「陰來陽退。」「陰長陽消，降入〈否〉。」〔註32〕故變至三爻為〈否〉，〈否〉是「內象陰長。」「陰長降入於〈觀〉。」〔註33〕故變至四爻為〈觀〉，〈觀〉是「陰道浸長。」「積陰凝盛，降入于〈剝〉。」故變至五爻為〈剝〉。〈剝〉變其四爻為〈晉〉，最後〈晉〉內卦三爻全變成為〈大有〉，〈剝〉、〈晉〉、〈大有〉之變化情形已如上述，此不贅言，他宮之爻之變化情形亦類此。

綜上所述，京房是從卦爻的變化重新安排諸卦的順序，形成了新的卦序，如此的安排體現出陰陽之氣消長的過程。進一步說，陰陽之消長即為易道，易道之特性為生生不息，如京房注〈訟〉卦所云：「生生不絕之謂道。」〔註34〕而易道之生生見於何處呢？即見於陰陽二氣不斷的交互作用上，所謂：「八卦相盪。二氣陽入陰，陰入陽，二氣交互不停，故曰『生生之謂易』，天地之內無不通也。」〔註35〕詳細而言，陰陽二氣的運動展現在升降、消長、進退等方面，如注〈大有〉「陰陽升降，六位相盪，返復其道。」〔註36〕注〈剝〉「柔長剛減，天地盈虛。」〔註37〕注〈蒙〉「陰陽進退，歲時物也。」〔註38〕等皆是。而自一世卦變至游魂卦、歸魂卦，由歸魂卦再回歸本宮，也展現了易道陰陽消長至盡頭必然回歸到源頭，這是終而復始、往復循環之意。京房八宮說中各卦的排列，確實較傳統卦序更能觀察出卦爻中陰陽消長的情形。

京房自上世卦至歸魂卦的排列，還展現了天地人鬼合一的思想，惠棟引京房《易積算法》云：「孔子易云：有四易，一世二世為地易；三世四世為人易；五世八純〔註39〕為天易；游魂歸魂為鬼易。」〔註40〕「四易」的說法，

〔註30〕《京氏易傳》，卷上，頁3。
〔註31〕《京氏易傳》，卷上，頁5、7。
〔註32〕《京氏易傳》，卷上，頁7、8。
〔註33〕《京氏易傳》，卷上，頁8、10。
〔註34〕《京氏易傳》，卷中，頁88。
〔註35〕《京氏易傳》，卷下，頁112。
〔註36〕《京氏易傳》，卷上，頁15。
〔註37〕《京氏易傳》，卷上，頁11。
〔註38〕《京氏易傳》，卷中，頁86。
〔註39〕「八純」《京氏易傳》作「六世」，惠棟於《易漢學・京君明易上》「五世八純」

應是本於《易傳》而來。《易傳》有三才之道，三才指天、地、人，任一六畫卦皆體現天地人之道：初二爲地道，三四爲人道，五上爲天道。〔註41〕此和地易、人易、天易恰能相對起來。至於鬼易，則轉化了〈繫辭上〉：「精氣爲物，遊魂爲變，是故知鬼神之情狀。」之意涵。爲了讓人信服他的新說法，京房還說「四易」爲孔子所言。

（二）世、應、飛、伏、建、積、互

宋晁說之（1059～1129）於《京氏易傳》曰：「大抵辨三易，運五行，正四時，謹二十四氣，志七十二候，而位五星，降二十八宿。」〔註42〕晁說之於此說明京氏《易》的特色，可見京氏既有承孟喜卦氣說而來者，又以五行說、五星配卦說、二十八宿配卦說等解《易》。接著晁氏解釋了世、應、飛、伏、建、積、互等觀念。

1. 世應說

世應說是基於《易傳》爻位相應說而來，目的是爲了解《易》與筮占。〔註43〕而世應說反映的是一卦諸爻主從的關係。

關於世應，晁說之曰：「其進退以幾，而爲一卦之主者謂之『世』；奇耦相與，據一以起二而爲主之相者謂之『應』。」〔註44〕「世」是指世爻，它是一卦的主爻，決定了一卦的基本性格，即卦主也，京房也成了易學史上最早倡言卦主者。京房認爲占筮時一卦的吉凶由世爻決定，所謂「定吉凶只取一

句下注云：「八純，俗本作六世，訛。」（頁110）今據惠棟改之。
〔註40〕《京氏易傳》，卷下，頁109～110。
〔註41〕所謂「三才之道」，〈繫辭下〉云：「《易》之爲書也，廣大悉備。有天道焉，有人道焉，有地道焉。兼三才而兩之，故六。六者，非它也，三才之道也。」〈說卦傳〉云：「昔者聖人之作《易》也，將以順性命之理。是以立天之道，曰陰與陽；立地之道，曰柔與剛；立人之道，曰仁與義。兼三才而兩之，故《易》六畫而成卦；分陰分陽，迭用柔剛，故《易》六位而成章。」所謂「遊魂」〈繫辭上〉云：「《易》與天地準，故能彌綸天地之道。仰以觀於天文，俯以察於地理，是故知幽明之故；原始反終，故知死生之說；精氣爲物，遊魂爲變，是故知鬼神之情狀。」
〔註42〕《京氏易傳》，卷下，頁117。
〔註43〕高懷民云：「世爻爲一卦之主，占時，代表問占者本人。應爻則爲問占者所詢及之人、時、地、物或事等。世爲主，應爲賓，世應之用，在於表現問占者與所問者之對立性。……在占時，先決定卦象，次就卦象視其爲某宮某世，定其世爻與應爻，再就此世爻與應爻論及干支、五行、飛伏等各種關係以斷吉凶。」參見《兩漢易學史》，〈第四章　前期占驗派象數易家〉，頁143～144。
〔註44〕《京氏易傳》，卷下，頁117。

爻之象。」〔註45〕至於「應」是指應爻，即與世爻相呼應的爻。應爻是輔助世爻的爻，故名「主之相者」。世爻與應爻的關係，是根據「奇耦相與」的原則對應。在任一宮中，八純卦以上爻爲世爻，三爻爲應爻。一世卦至五世卦，則以其所變之爻爲世爻，即一世卦以初爻爲世爻，四爻爲應爻；二世卦以二爻爲世爻，五爻爲應爻；三世卦以三爻爲世爻，上爻爲應爻；四世卦以四爻爲世爻，初爻爲應爻；五世卦以五爻爲世爻，二爻爲應爻。游魂卦四爻變故爲世爻，初爻爲應爻。歸魂卦是下卦三爻全變，因一卦只能有一世爻，故以三爻爲世爻，上爻爲應爻。

　　六爻不僅有主從之分，還有貴賤之別。這是說京房將六爻比附人事，配予爵位，納入世應中。在一卦六爻中，初爻爲元士，二爻爲大夫，三爻爲三公，四爻爲諸侯，五爻爲天子，上爻爲宗廟。世爻所處之位例以「居世」、「臨世」、「治世」稱之，如〈乾〉宮之一世卦〈姤〉，京房釋云：「元士居世，尊就卑，……九四諸侯堅剛在上，陰氣處下。」〔註46〕〈姤〉之初六爲世爻爲元士，九四諸侯與之相應，故「尊就卑」。〈乾〉宮之五世卦〈剝〉，京房注曰：「天子治世，反應大夫。」〔註47〕〈剝〉之六五爲世爻爲天子，六二大夫與之相應。〈乾〉宮之歸魂卦〈大有〉，京房注云：「三公臨世，應上九爲宗廟。」〔註48〕〈大有〉之九三爲世爻爲三公，上九宗廟與之相應。因此，卦爻就有了宗法關係。

2. 飛伏說

　　飛伏說闡明了卦爻的結構當中有隱顯的關係，而飛伏說的提出，是爲了注《易》與筮占，蓋運用飛伏，可在原有的卦爻象上，又新增卦爻，並以此解說卦爻辭。關於飛伏的意涵與來源，前人多有說明：

　　宋朱震於《漢上易傳》中說：

　　　　伏爻何也？曰京房所傳飛伏也。〈乾〉、〈坤〉、〈坎〉、〈離〉、〈震〉、〈巽〉、〈艮〉、〈兌〉，相伏者也。見者爲飛，不可見者爲伏。飛，方來也；伏，既往也。〈說卦〉：「〈巽〉，其究爲躁卦」，例飛伏也。太史公〈律書〉曰：「冬至一陰下藏，一陽上舒。」此論〈復〉卦初爻之伏巽也。

　　　　〔註49〕

〔註45〕　《京氏易傳》，卷上，頁5～6。
〔註46〕　《京氏易傳》，卷上，頁5～6。
〔註47〕　《京氏易傳》，卷上，頁12。
〔註48〕　《京氏易傳》，卷上，頁14。
〔註49〕　《漢上易傳》（據宋刊鈔補本影印，《無求備齋易經集成》20～21，臺北：成

晁說之曰：

「世」之所位而陰陽之肆者謂之「飛」；陰陽肇乎所配，而終不脫乎
本以隱顯佐神明者謂之「伏」〔註50〕

民國徐昂說：

陰陽消長，斯有飛伏。顯者飛而隱者伏，既飛則由顯而隱，既伏則
由隱而顯。飛中有伏，伏中有飛，消息循環，罔時有盡。〔註51〕

以上諸人，朱震解釋了飛伏的涵義，並說明飛伏說源自〈說卦〉與《史記‧
律書》。〔註52〕晁說之則從陰陽爻之隱顯解釋飛伏。徐昂則自陰陽的消息去把
握飛伏的本質。綜上諸說，所謂「飛」是指顯而易見之陰或陽爻，「伏」是指
潛伏未見之陰或陽爻，飛與伏乃相對而言。在占卜的使用上，卦象在占時或
不敷使用之情形，此時則以伏濟飛，以隱濟顯，「陰下伏陽，陽下伏陰，故飛
伏之用即爲陰陽互相涵攝之義」。〔註53〕大致來說，京房的飛伏說包含兩方面
的內容：卦的飛伏與爻的飛伏，而由爻的飛伏可決定卦的飛伏，蓋卦由爻所
組成也，故兩者皆可歸爲爻的飛伏。進一步言，卦中的諸爻不外是陽爻和陰
爻，當言飛伏時，那是陽飛則陰伏，陰飛則陽伏。

至於飛伏的種類，徐昂共分爲四類，他說：

八宮中陰陽相對者互爲飛伏，如〈乾〉〈坤〉相互，〈震〉〈巽〉相互，
〈坎〉〈離〉相互，〈艮〉〈兌〉相互，此一例也。八宮所化生之卦，
自一世至五世，前三卦與內卦飛伏，後二卦與外卦飛伏，如〈乾〉
宮一世〈姤〉卦飛伏在內〈巽〉，二世〈遯〉卦飛伏在內〈艮〉，三
世〈否〉卦飛伏在內〈坤〉，四世〈觀〉卦飛伏在外〈巽〉，五世〈剝〉
卦飛伏在外〈艮〉，此又一例也。游魂卦由五世卦魂復於第四爻，歸
魂卦由游魂內卦返于第三爻，各與爲飛伏，如〈乾〉宮游魂〈晉〉
卦九四，由五世剝卦外〈艮〉六四爻變來，與〈艮〉爲飛伏；歸魂
〈大有〉卦九三，由游魂〈晉〉卦內〈坤〉六三爻變來，與〈坤〉

文出版社，1976年初版），卷一，頁15。

〔註50〕《京氏易傳》，卷下，頁117。

〔註51〕徐昂：《京氏易傳箋》（據民國三十二年排印本影印，《無求備齋易經集成》173，
臺北：成文出版社，1976年初版），卷三，頁165。

〔註52〕關於飛伏說的來源，可詳參劉玉建：《兩漢象數易學研究》，〈第六章　京房易
學〉，頁266～268。

〔註53〕參《兩漢易學史》，〈第四章　前期占驗派象數易家〉，頁159。

為飛伏，此第三例也。八宮所轄諸卦世位所當之爻，各與本宮為飛伏，如〈姤〉卦隸〈乾〉宮第一世，世位在初六爻，與〈乾〉宮初九爻為飛伏；〈遯〉卦隸〈乾〉宮第二世，世位在六二爻，與〈乾〉宮九二爻為飛伏，此第四例也。〔註54〕

依據徐昂之劃分，第一類是八宮中的八純卦，爻象、卦象陰陽相對者互為飛伏，如〈乾〉〈坤〉陰陽相對，〈乾〉為飛〈坤〉則為伏，其餘的〈震〉與〈巽〉，〈坎〉與〈離〉，〈艮〉與〈兌〉的情況亦同。

第二類是八宮所化生之卦，自一世卦至三世卦，此三卦的內卦皆是世爻所在，皆與其本宮八純卦的內卦互為飛伏，如〈乾〉宮一世卦〈姤〉卦，其內卦為〈巽〉；二世〈遯〉卦，內卦為〈艮〉；三世〈否〉卦，內卦為〈坤〉，一世至三世之內卦皆是顯見的卦象故為飛，而〈乾〉宮內卦〈乾〉則為伏。至於四世卦與五世卦，此二卦的外卦，皆是世爻所在皆與其本宮八純卦的外卦互為飛伏，如〈乾〉宮四世〈觀〉卦，其外卦為〈巽〉：五世〈剝〉卦，其外卦為〈艮〉，四世至五世之外卦皆是顯見的卦象故為飛，而〈乾〉宮外卦〈乾〉則為伏。

第三類是游魂卦與歸魂卦之飛伏。游魂卦由五世卦之四爻所變，其世爻在四爻，故以其外卦與本宮五世卦之外卦互為飛伏。如〈乾〉宮游魂卦〈晉〉卦，它由五世卦〈剝〉所變，故〈晉〉之外卦〈離〉為飛，〈剝〉之外卦〈艮〉為伏。歸魂卦由游魂卦內卦三爻所變，其世爻在三爻，故以其內卦與本宮游魂卦內卦互為飛伏。如〈乾〉宮歸魂卦〈大有〉，由游魂卦〈晉〉所變，故〈大有〉之內卦〈乾〉為飛，〈晉〉之內卦〈坤〉為伏。

第四類是八宮所統轄的各卦，依其世爻所在位置，與本宮八純卦相對位置之爻互為飛伏，此類可稱「世爻的飛伏」。如〈乾〉宮第一世為〈姤〉卦，其世爻為初六爻，而與〈乾〉宮初九爻為飛伏。

此外，飛伏說的意義還在於闡明某一卦爻與其他卦爻的關係，京房說：「陰陽升降，反歸於本，變體於有無。吉凶之兆，或見於有，或見於無。陰陽之體，不可執一為定象，於八卦陽盪陰，陰盪陽，二氣相感而成體，或隱或顯。故〈繫〉云：『一陰一陽之謂道』。」〔註55〕（〈豐〉卦）顯為有，隱為無，隱顯的變化即為陰陽的變化，而世間的事物即是瞬間變化不停的陰陽的展現。

〔註54〕《京氏易傳箋》，卷三，頁165～166。
〔註55〕《京氏易傳》，卷上，頁36。

這些事物由卦爻表象，這些卦爻就構成一幅幅的圖象。當卦爻形成圖象時，它就成為靜態的圖象。然世間事物變化不停，若以之表象它們的話，和實際狀態已有不合。倘若再執此圖象去了解事物，與實際事物更相距甚遠。故靜態的卦爻象，如何去適當的表象動態的事物，其中存在極大的困難。飛伏說雖然不能解決這問題，但它至少讓人活看卦爻，讓人了解到某一卦爻其實可以隱含另一卦爻，某一卦爻的存在不單純是它自身而已，而是能與其他的卦爻加以聯結。

3. 建候、積算說

京房之所以提出建候與積算，目的是建立卦爻與一年的日數、月數、二十四節氣等相應的關係，並計算時間，以求服務於占筮與解釋陰陽災異。

（1）建　候

建候之法始於世爻，遍及六爻，各爻依次主一個月兩節氣，故一卦六爻共主六個月十二節氣。

晁說之說：「起乎『世』而周乎內外，參乎本數以紀月者謂之『建』。……〈乾〉建甲子於下，〈坤〉建甲午於上。」〔註56〕黃宗羲釋建候云：「曰『建』，以爻直月，從世起建，布於六位。乾起甲子，坤起甲午，一卦凡六月也。」〔註57〕二人所說的「建」即建候。建候自〈乾〉宮開始，本應始自〈乾〉之世爻上九，然京房說：「建子起潛龍，建巳至極主亢位。」陸績注云：「十一月冬至生，四月龍見于辰，陽極陰來，吉去凶生，用九吉。」〔註58〕京房以〈乾〉之初爻來建候，顯然違背其建候原則。陳伯适對這例外的現象提出解釋，他說：「乾卦為八宮六十四卦的起始卦，又建始於甲子，且初爻又納甲子，故建候以世爻為起點的原則上，乾卦為例外，不以上九為始，而仍以初爻建甲子起算。」〔註59〕故〈乾〉卦自初爻始建，配上干支節氣，即由初九始建甲子，時值十一月大雪、冬至，接著自九二至上九止，分別建乙丑、丙寅、丁卯、戊辰、己巳，時值十二月小寒、大寒至四月立夏、小滿，故〈乾〉所主之月為十一月至次年四月，所主之節氣始自大雪至小滿止。又，京房於

〔註56〕《京氏易傳》，卷下，頁117～118。

〔註57〕《易學象數論》（據清光緒十九年廣雅書局刊本影印，《無求備齋易經集成》115，臺北：成文，1976年初版），〈占課〉，卷一，頁66。

〔註58〕《京氏易傳》，卷上，頁4。

〔註59〕《惠棟易學研究》（臺北：政治大學中國文學系博士論文，2006年1月），〈第二章　惠棟考索孟喜與京房《易》說之述評〉，頁183。

〈既濟〉說：「建丙戌至辛卯，卦氣分節氣，始丙戌受氣，至辛卯成正象。」
〔註60〕此以建候爲積氣成卦的過程，〈既濟〉之世爻爲九三，故自九三建丙
戌（九月）開始受氣，中間經歷了六四建丁亥（十月），九五建戊子（十一
月），上六建己丑（十二月），初九建庚寅（一月）之積氣，最終於六二所建
的辛卯（二月）積氣成卦。另外，建候納干支與卦爻納干支有所區別，不能
混爲一談。〔註61〕

（２）積　算

積算之法乃自建候結末的干支計算起，京房說：

> 建丙戌至辛卯，卦氣分節氣，始丙戌受氣，至辛卯成正象。考六位，
> 分剛柔，定吉凶。積算起辛卯至庚寅，周而復始。〔註62〕

此處京房對〈既濟〉卦的敘述中，提出了積算的規則。〈既濟〉自丙戌受氣建
候開始，至辛卯成象爲止，積算即始自辛卯開始計算。關於積算計時的功用，
晁說之說：「終之始之，極乎數而不可窮以紀日者謂之『積』」〔註63〕黃宗羲
則說：「曰『積算』，以爻直日，從建所止起日。」〔註64〕二人皆表示積算皆
可用以計日。

進一步說，以〈乾〉爲例，其積算之法京房曰：「積算起己巳火，至戊辰
土，周而復始。」陸績注云：「吉凶之兆，積年起月，積日起時，積時起卦入
本宮。」〔註65〕〈乾〉始建候甲子，歷九二乙丑，九三丙寅，九四丁卯，九
五戊辰，至上九己巳止。積算即從己巳計起，至戊辰止。這一過程，還加入
五行的搭配，而從己巳至戊辰正好是六十一周。以每爻各配一干支計，輪換
配十次，六爻共配六十次。其他卦的積算，原理亦同，只是積算的起止點不
同。如〈姤〉建庚午至乙亥，故積算起於乙亥至丙戌，〈遯〉建辛未至丙子，
故積算起於丙子至乙亥等。積算可用以算積時、積日、積月、積年。若算積
時，每爻主十時，六爻共主六十時，總共五日。若算積日，每爻主十日，六
爻共主六十日，共計兩個月。若算積月，每爻主十月，六爻共主六十個月，

〔註60〕 《京氏易傳》，卷上，頁32。

〔註61〕 詳參林忠軍：《象數易學發展史》第一卷（山東：齊魯書社，1994年7月第1
　　　　 版），〈京房易學（下）〉，頁104。

〔註62〕 《京氏易傳》，卷上，頁32。

〔註63〕 《京氏易傳》，卷下，頁117。

〔註64〕 《易學象數論》，卷一，頁66。

〔註65〕 《京氏易傳》，卷上，頁3。

共計五年。若算積年，每爻主十年，六爻共主六十年，即一甲子。〔註66〕

　　總之，積算之用，除用以計時，重在配合五行的運用以推斷吉凶，考察休咎，此正如徐昂所說：「積算六位爻數，分陰陽，配五行，定歲月日時節候運氣，以推吉凶，考休咎。」〔註67〕

　　此外，京房尚以世卦起月例計算時間，此源自十二消息卦，目的是以卦來表一年之月份，元胡一桂釋世卦起月例云：

　　　　一世卦：陰主五月，一陰在午也；陽主十一月，一陽在子也。二世
　　　　卦：陰主六月，二陰在未也；陽主十二月，二陽在丑也。三世卦：
　　　　陰主七月，三陰在申也；陽主正月，三陽在寅也。四世卦：陰主八
　　　　月，四陰在酉也；陽主二月，四陽在卯也。五世卦：陰主九月，五
　　　　陰在戌也；陽主三月，五陽在辰也。八純上世：陰主十月，六陰在
　　　　亥也；陽主四月，六陽在巳也。遊魂四世所主與四世卦同；歸魂三
　　　　世所主與三世同。〔註68〕

以上胡一桂所指的陰陽，乃指八宮卦中的某一卦的世爻爲陰爻或陽爻，若世爻爲陰爻則爲陰卦，爲陽爻則爲陽卦。八宮卦中的十二消息卦所主之月，實同於原本的十二消息卦。其餘的五十二卦，亦納入十二月當中，其配應法是凡屬陰卦者，其所主之月同於某世世爻爲陰爻之消息卦；凡屬陽卦者，其所主之月同於某世世爻爲陽爻之消息卦。例如〈豫〉、〈旅〉、〈困〉，均屬陰卦、一世卦，故其所主之月爲五月，此同於〈乾〉宮一世卦〈姤〉（亦爲陰卦、消息卦）所主；〈節〉、〈賁〉、〈小畜〉，均屬陽卦、一世卦，故其所主之月爲十一月，此同於〈坤〉宮一世卦〈復〉（亦爲陽卦、消息卦）所主。

4. 互　體（互卦）

　　京房解《易》，有時以互體解之，他也是最早明言互體之人。

　　互體之使用，蓋因易學家解《易》時本卦的卦象不敷使用，故求之互體。互體可追溯到《左傳》，《左傳・莊公二十二年》載陳厲公之子敬仲（公子完）幼時，厲公曾請周史占筮，周史以《周易》筮之，占得〈觀〉之〈否〉，周史云：「……〈坤〉，土也；〈巽〉，風也；〈乾〉，天也。風爲天於土上，山也。……」

〔註66〕本段所論主要根據《象數易學發展史》第一卷，〈京房易學（下）〉，頁104～
　　　　105。
〔註67〕《京氏易傳箋》，卷三，頁177。
〔註68〕參《易漢學・京君明易下》，卷五，頁149～150。

〈艮〉山之象不能由〈觀〉中求得，而是由〈否〉二至四爻組成，這個新卦象是以互體之法構成的。所謂「互體」，唐孔穎達釋曰：「凡卦爻，二至四，三至五，兩體交互各成一卦，先儒謂之互體。」〔註69〕〈繫辭下〉云：「非其中爻不備。」《漢上易傳》引京房曰：「互體是也。」〔註70〕宋王應麟於《困學紀聞》引京房曰：「二至四為互體，三至五為約象。」〔註71〕可見互體存於一重卦當中，就京房來說，他以爻之位置區分了互體和約象之不同，凡二至四爻構成者稱互體，三至五爻所構成者則稱約象。

由於互體的關係，一個重卦除初、上二爻外，用中間四爻（二、三、四、五爻）相互組合可組成新的卦象，因此它就具有內卦、外卦、內互（由二至四爻所組成）、外互（由三至五爻所組成）四個卦象，這也就是京房說的：「會於中而以四為用，一卦備四卦者謂之『互』。」〔註72〕京房言互體屢見於《京氏易傳》，如注〈漸〉云：「互體見〈離〉」，此指三、四、五爻互體成〈離〉。又，注〈萃〉云：「象互見〈艮〉」，此指二、三、四爻互體成〈艮〉。另外，其注〈益〉云：「互見〈坤〉，〈坤〉道柔順；又外見〈艮〉，〈艮〉止陽。」〔註73〕「互見〈坤〉」，是說〈益〉二至四爻互體成〈坤〉；「外見〈艮〉」，是說〈益〉三至五爻互體成〈艮〉。又，注〈无妄〉時說：「內互見〈艮〉，止于純陽；外互見〈巽〉，順於陽道。」〔註74〕「內互見〈艮〉」，是說〈无妄〉二至四爻互體成〈艮〉；「外互見〈巽〉」，是說三至五爻互體成〈巽〉。

5. 卦氣說

牟宗三先生對於京房的卦氣說並未作詳細的解析，只言京氏之言災異感應全出自《易緯》及〈說卦〉，由此二書去建設根本原理配合時序的流行，而這樣的系統的配合，固然出於想像，但大部分也是由於觀察自然事實而湊合的。〔註75〕以下即對相關部份作進一步的展示。

京房的卦氣說，既有承自孟喜者，亦有自創者。在四正卦、十二月卦及

〔註69〕《十三經注疏‧儀禮注疏》，〈觀禮〉，卷27，頁326。

〔註70〕《漢上易傳》，卷八，頁804。

〔註71〕《困學紀聞》（收錄於景印文淵閣《四庫全書》第854冊，臺北：臺灣商務印書館，1983年初版），卷一，頁155。

〔註72〕《京氏易傳》，卷下，頁117～118。

〔註73〕《京氏易傳》，卷中，頁71。

〔註74〕《京氏易傳》，卷中，頁71～72。

〔註75〕參《全集1‧周義》，頁36～35。

卦候說上京房同於孟氏，不同之處有：

（1）六日七分說

　　孟喜亦主六日七分說，其說是除去四正卦，以其餘六十卦配一年之日數，得出一卦主六日七分。京房之說異於孟喜，他將四正卦納入，以六十四卦去配一年之日數。關於其法，《漢書》說：

　　　　其說長於災變，分六十四卦，更直日用事，以風雨寒溫爲候：各有占驗。房用之尤精。〔註76〕

　　所謂「直日用事」，孟康注解說：

　　　　分卦直日之法，一爻主一日，六十卦爲三百六十日。餘四卦，〈震〉、〈離〉、〈兌〉、〈坎〉，爲方伯監司之官。所以用〈震〉、〈離〉、〈兌〉、〈坎〉者，是二至二分用事之日，又是四時各專王之氣，各卦主時。其占法各以其日觀其善惡也。〔註77〕

　　「直日用事」即以「卦爻配日」，目的主要是用於占驗上。〔註78〕一行於《卦議》就說：「十二月卦出於孟氏《章句》，其說《易》本於氣，而後以人事明之。京氏又以卦爻配期之日，〈坎〉、〈離〉、〈震〉、〈兌〉，其用事自分、至之首，皆得八十分日之七十三。〈頤〉、〈晉〉、〈井〉、〈大畜〉，皆五日十四分，餘皆六日七分，止於占災眚與吉凶善敗之事。至於觀陰陽之變，則錯亂而不明。」〔註79〕朱伯崑詳釋一行之話說：「其日數的分配是，四正卦的初爻，即主二至和二分之爻，各爲一日八十分之七十三；〈頤〉、〈晉〉、〈升〉、〈大畜〉，此四卦各居四正卦之前，各爲五日十四分；其餘卦，皆當六日七分。此種說法，將四正卦納入一年的月份之中，即〈坎〉當十一月，〈離〉當五月，〈震〉當二月，〈兌〉當八月。其它四卦是，〈乾〉主立冬，當十月；〈坤〉主立秋，當七月；〈巽〉主立夏，當四月；〈艮〉主立春，當正月。」〔註80〕

　　綜合以上諸說，我們可知京房是以六十卦配一年三百六十五又四分之一日，分每日爲八十分，故每卦主六日七分（六又八十分之七），這其中〈頤〉

〔註76〕新校本《漢書・京房傳》，卷七十五，頁3159。
〔註77〕新校本《漢書・京房傳》，卷七十五，頁3160。
〔註78〕余敦康認爲用分卦直日之法講陰陽災異，遠較用「春秋陰陽」、「洪範五行」、「四始五際」、「明堂陰陽」等方法強，因爲它有一套貌似精確的數學計算，可以將陰陽災異說得毫厘不爽。參《漢宋易學解讀》（北京：華夏出版社，2006年7月第1版），〈第二章　孟喜、京房的卦氣理論與文化理想〉，頁21。
〔註79〕新校本《新唐書》，卷二十七上，頁598～599。
〔註80〕參朱伯崑：《易學哲學史》第一卷，〈第三章　漢代的象數之學〉，頁150。

（冬至前一卦）、〈晉〉（春分前一卦）、〈井〉（夏至前一卦）、〈大畜〉（秋分前一卦）各卦原先各主六日七分，京房將之各減去七十三分，則四卦各剩五日十四分，接著再將被減去的七十三分配與四正卦〈坎〉、〈離〉、〈震〉、〈兌〉中。

（2）六子卦主管二十四節氣說

　　孟喜是以四正卦的二十四爻主二十四節氣，京房則以〈坎〉、〈巽〉、〈震〉、〈兌〉、〈艮〉、〈離〉六子卦十二爻主二十四節氣，其搭配之法是取六卦中一卦之初爻（下卦之始）、四爻（上卦之始）去主管一年四個節氣，一爻則主兩個節氣，京房云：

> 立春，正月節，在寅，〈坎〉卦初六，立秋同用。雨水，正月中，在丑，〈巽〉卦初六，處暑同用。驚蟄，二月節，在子，〈震〉卦初九，白露同用。春分，二月中，在亥，〈兌〉卦九四，春秋分同用。清明，三月節，在戌，〈艮〉卦六四，寒露同用。穀雨，三月中，在酉，〈離〉卦九四，霜降同用。立夏，四月節，在申，〈坎〉卦六四，立冬同用。小滿，四月中，在未，〈巽〉卦六四，小雪同用。芒種，五月節，在午，〈震〉宮六四（案：原誤作乾宮九四），大雪同用。夏至，五月中，在巳，〈兌〉宮初九，冬至同用。小暑，六月節，在辰，〈艮〉宮初六，小寒同用。大暑，六月中，在卯，〈離〉宮初九，大寒同用。
> 〔註81〕

上半年的節氣是始於立春終於大暑，下半年則從立秋至大寒。在二十四節氣中，〈坎〉、〈巽〉、〈震〉、〈兌〉、〈艮〉、〈離〉六卦依次用事，共循環四次，初次循環是自〈坎〉卦初六主立春始，至〈離〉卦九四主穀雨止；第二次則自〈坎〉卦六四主立夏始，至〈離〉卦初九主大暑止；第三次循環是自〈坎〉卦初六主立秋始，至〈離〉卦九四主霜降止；第四次則自〈坎〉卦六四主立冬始，至〈離〉卦初九主大寒爲止。由上可知，每卦之一爻共主兩個對立的節氣，以〈坎〉卦爲例，其初六爻既主立春，復主立秋，此亦即「同用」；六四爻既主立夏，復主立冬。又，每一節氣配一地支，二十四節氣即爲十二地支的兩次循環。

　　綜上所論，在孟喜的理論基礎下，京房的易學最大限度的納入了陰陽、五行、干支、星象等科學知識，從而鑄造一個涵蓋性更廣的系統。在此系統

〔註81〕《京氏易傳》，卷下，頁108～109。

中，八宮、飛伏、世應、納甲、納支等學說構成了內在理路，其中不免有牽強附會之處，整體的氛圍是既龐雜又神秘的。〔註82〕而人處於其中，但感宿命與定然，不能展現自己的自由意志。換言之，面對這以天人感應理論建構的世界，人力是頗難作用於其中的。相對的在《易傳》的天地裡，雖有天地人之分，但人與天地不隔，人可以以己德去遙契於穆不已的天命，參贊天地，從而讓自己的生命豐盈飽滿。故京房的易學，在講求占筮的首要要求之下，它容納的是各種客觀的知識，人欲從中開發出絲毫的德性價值，實屬不可能。

二、牟宗三先生的詮釋述評

　　牟宗三先生對於京氏《易》的研究，偏重於解析京房注解《周易》所提出的新說：世、應、飛、伏、建、積、互等說，至於其言災異占候者（清王保訓嘗集京房相關著述爲《京氏易》八卷），評價不高，直斥爲「大都不關易旨，烏烟瘴氣的占卜話」。〔註83〕

（一）四　易

　　牟先生對於八宮各卦的變化的說法，與一般說法相似，此處就略而不論。他還針對四易加以詮釋，他說：

　　　　地易、人易、天易爲實易；鬼易爲虛易。實易生息也。鬼易消返也。

　　　　在鬼易可以繼續，可以生生不息，可以消息往復。〔註84〕

揆諸牟先生之意，他認爲自上世卦至五世卦，卦之一爻變則生成另一卦，這是卦的不斷的生息，故爲實易。至於鬼易是指游魂卦、歸魂卦，它們分別由他卦的一爻變，接著是大幅度的三爻變而生成，最後回歸至本宮卦。牟先生於此言其爲「虛易」，此非消極語，而是強調二者接續前卦之變化而生，最後回歸，此實體現了天道之生生不息、消息往復。總之，實能生虛，虛能返實，

〔註82〕對於京房易學，王充於《論衡・寒溫》評論說：「《易》京氏布六十四卦於一歲中，六日七分，一卦用事。卦有陰陽，氣有升降。陽升則溫，陰升則寒。由此言之，寒溫隨卦而至，不應政治也。」此否定了氣候變化與政治的關係，從而否定天人感應說。王夫之則評擊說：「蓋房之爲術，以小智立一成之象數，天地之化，且受其割裂，聖人之教，且恣其削補。道無不圓也，而房無不方，大亂之道也，侮五行而桎二儀者也。」參《讀通鑑論》（收入《船山全書》，長沙：嶽麓書社，1988 年 6 月第 1 版），卷四，頁 180。

〔註83〕《全集 1・周義》，頁 24。

〔註84〕《全集 1・周義》，頁 38。

虛實相生，正符合易道之大生廣生。

（二）世、應

　　就世、應而言，牟宗三先生認為每一「世」有一主爻，此即「世爻」，有主爻必有副爻，主為焦點，副為附庸，主副二者相合為一「世」。主副所成的一世又為一層，一層自成一整體。〔註85〕一卦有六世，所謂：「一世二世為地易；三世四世為人易；五世八純為天易」，〔註86〕故任一個八純卦可有六世之變，因每一世為一層，故一卦共有六層。且每一世即是一個貞定實現之體。〔註87〕

　　至於應，是由此爻往彼爻相應，這是「由此之單純，往彼之複合而為之主，是謂『應』底關係，即往而應之之謂。應而為之主，則彼複合（complex）即變成一『世』。是『世』之形成由『應』之關係而定。」〔註88〕此處牟先生對「應」之理解有二誤，一是錯解「應」的角色，一是誤解「世」「應」的關係。蓋一「世」有主從之爻，「應」為繫屬於主從之從，如此不可能存有「應而為之主」的情況發生，此實應依晁說之：「奇耦相與，據一以起二而為主之相者謂之『應』」方是，故牟先生之句應更正為「應而為之主之相者」。又，「『世』之形成由『應』之關係而定」亦誤，蓋要先確定「世」的位置才能有「應」的存在。換言之，由「世」去決定「應」，而非由「應」來決定「世」。

（三）飛、伏

　　就飛伏說，牟宗三先生認為「飛」是：「在一世定位之處，若其中的陰陽爻有『實現』（actuality）者或『顯露』（disclosure）或『爆炸』（explosive）者，則此爻即叫做是『飛』。」〔註89〕此處強調世爻之所在為「飛」，亦即「實現」、「顯露」者，此同於徐昂所言之二、三、四類。

　　至於「伏」，牟先生先引亞里斯多德之言說「伏」為潛蓄的（potential），亦即潛能的。亞氏言潛能是為了解釋變化的現象，他主張任何東西的存在必有潛能，潛能發揮實現出來即是變化。潛能與實現，就亞氏的理論言，實現總先於潛能，無論是在時間上或邏輯上，實現皆為潛能所以存在的目的。〔註90〕順著

〔註85〕　《全集1・周義》，頁36。
〔註86〕　《京氏易傳》，卷下，頁109～110。
〔註87〕　《全集1・周義・最後的解析》，頁457。
〔註88〕　《全集1・周義》，頁36～37。
〔註89〕　《全集1・周義》，頁37。
〔註90〕　Fredekick Copleston原著，傅佩榮等譯：《西洋哲學史》（臺北：黎明文化，1986年1月初版），第一卷《希臘與羅馬》，〈第九章　亞里斯多德的形上學〉，頁

牟先生的思路，「伏」爲潛能，「飛」爲實現。「飛」總先於「伏」，爲「伏」存在的目的。「伏」雖爲潛蓄的，但不爲永伏，也求能實現。當其實現時，「伏」即變爲「飛」，變化即生，「飛」「伏」也就能表象實際的變化情況。

接著牟先生又引上節朱震的說法解「伏」，他指出八純卦相伏，即是潛蓄之時或可能之時，如〈乾〉潛蓄之時，則〈坤〉爲飛，其他六卦亦然，此同於徐昂所言之首類。而牟先生解〈說卦〉「〈巽〉，其究爲躁卦」之「究」爲「成」，故他說「〈巽〉，其究爲躁卦」是指〈巽〉實現或爆炸成爲躁卦，此解是否妥當呢？〔註91〕蓋〈巽〉之性本靜，〈說卦〉說〈震〉「爲決躁」也，故躁卦應指〈震〉方是，那〈說卦〉爲何說它終究要變爲躁卦〈震〉呢？虞翻注〈說卦〉「〈震〉……其究爲健，爲蕃鮮。」云：「〈震〉〈巽〉相薄，變而至三，則下象究，與四成〈乾〉，故其究爲健，爲蕃鮮。〈巽〉究爲躁卦，躁卦則〈震〉，〈震〉雷〈巽〉風無形，故卦特變耳。」〔註92〕虞翻認爲〈震〉會特變爲〈巽〉，〈震〉自初至三其三爻變則成〈巽〉，同樣的，〈巽〉亦會特變爲〈震〉，虞翻於〈說卦〉「〈巽〉……爲近利市三倍」注指出：「變至三成〈坤〉，〈坤〉爲近。……動上成〈震〉，故其究爲躁卦。八卦諸爻，唯〈震〉〈巽〉變耳。」〔註93〕劉玉建則認爲，在不須考慮當位與否的情況下，〈震〉、〈巽〉是可以特變的，他說：「卦中有〈震〉或〈巽〉時，其爻變的原則，有時不以是否當位爲準，而是認爲〈震〉可變爲〈巽〉、〈巽〉可以變爲〈震〉。」〔註94〕因此，牟先生的解釋是合乎經義的。

至於「飛」與「伏」之關係，牟先生說：

> 「飛」中含有「伏」，以便成將來之「飛」也；「伏」中含有「飛」，
> 以定此「伏」之不永伏也。〔註95〕

這是說「飛」與「伏」相互爲用，由「飛」以成「伏」，故「伏」不永伏也；由「伏」以啓「飛」，故「飛」永不中斷也。牟先生又推擴「飛」「伏」之涵意，認爲由「飛」「伏」可構成時間，他說：

390～399。
〔註91〕《全集1‧周義》，頁37。
〔註92〕李鼎祚：《周易集解》（臺北：臺灣商務印書館，1968年12月初版），卷十七，頁421。
〔註93〕《周易集解》，卷十七，頁423。
〔註94〕《兩漢象數易學研究（下）》，〈第十二章　虞翻易學〉，頁730。
〔註95〕《全集1‧周義》，頁37。

> 「飛」成之時即是一世之形成，是此「世」必含「伏」於其以前之
> 「世」也；由此世可以伏將來之世，則是將來之世即含伏於現在之
> 世，而由飛以成之者也。現在、過去、未來即由飛伏之物實而成，
> 推之，則時序（time-order）亦由此而成也。〔註96〕

> 由「世」底觀念，時間即構造起。是時序之系統完全建基於「世」
> 之上，而「世」之形成則由「應」底關係，「飛」底關係，「伏」底
> 關係而起。〔註97〕

世爻所居的位置不同則成不同的卦，世爻之所在爲「飛」，故當「飛」呈顯時則是某卦之形成。當現在的「世」形成時，它不是斷然出現的，而是「伏」與「飛」相互配合的結果，即由以前之「世」伏現在之「世」，再由「飛」顯現在之「世」。同理，現在之「世」可以伏將來之「世」，將來之「世」要顯現亦須由「飛」以成之。於是，由「飛」「伏」這物實，「飛」「伏」的終終始始、接續不斷，反映了陰陽二氣的流動相續，呈現出時間過去、現在、未來三種狀態。此處視「飛」「伏」爲物實乃是借用懷德海「實際事物」的觀念，即視「飛」「伏」爲宇宙中最具體、眞實的存在。因「飛」「伏」是立基於世爻來說，故時間之構造實建基於「世」之上。總之，牟先生是藉由「飛」「伏」來解析時間連續的特質，最終以「世」來構造時間。

對於「飛」「伏」，一般是從卦爻的隱顯去分析，此處牟先生迥異於他人的從時間的角度來解析「飛」「伏」，頗啓人深思。此說亦合於卦爻的原理，蓋卦爻皆表時間，卦是一個整體的時間，爻是某一段落的時間。而一卦代表一世，一世有「飛」也有「伏」。順此而言，一卦即有三種身份：過去的世、現在的世、未來的世。此三者緊密相扣，相互聯結。而「飛」「伏」即在其中不斷隱顯，恰如時間之流的不斷流動。因此，牟先生是自辯證發展的觀點去思考卦爻，認爲卦爻不是一幅靜止的圖象，而是處於不斷動態的發展中。如此的理解，可促使人從新的角度去思考「飛」「伏」的關係。

再者，牟先生說：「由此世應之變易而成 64 卦，即以之表象一歲之時序或氣候，簡言之，即可以六世之卦表象一歲之十二月。」此仍本於京氏立說。復云：「六世即可主完了十二月，遊魂與歸魂乃是終而有始之意，終終始始之關鍵。時序既由具體世界中之飛伏生成爲根據而建設起來，於是，再以 64 卦

〔註96〕《全集 1・周義》，頁 37。
〔註97〕《全集 1・周義》，頁 38。

表象之，再加上倫理價值的意謂，而應用於人間階級倫理。如是，一切的一切皆配入其中；而天人感應的基礎，即被建築起來了。」〔註98〕依牟之意，這是藉飛伏的不間斷的顯隱來說時序，飛伏即陰陽，故這是以陰陽來構作時序。復以六十四卦來表示一年之月份，並以之占斷人事的吉凶。總之，一切皆可納入，從而使天人之間的關係達到空前的緊密。

（四）建　候

牟先生認為：「『建』即是『構造』（construction）。即由此飛伏之相續而形成的層層之『世』以紀年月。則是年月之時，皆為建，皆為構作，皆由具體事實之生成中顯示出。」〔註99〕「建」是始於世爻，故一旦確定世爻之後，即可以各爻直月，計算時間，紀錄年月。

牟先生於此對於「建」的說明，可啓發人對於時間的思考。牟先生在論述焦循對於置閏的分析時，特別提出時間的兩種身份：一是「眞實的或具體的時間」（concrete time），這是氣化流行所顯示的時間，只是事情的流轉過程的顯示，這才是具體的眞實的存在；一是「抽象的或構作的時間」（abstractive or constructive time），這是為了使用方便而劃分為年、月、日的整齊劃一的時間，邏輯構作或數理推演的時間。「治曆明時」的「治」、「明」即為「構」、「作」之意，「曆時」即為「邏輯的構作」。〔註100〕一般人在生活所使用的時間是「抽象的時間」，無論是年、月、日，或時、分、秒，皆屬人為的「構作」。而時間還有另一種身份──「眞實的時間」。「眞實的時間」無始無終，如流水一般，本身沒有刻度可言。「抽象的時間」則是對「眞實的時間」加以截斷，構作而成。通常我們對於「眞實的時間」的體會是透過事物之間的變化而意會其流轉變化。「抽象的時間」會因每個區域、種族、宗教等的計算不同，而有差異，「眞實的時間」沒有這些問題。

牟先生將時間劃分為兩種，或許是得自法哲柏格森的啓發。柏格森亦將時間區分為兩種：「空間化的時間」（spatializatlon of time）、「眞的時間」（亦稱「綿延」，durée/duration）。前者為一般人所指的年月日時分秒，那是分段來觀的時間；「眞的時間」與時間（time）不同，乃是過去、現在、未來相續。柏格森將「眞的時間」比作滾雪球，它能將種種過去包含於現在，生生相續；

〔註98〕《全集 1・周義》，頁 39～40。
〔註99〕《全集 1・周義》，頁 37。
〔註100〕《全集 1・周義》，頁 404、416。

且是後異於前，而新新不停。「眞的時間」是直覺體驗到的時間，由此我們才能去認識動的生命。故由直覺所觀的世界是一變動的世界，宇宙中存在的生命無不變化，因而存在就是變化，變化即是創造。如此的創造因是自己造成，無前因及預定的目的，故是自由的。而除了創造自身以外，就別無一物。且人異於其他生物之處，就在於對於概念知識的形成與應用。這也是因生命不斷的流變，才能不受限於某一特殊狀況，自由對應其他情境。〔註101〕比較兩人之論，牟先生的「抽象的或構作的時間」即柏格森「空間化的時間」。對於柏氏所言的「眞的時間」，牟先生不表認同，他認爲「眞實的時間」不是直覺所體驗到的，因如此說則時間帶有神秘的意味，故他主張由具體的事情去呈現出「眞實的時間」。〔註102〕

（五）積　算

　　牟宗三先生認爲積算之產生，乃源自「建」之不足，並論及通過「積」來構作時間。他說：

> 具體事實之飛伏，自是不斷地飛伏下去，並沒有截然可斷的清楚界限，它只有終終始始，不停地流；要使其成爲有用的時間，則非「建」不可；但「建」是脫不了人爲力的，人爲的目的在其有整齊性；但事實上是不能如此之整齊的。它有跡可尋，因此跡可以構作時間；但時間不即是那跡。它可以用數學來紀取；但數學之所紀不足以盡之，即不即是那自然之生成跡。所以結果非有「積」不可，「積」即人爲之整齊與自然之不整齊相遇時所發生的必有現象。「積」即時序上之所謂「閏」。「積」或許也即是「繼續」的重要原因。這是由具體世界的飛伏生成之跡（route）爲模胎（matrix）而建築時間架格的，這觀點是對的。〔註103〕

此言由表示具體世界的飛伏生成之跡爲基礎去建構時間。飛伏代表了陰陽爻的隱顯，即陰陽二氣隱顯的狀態。具體事實之飛伏是不斷地飛伏下去，此正如陰陽之生生不息。要使之構成爲人所用的時間，則需人爲的截斷飛伏的時間之流，此即建。

　　建是以六爻來配應月份、節氣，它在計算上雖屬人爲的整齊，但陰陽之

〔註101〕《哲學概論（下）》，〈柏格森創造進化論〉，頁210～228。
〔註102〕《全集1‧周義》，頁416。
〔註103〕《全集1‧周義》，頁37～38。

變化是不整齊的，以整齊來表示不整齊，總有落差。故具體世界的飛伏生成之跡固然可由人去構成時間去表示，但人為構作的時間不等同那變化之跡。而當通過數學去掌握時間的刻度所表示的自然的變化之時，數學這人為的整齊雖可表示它，但無法窮盡其內容，蓋數學所表示的僅是自然生成之跡的部份內容。簡言之，自然之不整齊與人為之整齊有不盡合之處，故牟先生以為須由比建更精密的積來接合二者。積，牟先生主張為閏，考這樣的使用不合京房的原意。單就閏來說，閏的出現蓋因自然的時間或快或慢，與人為所製訂的時間有所差異，故人發明了閏來使兩種時間的計算達致精確，因此，它即可使自然之不整齊與人為之整齊作某些程度的協調。

（六）互　體

　　牟先生解「互」為：「一卦之中含有很多可能的小卦體者，即謂之『互』。即此三畫，在此觀點中，可互成某某卦；彼三畫，在彼觀點中，可互成某某卦。凡互成一卦，即有其特自之意義或表象。一個互卦成一特殊體（particular entity），故在一個複合體（complex entity）中，含有無數的簡單體（simple entity）之可能。」〔註104〕這是說一個重卦即為一個複合體，它可因互體之用而含有許多小卦體，而互體所成之互卦即為一特殊體。由一特殊體可構成一世，此世或指三畫卦。好多世組成一整體即一卦，故牟先生說：「一體成一『層』成一『面相』成一『世』。『世』底觀念由此顯。好多『世』或『層』組成一整體即一卦。則此卦即叫做是一個『層級』（hierarchy）。」〔註105〕

　　牟先生又指出「互」為本體論上的原則（ontological principle）。將「互」提昇到本體來論述，這是著眼於它能產生其他卦的特性。他認為「互體」表示了一卦之中即有好多變化，亦即好多可能的體。從一畫至五畫皆有所互。故一整體中可有無數的小整體。因「互體」之用可使一重卦生四卦，若加上半象等的使用，則所衍生的卦象更多，所成之卦亦多。由「互體」之用，原卦象可衍生出許多新的卦象，牟先生則藉之以表示世界之變化根本上是多元的。〔註106〕

　　綜上所述，京房的易學思想，後世或用之解易，或以之占筮，牟先生皆不依循採取，而是藉這些觀念去設法建構自己對於時間的看法，這從他討論

〔註104〕《全集 1・周義》，頁 38。

〔註105〕《全集 1・周義》，頁 38。

〔註106〕《全集 1・周義》，頁 457～458。

的飛伏、建候、積算、互體可知。而這樣的說法是否能成立呢？基本上，時間是事物的形式，任何一個存在的事物都不離開時空。時空相較，時間尤爲根本與基礎。再者，卦爻所展示的其實就是某一個事物在特定時空下發展的歷程。故牟先生這樣的詮釋，可以說是本於傳統的思想再作進一步的開發，這是別出心裁，但絕對不是隨意漫想，任意發揮。他的說法雖然與一般人解析京房易學的觀點不同，但推陳出新，提供人們另一思考的角度。

第三節　卦氣說、世應說源自《易緯》的商榷

　　牟宗三先生在討論孟喜的卦氣說，京房的世應說時，言二人之說法本於〈說卦〉、《易緯》，如此的說法值得商榷。

　　以孟喜的卦氣說而言，牟先生主張孟喜的卦氣說源於《易緯·稽覽圖》，他引孟喜《易章句》云：「此正本《稽覽圖》6 日 7 分而以四正卦周運而成歲之意。」並認爲「這種卦氣說，是漢《易》的重要見解，其本即爲《說卦》及《易緯》兩書。」〔註 107〕牟先生的說法主要是根據《周易集解纂疏》之載，《周易集解纂疏·諸家說易凡例》曰：

　　　卦氣之說，出于《易緯·稽覽圖》。其書首言：「甲子卦氣起〈中孚〉，
　　　六日八十分之七而從，四時卦其一辰餘而從，〈坎〉常以冬至日始效，
　　　〈復〉生〈坎〉七日。消息及雜卦相去，各如〈中孚〉。」考其法，
　　　以〈坎〉、〈離〉、〈震〉、〈兌〉四正卦爲四時方伯之卦。餘六十卦，
　　　分布十二月，主六日七分。又以自〈復〉至〈坤〉十二卦爲消息。
　　　餘雜卦主公、卿、大夫、侯。風雨寒溫以爲徵應。蓋即孟喜、京房
　　　之學所自出也。漢世大儒言《易》者，多宗之。〔註 108〕

牟先生復推斷《易緯·稽覽圖》的著作時間爲「正是西漢時候讖緯感應最盛的環境之下的產品，或許也就是孟京等人作的也未可知，或至少，其產生的時間，也要與孟京相左右。」〔註 109〕

　　以上是牟先生對於孟喜卦氣說的來源，《易緯·稽覽圖》著作年代、作者的推斷，而這樣的推論是有問題的，因爲卦氣說的來源其實早於《易緯·稽

〔註 107〕《全集 1·周義》，頁 34。
〔註 108〕參《全集 1·周義》，頁 12。
〔註 109〕參《全集 1·周義》，頁 32、33。

覽圖》。以下就根據劉大鈞、王葆玹、朱伯崑等的研究對卦氣說的源流作一詳
細的說明。

卦氣說非創自孟喜，早在先秦它即已產生。

劉大鈞認爲：

> 「卦氣」之說，雖說不見于先秦，但與「爻辰」、「納甲」一樣，溯
> 其源，恐怕也不是漢人獨創。……「卦氣」說，恐爲太史遺法，………
> 估計漢人只是在前人基礎上，作了補充和整理，使其說更加完備而
> 已。〔註110〕

劉大鈞又推論出在《易傳》、《子夏易傳》均有卦氣說的思想，且殷墟甲骨文
中的四方之名，以及《尚書・堯典》中的「析」、「因」、「夷」、「隩」與後天
八卦方位中的四正卦相同。由此證明了卦氣說的淵遠流長。〔註111〕他並藉助
帛書《易傳》，證明「卦氣」說在先秦確已存在。〔註112〕廖名春亦認爲卦氣說
之源頭可上溯至先秦，此見諸帛書《易傳》〈要〉、〈衷〉。〈要〉篇以〈損〉〈益〉
二卦表示一年四季的變換，〈益〉卦所當爲「春以授夏之時」，〈損〉卦所當爲
「秋以授冬之時」；〈衷〉篇的「歲之義始於東北，成於西南。君子見始弗逆，
順而保穀。易曰：『東北喪崩，西南得崩，吉。』」表現出以八卦卦氣說來解
釋坤卦卦辭。〔註113〕簡言之，劉大鈞、廖名春的說法雖證明卦氣說淵遠流長，
其源頭可上溯至先秦，但難以推斷卦氣說一下子就從先秦產生，然至少顯示
在先秦時已存在卦氣說這一類的思想。

〔註110〕參見氏著《周易概論》（濟南：齊魯書社，1988 年），頁 168～169。

〔註111〕詳參劉大鈞：〈「卦氣」溯源〉，《中國社會科學》，第 5 期，2000 年，頁 122
～129。

〔註112〕詳參劉大鈞：〈帛書《易傳》中的象數易學思想〉，《大易集義》，頁 139～146。

〔註113〕詳參廖名春：《帛書《易傳》初探》（臺北：文史哲出版社，1998 年 11 月初
版），〈第四編：帛書《易傳》專論〉，「16 帛書《易傳》象數說探微——四、
卦氣說」，頁 205～207。可再詳參邢文：《帛書周易研究》（北京：人民出版
社，1997 年 11 月第 1 版），〈第八章　帛書《周易》傳文所見卦氣說〉，頁 142
～183；廖名春：《《周易》經傳與易學史新論》（濟南：齊魯書社，2001 年 8
月第 1 版），〈第二章　坤卦卦名探源兼論八卦卦氣說產生的時代〉，頁 26～
41。又，梁韋弦通過對古代曆法與相關文獻，駁斥了卦氣說已見於先秦文獻
之說，反而認爲其主要來源是秦漢間發展形成的將占筮易學與陰陽五行雜占
之術結合起來的方術雜學。詳參氏著《易學考論》（哈爾濱：黑龍江人民出版
社，2005 年 5 月第 1 版），〈漢易卦氣考〉，頁 108～155。筆者贊同廖名春、
劉大鈞的說法，亦主張卦氣說可上溯至先秦。

王葆玹認爲卦氣說的形成共經歷五個階段：〔註114〕

第一階段，魏相對河內女子發現的〈月令〉和〈說卦〉加以綜結，將坎、離、震、兌配於四時，坤、艮配於中土，可說是四正說的雛形，爲卦氣說的起源。

第二階段，孟喜沿襲了魏相關於坎離震兌配四時的理論，又進一步，將四卦的二十四爻配二十四節氣，並放棄了坤艮配中央的說法，提出「十二月卦」的概念，以包括坤卦在內的十二卦配十二月，使卦氣理論初具規模。

第三階段，焦延壽以六十四卦配三百六十四日，其中坎、離、震、兌一卦主一日，其餘六十卦共三百六十爻，一爻主一日。

第四階段，京房對孟、焦兩說進行了綜合改造，以八卦配八節，其中四正分主冬至、夏至、春分、秋分；以四正之外的六十卦配一年三百六十五又四分之一日，每卦六又八十分之七日，亦即六日七分；改稱十二月卦爲十二辟卦，每卦六日七分，只是在名稱等方面強調它的重要性。

第五階段，京房弟子段嘉等人又以焦說訂正京說，以坎、離、震、兌各主八十分之七十三日，頤、晉、井、大畜各主五日十四分，其餘五十六卦，每卦六日七分。

朱伯崑則認爲天文學、醫學、陰陽五行學說的發展，深刻影響孟、京的卦氣說。而孟喜的卦氣說來自《禮記・月令》、《呂氏春秋・十二紀》、《淮南子》的〈天文〉、〈時則〉。在這幾篇中已基本具備二十四節氣、七十二候的說法。其四正卦說，應是孟喜基於〈月令〉、〈說卦〉中的四時配四方說而發展爲卦氣說。再者，在《易緯・稽覽圖》中，亦有卦氣說，此是取之於孟喜。其中以坎卦爲十一月卦，此當出於京房之後。〔註115〕

〔註114〕詳參《西漢經學源流》，〈第六章　學院派易學的形成和演變〉，頁297～320。

〔註115〕詳參朱伯崑：《易學哲學史》第一卷，〈第三章　漢代的象數之學〉，頁130～142。而廖名春等則將卦氣說的發展分爲四個階段：第一階段是漢宣帝階段，卦氣說理論產生並初具規模，代表人物有魏相、孟喜、焦贛等。第二階段當漢元、成之世，代表人物爲京房及其弟子，將卦氣說理論發展到完善。第三階段當西漢末哀、平之世，以緯書的出現爲標誌。第四階段爲東漢時期，其主要表現爲經學家如馬融、鄭玄、荀爽、虞翻、陸績等人對孟、京卦氣說的發揮等。詳參廖名春、廖學偉、梁韋弦：《周易研究史》（長沙：湖南出版社，

至於說到《易緯‧稽覽圖》或為孟、京等人所作，或產生於孟京之時，更須作進一步的求證。

依據一般學者對於讖緯的研究，他們主張《緯書》出於漢哀帝、平帝年間，主此論者有張衡、劉勰、閻若璩、周予同等。

後漢張衡於其所上之疏云：

> 立言於前，有徵於後，故智者貴焉，謂之讖書。讖書始出，蓋知之者寡。自漢取秦，用兵力戰，功成業遂，可謂大事，當此之時，莫或稱讖。若夏侯勝、眭孟之徒，以道術立名，其所述著，無讖一言。劉向父子領校祕書，閱定九流，亦無讖錄。成、哀之後，乃始聞之。《尚書》堯使鯀理洪水，九載績用不成，鯀則殛死，禹乃嗣興。而《春秋讖》云『共工理水』。凡讖皆云黃帝伐蚩尤，而《詩讖》獨以為『蚩尤敗，然後堯受命』。《春秋‧元命包》中有公輸班與墨翟，事見戰國，非春秋時也。又言『別有益州』。益州之置，在於漢世。其名三輔諸陵，世數可知。至於圖中訖于成帝。一卷之書，互異數事，聖人之言，豈無若是，殆必虛偽之徒，以要世取資。往者侍中賈逵摘讖互異三十餘事，諸言讖者皆不能說。至於王莽簒位，漢世大禍，八十篇何為不戒？則知圖讖成於哀平之際也。〔註116〕

此處張衡以《緯書》中出現漢時州郡益州之名，且有三輔諸陵之名，圖中有成帝，證明《緯書》實出於漢代，因而主張《緯書》成於哀、平之際。在張衡疏中稱引的「讖書」、「《春秋讖》」、「《詩讖》」、「《春秋‧元命包》」即指當時的《緯書》而言，蓋因在漢人的著述中，所謂「經讖」、「圖讖」實際上都包括緯書，而「讖」、「緯」也往往互稱，並無區別。〔註117〕

《文心雕龍‧正緯》說：

1991 年 7 月第 1 版），頁 80～81。

〔註116〕新校本《後漢書‧張衡傳》，卷五十九，頁 1911～1912。

〔註117〕詳參鍾肇鵬：《讖緯論略》（臺北：洪葉文化，1994 年 9 月初版），〈第一章　讖緯的起源和形成〉，頁 9。鍾說基本上是引申陳槃之意，陳槃以為「讖緯互文，同實異名」，他說：「讖、緯、圖、候、符、書、錄，雖稱謂不同，其實止是讖緯；而緯復出於讖。故讖、緯、圖、候、符、書、錄，七名者，其於漢人，通稱互文，不嫌也。蓋從其占驗言之則曰讖；從其附經言之則曰緯；從《河圖》及諸書之有文有圖言之則曰圖，曰緯，曰錄；從其占候之術言之則曰候；從其為瑞應言之則曰符。同實異名，何拘之有。」參陳槃：《古讖緯研討及其書錄解題》（臺北：國立編譯館，1991 年 2 月初版），頁 148。

……伎數之士，附以詭術。或說陰陽，或序災異。若鳥鳴似語，蟲葉成字。篇條滋蔓，必假孔氏。通儒討覈，謂起哀平。

所持之論亦同於張衡。

清閻若璩也說：

嘗思緯書萌於成帝，成於哀、平。〔註118〕

周予同也說：

緯書發源於古代的陰陽家，起於嬴秦，出於西漢哀平，而大興於東漢。〔註119〕

綜上所述，《易緯》產生於西漢哀帝、平帝年間，在時間上後於孟京，故《易緯·稽覽圖》的相關內容應取自孟、京。〔註120〕順此而言，孟喜的卦氣說非如牟先生主張源自後來產生的《易緯·稽覽圖》，〔註121〕《易緯·稽覽圖》也不可能為孟京等人所作，其產生的時間，也不可能與孟京相左右。然而，《易緯》的內容、文字或有與孟、京之說類似者，這顯然是受到孟、京一派的學者所影響，此是無庸置疑的。〔註122〕

至於言京房則云：「他言災異言感應全托足於《易緯》及〈說卦〉，由此

〔註118〕閻若璩：《古文疏證尚書》（臺北：新文豐出版公司，1984年10月初版），卷七，九十九條，頁512。

〔註119〕朱維錚編：《周予同經學史論著選集》（增訂本）（上海：上海人民出版社，1996年月7月第2版），〈緯書與經今古文學〉，頁47～48。

〔註120〕關於讖緯的起源，歷代以來，說法分歧，此處所舉者為代表性的說法。相關陳述可詳參呂凱：《鄭玄之讖緯學》（臺北：臺灣商務印書館，1982初版），〈第一章　讖緯概說·讖緯之起源〉，頁1～16；鍾肇鵬：《讖緯論略》，〈第一章　讖緯的起源和形成〉，頁12～27。陳明恩則從讖緯之「訴求重點（如「王者受命」、「主要觀念（如「帝王感生」、「聖王異表」等）」及「文本內容（八十一卷圖讖）」等角度切入，進而指出：讖緯之訴求重點與主要觀念皆「形成」於成、哀之際，是就理論傳承的角度而言，認為讖緯「形成於西漢末年」，其實並無不可。然就「讖緯」與「經義」有關這點而言，考讖緯涉及經義之問題，其說乃始於光武初年「校定圖讖」之際；故嚴格而言，所謂讖緯之「形成」，又當以光武所定「八十一卷圖讖」為基準（頁409）。詳參陳明恩：《東漢讖緯學研究》（臺北：國立臺灣師範大學國文研究所博士論文，2005年），〈第二章　讖緯之名義及其篇目考述〉，頁9～56。

〔註121〕朱伯崑說：「《易緯》講卦氣說的重要部分，皆出于孟喜、京房之後。此亦《緯書》晚出之證。」又說：「《稽覽圖》的卦氣說，既采孟喜說，亦采京房說，所以此書出于京氏易學之後。」參《易學哲學史》第一卷，〈第三章　漢代的象數之學〉，頁182、213。

〔註122〕詳參鍾肇鵬：《讖緯論略》，〈第五章　讖緯與漢代今文經學〉，頁135～140。

兩書建設根本原理配合時序的流行，曆法由此出，而感應亦有據矣。」〔註123〕
《易緯》之產生既後於京房，且〈說卦〉中沒有災異感應之說法，何來托足
之說呢？

　　牟先生又認為京房的世應說也是由《易緯》而來，〔註124〕他並引《易緯
乾鑿度》為證，《乾鑿度》曰：「物有始、有壯、有究，故三畫而成乾。乾坤
相並俱生，物有陰陽，因而重之，故六畫而成卦。三畫已下為地，四畫已上
為天。物感以動類相應也。易氣從下生，動於地之下，則應於天之下；動於
地之中，則應於天之中；動於地之上，則應於天之上。初以四，二以五，三
以上，此之謂應。」〔註125〕據前文推論，《易緯》產生的時間後於京房，故世
應說非來自《易緯》，反而《乾鑿度》中相關說法應來自京房。

〔註123〕《全集 1．周義》，頁 35。
〔註124〕《全集 1．周義》，頁 40。
〔註125〕《周易乾鑿度》（據清乾隆二十一年雅雨堂刊本，《無求備齋易經集成》157
　　　　本，臺北：成文出版社，1976 年初版），卷上，頁 11～12。

第五章　牟宗三先生詮釋「鄭玄、荀爽易學」述評

第一節　鄭玄的易學暨牟宗三先生的詮釋述評

　　牟宗三先生對於鄭玄之《易》學，探討了易之三義、太極、兩儀、四象，五行生成之數，建構了一卦之根本原理，並論述了據、承、乘、互體、爻體、卦氣消息、爻辰律等。

一、易之三義

（一）鄭玄、孔穎達的詮釋

　　鄭玄說：「易一名而涵三義」，易之三義原見於《易緯乾鑿度》：

> 易者，易也，變易也，不易也。管三成爲道德苞籥。易者，以言其德也。通情無門，藏神無內也。光明四通，俲易立節，天地爛明。日月星辰布設，八卦錯序，律曆調列，五緯順軌，四時和粟舉結。四瀆通情，優游信潔；根著浮流，氣更相實；虛無感動，清淨炤哲；移物致耀，至誠專密，不煩不撓，淡泊不失；此其易也。變易也者，其氣也。天地不變，不能通氣。五行迭終，四時更廢；君臣取象，變節相和；能消者息，必尊者敗。……此其變易也。不易也者，其位也。天在上，地在下；君南面，臣北面；父坐子伏。此其不易也。〔註1〕

―――――――――

〔註 1〕　《易緯乾鑿度》（據清乾隆四十一年「武英殿聚珍叢書」本影印，《無求備齋易經集成》157 本，臺北：成文出版社，1976 年初版），卷上，頁 3～5。

此段解易兼自儒道二家立場立論。《乾鑿度》所言之「易也，變易也，不易也」即易之三義。〔註2〕「易者，以言其德也」，「易」是就易之德言。易之德爲「通情無門，藏神無內」，表現在生物上，是以「不煩不撓，淡泊不失」的不主宰萬物的方式生之，其行事寂然無爲，故天地、日月星辰、八卦、律曆等因之而成。「變易也者，其氣也」，「變易」是從陰陽之氣變化的角度言，氣有變化才有生機。若如〈否‧彖〉說：「天地不交而萬物不通」，天地之氣不交則其氣不變不通，生機將會阻塞。故四時、五行等都處於無時無刻的變化當中。「不易也者，其位也」，「不易」是從倫理綱常地位等級之不變言，天上地下表示天尊地卑，君臣、父子的尊卑階級就如天尊地卑，不許輕易改變。

鄭玄受到《乾鑿度》的影響，提出新的易之三義，〈易贊〉說：

> 易一名而涵三義：易簡一也，變易二也，不易三也。故〈繫辭〉云：「〈乾〉〈坤〉，其《易》之縕邪？」又云：「《易》之門戶邪？」又云：「夫〈乾〉，確然示人易矣；夫〈坤〉，隤然示人簡矣。」「易則易知，簡則易從」，此言其易簡之法則也。又云：「爲道也屢遷，變動不居，周流六虛，上下无常，剛柔相易，不可爲典要，唯變所適。」此言順時變易，出入移動者也。又云：「天尊地卑，乾坤定矣。卑高以陳，貴賤位矣。動靜有常，剛柔斷矣。」此言其張設布列不易者也。據此三義而說易之道廣矣大矣。〔註3〕

鄭玄的詮釋乃根據〈繫辭〉而論。此外，鄭玄論易之三義時，增加一簡字於易之後，因而易之三義即爲易簡、變易、不易。這就成爲他和《乾鑿度》立場極大迥異之處。所謂易簡，言〈乾〉〈坤〉生物的作用，〈繫辭上〉說：「乾知大始，坤作成物。乾以易知，坤以簡能」，〈乾〉以其剛健之性創生萬物，如此的創生自然而發，無所艱難故爲易；〈坤〉性柔順，但順〈乾〉德以輔育萬物而不造作，無事不煩是爲簡。如此就不是以無爲的方式來生物了。〔註4〕變易者，言易的變動不居。易之特性爲隨時變易，「唯變所適」。而變是由陰

〔註2〕 賴師貴三認爲「易者，易也，變易也，不易也」應是就易的兩方面作解釋。「易者，易也」，是同字爲訓，漢代同字爲訓之例頗多；「變易也，不易也」，是就易的兩面向：變與常言。

〔註3〕 《周易鄭注》（據清嘉慶二十四年刊「湖海樓叢書」本影印，《無求備齋易經集成》175 本，臺北：成文出版社，1976 年初版），頁 211～212。

〔註4〕 高懷民認爲《乾鑿度》是要向上推極道始，故捨〈坤〉之「簡」，而取其前之〈乾〉之「易」。參高懷民：《大易哲學論》（臺北：成文出版社，1978 年 6 月初版），〈第八論 道家易玄學思想體系〉，頁 496。

陽二氣相互推摩所致。不易者，言天地等物有其一定的尊卑貴賤的位置，不可隨易更易。

至唐孔穎達，他在〈論易之三名〉進一步解釋易之三義，他說：

> 蓋易之三義，唯在於有，然有從无出，理則包无。故《乾鑿度》云：「夫有形者生於无形，則乾坤安從而生？故有太易，有太初，有太始，有太素。太易者，未見氣也。太初者，氣之始也。太始者，形之始也。太素者，質之始也。氣、形、質具而未相離，謂之渾沌。渾沌者，言萬物相渾沌而未相離也。視之不見，聽之不聞，循之不得，故曰易也。」是知易理備包有无而易象唯在於有者，蓋以聖人作易，本以垂教，教之所備，本備於有，故〈繫辭〉云：「形而上者謂之道」道即无也。「形而下者謂之器」，器即有也。故以无言之存乎道體，以有言之存乎器用。〔註5〕

易之三義為有，有則自无出。為了解釋有无，孔穎達就引用《乾鑿度》來說明。《乾鑿度》所列的太易、太初、太始、太素為宇宙起源的四個階段，此皆屬道及无的層次。在這個由隱至顯的過程中，先是由「未見氣」的太易開始，再經由「氣之始」的太初，「形之始」的太始，「質之始」的太素，成為了氣、形、質混在一起的渾沌，最後由渾沌分化為天地及萬物，此時已有象可見，即落入有。

（二）牟宗三先生的詮釋述評

以上對於易之三義的詮釋，《易緯乾鑿度》、鄭玄、孔穎達表現出不同的儒道的立場。牟先生論易之三義主要是根據《乾鑿度》及鄭玄的說法。〔註6〕不同的是，他在詮釋時：一是將易簡與變易、變易與不易聯繫起來解釋，此異於前人將易之三義分開解釋的作法。二為喜引西方的哲學概念來幫助說明

〔註5〕　《十三經注疏・周易正義・序》，頁4。晉皇甫謐在《帝王世紀》亦引用《乾鑿度》的說法，但和《乾鑿度》不同的是，他以宇宙的生成共歷經太易、太初、太始、太素、太極五個階段，他說：「天地未分，謂之太易。元氣始萌，謂之太初。氣形之初，謂之太始。形變有質，謂之太素。太素之前，幽清寂寞，不可為象，惟虛惟無，蓋道之根。自道（根）既建，猶無生有。太素質始萌，萌而未兆，謂之龐洪，蓋道之干。既育萬物成體，於是剛柔始分，清濁始位，天成於外而體陽，故圓以動，蓋道之實。質形已具，謂之太極。」（《太平御覽》，卷一，〈天部一〉，頁　）

〔註6〕　以下所論參《全集1・周義》，頁43～45，引文不再另外注出。

此三義，惜只是點到即止，未有進一步的討論。

1. 易簡與變易

　　就易簡與變易言，《乾鑿度》釋易簡爲「易者，以言其德也。」牟先生認爲「易者，以言其德也」之「德」是指「性德（virtue）、品德（character）、本性（nature）」，這是指易簡的內蘊由變易所顯，它是觀察變易的性德而來。換言之，即觀察變易的結果而得出其本性是易簡之論。而易簡就成爲變易的內在品德（intrinsic character）。這樣的思考是由變易來推論易簡。考《乾鑿度》及鄭玄之說，易簡與變易並沒混同而說，牟先生則結合二者而論，此說於理亦通。蓋變易的性德是體現在氣的變化上，氣的變化不外是陰陽二氣的相摩相蕩，所謂「一陰一陽之謂道」。六十四卦都是一幅氣化流行的圖象，這圖象是以陰陽爻來表示的。陰陽性質本異，但彼此能暌而通、感而悅，化生萬物。萬物的生生不息雖然錯綜複雜，但它不外由陰陽的盈虛變化所致，故了解陰陽的變化即能把握生成的奧秘，這是以簡馭繁。固然陰陽之道在諸卦都有不同程度的反映，但以作爲萬物生成之原的〈乾〉〈坤〉，其所代表的易簡之理表現得最爲純正與完整。因此，掌握住易簡之理，即能掌握住萬物生滅終始之情。故變易者爲氣，氣爲陰陽，陰陽則由〈乾〉〈坤〉的易簡代表，故由變易的觀察可以歸納出易簡之理。

　　易簡除爲變易之內在品德外，牟先生還認爲易簡爲易之本性，易簡由〈乾〉〈坤〉推出，故〈乾〉〈坤〉也成了易之本性。〈繫辭上〉說：「乾知大始，坤作成物。乾以易知，坤以簡能。易則易知，簡則易從。」〔註7〕〈繫辭下〉說：「夫乾，確然示人易矣；夫坤，隤然示人簡矣。」〔註8〕已說明〈乾〉〈坤〉具有易簡的德性。再者〈繫辭上〉說：「乾坤，其易之緼邪？乾坤成列，而易立乎其中矣。乾坤毀，則無以見易。易不可見，則乾坤或幾乎息矣。」此言〈乾〉〈坤〉爲《易》之緼，此「緼」牟先生釋爲：「精蘊、本質」，亦即〈乾〉〈坤〉爲《易》之「精蘊、本質」，具體而言，〈乾〉〈坤〉表象了相反的陰陽之氣，陰陽是用，這陰陽即爲《易》之緼。因「緼」也就是「本性」，故〈乾〉〈坤〉爲《易》之「本性」，且因易簡亦爲《易》之「本性」，故易簡就代表了〈乾〉〈坤〉的特性。換言之，《易》之「本性」爲易簡者乃從觀察〈乾〉〈坤〉而來。〈乾〉〈坤〉既爲易簡，故牟先生認爲「法乾而行，則化難爲易，精誠

〔註7〕　《十三經注疏・周易正義》，卷七，頁144。
〔註8〕　《十三經注疏・周易正義》，卷八，頁166。

健行故也；法坤而行，則化繁為簡，序理不雜故也。」

2. 變易與不易

《乾鑿度》說：「變易也者，其氣也。」「不易也者，其位也。」牟先生認為變易中的氣是「物實」（actual entity）、「事情」（event）、「材料」（matter）。「物實」與「事情」原為懷德海用以指稱宇宙中最真實又具體的存在，牟先生則藉之形容氣的真實不虛。蓋在漢人的觀念中，能為他們真實感受者為「氣」，而「氣」就造成了宇宙萬物的生成變化。氣又為「材料」，這是借用亞里斯多德的理論，意即氣為構成萬物存在的基本質料。

再者，牟先生說：「氣是永變的，是只有『成為』（becoming），……」天地之大德為生，宇宙存在目的就是要萬物生生不已。欲維持這種狀態，就必須通過二氣的變化去達致。氣的變化是永不終止，隨時的發展，因而易道就是變動不居、唯變所適。由變化，才有往來的不窮，萬物的生長，這是天地生生大德的顯發。〔註9〕

就「不易也者，其位也」的「位」而言，牟先生認為位是「關係」、結構（structure）、序理（order）或「形式」（order）。以永恒不變的形式說位，這也是借用亞里斯多德的理論。任何事物都有它的形式與質料。當形式加上質料之後，事物才能從潛在的狀態實現出來，變成一現實之物。上文說氣是永變的，由氣構成的事情亦處於隨時改變的狀態，故事情在氣變之下是無法貞定住的，此就須由位來定。進一步結合變易與不易，氣與位來論，變的事情因有不變的形式而定住其形而有成，不變的形式則因氣之變動而不斷產生新的事情，此使它具體化及新奇化。如此說明事情的形成的過程，就是宇宙論的表述。

而變易與不易其實體現了自然界的生成過程。蓋變易為「易」，不易為「恒」，有「易」無「恒」則只有「生」而無「成」，有「恒」無「易」也只有「成」而無「生」。故在生成的過程中，必須二者相輔，此即要以「恒」之

〔註9〕 陰陽變化、生生不已其實意指「創化」（creativity）。程石泉（1909～2005）認為「創化」這概念是《易經》與懷德海哲學最大的相似處。針對「創化」，他比較《易經》與懷德海說法的相異與近似之處。相異之處有兩點：一為名相的差異，二為重點的差異。近似之處有四點：一皆為創化母體方陣（matrix of creativity），二為對於「感」（feelings）的看法，三為皆欲建立一無所不包的名相系統，四為「自生」（self-produced）、「自化」（self-created）的概念。詳參程石泉：〈《易經》哲學與懷德海機體主義〉，收錄於《中國哲學與懷德海》（臺北：東大，1989年9月初版），頁1～20。

常來定住「變」之完成，亦須以「變」之顯示來豐富「恒」。由變到恒，即由生到成，即是一個氣化始終的過程。

由變易與不易的論述中，牟先生著重在探討事情與形式融合的問題。考察他的觀點，可知他大致上能掌握變易的要旨，因他對於變易主要是從氣的變遷角度來探討的。然對於不易的理解，其以形式解說雖令人感到新奇，但有失焦比附之嫌，蓋因無論是《乾鑿度》或鄭玄，都主張倫理綱常貴賤之位的確然不移。

二、易　數

象與數是《周易》中的組成要素，象指卦爻象，乃象徵事物的符號；數指奇偶之數，是占筮求卦的基礎。象數的關係密切，關於二者的關係，《左傳・僖公十五年》說：「龜，象也；筮，數也。物生而後有象，象而後有滋，滋而後有數。」注云：「言龜以象示，筮以數告，象數相因而生，然後有占，占所以知吉凶。」疏云：「龜以金木水火土之象而告人；筮之用著揲以為卦。是筮以陰陽著策之數而告人也。凡是動植飛走之物，物既生訖而後有其形象，既為形象而後滋多，滋多而後始有其數。」〔註 10〕此探討了象與數的起源。象是世間事物之象，數是對於滋衍增多的物象的計量，二者在起源的先後上，數因象生，象先而數後。然在實際的占筮過程中，由七、八、九、六之數而成一卦，象倚數而立，由數以定象，數是居於優先的地位。

《周易》所論之數，原為數學性質的，它主要有天地之數及大衍之數。前者為自然奇偶之數，後者為筮法揲著之數。然《易傳》脫離數原有的性質，賦予易數神秘的意涵。〔註 11〕例如認為易數可以代表萬物，〈繫辭上〉說：「乾之

〔註10〕　《十三經注疏・春秋左傳正義》，頁 234。

〔註11〕　任繼愈認為：對於數字的神秘觀念其起源可說很早。如老子把道說成是一或「道生一」，「三生萬物」。一、三即包涵自然數以外的意義。《左傳・昭公二十》有：「一氣二體三類四物五聲六律七音八風九歌。」《國語・楚語下》有：「一純二精三牲四時五色六律七事八種九祭十日十二辰。」《黃帝內經・靈樞・九針論》有：「九針者，天地之大數也，始于一而終于九。故曰：一以法天，二以法地，三以法人，四以法時，五以法音，六以法律，七以法星，八以法風，九以法野。」亦賦予數其他的意義。至於使數字神秘化，并建立了相應理論的是《周易》。在漢代，經學家將易數當作天體運行、人生禍福、政治休咎等的最后根據。參任繼愈主編：《中國哲學發展史（秦漢）》（北京：人民出版社，1985 年 2 月第 1 版），〈漢代自然科學與哲學的關係〉，頁 598。

策，二百一十有六；坤之策，百四十有四。凡三百有六十，當期之日。二篇之策，萬有一千五百二十，當萬物之數也。」〔註12〕通過老陽（九）老陰（六）的繁複計算，得出萬有一千五百二十之策，正恰為萬物的總數。甚至以萬物的剛柔形體得自於數，〈繫辭下〉說：「陰陽合德而剛柔有體，以體天地之撰。」《九家易》曰：「撰，數也。萬物形體，皆受天地之數也。謂九天數，六地數也，剛柔得以為體矣。」〔註13〕萬物形體，非剛則柔。其生成為剛或柔，是體象天地之數。天地之數中的奇數為陽，偶數為陰，由是凡物為陽者由奇數所顯，陰者由偶數所示。此即由物之剛柔和數之奇偶之相配以顯生成之易道。

（一）七八九六

1. 鄭玄以數解釋太極至兩儀、兩儀至四象的演化

　　對於易數，鄭玄也體會了其神秘性。《乾鑿度》說：「變易也者，其氣也。」萬物之生化是在氣變的過程中實現的。在鄭注中，他即以數來說明氣變的過程，此表明氣變是有條理的，此條理可以數來表示，就此而言，鄭玄賦予了數宇宙論的意義。牟先生則順著鄭注，本於「一切皆於數成」的觀點，對於其中言及的太極、兩儀、四象及五行生成之數、大衍之數等探討氣變時的條理性、數學性。

　　〈繫辭上〉：「《易》有太極，是生兩儀，兩儀生四象，四象生八卦。」〔註14〕此既記載了筮法上揲蓍成卦的過程，亦展示了由太極生成八卦，亦即由天地生成萬物的過程。在揲蓍成卦時，太極為五十根蓍草中不用之那一根。「是生兩儀」是指「分而為二以象兩」，言將四十九根蓍草隨意分為兩部份。「兩儀生四象」是指「揲之以四，以象四時」，言以右手四揲（以四根為一組）左手之蓍草。「四象生八卦」是指「十有八變而成卦」，經過了多次經營，經三變而得出七、八、九、六之數，以之表示少陽、少陰、老陽、老陰四象，此即成一爻，經十八變而成六爻即一卦。〔註15〕就生成過程而言，「易與天地準」，筮法實模擬了天地生成萬物的情形，而以兩儀象天地，四象象四時，此已具有宇宙論的意義。如此生成的過程，《乾鑿度》亦有類似的展示，所謂：「易始於太極。太極分而為二，故生天地。天地有春秋冬夏之節，

〔註12〕　《十三經注疏·周易正義》，卷七，頁153。
〔註13〕　《周易集解》，卷十六，頁383。
〔註14〕　《十三經注疏·周易正義》，卷七，頁156～157。
〔註15〕　《十三經注疏·周易正義·繫辭上》，卷七，頁153。

故生四時。四時各有陰陽剛柔之分，故生八卦。八卦成列，天地之道立。」
〔註16〕將兩者相比，《易傳》的生成過程爲「太極→兩儀→四象→八卦」，《乾
鑿度》則爲「太極→天地→四時→八卦」，可見《乾鑿度》是以「天地」指
稱「兩儀」，以「四時」指稱「四象」。特別的是，《乾鑿度》又以七八九六
之數言兩儀、四象，鄭玄則據之深入闡明這些易數。

　　在《易傳》中，太極只是高於兩儀、四象、八卦之概念，它並沒對太極
的內涵作一詳細的規定。〔註17〕鄭玄基於氣化宇宙論的立場，主張太極是原
始渾淪未分之氣，他於〈繫辭上〉：「《易》有太極。」注云：「極中之道，淳
和未分之氣也。」〔註18〕於《乾鑿度》：「《易》始於太極。」注云：「氣象未
分之時，天地之所始也。」〔註19〕同《易傳》一樣，鄭玄視太極爲一根本的
概念，不同的是他將太極視爲從无入有的始端。

　　至於兩儀與四象，鄭玄是以七九八六解釋兩儀與四象。〈繫辭上〉「是生
兩儀」鄭注有缺，依《乾鑿度》：「太極分而爲二。」鄭注云：「七九八六。」
〔註20〕可知兩儀爲七九八六之數。此外，四象據《乾鑿度》：「七往六來，八
往九來。」注云：「易有四象，文王用之焉。往布六於北方以象水，布八於東
方以象木，布九於西方以象金，布七於南方以象火。」〔註21〕可知四象乃由
兩儀的七九八六布於四方以象五行而成。兩儀既然爲七九八六，而兩儀又由
太極化分，可推論太極應是未分的七九八六。

　　此處兩儀之七九八六意謂由太極分化至兩儀的過程，其中以七九爲陽
數，表陽氣；八六爲陰數，表陰氣，它們皆表象了氣變之由微至盛的段落，
此從時間、動的過程看；四象由兩儀之七九八六布於四方而成，此意謂兩儀
判，天地分，它表象了四方，此從空間、靜的已成看。〔註22〕言動是指氣變，

〔註16〕《易緯乾坤鑿度》，卷上，頁6。

〔註17〕唐君毅説：「唯是太極乃高於兩儀之一概念。如兩儀指陰陽或乾坤或天地，則
　　　　太極應爲位於陰陽乾坤天地二者之上，而加以統攝之一概念。而太極之所指，
　　　　則應爲天地及天地中之萬物之根原或總會之所在。此爲就《易傳》之文句之
　　　　構造，吾人可如此説者。至於太極之一名所實指者爲何，則儘可能容後人有
　　　　不同之解釋。」《中國哲學原論·導論篇》，頁430。

〔註18〕《周易鄭注》，卷七，頁152。

〔註19〕《易緯乾鑿度》，卷上，頁6。

〔註20〕《易緯乾鑿度》，卷上，頁6。

〔註21〕《易緯乾鑿度》，卷下，頁47。

〔註22〕《全集1·周義》，頁46。

言靜是指方位。

2. 牟宗三先生對於兩儀、四象之七八九六的詮釋述評

（1）兩儀之七八九六

　　對於兩儀之七八九六，牟先生是從解析太易至天地判分的過程去解說。《乾鑿度》曰：「昔者聖人因陰陽，定消息，立乾坤，以統天地。夫有形生於無形，乾坤安從生？故曰：有太易，有太初，有太始，有太素也。太易者，未見氣也；太初者，氣之始也；太始者，形之始也；太素者，質之始也。氣形質具而未離，故曰渾淪。渾淪者，言萬物相渾成而未相離。視之不見，聽之不聞，循之不得，故曰易也。易無形畔。」〔註23〕此將卦畫之形成與宇宙的起源作一聯繫，認爲皆始於太易，故太易爲首出概念。並且又有一宇宙生化過程的展開，《乾鑿度》將宇宙的生成劃分爲數個階段，即太易→太初→太始→太素→渾淪→易，太易是未見氣的階段，太初、太始、太素，各爲氣、形、質之始，渾淪是「氣形質具而未離」混爲一體的階段，易則無形。

　　《乾鑿度》復以一、七、九及二、六、八之數說明宇宙如何生化。《乾鑿度》說：「易變而爲一。」鄭注云：「一主北方，氣漸生之始，此則太初氣之所生也。」又曰：「一變而爲七。」注云：「七主南方，陽氣壯盛之始也，萬物皆形見焉，此則太始氣之所生者也。」續曰：「七變而爲九。」注云：「西方陽所終究之始也，此則太素氣之所生也。」續曰：「九者，氣變之究也，乃復變而爲一。」注云：「此一則元氣形見而未分者。夫陽氣內動，周流終始，然後化生一之形氣也。」故由一、七、九（亦內含二、六、八）之變至形變之「一」（非「易變而爲一」之「一」）之前，全是形上的描述。一、七、九爲氣的始、壯、究。此「一」之後，則爲形下氣化的說明。《乾鑿度》曰：「一者，形變之始，清輕者上爲天。」注云：「象形見矣。」續曰：「濁重者下爲地。」注云：「質形見矣。」此時形質分化，天地始生，兩儀始判。《乾鑿度》續曰：「物有始、有壯、有究，故三畫而成乾。」注云：「象一、七、九也。夫陽則言乾成者，陰則坤成可知矣。」此以一、七、九象物之始、壯、究的過程，反映在卦則爲〈乾〉。最後，《乾鑿度》曰：「乾坤相並俱生，物有陰陽，因而重之，故六畫而成卦。」〔註24〕以上通過了一、七、九與二、六、八之數表示氣運動變化的三種狀態，這些數字亦表示了天地萬物及卦爻之形成。氣變與物之生成皆有始、壯、究的過程，〈乾〉的三

〔註23〕　《易緯乾鑿度》，卷上，頁 10～11。
〔註24〕　皆見《易緯乾鑿度》，卷上，頁 11。

爻，其形成亦經歷此三階段。而六畫之卦是因「物有陰陽，因而重之」，故卦已不單只是卦，而是象徵了萬物的陰陽屬性及其發展的階段。

進一步言，以一、七、九表陽氣之變，此乃為了方便說明而單舉一、七、九言之，事實上，舉陽即已賅陰，言一、七、九即內含二、六、八。因「孤陰不生，獨陽不長」，陰陽二氣的變化本是相需並行的，故在氣變的過程中，陽之變由陰助成，陰之變由陽助成，言一、七、九者特指陽氣變化的過程，二、六、八特指陰氣的變化而已。由此陰陽所合之氣變，其氣變之究極始成為形變之始之「一」。此「一」並不是指純陽之「一」，言純陽者，是為了分析上的方便。此「一」實含蘊陽之一、七、九以及陰之二、六、八，即由陰陽成之。由此「一」始有天地之分，兩儀之判。〔註25〕

《乾鑿度》又說：「易變而為一，一變而為七，七變而為九。九者，氣變之究也。乃復變而為一。一者，形變之始。清輕上為天，濁重下為地。」對照上文，其文意朗然明白。然鄭玄卻認為「乃復變而為一」句，應改作「乃復變而為二」，鄭注云：

> 「易」，太易也。「太易變而為一」，謂變為太初也。「一變而為七」，謂變為太始也。「七變而為九」，謂變為太素也。「乃復變為一」，一變誤耳，當為二。二變而為六，六變而為八，則與上七九意相協，不言如是者，謂足相推明耳。九言氣變之究也，二言形之始，亦足以發之耳。又言乃復之一，易之變一也。太易之變不惟是而已，乃復變而為二，亦謂變而為太初；二變為六，亦謂變而為太始也；六變為八，亦謂變而為太素也。九，陽數也，言氣變之終；二，陰數也，言形變之始，則氣與形相隨此也。〔註26〕

若依鄭玄的詮釋，「二」就由氣落入形。鄭玄為了說明陰陽之數「相協」、「足相推明」，「氣與形相隨」之意，因而他以一、七、九特指氣之太初、太始、太素，即氣之始、壯、究，此以陽為氣；二、六、八特指形之太初、太始、太素，即形之始、壯、究，此以陰為形。如此的說明既將一、七、九與二、六、八作了形上與形下的區分，且造成了一、七、九與二、六、八之變化無法同時並行，而是氣變為先，形變繼之。然依《乾鑿度》之意，其一、七、九與二、六、八特指陰陽二氣的始、壯、究而言，且二者在氣變的過程

〔註25〕《全集 1．周義》，頁 47。
〔註26〕《易緯乾鑿度》，卷下，頁 29～30。

中是同時進行的，並非如鄭玄對於二者有形上形下，變化有前有後，並以陽為氣、陰為形的區分，故鄭玄之解不合《乾鑿度》之意。雖然鄭玄強調了「氣與形相隨」，但仍不足以說明一、七、九與二、六、八同時並進的關係，故牟先生認為他的「氣形相隨」似乎「氣形不離」，但未說到氣形既不離且相含蘊。因此，順著《乾鑿度》的文意，應先言及「氣與氣含蘊而成形」，再言「氣形相含蘊」方可。如此說的意義乃重新將二、六、八由形回復到它原本氣的地位，且能顧及七八九六相須並進之情形。於是由「氣形相含」之一即能生兩儀，兩儀象天地，其所象者為天地之氣，而非象天地之形。總之，兩儀之生成是由七八九六之氣的始、壯、究的變化而成的。〔註27〕

　　牟先生於此就《乾鑿度》和鄭玄對於「兩儀之七八九六」的說明作了清楚的分辨，他不只展現了兩儀之數宇宙論的意義，還廓清鄭玄思想混淆之處，對於鄭易的研究居功不小。

（2）四象之七八九六

　　前引鄭玄之注言「易有四象」，鄭注以四方指稱四象，即以七八九六布於四方以象四象。關於此，《乾鑿度》云：「易變而為一，一變而為七，七變而為九，九者氣變之究也，乃復變而為一。一者，形變之始。清輕上為天，濁重下為地。」鄭玄注云：「……一變而為七，是今陽爻之象；七變而為九，是今陽爻之變。二變而為六，是今陰爻之變；六變而為八，是今陰爻之象。七在南方象火，九在西方象金；六在北方象水，八在東方象木……」〔註28〕經過七八九六之氣的始、壯、究的變化，四方構成，以時空不離之故，故有四方必有四時。其中，七在南方象火，季節為夏；九在西方象金，季節為秋；六在北方象水，季節為冬；八在東方象木，季節為春。此四方四時因是七八九六流行而成，故也有始、壯、究，亦有終而復始，循環不息之性。因七八九六本指陰陽之氣不同的狀態，故四時、四方、五行說到究極實由陰陽的始、壯、究所顯。又，因兩儀之七八九六、四象之七八九六皆是氣變所成，故兩套七八九六不過是一套氣的始、壯、究的流行。

　　由於兩儀生四象，四象生八卦，故一卦亦表象七八九六的始、壯、究。牟先生認為一卦即是表示始、壯、究之一幅圖象，六十四卦即表示一切現象變遷的始、壯、究的過程的圖象，牟先生稱此為命題邏輯（propositional logic），

〔註27〕《全集 1・周義》，頁 48～49。
〔註28〕《易緯乾鑿度》，卷下，頁 30～31。

即以命題表象一件事實之始、壯、究。並以「玄學上的命題邏輯」（propositional logic of metaphysics）稱之，認為這種邏輯特殊之處在解析世界之生成。〔註29〕然此解實為比附，蓋因始、壯、究是頗複雜的生成變化的過程，如何能以簡單的命題邏輯名之？而且，它的內容遠比命題邏輯所研究的複合命題〔註30〕所言者多，複合命題並不能完全窮盡且有效的去表示它。

（二）五行之數

1. 鄭玄的詮釋

（1）以五行之數和天地之數相配

以五行注解易數也是鄭玄易注另一特色。

原本，〈繫辭上〉說：「天一，地二，天三，地四，天五，地六，天七，地八，天九，地十。天數五，地數五，五位相得，而各有合。天數二十有五，地數三十，凡天地之數五十有五，此所以成變化而行鬼神也。」此言天數與地數的內涵，並無五行的內容牽涉其中。其中，天數（陽數、奇數）有五，為一、三、五、七、九，總和為二十五；地數（陰數、偶數）亦有五，為二、四、六、八、十，總和為三十，兩者相加為五十五。天地之數並不只是數，而是表示宇宙生成變化的根據。至鄭玄注《易》，他就以五行之數配天地之數，他於〈繫辭上〉「天數五，地數五，五位相得而各有合。」注說：

> 天地之氣各有五，五行之次，一曰水，天數也；二曰火，地數也；三曰木，天數也；四曰金，地數也；五曰土，天數也。此五者陰無匹，陽無耦，故又合之。地六為天一匹也，天七為地二耦也，地八為天三匹也，天九為地四耦也，地十為天五匹也。二五陰陽各有合，然後氣相得，施化行也。〔註31〕

可見鄭玄是在原有的天地之數的基礎下，加入了五行的內容，並以二者的相配來解釋生成的涵義。此處的五行：水、火、木、金、土的順序，是遵照《尚書‧洪範》來排列的。〔註32〕五行的化生萬物不依照固有的理論如五行相

〔註29〕《全集1‧周義》，頁50。

〔註30〕凡以邏輯連詞：否定（negation）、連言（conjunction）、選言（disjunction）、涵蘊（implication）、等值（equivalence）連接基本命題即構成複合命題。

〔註31〕《周易鄭注》，卷七，頁148。

〔註32〕《十三經注疏‧尚書正義‧洪範》：「一五行：一曰水，二曰火，三曰木，四曰金，五曰土。」卷十二，頁169。。

生等來論述，而特別的以數來說明，是爲五行和易數的嘗試融合，這也就是「一曰水，天數也」至「五曰土，天數也」這些五行之數。五行之數又分爲一、二、三、四、五的五行生數和六、七、八、九、十的五行成數，二者不能獨存，所謂「陰無匹，陽無耦」，必須彼此搭配合作才能生起化育萬物之功。

　　這樣具體的搭配見於鄭玄〈繫辭上〉：「大衍之數五十，其用四十有九。」〔註33〕的易注，鄭玄說：

　　　　天地之數五十有五，以五行氣通。凡五行減五，大衍又減一，故四十九也。衍，演也。天一生水於北，地二生火於南；天三生木於東，地四生金於西；天五生土於中。陽無耦，陰無配，未得相成也。地六成水於北，與天一并；天七成火於南，與地二并；地八成木於東，與天三并；天九成金於西，與地四并；地十成土於中，與天五并也。大衍之數五十有五，五行各氣并，氣并而減五，惟有五十。以五十之數不可以爲七八九六卜筮之占以用之，故更減其一，故四十有九也。〔註34〕

此既言大衍之數與天地之數的關係，又列出五行生數、五行成數配合的情況。大衍之數是四十九，鄭玄認爲它來自天地之數。天地之數爲五十五，五十五減五，即「五行各氣并，氣并而減五」，所餘之五十不能得出七八九六之數以供占筮，故五十又減一，得出「其用四十有九」。而五行生數及五行成數在相配方面，一則是以五爲關鍵來結合，如一加五爲六，二加五爲七等；一是二者所居的方位一致，如「天一生水於北」「地六成水於北」，「天三生木於東」「地八成木於東」。〔註35〕於是四方、四時、五行與天地之數就具體又完整的搭配起來，而鄭玄也藉此來表象萬物生成的理序。

（2）五行以七八九六輔佐天地生成萬物

　　鄭玄於《禮記・月令》「其數八」句下注云：「數者，五行佐天地生物成

〔註33〕京房及馬融對於「大衍之數」皆有解釋，京房說：「五十者謂十日、十二辰、二十八宿也，凡五十。其一不用者，天之生氣將欲以虛來實，故用四十九焉。」馬融則說：「易有太極，謂北辰也。太極生兩儀，兩儀生日月，日月生四時，四時生五行，五行生十二月，十二月生二十四氣。北辰居位不動，其餘四十九，轉運而用也。」參見《周易正義》，卷七，頁152。

〔註34〕《周易鄭注》，卷七，頁146～147。

〔註35〕林忠軍：《周易鄭氏學闡微》（上海：上海古籍出版社，2005年8月第1版），〈第五章　明天道的象數思想〉，頁112。

物之次也。」〔註 36〕五行生出之後，具有七八九六的特性，又以七八九六輔助天地來生成終變萬物。以下他就具體展現了數如何去幫助五行去輔佐天地來生物成物，而牟先生則藉由鄭注發現了生成次序的條理性，這條理性即由數代表。〈繫辭上〉說：「精氣爲物，遊魂爲變。是故知鬼神之情狀。與天地相似，故不違。」鄭玄注說：

> 精氣謂七八也，遊魂謂九六也。七八，木火之數也；九六，金水之數也。木火用事而物生，故曰：「精氣爲物」；金水用事而物變，故曰：「遊魂爲變」。「精氣」謂之「神」，「遊魂」謂之「鬼」。木火生物，金水終物，二物變化，其情與天地相似，故無所差違之也。「精氣」謂「七八」，「遊魂」謂「九六」。「遊魂」謂之「鬼」，物終所歸；「精氣」謂之「神」，物生所信也。言木火之神生物東南，金水之鬼終物西北，二者之情，其狀與春夏生物，秋冬終物相天地之化有刑數，故可得範圍。〔註37〕

原本「精氣」與「遊魂」是稱物之生命兩種變化的狀態，「精氣」爲「神」，爲「物生所信」；「遊魂」爲「鬼」，爲「物終所歸」。鄭玄於此特以七八的木火之數、九六的金水之數指稱「精氣」及「遊魂」，並以「木火用事而物生」、「金水用事而物變」，來解釋「精氣爲物」、「遊魂爲變」。

就「木火用事而物生」言，木火之數爲七八，七八爲少陽少陰，其實也就是氣之始壯之狀態，木火即由天三地八，天七地二生成。一俟木火生成，木火復以三與八、七與二輔佐天地化生萬物。故七八於此顯現兩個作用，既生木火，又助木火去生成萬物。再者，木火之能生物與其所處的時位有關：木火於時爲春夏，正值萬物生長之季；木火又處於東、南方位，爲陽氣開始漸盛之處。七八代表始壯，故也能以之表示生物之意。究極言之，木火之所以能成爲生物之五行，實由氣之始壯所肇。總之，因始壯才有七八，因七八才有木火，故木火是以七八去始物壯物。

至於「金水用事而物變」，金水之數爲九六，九六爲老陽老陰，代表氣之壯究的狀態，金水即由天九地四，天一地六所成。完成之後，金水又以九與四，一與六來終變萬物。且金水於時爲收藏之時的秋冬，於位爲歸藏的西與北，故「金水終物」。金水之用事，其實歸爲氣之壯究所致。而氣之壯究即由九六

〔註36〕《周易鄭注》，頁 256。
〔註37〕《周易鄭注》，卷七，頁 140。

象之，故金水是以九六去終物變物。

2. 牟宗三先生的詮釋述評

（1）五行由七八九六流出

　　針對以上鄭注，牟先生認爲五行其實是七八九六之數，並提出統一於陰陽律之下的五行觀，他說：

> 由陰陽之七八九六流行生出五行：始於水，火次之、木次之、金次之、土爲後。故五行非最後的本體原素，乃只是由七八九六之始壯究而流成。且五行並非五種物質，乃只是陰陽之始壯究的不同的宣示。故一切東西之生成，仍由陰陽之氣之組合，而非由於五行之組合也。五行是陰陽流行的不同的五種特性。董仲舒云：「五行猶言五行歟？」《春秋繁露・五行之義》篇即五種不同性質之行動也。根本點還是用，故不是五種物質。這是在《周易》的陰陽自然律統馭之下的五行觀。〔註38〕

五行原是對物質五種性質的形容，後以之代稱物質，於此牟先生對於五行作了推源的說明。因五行由天地之氣而來，所謂：「天地之氣各有五」，故五行所呈現的是天地之氣的五種特性。天地之氣即爲陰陽，陰陽即爲兩儀，兩儀可以七八九六象之，故五行即爲陰陽之七八九六的始、壯、究流行而成。說到極處，五行不外是陰陽之氣始、壯、究流行的五種特性。因此牟先生是以易數來統五行，再以陰陽來統五行，最終以一條陰陽律來統攝五行與八卦。

　　再者，五行既由七八九六表示，以七八九六皆爲天地之數的內容，故天地之數生成，時空成立之後，五行也隨之與相應的時空季節相配合，組成了一個整齊有理序的系統。〔註39〕總之，無論是以七八九六言五行，或以七八九六言兩儀、四象，不外是氣化流行的另一種表示的方式。

（2）一切皆由數成

　　通過以上對《乾鑿度》及鄭玄《易》注中的易數的解析，牟先生認爲自然之生成有其條理與次序，此皆能由數表示，而數是由觀察自然生成之次序引申出的。他說：

> 由生成之次序而見出數，則數即是自然之條理也。天地之數，即是天地生成之條理。我們界說「數」即可由「生成之次」而界說之。

〔註38〕　《全集1・周義》，頁50。
〔註39〕　《全集1・周義》，頁51。

　　　數即表象此生成之次，與其說兩儀四象五行以及一切萬物，由數而
　　　成，不如說他們是由自然生成之次序而以數表象之這情形而成。簡
　　　言之，自然之生成是有秩序的有數學性的，故皆可以數表之；故數
　　　不能致生（Generate）萬物，而數由自然生成之次序而引申出也。這
　　　一點似乎比希臘哲學家畢達哥拉斯（Pythagoras）以數爲根本存在爲
　　　一切之模型的學說高明得多了，即中國人以生成爲根本觀點，即注
　　　目於具體的事實，而畢達哥拉斯則以抽象的數爲根本觀點，而注目
　　　於抽象的形式。但這顯然是誤置具體之錯誤。（the fallacy of misplaced
　　　concrete）。〔註40〕

這是對於數的形上意義的體會。《周易》所謂的「數」已由原是計量事物的作
用，成爲表象具體世界的生成之次序。鄭注說：「天地之數五十有五，以之開
物成務，以之冒天下之道，所謂易者，如斯而已。此所以成莫大之變化，行
無形之鬼神也。」〔註41〕天地之數之所以能開物成務，並不是表示它可以致
生萬物，而是因著它是由自然生成之次序引申出來而說它具有生物成物的性
質。數既然能成天地之變化，人通過數就可以掌握事物變化的規則，如此說
的意義就是將宇宙原本複雜的生化情況，簡化爲事物以數爲存在的基礎。於
是數不只具有宇宙論事物生化的意義，也具有本體論的意義。

對照於畢達哥拉斯學派的說法，他們雖然亦言及數和萬物的關係，但二者如
何聯結起來，實有其問題存在。畢氏此派因長期專注於數學的研究，感受到
了數的特殊性質，因而特別主張「萬物皆是數」，亦即以數當作萬物的本原。
爲了論證此根本命題，他們自數的比例與和諧去考量數與眾物的關係，認爲
存在之物與數有許多相似之處，亞里斯多德說：「再者，他們從數的觀點去考
慮和諧之性質和比例，他們也認爲其他東西在其整個本性方面好像類似於
數，並且在整個自然界數居第一位，因此他們以爲數的元素即是萬物的元素，
並且整個天體即是一個和諧和數。」〔註42〕以音階來說，它是建立在不同的
比例上，由此才產生和諧的音樂，其他事物亦因數的模型而構成。

此外，畢氏還主張數的要素爲奇數和偶數。奇數有限，偶數無限，奇偶之數

〔註40〕《全集1・周義》，頁52～53。
〔註41〕〈繫辭上〉「凡天地之數五十有五，此所以成變化而行鬼神也」句下注，頁152。
〔註42〕St. Thomas Aquinas 原著，孫振青譯：《亞里斯多德形上學註》（臺北：明文書
　　　　局，1991年8月初版），985b～986a，頁74。

共同組成「一」，再由「一」組成數。〔註43〕十是最完滿的數，它由1，2，3，4組成，此四數可表現為一是點，二是線，三是面，四是體。由數點成線，由數線成面，由數面成體。萬物於時空的存在莫不有體，而點、線、面就成為構成萬物的單位，這也是「萬物皆是數」的意義。可以說畢氏是基於幾何學的立場，將事物與數加以合一。

然以數來表示萬物，存在一定的困難。蓋因數為抽象的概念，且數不外是奇數與偶數，有限與無限，如何說明世間事物的變動呢？〔註44〕而數以比例與和諧與萬物產生關係，這些也只是靜態的關係。至於由點至線至面至體的構成，也是人為設想而來，不是自動自發產生的。這都不能與自然界瞬息萬變的狀態相對應。至如以萬物由數組成，認為幾何圖形即表象萬物，進而將數和萬物等同起來，這是誤將數當作具體之物，此犯了「具體性誤置的謬誤」。

三、一卦的根本公理

一卦的生成是由氣之始、壯、究的變化所決定。氣之始、壯、究即為陰陽二氣的變化，此二氣分別由一、七、九及二、六、八代表，故氣變是連著七、八、九、六一起進行的。七、八、九、六之數即表物之生成所經歷的三階段，八經卦的三爻所象者為此，六畫之卦為八經卦的相重，故亦象此三階段。

一卦形成之理既明，牟先生復通過對於鄭玄的六位、三才、中、當位、應的研究提出了「一卦的根本公理」。所謂公理是指不證自明的真理，他並認為所有的變通皆以此五個公理為準。此五公理為「六位」公理、「三才」公理、「中」之公理、「當位」公理、「相應」公理，以下即展示其內容。

（ｉ）六爻之位各有所象而成一層級性，即為「六位」公理。這是從六爻與爵位的搭配而論，此二者的搭配始於京房，後之《乾鑿度》亦據京房而說道：「易有六位三才，……初為元士，二為大夫，三為上公，四為諸侯，五為天子，上為宗廟。凡此六者，陰陽所以進退，君臣所以升降，萬人所以為象則也。」〔註45〕六爻之位既象人事上不同的爵位，在物理世界亦表象一由簡單到複雜，由微至顯的層級。

〔註43〕　《亞里斯多德形上學註》，986a～986b，頁81。
〔註44〕　《亞里斯多德形上學註》，頁140～141。
〔註45〕　《易緯乾鑿度》，卷上，頁18～19。

（ii）六爻之位分爲上中下，象徵天地人，即爲「三才」公理。「三才」者，亦即「三極」、「三材」，〈繫辭上〉說：「六爻之動，三極之道也。」鄭注云：「三極，三才也。」〔註46〕三才即天道、人道、地道，〈繫辭下〉說：「《易》之爲書也，廣大悉備。有天道焉，有人道焉，有地道焉。兼三材而兩之，故六。六者，非它也，三材之道也。」〈說卦〉也說：「昔者聖人之作《易》也，將以順性命之理。是以立天之道，曰陰與陽；立地之道，曰柔與剛；立人之道，曰仁與義。兼三才而兩之，故《易》六畫而成卦；分陰分陽，迭用柔剛，故《易》六位而成章。」〔註47〕可見六爻蘊含了三材之道，其中初、二象徵地道的柔與剛，三、四象徵人道的仁與義，五、上象徵天道的陰與陽，而「三才」之說體現了天、地、人爲一體的思想。鄭玄注經屢引「三才」之說，如〈乾〉九二：「見龍在田，利見大人。」〈乾〉九三：「君子終日乾乾，夕惕若，厲無咎。」〈乾〉九五：「飛龍在天，利見大人。」他就分別注說：「二於三才爲地道。地上即田，故稱田也。」「三於三才爲人道。」「五於三才爲天道」〔註48〕

（iii）二五居卦之中，而爲一卦之焦點或主座，即爲「中」之公理。「中」即「中位」，一般是指爻居一卦的二、五之位，處於二位的陰爻與五位的陽爻就是居中。但在鄭玄的《易》注中，中有三義：以二爲中、以五爲中、以四爲中。前兩者爲先秦以來的爻位易例，唯獨以四爲中是一特例，這就見於〈復〉卦之注。〈復〉六四「中行獨復。」鄭玄注云：「爻處五陰之中，度中而行，四獨應初。」〔註49〕〈復〉卦除初九一陽之外餘爲五陰，六四所處非二、五中位，或許因六四處於六爻之中間，故名爲「中」。由此例可知對於一卦的「中」，鄭玄是靈活看待，也可說「中」不是絕對的而是相對的。

（iv）六爻成爲既濟式者，即爲「當位」公理。此處牟先生藉〈既濟〉各爻所居之位爲標準來判定其他卦之爻是正或不正。〈既濟〉各爻都在其應當處的位置，亦即陽爻居陽位，陰爻居陰位，這是「當位」（得正、得位），他卦之爻若合乎〈既濟〉之某爻者即「當位」，以鄭注〈家人〉六二「無攸遂，在中饋」爲例，他說：「二爲陰爻，得正于內；五，陽爻也，得正于外。」〔註50〕六二及九五皆合乎〈既濟〉之爻位，皆當位。

〔註46〕 《十三經注疏・周易正義》，卷七，頁146。
〔註47〕 分見《十三經注疏・周易正義》，卷八、卷九，頁175、183。
〔註48〕 分別參見《周易集解》，卷一，頁2、3。
〔註49〕 《周易鄭注》，卷三，頁61。
〔註50〕 《周易鄭注》，卷四，頁86。

　　（v）凡當位之爻初四，二五，三上各相應者，即爲「相應」公理。「相應」者爲下卦三爻與上卦三爻的兩相感應，《乾鑿度》云：「物有陰陽，因而重之。故六畫而成卦。卦者，掛也。卦萬物而視見之，故三畫已下爲地，四畫已上爲天，物感以動，類相應也。陽氣從下生，動於地之下，則應於天之下；動於地之中，則應於天之中；動於地之上，則應於天之上。故初以四，二以五，三以上，此謂之應。」〔註51〕《乾鑿度》視內卦爲地，外卦爲天。內外卦各三爻由下至上分別爲下、中、上，這也表象了萬物生長的始壯究的階段。因氣動於下，故初與四，二與五，三與上各別陰陽相應。鄭玄《易》注中，其言應之例者如〈遯〉卦辭：「亨，小利貞。」注云：「二五得位而有應，是用正道得禮見召聘，始仕他國。」〔註52〕

　　在這五個公理中，「相應」公理佔了重要地位，鄧立光說：「因爲其他四個根本公理皆須有感應才能發揮它們的意義，否則只是靜態的存在，對宇宙不能起同構的比擬作用。」〔註53〕

　　檢討以上「一卦的根本公理」，我們可以發現這些公理犯了兩個毛病：一是公理的涵蓋面不夠廣泛，二是對於應的理解不全面。

　　就前一項說，牟先生認爲從一卦的生成中可以得出這五個根本公理。他之所以提出這五個公理，或許是受到歐幾里得的《幾何原本》的啓發。蓋在《幾何原本》的首卷中，它就先後羅列了二十三條定義、五條公設、五條公理、四十八條命題。接著將公設和公理運用在命題的證明上。〔註54〕五公理之提出，可能就是要模仿數學結構、邏輯結構來解《易》，也就是希望將卦的內容用數學的結構來表示。如是這樣的話，這就是附會，因爲牟先生只是單純的借用，並沒有作進一步的展開與說明。

　　再者，牟先生是在〈D.鄭康成的易學〉提出「一卦的根本公理」，他所選擇的這五個公理，除「六位」公理外，「三才」等其他公理都是沿用先秦以來的象數易例。至於鄭玄新創的爻體、爻辰等易例，或是漢代流行的互體、卦氣說，他並沒採納。至於爲何取用大部份的《易傳》的易例，而捨棄鄭玄或其他漢代的象數易例，牟先生沒有說明。筆者推測，可能是這些易例採用之

〔註51〕《易緯乾鑿度》，卷下，頁31。
〔註52〕分別參見《周易集解》，卷七，頁167。
〔註53〕〈象數易學義理新詮——牟宗三先生先生的易學〉，頁150。
〔註54〕詳參藍紀正、朱恩寬譯：《歐幾里得幾何原本》（臺北：九章出版社，1992年8月初版），頁1～41。

日既久，較沒爭議性。復次，考察此五公理的確立標準，發現它們是根據爻位來判定的，其前後的順序和張惠言《周易鄭氏義》所列者相同，或許是受到張惠言的啓發而來。然若以爻位爲標準來檢視其說，吾人發現他所說的一卦的根本公理，涵蓋並不完全，因《易傳》言爻位者，經後人歸納尚有據、承、乘、比等條例，爲何不納入公理中呢？於此，牟先生未作任何說明，因而也無法探討其因究竟爲何。

就後一項說，牟先生對於應的理解是根據〈既濟〉而來，他認爲應：一是「一陰一陽而正其位是謂應。」二是「凡應者必當位，凡當位者必有應。」〔註55〕這兩句話提出爻與爻相應的兩個要點：一爲相應之兩爻必須是一陰一陽，這是成立的。因若是同樣性質的爻，則不能相感而應，或稱敵應，如〈艮·象〉說：「上下敵應，不相與也。」〈艮〉之六爻皆敵對不應。〈剝〉六二〈小象〉說：「未有與也。」六二與六五不相應。二爲凡相應之兩爻，不只要性質相異，而且必須當位，或者說當位之爻必能相應。此是自〈既濟〉各爻來推斷，自〈既濟〉來看是無誤的。但若放大範圍，通觀《周易》，可以發現性質不同的兩爻，即使不當位也可以相應。換句話說，一陰一陽不須正其位也能相應，凡應者不必當位。這樣的例子在《周易》中隨處可見，如〈師·象〉「剛中而應。」這是九二應六五。〈豫·象〉「剛應而志行」此爲九四與初六相應。〈未濟〉各爻皆不當位，然其〈象傳〉說：「雖不當位，剛柔應也。」各爻雖不當位，但六爻皆能剛柔相應。

再就鄭注來看，鄭玄注〈恆〉六五「恆其德，貞，婦人吉，夫子凶。」云：「……應在九二……」注〈睽〉卦辭「小事吉。」云：「……二五相應……」〔註56〕〈恆〉六五及九二，〈睽〉之九二與六五，皆不當位然相應。故應的首要考量，不在於某兩爻是否當位，而是在於二爻是否各爲一陰一陽。若是則相應，若二者屬性相同則不應。因此牟先生所論的應，雖基本無誤，但窄化了應的使用範圍。

四、爻位——據、承、乘

牟宗三先生認爲一個卦即是符號，它代表了任何事物，故卦中諸爻之關係可用來說明物理世界和倫理世界，據、承、乘不只能說明物理世界之變遷

〔註55〕《全集1·周義》，頁54。
〔註56〕分別參見《周易鄭注》，卷四，頁78、87。

關係，亦即所有的變遷由三者構成，尙可用來闡明倫理世界的善惡正邪，亦即它們亦由此三者生成。〔註57〕

（一）據

所謂「據」，是指某一陽爻居處於陰爻之上，即陽據陰，其結果通常爲吉，此例如鄭玄於〈困〉九二「困于酒食」注云：「二據初，辰在未，未爲土，此二爲大夫有地之象」，〔註58〕初六於爻辰爲未，未在五行爲土，二爲大夫，故云「二爲大夫有地之象」。

（二）承

所謂「承」，是指臨近之爻承接上爻，一般以陰承陽，陰爻在陽爻下者爲吉，此例如鄭玄於〈坎〉六四「樽酒，簋貳，用缶，納約自牖，終無咎。」注云：「六四上承九五」；〈損〉卦辭「二簋可用亨。」注云：「其四與五承上，故用二簋」，六四、六五承上九，此爲二陰承一陽之例；〈姤〉卦辭「女壯，勿用取女。」注云：「一陰承五陽，一女當五男。」初六承九二至上九，此爲一陰承多陽之例。〔註59〕

（三）乘

所謂「乘」，是指陰爻居處於陽爻之上者，其結果通常爲凶，此例如鄭玄於〈坎〉上六「係用徽纆，寘于叢棘」注云：「上六乘陽，有邪惡之罪。」〔註60〕上六乘九五之陽故凶。

五、互　體

除了繼承《易傳》以來的體例，鄭玄還獨創了爻體、互體和爻辰之例。

所謂互體，鄭玄於〈繫辭下〉「六爻相雜，唯其時物」注云：「二至四、三至五，兩體交互，各成一卦也。」〔註61〕王應麟於《周易鄭康成注・序》說：「鄭康成學費氏易，爲注九卷，多論互體。以互體求《易》，左氏以來有之。凡卦爻二至四，三至五，兩體交互，各成一卦，是謂一卦含四卦，〈繫辭〉

〔註57〕《全集 1・周義》，頁 55。
〔註58〕《周易鄭注》，卷五，頁 105。
〔註59〕分別參見《周易鄭注》，卷三、卷四、卷五，頁 69、92、99。
〔註60〕《周易鄭注》，卷三，頁 70。
〔註61〕《周易鄭注》，卷，頁。

謂之中爻。」〔註62〕互體之法，由來已久，早在《左傳》、《國語》即已出現，京房解卦亦用互體。所謂互體，它是指經由兩個三畫卦的二至四爻、三至五爻所組成的新的卦體。一個六畫卦本由兩個三畫卦構成。這樣組成的卦象數量少，不敷解卦之用，於是就增加互體。如此一來，原本只有兩個經卦卦象的某個卦，因新增了兩個互體，一卦就具有四卦之象。故互體的使用，使得原有的卦象新增了許多卦象，這對於推衍卦象，延伸易理，助益不少。

鄭玄注《易》多用互體，在鄭注中互體有兩種：一是數量最多的三爻互體。一是四爻互體，此只見於〈大畜〉注中。另外，張惠言於《易義別錄》特別提出：「當有五爻之互。」然五爻互體，鄭注未見有這樣的實例，恐是推測之辭。三爻互體者，如鄭玄於〈蒙〉卦注云：「互體震而得中」，〈蒙〉為〈艮〉上〈坎〉下，其九二、六三、六四爻組成了〈震〉卦。又，〈頤〉鄭注云：「自二至五有二坤」，〔註63〕〈頤〉為〈艮〉上〈震〉下，其中間四爻皆為陰爻，自二至四，三至五皆互體成〈坤〉。四爻互體者，如他注〈大畜〉說：「自九三至上九，有頤象」，〔註64〕〈大畜〉為〈艮〉上〈乾〉下，其三至五爻構成〈震〉，四至上爻構成〈艮〉，於是組成了〈頤〉卦。

牟先生認為由互的關係構成互體，三爻互體與四爻互體分別因卦的其中三爻，或其中四爻發生互的關係而組成。互體自成一「結聚」（nexus），有其特殊涵義。〔註65〕「結聚」（nexus）原為懷德海的哲學概念，意指一組確定的實際事物的集合，這些實際事物憑著相互攝受，而構成了一個相關的統一體。牟先生藉以指稱互體中的各爻相互依存而組成一個統一體。互體在形成的過程中，相關各爻要通過互的關係始能成為一體。各爻一旦組成互體，互體就成為一暫時穩定的結構，而它的卦象也就能暫時代表了現實中的某個事物。因世界上的事物是不斷生成變化的，故象徵諸事物的卦象也一直改變。卦象變，依賴卦而存在的互體亦隨之不斷改變。換言之，卦之所象是一動態的存在，互體亦隨之更動。

〔註62〕《周易鄭康成注》（據元刊本影印，《無求備齋易經集成》175 本，臺北：成文出版社，1976 年初版），頁 1。案：〈繫辭〉所論的中爻是指一六畫卦中二、三、四、五爻而言，此見於〈繫辭下〉說的：「若夫雜物撰德，辨是與非，則非其中爻不備。……二與四同功而異位。……三與五同功而異位。」而王應麟以中爻論互體，只是一家之言，這其實是對〈繫辭〉的誤解。

〔註63〕《周易鄭注》，卷一、卷三，頁 22、66。

〔註64〕《周易鄭注》，卷三，頁 63～64。

〔註65〕《全集 1・周義》，頁 55～56。

六、爻　體

所謂爻體，即是以一主爻來定某一卦體，同時這一爻即代表某卦的卦義。

爻體是由卦主說發展而來，在八卦中即有一爻當一卦之主的意義，如〈震〉，象一陽在下，取義於雷動地下；〈坎〉，象一陽在中，取義於水流地中；〈艮〉，象一陽在上，取義於山聳地上，此三卦的主要含義表現於初、中、上爻，〈巽〉、〈離〉、〈兌〉亦如此。又，〈繫辭下〉云：「陽卦多陰，陰卦多陽，其故何也？陽卦奇，陰卦偶，其德行何也？陽一君而二民，君子之道也；陰二君而一民，小人之道也。」〔註66〕陽卦指〈震〉、〈坎〉、〈艮〉，每卦之一陽爲卦主，故言「君子之道」，陰卦指〈巽〉、〈離〉、〈兌〉，每卦之一陰爲卦主，故言「小人之道」。鄭玄的爻體說只不過將三爻之八卦，推用於六爻之六十四卦。陽卦中的陽爻，陰卦中的陰爻，既然能以一爻代表一卦的卦義，鄭玄就推用在六畫卦中，以一爻定一卦體。〔註67〕如此，一爻即可推出新的卦象，豐富了易象的內容。

爻體之體例，共有六種情形：陽爻在初、四者爲〈震〉爻，陰爻在初、四者爲〈巽〉爻；陽爻在二、五者爲〈坎〉爻，陰爻在二、五者爲〈離〉爻；陽爻在三、上者爲〈艮〉爻，陰爻在三、上者爲〈兌〉爻。如下圖所示：

爻體圖

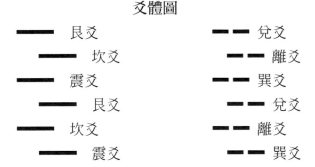

鄭注中言〈震〉爻、〈坎〉爻、〈艮〉爻之例者如：〈萃〉卦卦辭「王假有廟」注云：「四本震爻」；〈井〉九二「井谷射鮒，甕敝漏。」注云：「九二，坎爻也」；〈蠱〉上九「不事王侯，高尚其事。」注云：「上九，艮爻」。〈巽〉爻、〈離〉爻之例者如：〈賁〉「賁如皤如」注云：「六四，巽爻也」；〈頤〉卦卦辭「觀頤，自求口實。」注云：「二、五，離爻」；〈兌〉爻者則缺。〔註68〕

〔註66〕《十三經注疏・周易正義》，卷八，頁168。
〔註67〕詳參《兩漢易學史》，頁186～187。
〔註68〕分別參見《周易鄭注》，卷五、卷二，頁101、107、49及卷三，頁57、66。

爻體之用有靈活取象的優點，然使用不當，則有曲爲之說者，如鄭玄注〈損〉卦辭「二簋可用亨。」云：「四以簋進黍稷于神也。初與二直，其四與五承上，故用二簋。四，巽爻也，巽爲木。五，離爻也，離爲日。日體圓，木器而圓，簋象也。」由〈離〉說到日，由日說到圓，由圓說到簋，這樣的輾轉牽附以解說簋，固能說解卦辭，但也是推求太過。

　　牟先生認爲爻體可以視爲互體之一種，因它是由互的關係組成，但互體之範圍比爻體廣。以二五爻爲例，爻體在二五方爲〈坎〉爻或〈離〉爻，然互體不在此限，它可以在非二五、非初四、非三上時互體出〈坎〉與〈離〉，〈震〉與〈巽〉，〈艮〉與〈兌〉之象。初四、三上爻的情況亦可依此類推。〔註69〕對於牟先生所說，爻體中的主爻能因它所在之位而決定其所互之卦爲何，這恐怕混淆了互體和爻體的差別，因爲互體是通過數爻來互出一新的卦體，而爻體不需經由互的過程即可推導出一新的卦體，故爻體不需經由互即能產生，且不需牽涉到應互何卦。

七、卦氣消息

　　牟先生認爲鄭玄有兩套卦氣消息。一是傳統的十二辟卦主十二月說，一是以〈臨〉〈遯〉二卦表象一歲的時序。

　　就前者言，鄭玄於〈復〉卦卦辭「七日來復」注云：「建戌之月，以陽氣既盡。建亥之月，純陰用事。至建子之月，陽氣始生。隔此純陰一卦，卦主六日七分，舉其成數言之，而云：『七日來復』。」〔註70〕張惠言釋云：「……但以辟卦爲侯，不論餘卦。……略以十二辟卦消息言之。」〔註71〕這是以十二消息卦與六日七分解釋「七日來復」。「建戌之月」在九月，爲〈剝〉卦；「建亥之月」在十月，爲〈坤〉卦；「建子之月」在十一月，爲〈復〉卦。〈剝〉〈復〉之間爲〈坤〉，故云「隔此純陰一卦」。由〈剝〉〈坤〉至〈復〉，表示了陰陽的消長，時序的往來。另外，依十二消息卦，每卦本主一個月，一月有三十天，「建亥之月，純陰用事」，〈坤〉主十月亦應三十天，然今爲了強解「七日來復」句而引六日七分解之，此與〈坤〉所主的天數實相衝突。

〔註69〕《全集1・周義》，頁56。
〔註70〕《周易鄭注》，卷三，頁60。
〔註71〕《周易鄭氏義》（據清道光九年刊「皇清經解」本影印，《無求備齋易經集成》176），頁10～11。

就後者言，〈臨〉卦卦辭：「至于八月有凶。」鄭玄注云：「臨自周二月用事，訖其七月，至八月而遯卦受之。此終而復始，王命然矣。」〔註72〕此例以周正解之，〈臨〉在十二消息卦主十二月，殷曆正月即周曆二月。故〈臨〉自周二月用事，〈遯〉則自周曆八月用事。張惠言釋云：「以臨遯二卦終而復始，則兩卦十二爻周一歲。此說不見《易緯》，蓋以十二辟卦主月，以乾坤十二爻而周一歲。若論本卦之氣，則臨至遯而消，遯至臨而息，自有相受之義。凡姤復泰否大壯觀剝夬皆然。」〔註73〕張惠言以〈臨〉〈遯〉十二爻之陰陽消息、周而復始以周一歲解之。〔註74〕一般而言，卦氣說是自〈復〉至〈乾〉為息卦，自〈姤〉至〈坤〉為消卦。牟先生引申張義，認為此說雖不見於《易緯》，復與傳統諸家的卦氣說不同，但於理亦通。他主張卦氣說固然諸家不同，但各家的基本觀點是相同的，即皆以〈乾〉〈坤〉十二爻來表示一歲的陰陽消息，即「以乾坤十二爻而周一歲」。換言之，組成卦氣說的各卦，它們最基本的單位為〈乾〉〈坤〉十二爻，〈乾〉〈坤〉諸爻各象陰陽之生，由此十二爻之消長即能主十二月。既然〈乾〉〈坤〉諸爻有此功能，由〈乾〉〈坤〉所生的他卦亦能如此，各自也能表象陰陽的消息，也是一幅表示時序變遷的圖象，重點是某兩卦是否具有〈乾〉〈坤〉十二爻。因此，〈姤〉與〈復〉，〈泰〉與〈否〉，〈大壯〉與〈觀〉，〈剝〉與〈夬〉因具備這條件，故是能自成消息的。

此外，牟先生在鄭玄〈臨〉卦之注的討論中特別提出「大宇宙公式」（macroscopic formulae）與「小宇宙公式」（microscopic formulae）。「大宇宙公式」探討整個宇宙的生成變化，蓋任一卦是表示一歲的時序，而由一歲的時序中即顯示出宇宙的變遷，因而卦氣說就是「大宇宙公式」。就卦本身來說，它是「小宇宙公式」（microscopic formulae），此展示了本體論的特性，蓋每一事物都具有始、壯、究的特性，這是存在的特徵，而每一卦即表象此特性。〔註75〕

牟先生的「大宇宙公式」即為「宇宙論上的原則」（cosmological principle），

〔註72〕《周易鄭注》，卷二，頁50。

〔註73〕《周易鄭氏義》，頁11。

〔註74〕丁四新不同意張惠言之意，認為鄭注之意應指「在殷周正朔之變的背景中仍以十二消息卦的周流來敘述一歲的循環。」詳參氏著：〈鄭玄易義〉，收入劉大鈞主編：《象數易學研究》（第二輯）（山東：齊魯書社，1997年6月第1版），頁119。

〔註75〕《全集1・周義》，頁57～58。

「小宇宙公式」即爲「本體論上的原則」（ontological principle）。此二原則前者是討論宇宙的生成進化，後者是探討宇宙各存在的各種關係各種變化。此二原則雖相互出入，但「小宇宙公式」放大即爲「大宇宙公式」。換句話說，三畫卦所表示的始、壯、究可以放大應用於一切而成爲「大宇宙公式」。因此，由單一卦的始、壯、究可以擴展爲十二卦所代表的卦氣消息，或是十二爻十二辰十二律的配合。可以說此二原則的基本要素是卦，或是說，一個卦就具有兩種身份，它可自本體論與宇宙論的角度來解析。

　　牟先生如此說解卦，立論新穎，自成一套理路，但也須加以反省。首先是名詞界定的問題，以「小宇宙公式」指稱「本體論上的原則」，此將宇宙論和本體論相互混雜，忽略了彼此的界限，易有混淆之處。再者，他以「小宇宙公式」放大可成爲「大宇宙公式」，所謂的放大究竟是如何放大，這也顯示他的推論過於簡單，實應再作更進一步詳細的展示。

八、爻　辰

　　鄭玄的爻辰，牟先生又稱爲「爻辰律」。所謂爻辰，指的是〈乾〉〈坤〉十二爻與十二辰（地支）的配合。〈乾〉卦自初九至上九配子、寅、辰、午、申、戌六辰，此六辰分別代表了十一月、一月、三月、五月、七月、九月。〈坤〉卦自初六至上六配未、酉、亥、丑、卯、巳六辰，此六辰分別代表了六月、八月、十月、十二月、二月、四月。爻辰只以〈乾〉〈坤〉十二爻代表，未取諸他卦，或許是因鄭玄體認到〈乾〉〈坤〉在《周易》中爲「《易》之門」、「《易》之縕」的特殊地位而特別提出的。〈乾〉〈坤〉的爻辰既經確立，鄭玄將之推廣運用在解析六十二卦爻上，其方法爲凡是陽爻所値之辰皆同〈乾〉卦，凡陰爻所値之辰皆同〈坤〉卦。此外，爻辰還配上四方、四時、五行、十二律、二十四節氣、二十八宿等，故在爻辰的使用下，卦爻就不單純爲卦爻，而是成爲廣納眾物，融合時空的圖式，而這也就是爻辰說的哲學意義。〔註76〕鄭玄的爻辰，以下圖示之，即爲：

〔註76〕　丁四新說：「鄭玄由爻辰說進一步把卦卦聯繫、卦物聯繫和萬有間的聯繫涵攝進來，完成一全息的爻位理論，它實際上包含著一個繁雜多層的開放型場有系統。因此乾坤十二爻辰說是鄭氏易學中最大的象數學，而其中反映的義理又是最高的義理，即『乾坤其易之門』、『易之縕』的鄭易宗旨。」參〈鄭氏易義〉，頁119。

爻辰圖

	〈乾〉			〈坤〉	
九月	▬▬	戌	四月	▬ ▬	巳
七月	▬▬	申	二月	▬ ▬	卯
五月	▬▬	午	十二月	▬ ▬	丑
三月	▬▬	辰	十月	▬ ▬	亥
正月	▬▬	寅	八月	▬ ▬	酉
十一月	▬▬	子	六月	▬ ▬	未

鄭玄運用爻辰解《易》，其例眾多，如〈泰〉卦六五「帝乙歸妹，以祉元吉」鄭注云：「五，爻辰在卯。春爲陽中，萬物以生。生育者，嫁娶之貴，仲春之月嫁娶，男女之禮，福祿大吉。」〔註77〕〈蠱〉卦上九「不事王侯，高尚其事。」鄭注云：「上九艮爻，艮爲山，辰在戌，得乾氣，父老之象，是臣之致事也。故不事王侯，是不得事君，君猶高尚其所爲之事。」〔註78〕

在鄭玄爻辰說提出之前，《史記》已將辰與律相配，《史記·律書》即詳盡的列出了十二辰、十二律、十二地支等的相配情形。如此相配的目的乃在於以辰、律、干支表現陰陽二氣一年的變化，並由此觀察萬物在一年中的生成情形。因此辰、律、干支已不單純代表時空與聲律，而是具有形上學的意義。詳細來說，《史記》以十月爲陽氣初萌之時，四月爲陽氣已盡之時，〈律書〉上就說：「……十月也，律中應鍾。應鍾者，陽氣之應，不用事也。其於十二子爲亥。亥者，該也。言陽氣藏於下，故該也。」此月於方位爲西北。又說：「……四月也，律中中呂。中呂者，言萬物盡旅而西行也。其於十二子爲巳。巳者，言陽氣之已盡也。」此月於方位爲東南。以十月爲歲首，這是因漢初依秦制而制訂的，音律則以應鍾爲先。爲何以應鍾啓始呢？《白虎通》解釋說：「應者，應也，言萬物應陽而動下藏也。」而以亥相配，也是因爲亥具有陽氣藏塞之義。〔註79〕至四月，陽氣已盡，此時律爲中呂，干支爲巳。再論陰氣。陰氣始於五月，盛於九月。〈律書〉說：「……五月也，律中蕤賓。蕤賓者，言陰氣幼少，故曰蕤；痿陽不用事，故曰賓。……其於十二子爲午。午者，陰陽交，故曰午。」「……

〔註77〕《周易鄭注》，卷二，頁36。
〔註78〕《周易鄭注》，卷二，頁49。
〔註79〕「亥者，該也。」《索隱》按：〈律曆志〉云「該閡於亥」。《正義》孟康云：「閡，藏塞也。陰雜陽氣藏塞，爲萬物作種也。」以上引自新校本《史記·律書》，卷二十五，頁1243。

九月也，律中無射。無射者，陰氣盛用事，陽氣無餘也，故曰無射。其於十二子為戌。戌者，言萬物盡滅，故曰戌。」〔註80〕五月之律為蕤賓，干支為午，此時陰陽正交替。九月之律為無射，干支為戌。以無射為終，《白虎通》解釋說：「射，終也。言萬物隨陽而終，當復隨陰而起，無有終已。」以上展示了辰、律、干支、方位等的配合，牟先生認為《史記・律書》重點在說明萬物生成的過程。由描述萬物的生滅盛衰中，時間、空間及生成過程中所顯示的各種情況都與之相配，也因之而顯。至於十二律，則表示了「大樂與天地同和」，即生成有其「節奏」與「諧和」。〔註81〕換句話說，在生成的過程中，生成不是盲目進行的，而是隨著陰陽四時週圍的環境作適度的調整與變換，這就是萬物的「節奏」與「諧和」。十二律的意義就是將萬物在實際環境的的存在情況模擬出來。

後之京房、劉歆的三統曆也有類似的配合之說，但不同的是他們進一步將爻與辰相配合。京房的納支說，〔註82〕後人又稱為京氏爻辰。〔註83〕京氏爻辰中的〈乾〉卦自初至上配子、寅、辰、午、申、戌，〈坤〉卦自初至上則配未、巳、卯、丑、亥、酉。以京氏爻辰與鄭玄的爻辰作對比，鄭玄在〈乾〉卦六爻採用京房的說法，然在〈坤〉卦上鄭玄則變更京房之說。此外，京房以陽生於十一月，陰生於五月，所謂：「建子陽生，建午陰生。」〔註84〕然鄭玄的爻辰說不以五月，而以六月代表陰之初生，這是因為陰氣避諱與陽氣相沖，故古人不言午（五月）產生陰氣，而以未（六月）產生陰氣。〔註85〕

劉歆的三統說，已見爻、辰、律三者的配合，所謂：

> 三統者，天施，地化，人事之紀也。十一月，〈乾〉之初九，陽氣伏於地下，始著為一，萬物萌動，鐘於太陰，故黃鐘為天統，律長九寸。九者，所以究極中和，為萬物元也。《易》曰：「立天之道，曰陰與陽。」六月，〈坤〉之初六，陰氣受任於太陽，繼養化柔，萬物生長，楙之於未，令種剛彊大，故林鐘為地統，律長六寸。六

〔註80〕《史記・律書》，卷二十五，頁 1246～1248。
〔註81〕詳參《全集1・周義・V 易理和之契和》，頁 426～429。
〔註82〕詳參《兩漢易學史》，〈第四章 前期占驗派象數易家〉，頁 149～151 及《象數易學發展史》第一卷，〈第三章 京房象數易學（上）〉，頁 89～92。
〔註83〕惠棟認為鄭玄的爻辰出自《易緯乾鑿度》，實為不然，有關後人的辨駁，詳參《兩漢易學史》，〈第五章 後期注經派象數易家〉，頁 178～182 及《兩漢象數易學研究・鄭玄易學》，頁 405～410。
〔註84〕《京氏易傳》，頁 111。
〔註85〕《周易鄭氏義闡微》，〈第五章 明天道的象數思想〉，頁 97。

者，所以含陽之施，椕之於六合之內，令剛柔有體也。「立地之道，
曰柔與剛。」「〈乾〉知太始，〈坤〉作成物。」正月，〈乾〉之九三，
〔註86〕萬物棣通，族出於寅，人奉而成之，仁以養之，義以行之，
令事物各得其理。寅，木也，爲仁；其聲，商也，爲義。故太族爲
人統，律長八寸，象八卦，宓戲氏之所以順天地，通神明，類萬物
之情也。「立人之道，曰仁與義。」「在天成象，在地成形。」「后
以裁成天地之道，輔相天地之宜，以左右民。」此三律之謂矣，是
爲三統。其於三正也，黃鐘子爲天正，林鐘未之衝丑爲地正，太族
寅爲人正。〔註87〕

三統的內容同於《史記・律書》所含蘊者，即皆以之表現萬物之生成。三統
之論牽涉了天地人三道，寄寓天人合一的思想。天統者，以黃鐘配十一月、〈乾〉
初九，而爲萬物萌動之元；地統者，以林鐘配六月、〈坤〉初六，而以繼養化
柔、含陽之施來說明萬物的生長；人統者，以太族配正月、〈乾〉九三，而以
仁義來裁成輔相天地萬物。故由天統的「萬物萌動」，地統的「萬物生長」，
人統的「萬物棣通」，可見易學家已注意到當時氣化流行之下的萬物，其生成
不只有節奏，且與律呂之數有緊密的關係。總之，三統之律與一般音樂已大
相迥異。此因三律由三統所啓所感，故其所發是呼應三統而求中和，能中和
則能協同萬物。

　　以上雖分言三統，但三統並非斷然爲三，實有相通之義。《漢書・律曆志》
說：

三統相通，故黃鐘、林鐘、太族律長皆全寸而亡餘分也。天之中數
五，地之中數六，而二者爲合。六爲虛，五爲聲，周流於六虛。虛
者，爻律。夫陰陽，登降運行，列爲十二，而律呂和矣。太極元氣，
函三爲一。極，中也。元，始也。行於十二辰，始動於子。參之於
丑，得三。又參之於寅，得九。又參之於卯，得二十七。又參之於
辰，得八十一。又參之於巳，得二百四十三。又參之於午，得七百
二十九。又參之於未，得二千一百八十七。又參之於申，得六千五
百六十一。又參之於酉，得萬九千六百八十三。又參之於戌，得五
萬九千四十九。又參之於亥，得十七萬七千一百四十七。此陰陽合

〔註86〕張惠言引宋祁云：「三當爲二。」《周易鄭氏義》，頁15。
〔註87〕新校本《漢書・律曆志》，卷二十一上，頁961～962。

> 德，氣鐘於子，化生萬物者也。故孳萌於子，紐牙於丑，引達於寅，
> 冒茆於卯，振美於辰，已盛於巳，咢布於午，昧薆於未，申堅於申，
> 留孰於酉，畢入於戌，該閡於亥。出甲於甲，奮軋於乙，明炳於丙，
> 大盛於丁，豐楙於戊，理紀於己，斂更於庚，悉新於辛，懷任於壬，
> 陳揆於癸。故陰陽之施化，萬物之終始，既類旅於律呂，又經歷於
> 日辰，而變化之情可見矣。〔註88〕

此段以數、干支、十二律紀述陰陽的氣化流行。氣由子行至亥，萬物也相應氣化而與之終始。以數示之，數由一散爲萬，表示由一氣生萬物。十二律則相應這生物的過程。故牟先生就特別提出十二律其實表示了「宇宙論上的配合」，「即從宇宙進化上看其與空—時之配合也。……其總義即在配合萬物之生成過程。」〔註89〕就上段而言：

> 氣化之流行始於「子」而終於「亥」，而此十二律即相應此一大始終
> 之生成過程。於自然之氣化方面，則爲陰陽合德，氣鐘於「子」，化
> 生萬物；於十二律方面，則各律皆本於黃鐘，即皆由黃鐘之遞次三
> 分損益上下相生而引出。總之則爲「既類旅於律呂，又經歷於日辰」
> 也。陰陽施化，萬物終始，呈出十二辰十二律之波動與節奏。這種
> 節奏或波動即是變化之情。故樂律中和之音，雖由器數之定形而發，
> 然有條有理有秩有序的生成世界也未始無自然之節奏或波動。這種
> 自然之節奏或波動即是物理世界的大諧和，也即是所謂「天籟」是。
> 由眞積所發出的中和之音而感天地之氣即「人籟」是也，也即是「人
> 籟」與「天籟」合一是也。

牟先生於此指出十二律的形上學的意義。自然的氣化經由十二辰表示，十二律則相應這生成過程的波動與節奏。樂律所發的中和之音，其制定乃根據一定的器數，也就是說它的節奏是因數而來。然就它與自然的相應來看，它因氣而生，復求與天地之氣相感。這是說生成世界的變化之情，即自然之節奏或波動是「天籟」，十二律的中和之音是「人籟」。二者的相應就是以「人籟」來合「天籟」。總之，無論是十二辰或是十二律，皆圍繞著作爲構成萬物之本之氣來運作發展。

鄭玄的爻辰說既取資於三統曆，因而也有「配合萬物之生成過程」的意

〔註88〕新校本《漢書·律曆志》，卷二十一上，頁963～964。
〔註89〕《全集1·周義·Ⅴ易理和之契和》，頁426～427。

義。鄭玄於《周禮・春官・大師》「大師：掌六律、六同，以合陰陽之聲。陽聲：黃鍾、大蔟、姑洗、蕤賓、夷則、無射。陰聲：大呂、應鍾、南呂、函鍾、小呂、夾鍾。皆文之以五聲：宮、商、角、徵、羽。皆播之以八音：金、石、土、革、絲、木、匏、竹。」句下注說：

> 聲之陰陽各有合。黃鍾，子之氣也，十一月建焉，而辰在星紀。大呂，丑之氣也，十二月建焉，而辰在玄枵。大蔟，寅之氣也，正月建焉，而辰在娵訾。應鍾，亥之氣也，十月建焉，而辰在析木。姑洗，辰之氣也，三月建焉，而辰在大梁。南呂，酉之氣也，八月建焉，而辰在壽星。蕤賓，午之氣也，五月建焉，而辰在鶉首。林鍾，未之氣也，六月建焉，而辰在鶉火。夷則，申之氣也，七月建焉，而辰在鶉尾。中呂，巳之氣也，四月建焉，而辰在實沈。無射，戌之氣也，九月建焉，而辰在大火。夾鍾，卯之氣也，二月建焉，而辰在降婁。辰與建交錯，貿處如表裏然，是其合也。其相生則以陰陽六體爲之。黃鍾，初九也，下生林鍾之初六。林鍾又上生大蔟之九二，大蔟又下生南呂之六二。南呂又上生姑洗之九三，姑洗又下生應鍾之六三。應鍾又上生蕤賓之九四，蕤賓又下生大呂之六四。大呂又上生夷則之九五，夷則又下生夾鍾之六五。夾鍾又上生無射之上九，無射又上生中呂之上六。〔註90〕

此基本上已將十二律與十二辰相配。十二律有陽律陰呂之分，每一律的中和之音是相應每一辰之氣而發，且律與律之間有相生的關係。至於每一辰，它具有時空的意義，且表現出不同性質之氣，其中屬陽氣者爲：子氣、寅氣、辰氣、午氣、申氣、戌氣，屬陰氣者爲：丑氣、亥氣、酉氣、未氣、巳氣、卯氣。因漢代人所認知的世界是氣化的世界，故十二律與十二辰一樣，「也是事物產生發展消亡過程中的十二種狀態」。〔註91〕換句話說，二者皆具有表象萬物生成的狀態的哲學意義。

三國時韋昭引用鄭說，作了更詳細的展示，他在《國語・周語下》「王將鑄無射」章注曰：「十一月，黃鐘，〈乾〉初九也。」「十二月，大呂，〈坤〉六四也。」「正月，太蔟，〈乾〉九二也。」「二月，夾鍾，〈坤〉六五也。」「三月，姑洗，〈乾〉九三也。」「四月，仲呂，〈坤〉上六也。」「五月，蕤

〔註90〕《十三經注疏・周禮注疏・春官・大師》，卷二十三，頁354～355。
〔註91〕《周易鄭氏義闡微》，〈第四章　鄭玄易學天道觀〉，頁69。

賓，〈乾〉九四也。」「六月，林鍾，〈坤〉初六也。」「七月，夷則，〈乾〉九五也。」「八月，南呂，〈坤〉六二也。」「九月，無射，〈乾〉上九也。」「十月，應鍾，〈坤〉六三也。」〔註92〕這是十二律相生，於此十二辰、十二律、十二爻作了完整的搭配。這也反映了漢代人的宇宙觀，亦即宇宙秩序與宇宙條理可經由爻辰律來掌握。而爻辰律皆展現時序的某一面，牟先生以為時序是由陰陽之消息、事物之變遷引申而出。十二爻表時序的消息，十二辰為時序的記號，十二律表時序的含意。所謂時序的含意，就是現實世界的生成的不同的節奏。因此，十二律與十二時的相應，可說是由十二時的生成情形所生。〔註93〕

　　復次，牟先生以爻辰律為卦氣說的放大，將之歸入「大宇宙公式」。〔註94〕爻辰律既然表象的是一歲的時序，自然可歸為「大宇宙公式」。從另一角度說，爻辰也是卦氣的一種，蓋因〈乾〉〈坤〉為諸卦之父母，其十二爻主子、丑等十二氣，六十二卦皆由二者所生，因此三百八十四爻就具有二者某一爻之氣。又，因為一爻可定一體，故三百八十四爻就具有三百八十四卦之氣。由此看來，爻辰是可以轉換為卦氣說的。〔註95〕再者，十二消息卦、〈乾〉〈坤〉十二爻的結構中都是為了呈現陰陽之氣的消長。從十二消息卦陽息陰消的過程中，可知它是通過十二卦中爻的變化來說明一年的時序；爻辰則以乾坤十二爻主十二氣，由子至亥表象氣化流行的過程。二者皆觀察陰陽之流轉，不同的是十二消息卦是以卦為單位，爻辰則以〈乾〉〈坤〉十二爻為單位，就此而言，爻辰律應是卦氣說的縮小而非放大。此正如丁四新所說：「從一個方面說，陰陽氣在乾坤十二爻中的流動，構成一個最小單位的卦氣說，鄭氏爻辰說正是在此基礎上，以乾坤十二爻統構四正卦、八卦、十二消息卦和六十卦之卦氣說。」〔註96〕

第二節　荀爽易學暨牟宗三先生的詮釋述評

　　牟宗三先生對於荀爽的易學，探討了其中的〈乾〉升〈坤〉降說、終始

〔註92〕詳參《國語‧周語下》（臺北：漢京出版社，1983年12月初版），注10、13、15、16、17、18、21、22、23、24、25、26，頁133～137。
〔註93〕《全集1‧周義》，頁58～59。
〔註94〕《全集1‧周義》，頁59。
〔註95〕《周易鄭氏義闡微》，〈第五章　明天道的象數思想〉，頁102。
〔註96〕〈鄭氏易義〉，頁114～115。

說、消息說，爻與爻之間的據、承、乘、征、求、貞諸關係。

一、升降說

　　荀爽的升降說中包含了陽升之類：〈乾〉升〈坤〉降、初九升九五、九二升九五、九三升九五、九四升九五、下卦升上卦，亦含陰降之類：上六降居六三、六五降居六二、六五降居六四，至於陽降及陰升之類，則較前二類少。以下論升降說時先展示〈乾〉升〈坤〉降等陽升之說，接著再論及陽降、陰升、陰降諸說，並舉例說明，必須強調的是此四類在論述時事先剔除了卦變說中的升降。

（一）陽　升

1. 〈乾〉升〈坤〉降（〈乾〉九二升〈坤〉六五）

　　荀爽的升降說以〈乾〉升〈坤〉降說，即〈乾〉九二升〈坤〉六五為正格，此說反映了自然界陰陽二氣運行的情形與基於政治上君尊臣卑的考量。陰陽二氣為萬物之根本，各有進退、升降、消息、上下等的運行規律，荀爽認為「陽升陰降，天道行也。」〔註97〕「陽性欲升，陰性欲承。」〔註98〕氣的運行一般的情況是陽升陰降：陽本應處上，若居處下位則當升；陰本應處下，若居於上位則當降，此方合乎天道的規律。在《周易》中，以〈乾〉〈坤〉代表陰陽，〈乾〉〈坤〉為諸卦之父母，故陽升陰降，即為〈乾〉升〈坤〉降。進一步說，〈乾〉之九二當升居〈坤〉之五位，〈坤〉之六五當降居〈乾〉原陽爻上昇後所遺下之二位，此兩卦二五爻位互易的情形即「〈乾〉升〈坤〉降」。再者，陽之居上，陰之居下，亦是陽尊陰卑的體現，〈繫辭上〉說：「天尊地卑，乾坤定矣。卑高以陳，貴賤位矣。」爻位之貴賤由其位置決定，高者為尊，低位為卑，此反映在政治上，君為陽為尊，理應居上；臣為陰為卑，實應下降。清儒惠棟釋「〈乾〉升〈坤〉降說」云：「荀慈明論《易》，以陽在二者當上升〈坤〉五為君，陰在五者當降居〈乾〉二為臣。蓋〈乾〉升〈坤〉為〈坎〉，〈坤〉降〈乾〉為〈離〉，成〈既濟〉定則六爻得位，〈繫詞〉所謂上下無常，剛柔相易，〈乾象〉所謂『各正性命，保合太和』，利貞之道也。《左傳》史墨論魯昭公之失民，季氏之得民云：『在《易》卦，雷乘〈乾〉

〔註97〕〈乾・文言〉「時乘六龍，以御天也。」句下注，《周易集解》，卷一，頁18。
〔註98〕〈泰〉九二「用馮河，不遐遺，」句下注，《周易集解》，卷四，頁77。

曰〈大壯〉，天之道也。』言九二之大夫當升〈坤〉五爲君也。慈明之說合于古之占法，故仲翔注易亦與之同。」〔註99〕惠棟之釋亦是自陽當升，陰當降，君當尊臣當卑立說。

此外，〈乾〉九二之所以升至〈坤〉六五，這樣的爻位變化其實寄寓了中和的理想。〈乾·文言〉曰：「本乎天者親上，本乎地者親下。」荀爽注云：「謂乾九二，本出于乾，故曰：『本乎天』，而居坤五，故曰：『親上』。」復云：「謂坤六五本出于坤，故曰：『本乎地』。降居乾二，故曰：『親下』也。」〔註100〕以爻位而言，二爲陰位，五爲陽位，故陽應處於五位，陰應處於二位，如此既中且正，所謂：「陽位成於五，陰位成於二，五爲上中，二爲下中，故『易成位乎其中』也。」〔註101〕可見爻位的變化以中和爲標準，由於追求中和，故九二應進至九五，六五應退至六二，今〈乾〉九二處於陰位，〈坤〉六五居於陽位，雖皆處中然不正，故〈乾〉九二應升居〈坤〉五爲君，〈坤〉六五應降居〈乾〉二爲臣。當〈乾〉九二升居〈坤〉五，〈坤〉五降居〈乾〉二，就構成了〈坎〉〈離〉二卦。〔註102〕又，〈乾·文言〉曰：「雲行雨施，天下平也。」荀爽注云：「乾升於坤，曰『雲行』。坤降於乾，曰『雨施』。乾坤二卦成兩既濟，陰陽和均而得其正，故曰『天下平』。」〔註103〕原本〈乾〉之二、四、上諸爻之爻位不當，〈坤〉之初、二、四爻亦失位，通過初四、二五、三上的升降，造成二卦的爻位皆當，構成了兩〈既濟〉卦。〈既濟〉諸爻就達到了爻變過後中和的要求，如此「陰陽相和，各得其宜，然後利矣。」「陰陽正而位當，則可以幹舉萬事。」〔註104〕

然〈乾〉九二之居五，非升居本卦之五位，而是升居他卦〈坤〉五之位。爲何不升居本卦之五位呢？蓋〈乾〉本卦之五位已有陽爻居處爲君，若〈乾〉九二再升至〈乾〉五，則國有二君，此與禮制不合。然若不升則九二居處於臣位上，又違反了陽升的原則。爲了解決〈乾〉九二升居本卦〈乾〉五之困

〔註99〕《易漢學》，卷七，頁173～174。

〔註100〕《周易集解》，卷一，頁14。

〔註101〕參〈繫辭上〉「天下之理得而成位乎其中矣。」荀爽注，《周易集解》，卷十三，頁314。

〔註102〕〈乾·文言〉曰：「雲從龍，風從虎。」荀爽分別注云：「龍，喻王者，謂乾二之坤五爲坎。」「虎，喻國君，謂坤五之乾二爲離。」《周易集解》，卷一，頁13。

〔註103〕《周易集解》，卷一，頁18。

〔註104〕《周易集解》，卷一，頁7。

難，遂以〈乾〉九二升居他卦〈坤〉五處理之。至於他卦的九二的升降，或是他卦其他爻的升降則以本卦論之。

特別強調的是，荀爽的《易》注中並不只有〈乾〉升〈坤〉降說而已，亦有陽降陰升之說。牟先生所舉的荀注之例中就包含了二氣升降的例子（見以下〈乾·文言〉、〈坤·象〉之荀注），他認為所謂「〈乾〉升〈坤〉降」之「升降」，固然一般情形是「乾性常升，坤性常降，按其升降，始有所成，始能各正性命」，〔註105〕但不必指「乾為升，乾為降也。特交互感應云耳。故陽性本升，而陰性亦可升；陰性本降，而陽性亦可降。」〔註106〕這樣的理解不拘泥於陽必升陰必降，靈活的看待二氣，是合乎二氣實際運行的狀況。自然界中的二氣隨時相互交換，某種氣不能停留在永升或永降的固定狀態，否則陷入凝滯僵化。相對的，二氣必須升而又降，降而又升，如此方能不斷的交互感應，不斷的循環蘊蓄大生廣生萬物。陰陽二氣既然皆可升降，則說〈乾〉升〈坤〉降可，說〈乾〉降〈坤〉升亦可。

雖然〈乾〉升〈坤〉降說有其一定的意義存在，但它也正如其他解經的體例一般，遇到了難以普遍及貫徹於經傳的問題。例如〈晉·象〉：「柔進而上行。」〔註107〕〈鼎·象〉：「柔進而上行，得中而應乎剛，是以元亨。」〔註108〕無論是〈晉〉之六五「柔進而上行」，居處尊位，或是〈鼎〉之六五柔進得中而與九二相應，只要爻能居中，其實不需要講求〈乾〉升〈坤〉降。

2. 初九升九五

〈復·象〉曰：「利有攸往，剛長也。」荀爽注云：「利往居五，剛道浸長也。」〔註109〕〈復〉為一陽五陰，身處群陰之中，初九一陽當升居五為君。

3. 九二升九五

〈師·六五·象〉曰：「『長子帥師』，以中行也。」荀爽注云：「『長子』，謂九二也。五處中應二，二受任帥師，當上升五。」〔註110〕〈師〉之九二與五相應，受任帥師，應上升至五。

〔註105〕《全集1·周義》，頁61。
〔註106〕《全集1·周義》，頁61。
〔註107〕《十三經注疏·周易正義》，卷四，頁87。
〔註108〕《十三經注疏·周易正義》，卷五，頁113。
〔註109〕《周易集解》，卷六，頁131。
〔註110〕《周易集解》，卷三，頁59。九二有不升九五者之例，詳參《兩漢象數易學研究（下）》，〈荀爽易學〉，頁532～533。

4. 九三升九五

〈謙·九三·象〉曰：「勞謙君子，萬民服也。」荀爽注云：「陽當居五，自卑下眾，降居下體，君有下國之意也。眾陰皆欲撝陽上居五位，群陰順陽，故萬民服也。」〔註111〕〈謙〉之陽本當居五，今自卑下眾，降居下卦之上。此九三陽爲眾陰所奉，當升居五爲君。

5. 九四升九五

〈離·九四〉曰：「突如其來如，焚如，死如，棄如。」荀爽注云：「陽升居五，光炎宣揚，故突如也。陰退居四，灰炭降墜，故其來如也。」〔註112〕〈離〉之九四、六五不當位，九四當升居五爲君，原六五當退居四，如此二爻皆當位。

6. 其他：下卦升上卦

除一爻之升降外，上下卦亦視時機升降。〈需·上六〉曰：「入于穴，有不速之客三人來，敬之終吉。」荀爽注云：「三人，謂三陽也。須時當升，非有召者，故曰『不速之客』焉。乾升在上，君位以定；坎降在下，當循臣職，故『敬之終吉』也。」〔註113〕〈需〉之下卦爲〈乾〉，上卦爲〈坎〉。下卦應「須時當升」爲君，上卦當降居下位爲臣。故當下卦升上時，則上卦應降居下卦。

（二）陽 降

自然界的陰陽二氣既可陽升陰降，亦能陽降陰升，陽降者如〈乾〉九四降居〈坤〉初者，〈坤·象〉曰：「含弘光大。」荀爽注云：「坤初居乾四爲『光』，乾四居坤初爲『大』也。」〔註114〕〈乾·文言〉九四曰：「『或躍在淵，無咎。』何謂也？子曰：『上下無常，非爲邪也』。」荀爽注云：「乾者，君卦；四者，臣位也，故欲上躍。居五下者，當下居坤初，得陽正位。」〔註115〕〈乾〉九四爲陽爻居陰位，此爲失位，故下居〈坤〉初得其正位。同樣的，〈坤〉初升居〈乾〉四亦得位。當〈坤〉初升居〈乾〉四時，〈乾〉九四則降居〈坤〉初。

（三）陰 升

陰升者之例同於（二）陽降中所舉者，此不贅述。

〔註111〕《周易集解》，卷四，頁 94～95。
〔註112〕《周易集解》，卷四，頁 156。
〔註113〕《周易集解》，卷二，頁 50。
〔註114〕《周易集解》，卷二，頁 26。
〔註115〕《周易集解》，卷一，頁 12。

（四）陰　降

1. 上六降居六三

在〈需〉上六，荀爽注云：「乾升在上，君位以定；坎降在下，當循臣職，故『敬之終吉』也。」此是自〈需〉之上下卦而言。〈需・上六・象〉曰：「不速之客來，敬之終吉。雖不當位，未大失也。」荀爽注云：「上降居三，雖不當位，承陽有實，故終吉，無大失矣。」〔註116〕〈乾〉升居上，〈坎〉自然降下，則上六應降居六三。

2. 六五降居六二

〈升・六五・象〉曰：「『貞吉升階』，大得志也。」荀爽注云：「陰正居中，為陽作階，使升居五，己下降二，與陽相應，故吉而得志。」〔註117〕〈升〉之九二應升至九五，六五應降居六二，如此二爻皆得中位。〔註118〕

3. 六五降居六四

〈豐・象〉曰：「日中則昃。」荀爽注云：「豐者至盛，故日中。下居四，日昃之象也。」〔註119〕〈豐〉之九四升居五位為君，六五則降居六四。

二、終始說

牟先生認為荀爽《易》注中的始終有二義：〈坎〉〈離〉始終與〈泰〉〈否〉始終。〈坎〉〈離〉始終含於〈泰〉〈否〉始終之中。〈坎〉〈離〉為〈乾〉〈坤〉之小始終，〈泰〉〈否〉為〈乾〉〈坤〉之大始終。〔註120〕

關於〈坎〉〈離〉為〈乾〉〈坤〉之始終，如〈乾・象〉：「大明終始。」荀爽注云：「乾起坎而終於離，坤起於離而終於坎。離坎者，乾坤之家而陰陽之府，故曰：『大明終始』也。」〔註121〕此本於卦氣說而言，蓋〈乾〉〈坤〉即陰陽二氣，故陽氣始於〈坎〉，〈坎〉主十一月，終於〈離〉，〈離〉主五月；陰氣則接續陽氣之末，故其始於〈離〉五月，終於〈坎〉十一月。〈坎〉〈離〉為陰陽二氣消息之始終，故為〈乾〉〈坤〉之始終。

〔註116〕《周易集解》，卷二，頁50。
〔註117〕《周易集解》，卷八，頁228。
〔註118〕六五有不降六二之例，詳參《兩漢象數易學研究（下）》，〈荀爽易學〉，頁538
　　　　～540。
〔註119〕《周易集解》，卷十一，頁269。
〔註120〕《全集1・周義》，頁61。
〔註121〕《周易集解》，卷一，頁4。

關於〈泰〉〈否〉爲〈乾〉〈坤〉之始終，如〈繫辭上〉：「天尊地卑。」荀爽注云：「謂否卦也。否七月，萬物已成，乾坤各得，其位定矣」。又，〈繫辭上〉云：「卑高以陳」荀爽注云：「謂泰卦也。」〔註122〕又，〈繫辭上〉曰：「安土敦乎仁，故能愛。」荀爽注云：「『安土』，謂否卦，乾坤相據，故『安土』。『敦仁』謂泰卦，天氣下降以生萬物故『敦仁』。生息萬物故謂之『愛』也。」〔註123〕又，〈繫辭上〉云：「是故知幽明之故。」荀爽注云：「『幽』，謂天上地下，不可得覩者也，謂否卦變成未濟也。『明』，謂天地之間，萬物陳列，著於耳目者，謂泰卦變成既濟也。」〔註124〕依十二消息卦言，自〈復〉（主十一月）至〈乾〉（四月）爲陽息陰消的過程，自〈姤〉（五月）至〈坤〉（十月）爲陰息陽消的過程，故〈復〉與〈姤〉分別爲〈乾〉〈坤〉始終之端。至於〈泰〉〈否〉則爲〈乾〉〈坤〉相易（即升降）後始終之端。蓋由〈復〉之一陽生，〈臨〉之二陽生，〈泰〉之三陽生，表陽氣之漸生，至〈泰〉「坤氣上升，以成天道。乾氣下降，以成地道」，〔註125〕二氣交通，而「天氣下降以生萬物」，這是「以高下卑，以貴下賤」，而〈泰〉變爲〈既濟〉，表事物之始。自〈姤〉、〈遯〉至〈否〉，爲一陰至三陰漸生，此表陰氣之漸進，至〈否〉雖「天地不交」，然其卦象表示天地正，此時「萬物已成，乾坤各得，其位定矣」，而〈否〉變爲〈未濟〉，表事物之終。而自〈泰〉至〈否〉，由正月至七月，正是陽生陰消之時，此時「萬物陳列，著於耳目」，這是「明」；自〈否〉至〈泰〉，因二氣默相交孕以生萬物，故爲「天上地下，不可得覩者」，這是「幽」。而幽明亦只是表示陰陽之消息，生成流行之跡。〔註126〕故以〈泰〉至〈否〉，〈否〉至〈泰〉的循環中的陰陽二氣的升降，視爲〈乾〉〈坤〉升降後之始終端。

三、消息說

牟先生說：「所謂消息者即是乾坤姤復泰否之流轉也。」〔註127〕即十二消息卦表示自然界中生成的情形。

〔註122〕《周易集解》，卷十三，頁311。
〔註123〕《周易集解》，卷十三，頁319。
〔註124〕《周易集解》，卷十三，頁318。
〔註125〕參荀爽〈泰・象〉「天地交泰」注，《周易集解》，卷四，頁76。
〔註126〕《全集1・周義》，頁62。
〔註127〕《全集1・周義》，頁62。

〈繫辭上〉曰：「往來不窮謂之通。」荀爽注云：「謂一冬一夏，陰陽相變易也，十二消息，陰陽往來無窮已，故通也。」〔註128〕此以十二消息卦表示陰陽的往來無窮。又，〈繫辭上〉曰：「變化者，進退之象。」荀爽注云：「春夏爲變，秋冬爲化，息卦爲進，消卦爲退也。」〔註129〕息卦自〈復〉（主冬十一月）至〈乾〉（主夏四月），表陽進陰退，此爲陽息；消卦自〈姤〉（主夏五月）至〈坤〉（主冬十月），表陰進陽退，此爲陰消陽。九家《易》於〈泰・象〉「君子道長，小人道消也。」句下釋云：「謂陽息而升，陰消而降也。陽稱息者，長也，起復成巽，萬物盛長也。陰言消者，起姤終乾，萬物成熟，成熟則給用，給用則分散，故陰用特言消也。」〔註130〕無論是陽息陰消，無關涉到占卜上、人事上的吉凶，而全指自然事實而言，故只是「自然的演化」（natural evolution）。「自然的演化」是自己完成，自己去生生不息，它藉助陽之息〈坤〉或陰之消〈乾〉去生長消亡萬物，故消息亦是始終微盛之生成而已。〔註131〕

復次，牟先生說：「消息只是始終微盛之生成而已」，始終微盛之生成爲胡煦的易學概念，蓋胡煦以始終微盛表示生成的過程，此和消息有共通之處，故牟先生特借用來解釋消息。進一步說，牟先生於〈清胡煦的生成哲學之易學〉共列出十四個生成的根本範疇，其中範疇 IX 爲微盛，《周易函書約存》說：「微者，一三二四之方始；盛者，七九八六之就終也。故初上相覆，遂分雜卦之性情。」〔註132〕胡煦認爲數在河圖洛書中有生成的意味。生成之數始一終九，其中奇數爲陽，偶數爲陰，一三二四爲奇偶數的開始，七九八六爲其終。始是微，終是盛，始終微盛表示一個生成的完成，在卦即爲由初至上的過程。雖然完成，也不是永遠貞定就不起變化，反而是終而又始，始而又終，正如自然界是充塞著生機，陰陽之氣一直循環往復般。這就如同河洛中的奇偶數會復歸於中數，回歸至始生之處再出發一般。

總之，荀爽言消息是以十二卦陰陽爻的推進變化來表示，而胡煦言生成是以數的始終微盛來表示，二人表示生成的方式雖不同，但其義可相互溝通。

〔註128〕《周易集解》，卷十四，頁 348。

〔註129〕《周易集解》，卷十三，頁 315。

〔註130〕《周易集解》，卷四，頁 76。

〔註131〕《全集 1・周義》，頁 63。

〔註132〕胡煦：《周易函書・約存》（臺北：臺灣商務印書館，1983 年初版），景印《文淵閣四庫全書》第 48 冊，卷一，頁 90。

四、據、承、乘、征、求、貞

據、承、乘、征、求、貞原是說明爻與爻之間的關係，牟先生則特別藉由據、承、乘三者探討繼續之系列之可成、時空之可構成、定形之物相之可成三義。這是他特別的解釋之處。據、承、乘、征、求、貞諸關係的界定，一般是從陰陽爻的位置去判定，但順著牟先生的意思，陰陽爻之位置所以作如此的排列，最根本的原因是陰陽的相感所致。換言之，感的情形不同，爻與爻的關係亦不同。此外，牟先生在論及這些關係時，還常借用胡煦的相關內容來解說，此雖有助於推擴荀爽之意，但也有混淆二者的疑慮。

（一）據

張惠言說：「爻義，陽莫善于據陰。」〔註133〕在荀爽《易》注中，「據」的種類眾多，有一陽爻據於一陰爻之上者，如〈同人〉六二：「同人于宗，吝。」荀爽注云：「宗者，眾也。三據二陰，……皆欲與二爲同。」〔註134〕此爲九三據於六二之上；又有一陽據群陰之例者，如〈師‧彖〉：「師，眾也；貞，正也。能以眾正，可以王矣。」荀注云：「謂二有中和之德，而『據』群陰；上居五位，可以王也。」〔註135〕〈師〉爲一陽五陰，其九二應上居五爲王，如此九五能「據」初六、六二、六三、六四陰爻；又有一陽爻隔爻據於陰爻之上之例者，如〈恆〉九三：「不恆其德，或承之羞，貞吝。」荀注云：「與初同象，欲據初，隔二。」〔註136〕此言九三欲據初六，然隔著九二。

牟先生認爲陽據陰方有作用，他並舉〈師‧彖〉荀注及〈井〉九三爲例說明。〈師‧彖〉荀注云：「謂二有中和之德，而『據』群陰；上居五位，可以王也。」而〈井〉九三：「井渫不食，爲我心惻。」荀爽注云：「渫去穢濁，清潔之意也，三者得正，故曰：『井渫』。不得『據』陰，喻不得用，故曰：『不食』。道既不行，故我心惻。」〔註137〕荀爽以爲〈師〉九二應上居九五爲君，而據初六至六四諸陰爻，而〈井〉九三「井渫」之「不食」，乃因〈井〉九三不能據陰取用。此二例中，荀爽是從陽與陰彼此爻位的關係來說明據，牟先生則以據探討物相的構成，他說：

〔註133〕《周易荀氏九家義》，頁15。
〔註134〕《周易集解》，卷四，頁86。
〔註135〕《周易集解》，卷三，頁56。
〔註136〕《周易集解》，卷七，頁165。
〔註137〕《周易集解》，卷三、卷十，頁56、238。

凡發生關係，都是陰陽間的關係，而陰陽間的根本關係，吾以為即
是「感」，也即是咸卦之「咸」。……有感而後有關係，有關係而後
有情有表意。感不同，關係亦不同，而表意也不同。由陰陽間諸關
係，也可以見出陰陽之本性來。例如說：陽據陰而後有用，則是陽
有據陰之性，而陰有被據之情也。蓋陽性進燥，健行不息，創進不
已，不可捉摸，只有流轉，而無常住，故無陰以據則必無所施用。
陰性方，靜，永桓終成之意，故被陽據，則陰陽化合，而後有形可
定，有成可指也。故陽據陰即是一個「滿足」（satisfication），即成
為「定形」（definite form），成為「客觀化」（objectification），成為
一個統一體（unity）……此時即是「空間化」（spatialized），蓋陰靜
而方有空間性也。〔註138〕

就牟先生看來，陽據陰不是單純表示二爻的位置而已，而是陰和陽之間發生
了關係所致。這樣的關係為感，牟先生認為感是「陰陽間的根本關係」。感對
於陰陽是一項很重要的作用，蓋陰陽為萬物的根本，二者存在著性質各異卻
又互補的性質。然要能互補，必須通過彼此的相感，否則陰陽是無法獨存的，
所謂「孤陰不生，獨陽不長」。〈繫辭上〉說：「《易》無思也，無為也，寂然
不動，感而遂通天下之故。」〔註139〕〈咸·象〉也說：「咸，感也。柔上而剛
下，二氣感應以相與，止而說，男下女，是以亨，利貞，取女吉也。天地感
而萬物化生，聖人感人心而天下和平。」〔註140〕這說明陰陽通過感而相應，
而感是無思無為，自然而生的。由感才有陰陽的合德，剛柔的相摩，萬物之
變化，宇宙之生生，故感是宇宙間最重要的關係。故因為感，才能達到：「天
地絪縕，萬物化醇；男女構精，萬物化生。」〔註141〕

再者，《易經》的感和懷德海所說的「感受」（feeling）有相通之處，蓋二者皆
由感以言宇宙的創新。就懷氏言，他所謂的「感受」是指「積極攝受」（positive
prehension），即在攝受的過程中，「實際事物」會主動吸收宇宙中有用的元素，
來構成新的「實際事物」。相對的，「消極攝受」（negative prehension）是指在
攝受的過程中，「實際事物」會排斥某些元素。而「感受」包含了「物理感受」

〔註138〕《全集1·周義》，頁63～64。
〔註139〕《十三經注疏·周易正義》，卷七，頁154。
〔註140〕《十三經注疏·周易正義》，卷四，頁82。
〔註141〕《十三經注疏·周易正義·繫辭下》，卷八，頁171。

（physical feeling）和「概念感受」（conceptual feeling）。此二「感受」之差別不外是因主體所攝受的對象不同所致。當一個「實際事物」感受（攝受）另一個「實際事物」作爲它的材料，即爲「物理感受」，此被感受者則是被「對象化」（objectification），亦即「客觀化」。若感受的是「永恆對象」，則爲「概念感受」。順此而言，牟先生所說的陽據陰「成爲『客觀化』」就類似「物理感受」，這是指以陽爲主體，以陽去感受陰，陰就成爲被感受者。不同的是，陽據陰的陽並沒吸收陰成爲陽的內容，陰陽仍各自保有自己獨立的性質。再者，程石泉認爲「感」「不僅是構成宇宙中主體眞正內在的因素，也是促使其他因素進入創化歷程中的主動者。因爲有『感』，於是能使多種成份集合而爲集會，由集會而形成社團（society），因爲社團的結構使宇宙於創新不已的過程中有其統一性。」〔註142〕換言之，在創新的過程中，宇宙經歷了一個由多而一，一而多的歷程。「實際事物」通過彼此的相互攝受，不斷納入新元素，集結成一個社會（society）。此社會又被吸收，成爲新的一的成份。所以，整個宇宙是一動態的發展歷程，唯有經由不同的「實際事物」的「感受」，或是不同的陰陽之事物間的相互感應，才能產生出新的事物。

又，陽據陰是一個「滿足」（satisfication），此又是引懷氏之概念以說之。所謂「滿足」，根據懷德海的定義，原屬二十七個解釋性範疇之一，它是指「合生過程的最終階段要構成一個現實實有。這個階段是一個複雜、充分明確的感受過程。這一最終階段稱之爲『滿足』，就以下三點而言它是充分明確的：（a）它的發生、（b）它的超驗創造性的客觀特性，以及（c）它對其域內每一事項的攝入——無論是肯定的或是否定的。」〔註143〕據是陰陽間的一種關係，蓋陽性流動，沒有定常，須據陰以施用；陰性方、靜，被陽據才有陰陽化合的可能，才能定形而呈現物相，故陰有被據之情。如此一來，陽對陰起了創造，

〔註142〕《《周易》哲學與懷德海機體主義》，《中國哲學與懷德海》（臺北：東大圖書，1989 年 9 月初版），頁 14～15。

〔註143〕周邦憲譯：《過程與實在》（貴州：貴州人民出版社，2006 年 6 月第 1 版），〈第一部份　思辨體系〉，頁 34。朱建民說：「現實物有（案：實際事物）在形式上是個共生的歷程、對象攝受於一個整個的統一體中而『共同生長』的歷程。因此，許多簡單物理感受的最初階段必須後續以活動的諸階段，後者整合那些不同的簡單物理感受而成爲一個完成的、統一的感受，這個感受是那個現實物有的『完滿』（satisfication）。這個完滿是整個感受歷程的最後成果與總成；它也是『創造願望的滿足』。」《現代形上學的祭酒——懷德海》，〈第三章　形上學〉，頁 140。

陽「客觀化」陰，陽據陰構成了新的事物，這就類似在合生的過程中最終要構成一個實際事物一般，這就是「滿足」。

（二）承

張惠言曰：「陰之義莫大乎承陽。」〔註144〕在荀爽《易》注中，「承」的種類頗多，主要者有一陰爻承一陽爻者，如〈謙〉初六：「謙謙君子，用涉大川，吉。」荀爽注云：「初最在下，為謙。二陰承陽，亦為謙，故曰：『謙謙』也。」〔註145〕此言〈謙〉之六二承順九三；其眾陰承一陽之例者，如；〈臨‧九二‧象〉：「『咸臨，吉，無不利』，未順命也。」荀注云：「陽感至二，當升居五，群陰相承，故『無不利』也。」〔註146〕其隔爻相承之例者，如〈否〉六二：「包承，小人吉，大人否亨。」荀注云：「二與四同功，為四所包，故曰：『包承』也。小人，二也，謂一爻獨居，間象相承，得繫於陽，故吉也。」〔註147〕此言〈否〉六二隔六三與陽相承，故吉。

牟先生對於「承」的看法是「凡陰之義莫大乎『承』陽。」〔註148〕此同於張惠言的意思。在他所引用的二例中，有陽承陽及陰承陽者，其中陽承陽者在《周易》承例中較少見，應屬特例，此例如〈乾〉九三：「君子終日乾乾，夕惕若，厲無咎。」荀爽注云：「『日』以喻君，謂三居下體之終而為之君，承乾行乾，故曰：『乾乾』。『夕惕』以喻臣，謂三臣於五則疾脩柔順，危去惕行，故曰：『無咎』。」〔註149〕荀爽注「承乾行乾」意指三為諸侯國之君，其所承之乾為九五爻之天子，故這是上承天子之乾，以行諸侯之乾。〔註150〕此是自爻之相承言。牟先生以為「承乾行乾」為以陽承陽，意即以九三承九五，亦自爻之相承言，且「有承的關係，始有續的關係。」〔註151〕

而陰承陽者，其例〈坤‧文言〉：「坤道其順乎？承天而時行。」荀爽注云：「承天之施，因四時而行之也。」〔註152〕此處荀爽所說的「承天」，是指

〔註144〕《周易荀氏九家義》，頁 15。
〔註145〕《周易集解》，卷四，頁 94。
〔註146〕《周易集解》，卷五，頁 110。
〔註147〕《周易集解》，卷四，頁 82。
〔註148〕《全集 1‧周義》，頁 64。
〔註149〕《周易集解》，卷一，頁 2。
〔註150〕《周易集解纂疏》，卷一，頁 31。
〔註151〕《全集 1‧周義》，頁 64。
〔註152〕《周易集解》，卷二，頁 33。

陰順承陽，行不違時，讚美坤道之順，並無陰爻承陽爻之意。牟先生亦不自一般爻與爻之相承言，而是認爲陰承陽爲陰承續陽而時行，即時時行其實現，時行則不息，不息即是創進不已。有創進始有新奇，陰始不永靜。據與承是相互爲用的，蓋陰靜而方，賴陽的健行不已，據陰以施其用，則陰方有新奇之形出現；然陽性流轉，沒有常住，無陰之相承則不能有定形施用之時。故據與承之配合，使得陽有定而陰有新奇，陰有變而陽有常。〔註153〕

由據與承，牟先生論及了時空或時位及定形之物相的構成。陽據陰才能空間化，才有定形之物相構成。陰承陽爲何可以論及時空的構成呢？牟先生於此只是簡單述及，意思並不清楚，這就要自他論胡煦的時位爻的討論中去了解。對於時位或時空，胡煦說：「須知時之爲義出於天運之流行不息，是乾道也；位之爲義出於地勢之高下不齊，是坤道也。何非陰陽之義也。」「須知爻之位定於卦中，而時則流行於六爻者也。」「須知有位中之時，又有時中之位，故言時可兼位，言位可兼時也。卦之中四爻，不言中末，不言中下，便具時位兼有之義。」又說：「須知乾陽不息，所以謂爲『大明終始』；若不得陰，則渙散奮發而無能自固，必與陰遇，始有位之可言。故位也者，坤之所以承陽而有功者也。所由謂爲『六位時成』。」〔註154〕對於時位，胡煦以陰陽加以統括，即以時屬陽，陽爲乾道；以位屬陰，陰爲坤道。在任一卦中，六爻的時位表現了天道之流行不息，以及地道的貞靜永恆。卦中的六爻，時位兼賅，不可獨立分割，現實世界的事物亦如此。復次，時位之所以發生關係是因陰陽之相遇相承所致。乾之遇陰，其不息才能貞定，才有位可言；坤之承陽，才有時可言。一卦中爻與爻的據與承，既表現了爻的時位之合一，也表示了事物之生成。蓋時間中的流行不息是創新，有創新則不斷有事物之生；空間中的貞靜永恆是事物之成。〔註155〕故凡有時空，即有生成，此意在卦中

〔註153〕《全集1‧周義》，頁64。

〔註154〕胡煦：《周易函書‧別集‧易學須知》（臺北：臺灣商務印書館，1983年初版），景印《文淵閣四庫全書》第48冊，頁835～836。

〔註155〕牟宗三先生於論及「時位之本性」說：「……時位全由陰陽相交而成，即所謂『時─空』交切點是也。時之有位，以其遇陰也；位之有時，亦其承陽也。若不遇不承，則亦無時無位。時位全由相交流行而成。相交是位之所由成；流行是新奇之所由來。時可以表示物事之創新，位可以表示物事之永恆。有永恆無創新，則不足以言生成；有創新無永恆，亦不足以言生成。相交即是位之成，流行（即是往來）即是位之生。由生到成這一個交切點即是一個爻。所以爻，時，位之成全由兩個根本關係而成：（i）相交關係；（ii）往來關係。這是胡氏

表現尤爲明顯，因一個卦的由初至上，既表示時空，又顯示了一個事物的生成過程。

（三）乘

所謂「乘」，張惠言說：「凡陰比而加陽爲乘」，〔註156〕此即指陰爻乘凌於陽爻上，即陰乘陽，其結果多爲凶咎、不吉。在荀注中，有一陰乘一陽者，如〈屯〉六二：「屯如邅如。」荀爽注云：「陽動而止，故『屯如』也。陰乘於陽，故『邅如』也。」〔註157〕此言六二乘初九；其眾陰乘一陽者及隔爻乘陽者，如〈蒙・象〉：「再三瀆，瀆則不告，瀆蒙也。」荀注云：「『再三』，謂三與四也。皆乘陽，不敬，故曰：『瀆』。瀆不能尊陽，蒙氣不除，故曰：『瀆蒙也』。」〔註158〕〈蒙〉六三、六四皆乘九二，且六四隔六三乘九二。

牟先生由爻位的乘承關係，探討了繼續之系列之組成。〈屯〉上六：「乘馬班如，泣血漣如。」牟先生引九家《易》注云：「上六乘陽，故『班如』也。下二四爻雖亦乘陽，皆更得承五，憂解難除；今上無所復承，憂難不解，故『泣血漣如』也。」〔註159〕牟先生認爲陰乘陽同時陰亦要去承陽，陰之承陽即爲陽之據陰。蓋陽有首而無尾，必須以陰承爲其尾；陰有尾無首，必須以陽據爲其首。如陰乘陽而不承陽，則有尾無首，無首則無始，無始則無終，繼續之系列就無法完成，故陰乘陽時亦須同時陰承陽或陽據陰。〔註160〕

由乘而言及的陰陽的首與尾，亦是借用胡煦的觀點。《周易函書約存》說：

的中心思想一貫原則。」《全集1・周義》，頁225。又，牟宗三先生認爲胡煦的「時位」只表示物實的流行與貞靜的兩面，並不牽涉到抽象的時空，他說：「……但此所謂時位卻不是指抽象的時間與抽象的空間而言，乃實在是指『空一時』凝一的合一體而言。……在胡氏，那所謂時動方面的性質即是陽，即以陽代表物實的流行不息這方面；那所謂空擴方面的性質即是陰，即以陰代表物實的貞靜而形成這方面的。所謂時即表示陽所代表的；位即表示陰所代表的。如是所謂時位乃全是一個物實或物事的流轉之兩方面的顯示。」（頁220）。筆者認爲，牟宗三先生所言有化約胡煦之意。物實的流行與貞靜，在一卦中是由六爻時位來顯示的。蓋一卦六爻表示了某物實的生成過程，又因其生成是落在時位完成的，故由此物實的身上可分析出抽象的時空意義。再參許朝陽：《胡煦易學研究》，〈第五章 懷德海哲學暨牟宗三先生對胡煦易學之理解〉，輔仁大學中國文學系博士論文，2000年6月，頁252～258。

〔註156〕《周易荀氏九家義》，頁16。
〔註157〕《周易集解》，卷二，頁39。
〔註158〕《周易集解》，卷二，頁44。
〔註159〕《周易集解》，卷二，頁42。
〔註160〕參《全集1・周義》，頁65～66。

「陽始一而終九，故謂陽无尾；陰始二而終十，故謂陰无首。乾始坤終，即是此義。然始而終，終而始，其在圖中，生成之數既終，而復歸于中，定乎始生之位，是徹始徹終，相連無間之義也。」〔註161〕始終是生成的根本範疇之一，它是以生成之數來表達，其中奇數為陽，偶數為陰。陽始一終九，此為有首無尾，首即為陽生；陰始二終十，此為無首有尾，尾即為陰成，這其實也是乾始坤終之義。因陽無尾陰有首，故二者須相互配合去完成生成。在這過程中，奇偶之數由始至終，返回中數，又開啓新的始終。再者，言陽有首，以陽為開始；陰無尾，以陰為終成，此是自理上去分析陽與陽。然在實際的生成過程中，是難以找出一定點去界定出何者為始，何者為終，因為陰陽是一直處於始而終、終而始的變化當中。

故由據、承、乘之爻與爻之間的關係，牟先生提出繼續之系列之組成是由陽據陰、陰承陽、陰再乘陽、陽再據陰之關係所致。由陽據陰，陽先行而連於陰，陰追隨其後。由陰承陽，陰接續陽而隨之。由陰再乘陽，陰連於陽而亦可為將來陽之先行。由陽再據陰，陰乘陽為陽之先行又再承陽。於是，通過陰陽爻之據、承、乘，組成了繼續之系列。

（四）征

所謂「征」，張惠言曰：「凡爻往而應之謂『征』。」〔註162〕

在荀注中，「征」的情況有兩種：「征」吉及「征」凶。先言征吉，〈革〉六二：「己日乃革之，征吉，無咎。」荀爽注云：「『日』以喻君也，謂五已居位為君，二乃革意去三應五，故曰：『己日乃革之』。上行應五，去卑事尊，故曰：『征吉，無咎』也。」〔註163〕〈革〉為上兌下離，六二為九三所據，故六二革意去三，往應九五，荀注重在說明六二去九三之卑而事九五之尊，故「征吉，無咎」。牟先生亦言二往而應五為「征」，六二這樣的應為相承陽五，六二本為有尾無首之陰，今應九五則為有首之尾，故「征吉，無咎」。換言之，六二承九五，即陰承陽則陰有始；九五據六二，即陽據陰則陽有終，陰陽相輔助，如此就能終而復始，成生生不息之大用。

至於「征凶」者，牟先生引用〈革〉九三：「征凶，貞厲。」以說明「征」，然其引用之例不純，應是受到荀注之誤導所致，荀爽注〈革〉九三云：「三應

〔註161〕《周易函書・約存》，景印《文淵閣四庫全書》第48冊，卷一，頁90。
〔註162〕《周易荀氏九家義》，頁16。
〔註163〕《周易集解》，卷十，頁242。

於上，欲往應之，爲陰所『乘』，故曰：『征凶』。」〔註164〕考〈革〉之四爻、五爻皆爲陽爻，無陰爻，如此何來「爲陰所『乘』」？且《周易集解纂疏》之疏云：「三與上爲正應，欲往應上，爲四陽所乘。乘者非陰，故知『陰』當作『陽』也。三應上，爲不正之陽所隔，三多凶，故曰：『征凶』也。」〔註165〕故知荀注中的「爲陰所『乘』」之「陰」，應改作「陽」，如此方合乎〈革〉卦卦象及爻義。改正之後，其例則解說爲：〈革〉之九三，欲往應上六，然爲九四不正之陽所隔，而九三又處下卦之極，其位凶危，故「征」的結果爲凶。

牟先生又以〈恆〉說明「征」，〈恆〉九三：「不恆其德，或承之羞，貞吝。」荀爽注云：「……與上相應，『欲往承之』，爲陰所乘，故『或承之羞』也。」〔註166〕〈恆〉九三欲往承上，惜爲上六凶陰所乘，故「或承之羞」也。牟先生認爲〈革〉九三及〈恆〉九三爲以陽應陰，爲陰所乘，但陰有乘而無承，這是有尾無首，無承則無始，無始則無終，故爲「征凶」。而唯有陰承陽同時乘陽（有承之乘），始爲有首之尾；同理，陰乘陽同時也要承陽（有乘之承），始爲有尾之首，如此方能終而有始，方可組成繼續之系列，時空亦可構成。〔註167〕

由「征」，方有承乘之關係，它可說是此三者成立的先決條件。

（五）求

所謂「求」，「與『征』意同，即往而求之之謂。」「求」「即是由不正往而求之正」，〔註168〕他並引〈蠱〉爲例說明。

〈蠱・彖〉曰：「利涉大川，往有事也。」《九家》注云：「陽往據陰，陰來承陽，故『有事』也。此卦本〈泰〉，〈乾〉天有河，〈坤〉地有水。二爻升降，出入〈乾〉〈坤〉，『利涉大川』也。陽往求五，陰來求二，未得正位，戎事不息，故『有事』。」〔註169〕《九家》注中之「陽往求五，陰來求二」意即「初陽往據五陰，上陰來承二陽，……。『陽往據陰』，是『求五』也。『陰來承陽』，是『求二』也。」〔註170〕〈蠱〉由〈泰〉之初、上易位而成。〈泰〉

〔註164〕《周易集解》，卷十，頁242。
〔註165〕參見是書卷六，頁440。
〔註166〕《周易集解》，卷七，頁165。
〔註167〕參《全集1・周義》，頁65。
〔註168〕《全集1・周義》，頁66。
〔註169〕《周易集解》，卷五，頁106。
〔註170〕《周易集解纂疏》，卷三，頁219。

之「求五」是「陽往據陰」、「初陽往據六五」，即初九居上而據六五，「求二」是「陰來承陽」「上陰來承九二」，即上六居初而承九二。然此升降後之初六、上九不得正位，故「有事」。若陽往求五，陰來求二，則構成〈既濟〉，則諸爻各得正位，於是陰陽爻皆由不正而求爲正。

「求」由不正往而求之正，其目的在於使諸爻有所承乘，同「征」一樣，爲承乘成立的先決條件。有所承乘才有可能組成「繼續」之系列，即使其自己能成爲實現。然在實現以前，要有「成爲」的過程，即由不正至正。〔註171〕

總之，無論是「征」或「求」，都是爻欲往而發生據承乘之關係，以求有所生成實現。〔註172〕這也就是漢《易》解析世界的「生成實現之原則」。

（六）貞

在《周易》中，「貞」是卦爻辭中的常用語，其意義正如〈師‧彖〉所言：「貞，正也。」其他關於「貞」者尚有：貞吉、貞凶、貞厲、貞吝、永貞之吉等，張惠言定義「貞」爲「正居其所，不往應也」，〔註173〕並舉貞吉、貞厲爲例說明。

關於貞吉者，〈否〉初六曰：「拔茅茹，以其彙，貞吉，亨。」荀爽注云：「……『貞』者，正也，謂正居其所則吉也。」〔註174〕荀爽注「貞」仍取〈師‧彖〉之義，意指〈否〉之初六雖有應，然爲二陰所隔而不通，故此時應正居其所則吉，牟先生則認爲貞吉是正、定、實現之謂。〔註175〕

至於貞厲者，〈革〉九三曰：「征凶，貞厲。」荀爽注云：「……若正居三，而據二陰，則五來危之，故曰：『貞厲』也。」〔註176〕〈革〉之九三居正位而據六二爲貞，然九四承九五以危九三，這是「貞厲」。〔註177〕貞厲雖正居其所而環境惡劣，故環境不貞，自己雖貞，亦不吉。〔註178〕

《周易》強調變，一卦六爻所體現的陰陽之氣是變動不居的，故以貞吉或貞凶來說明爻辭，只能呈現陰陽在某一時候的狀態。推擴而言，卦爻辭所

〔註171〕《周易集解纂疏》，卷三，頁219。
〔註172〕《周易集解纂疏》，卷三，頁457。
〔註173〕《周易荀氏九家義》，頁16。
〔註174〕《周易集解》，卷四，頁82。
〔註175〕《全集1‧周義》，頁66。
〔註176〕《周易集解》，卷十，頁242。
〔註177〕《周易集解纂疏》，卷六，頁440。
〔註178〕《全集1‧周義》，頁66。

言者只是對陰陽之氣的暫時性的說明，重點要唯變所適，不可過於執實卦爻辭。故牟先生以為貞吉可以吉而又吉，貞厲可以由厲變吉，「貞」是沒有永遠的、固定的「貞」。然他又強調「貞」是絕對的，此指「貞正」來說。〔註179〕

　　總之，「貞」是正定、實現。就一爻而言，由不正之正是一個過程（process），至「貞」時則形成一個物實（actual entity），即成一具體的存在物，故「貞」是一爻的實現。就一卦言，由不正至正至成為「貞」時，此經歷了比爻更繁複的過程，蓋一卦是由許多小物實所構成，故至「貞」時是一卦的實現。由爻之不正至正，一直到實現，這是繼續；而至「貞」則貞定，諸爻不再變動，卦即成為一有限的定體，此為不繼續。由繼續至不繼續是為實現。由不繼續再為繼續，是為消息。此應指貞下起元之意，〈乾・象〉在解釋「元、亨、利、貞」結束後，又再以「首出庶物，萬國咸寧」解「元」之義，表示萬物又終而復始，換言之，「貞」之成為不繼續，所謂「定」是短暫的，它是會再繼續的，正如消息不是指二氣的完全消滅，而是指某一氣隱、另一氣顯而言。有不繼續，則其消息有段落；有繼續，則其段落非截然兩途。〔註180〕

〔註179〕《全集 1・周義》，頁 67。
〔註180〕《全集 1・周義》，頁 67。

第六章　牟宗三先生詮釋「虞翻易學」述評

　　虞翻爲兩漢象數易學之集大成者，在傳世的漢易五家的資料中以虞翻最多，故牟先生所研究的虞氏《易》，其篇幅相較於其他四家來說亦最爲可觀。清李銳的《周易虞氏略例》中羅列了虞氏《易》的相關內容，牟先生主要就根據此書所載的項目及內容去研究虞翻的日月爲易、卦變、互體等學說。他認爲虞翻所特別發明的旁通、卦變，是由京房等引申而出，並非獨創。故牟先生認爲虞氏《易》並沒有特別發明，不過是對於前人諸說再次綜括而已。〔註1〕以下就分別展現牟先生對虞氏《易》的相關研究。

〔註1〕　關於虞氏《易》之特色與價值，清張惠言言其總體特色說：「翻之言《易》，以陰陽消息，六爻發揮、旁通、升降、上下，歸於乾元用九而天下治。依物取類，貫穿比附，始若瑣碎，及其沉深解剝，離根散葉，暢茂條理，遂於大道，後儒罕能通之。」參《周易虞氏義》（據清道光九年刊「皇清經解」本影印，《無求備齋易經集成》176 本，臺北：成文出版社，1976 年初版），〈序〉，頁 4。徐芹庭則以十八點概刮虞翻各方面的特色，他說：「本《說文》、《爾雅》、《方言》，以求易之本義一也。博微於群經諸子以融易義二也。旁微於史事三也。取易經卦爻辭以釋易之理象四也。宗十翼以詮易五也。明爻位之律則，以闡易理之精微六也。以既濟定位，發易學之微言七也。明變通之意，以闡變易之理八也。明消息卦氣之大義，闡天地消息之眞機九也。以巽行權，幽贊孔子之玄意十也。存諸家之易注十一也。建立易之批評論，用糾諸家之失十二也。發同義之例，以啓觸類旁通之門十三也。集象數之大成，擴《易》義於無窮十四也。又觀宇宙之大用而歸本於人事十五也。行夏之時，以發孔子之微旨十六也。用納甲之義，明消息盈虛之至理十七也。用卜筮之法，以極大《易》之神奇十八也。」參《易學源流》上，〈虞翻集兩漢易學之大成〉，頁 432。

第一節　大宇宙公式

一、日月爲易

〈繫辭下〉：「易者，象也。」虞翻注云：「易謂日月，在天成八卦象，縣象著明，莫大日月，是也。」〔註2〕這是以日月爲易。此說並非由虞翻所創，而是承襲之前《緯書》的說法。

《易緯乾鑿度》曰：「易者，易也，變易也，不易也。」〔註3〕鄭玄逐依此義作〈易贊〉及〈易論〉說：「易，一名而含三義。易簡，一也。變易，二也。不易，三也。」〔註4〕《乾坤鑿度》則除此三義外，又多增加一義，《乾坤鑿度》說：「易名有四義，本日月相銜。」鄭玄注云：「日往月來，古日下有月爲易。」〔註5〕這是從解析易的字形，以易由上日下月組成，得出了「日月爲易」之說。許慎於《說文解字》也有相同的看法，他說：「秘書說曰：日月爲易，象陰陽也。」「秘書」是指《乾坤鑿度》這一類的《緯書》，「秘書」說易由日月組成，且進一步說合日月而見易之日月，二者所象恰爲陰陽。這就由字的形體和其所代表的意涵去申說易字的意義，《緯書》之說也成爲虞翻說法所本。

除了「日月爲易」，易在《說文解字》還有兩種說法，一是：「易，蜥易、蝘蜓、守宮也。象形。」段玉裁注云：「上象首、下象四最高價，尾甚微，故不象。」故易字所象者爲蜥蜴這一類的爬蟲類，爲一不能再分解爲其他字形的獨體象形。又，或解易字爲「一日從勿」。段注云：「又一說，從旗勿之勿。」〔註6〕勿在《說文》其義爲：「州里所建旗。」〔註7〕故易字爲日下從勿。由上述二說，無論作何種推論，皆不能由易及勿中推導出易字上體爲日、下體爲月，日月爲易的字形。〔註8〕既然如此，《乾坤鑿度》爲何要提出此說呢？劉玉建認爲一是基於傳統陰陽五行理論中重視水火的說法，尤其是《周易》中重視日月（〈坎〉〈離〉）爲陰陽性命之說。故《乾坤鑿度》力將《周易》重視

〔註2〕　《周易集解》，卷十五，頁368。

〔註3〕　《易緯乾鑿度》，卷上，頁3。

〔註4〕　《十三經注疏・周易正義・序》，頁3。

〔註5〕　《易緯乾坤鑿度》，卷上，頁25。

〔註6〕　《說文解字》，卷十七，頁463。

〔註7〕　《說文解字》，卷十七，頁458。

〔註8〕　關於「易」字的各種意涵，詳參高懷民：《先秦易學史》，〈第一章　「易」名義辨釋〉，頁1～18。

水火之義納入。二是易之勿與月在小篆有相似之處，故以勿附會月，從而推論出易有日月之義。〔註9〕

　　顯然的以「日月爲易」，並不合乎易字的文字結構，因此牟先生批評虞翻不應以文字訓詁的角度來界定易的意涵。他認爲可以陰陽代替日月，蓋陰陽概念的籠罩性較日月更廣。故以「日月爲易」，不如直接說「陰陽爲易」就可。〔註10〕細究二人之說：虞翻之論不只基於易之字形，還基於〈繫辭下〉：「易者，象也。象也者，像也」的說法而論，就「在天成象」（〈繫辭上〉）、「縣象著明」言，「象」是指日月星辰這些現象，因而虞說是取現象義；牟先生所言則是根本於易之道，所謂：「易以道陰陽」（《莊子·天下》）「一陰一陽之謂道」（〈繫辭上〉），整部《周易》最後其實就歸結爲一「陰陽律」。也就是《周易》是以陰陽來統攝萬物，蓋凡是性質相對之兩物，莫不可由陰陽象徵。二人所言，皆有所本，各自成理，故不須以「陰陽爲易」來取代「日月爲易」之說。但牟先生的說法無疑的較爲直接和深入。

二、日月在天成八卦

　　「日月爲易」，日月在天變易，就能形成八卦。而「日月在天成八卦」之論乃本於「月體納甲說」而展開。

　　「納甲」由漢京房首倡。此說主張將十天干納入八卦中，與八卦相配。因是舉居天干之首的甲以概其餘，故名「納甲」。關於其具體內容，《京氏易傳》說：「分天地乾坤之象，益之以甲乙壬癸；震巽之象配庚辛，坎離之象配戊己，艮兌之象配丙丁。」陸績注曰：「乾坤二分，天地陰陽之本，故分甲乙壬癸，陰陽之終始。」又曰：「庚陽入震，辛陰入巽。」又曰：「戊陽入坎，己陰入離。」又曰：「丙陽入艮，丁陰入兌。」〔註11〕這是指京房以乾納甲壬（乾內卦三爻納甲、外卦三爻納壬），坤納乙癸（坤內卦三爻納乙、外卦三爻納癸），震納庚，巽納辛，坎納戊，離納己，艮納丙，兌納丁。

　　東漢魏伯陽著《周易參同契》，他援易以入丹道，將京房的「納甲」說和月亮的盈虛變化結合起來，創立了「月體納甲說」。魏氏提出此說是爲了說明煉丹用火的程式。《參同契》說：「三日出爲爽，震受庚西方。八日兌受丁，

〔註9〕　詳參《兩漢象數易學研究》，〈鄭玄易學〉，頁 497～503。
〔註10〕　《全集 1·周義》，頁 68。
〔註11〕　《京氏易傳》，卷下，頁 107。

上弦平如繩。十五乾體就，盛滿甲東方。蟾蜍與兔魄，日月無雙明。蟾蜍眂卦節，兔魄吐生光。七八道已訖，屈折低下降。十六轉受統，巽辛見平明。艮直於丙南，下弦二十三。坤乙三十日，東北喪其明。節盡相禪與，繼體復生龍。壬癸配甲乙，乾坤括始終。」〔註 12〕這是說初三日，月出西方，開始萌光，此似震卦一陽生於二陰之下之象，震納庚，故云：「三日出爲爽，震庚受西方」。初八日時，月出南方，光芒漸盛，爲上弦，此似兌卦二陽在一陰之下之象，兌納丁，故云：「八日兌受丁，上弦平如繩」。至十五日，月出東方，光芒最盛，爲滿月，乾卦三爻皆陽似之，乾納甲，故云：「十五乾體就，盛滿甲東方」。十六日，月退於西方，月光始虧，此似巽卦一陰始生於二陽之下之象，巽納辛，故云：「十六轉受統，巽辛見平明」。二十三日，月出南方，月光減半，此似艮卦二陰生於一陽之下之象，艮納丙，故云：「艮直於丙南，下弦二十三。」三十日時，月光完全喪明於東方，坤卦三爻皆陰似之，坤納乙，故云：「坤乙三十日，東北喪其明。」至於坎、離二卦，魏伯陽視二者爲乾坤之用，以之代表日月，並置於中宮，且坎納戊，離納己。〔註 13〕

「月體納甲說」後由虞翻開始用以解《易》，他因此而提出「日月在天成八卦」之說。此說意指天之八卦之象由日月所成，八卦之象在伏羲前已存在，故八卦非如同傳統主張般由伏羲所畫，而是伏羲傚效天之八卦之象畫出。〔註 14〕至於天之八卦之象，虞翻就根據「月體納甲說」來說明，此見於下列各注：〈繫辭上〉：「在天成象。」虞注云：「謂日月在天成八卦：震象出庚，兌象見丁，乾象盈甲，巽象伏辛，艮象消丙，坤象喪乙，坎象流戊，離象就己。故在天成象也。」〔註 15〕〈繫辭上〉：「縣象著明莫大乎日月。」虞注云：「謂日月縣天成八卦象：三日暮，震象出庚；八日，兌象見丁；十五日，乾象盈甲；十七日旦，

〔註 12〕《參同契正文》，卷上，頁 7～8。

〔註 13〕《參同契正文》說：「天地設位而易行乎其中矣。天地者，乾坤之象也。設位者，列陰陽配合之位也。易謂坎離者，乾坤二用。二用無爻位，周流行六虛，往來既不定，上下亦無常。」又說：「坎戊月精，離己日光，日月爲易，剛柔相當，土王四季，羅絡始終，青赤白黑，各居一方，皆稟中宮，戊己之功。」頁 6。

〔註 14〕〈繫辭下〉：「古者包犧氏之王天下也……於是始作八卦。」虞翻注：「謂庖犧觀鳥獸之文，則天八卦效之。……八卦乃四象所生，非庖犧之所造也。故曰：象者，像此者也。則大人造爻象以象天卦可知也。而讀《易》者咸以爲庖犧之時，天未有八卦，恐失之矣。天垂象，示吉凶，聖人象之，則天已有八卦之象。」參《周易集解》，卷十五，頁 363。

〔註 15〕《周易集解》，卷十三，頁 312。

巽象退辛；二十三日，艮象消丙；三十日，坤象滅乙；晦夕朔旦，坎象流戊；日中則離，離象就己。戊己土位，象見於中。日月相推而明生焉，故縣象著明，莫大乎日月者也。」〔註16〕這些注文大致和魏伯陽的說法相同，讀者可自參，茲不贅言。

　　此外，〈坤‧象〉：「東北喪朋，乃終有慶。」虞注云：「……此指說易陰陽消失之大要也。謂陽月三日，變而成震出庚，至月八日成兌見丁。庚西丁南，故西南得朋。……二十九日，消乙入坤，滅藏於癸。乙東癸北，故東北喪朋。謂之以坤滅乾，坤為喪故也。」〔註17〕〈繫辭下〉：「八卦成列，象在其中矣。」虞注云：「……乾坤列東，艮兌列南，震巽列西，坎離在中。」〔註18〕〈說卦〉：「水火不相射」虞注云：「……水火相通，坎戊離己，月三十日一會於壬，故不相射也。」〔註19〕這是對以上的相關說法再作補充。以上虞翻的注解，清代李銳釋云：

> 三日暮。暮即月令所謂「昏」。推步家以日入二刻半為「昏」。〈士昏禮〉鄭目錄云：「日入三商為昏」是也。其時日在西，月在庚，月向日三分之一，生光在下，象震初陽爻。背日三分之二，無光在上，象震二三陰爻。故曰「震象出庚」。
>
> 八日暮：日在西，月在丁。月向日三分之二，有光在下。象兌初二陽爻。背日三分之一，無光在上，象兌三陰爻。故曰「兌象見丁」。
>
> 十五日暮：日在西，月在甲。日月相望。月三分皆有光，象乾三爻皆陽，故曰「乾象盈甲」。
>
> 十七日旦：旦亦謂之明。推步家以日出前二刻半為明。其時日在東，月在辛。月背日三分之一，無光在下，象巽初陰爻。向日三分之二，有光在上，象巽二三陽爻。故曰「巽象退辛」。
>
> 二十三日旦：日在東，月在丙。月背日三分之二，無光在下，象艮初二陰爻。向日三分之一，有光在上，象艮三陽爻。故曰「艮象消丙」。
>
> 二十九日旦：日在東，月在乙。日月同度，月三分，皆無光。象坤

〔註16〕《周易集解》，卷十四，頁350。
〔註17〕《周易集解》，卷二，頁27。
〔註18〕《周易集解》，卷十五，頁359。
〔註19〕《周易集解》，卷十七，頁406。

三爻皆陰。故曰「坤象滅乙」。

晦夕朔旦：以陽通陰，象坎上下二爻陰，中一爻陽。

日中則離：以陰通陽，象離上下二爻陽，中一爻陰。故曰「坎象流戊，離象就己」。〔註20〕

與《參同契》相較，虞氏之注多同於《參同契》，可見他主要是依之而立論。前引《參同契》之文既已疏解，且李銳之解釋清楚易曉，茲不對於虞注再作解析。必須特別說明的是，虞翻和《參同契》有相異之處。虞翻言「十七日旦，巽象退辛」，此主十七日旦巽卦用事，納辛；《參同契》言「十六轉受統，巽辛見平明」，此主十六日巽卦用事，納辛。再者，虞翻言「二十九日，消乙入坤，滅藏於癸」，此主二十九日坤卦用事，納乙，「月三十日一會於壬」，三十日爲日月會合之時，納壬；《參同契》則沒對壬癸作說明。

車先生對於虞翻「日月在天成八卦」的說法並沒有多加解釋，且認爲「日月在天成八卦」是八卦、天干、方位、日數、月相的相互配合，這是時序上的配合，亦是以卦表象時間空間。〔註21〕

三、以日月所成之八卦配合五行

虞翻尚以納甲所含的五行關係解《易》。〈繫辭上〉：「五位相得而各有合。」虞翻注云：「五行，謂五行之位。甲乾乙坤，相得合木，謂天地定位也。丙艮丁兌，相得合火，山澤通氣也。戊坎己離，相得合土，水火相逮也。庚震辛巽，相得合金，雷風相薄也。天壬地癸，相得合水，言陰陽相薄而戰於乾。故五位相得而各有合，或以一六合水，二七合火，三八合木，四九合金，五十合土也。」〔註22〕此處展示了兩套配合律，一是虞翻的以八卦、天干、五行來配合，而「一六合水」那套則是鄭玄、《太玄》所言者。

在〈繫辭上〉「天一，地二」句，虞翻欲將兩套配合律合爲一套，〈繫辭上〉說：「天一，地二，天三，地四，天五，地六，天七，地八，天九，地十。」〔註23〕虞翻「天一」注云：「水甲。」「地二」注云：「火乙。」「天三」注云：

〔註20〕 參《周易虞氏略例》（據清光緒十四年刊「續經解」本影印，《無求備齋易經集成》150本，臺北：成文出版社，1976年初版），頁5～6。

〔註21〕 《全集1‧周義》，頁71。

〔註22〕 《周易集解》，卷十四，頁337。

〔註23〕 《十三經注疏‧周易正義》，卷七，頁155

「木丙。」「地四」注云：「金丁。」「天五」注云：「土戊。」「地六」注云：「水己。」「天七」注云：「火庚。」「地八」注云：「木辛。」「天九」注云：「金壬。」「地十」注云：「土癸。」〔註24〕張惠言則於虞翻之注下又加以解說，他於「天一」注云：水（天一生水於北），甲（日行青道，甲一乙二）；「地二」注云：火（地二生火於南），乙（甲乾乙坤，相得合木）。「天三」注云：木（天三生木於東），丙（日行赤道，丙三丁四）；「地四」注云：金（地四生金於西），丁（丙艮丁兌，相得合火）。「天五」注云：土（天五生土於中），戊（日行黃道，戊五己六）；「地六」注云：水（地六成水於北，一六合水），己（戊坎己離，相得合土）。「天七」注云：火（天七成火於南，二七合火），庚（日行白道，庚七辛八）；「地八」注云：木（地八成木於東，三八合木），辛（庚震辛巽，相得合金）。「天九」注云：金（天九成金於西，四九合金），壬（日行黑道，壬九癸十）；「地十」注云：土（地十成土於中，五十合土），癸（天壬地癸，相得合水）。〔註25〕在張惠言之注的各句中，凡首括弧者中的內容為五行生成之數，次括弧者中為虞翻所言者，此處張氏欲合兩套為一套。然此兩套欲配合起來實有其困難，以東方為例，二者相同的只是方位、五行、四時，然生成之數、天干相異。無論做如何的調整，皆有不協和之處。

　　然虞翻這樣的配合，牟先生認為其意義即在展現一種宇宙條理與秩序，時間空間的配合可以卦象表之，而由乾坤等卦亦可表現一歲之時序，故牟先生歸入「大宇宙的公式」。〔註26〕

四、十二消息卦

　　「十二消息卦」是指由六「陽息之卦」與六「陰消之卦」所合成的一組卦。「陽息之卦」由〈復〉→〈臨〉→〈泰〉→〈大壯〉→〈夬〉→〈乾〉，此表現了陽氣的逐漸生息。關於此，虞翻注〈復・象〉云：「陽息坤。」注〈臨〉卦辭云：「陽息至二。」注〈泰〉卦辭云：「陽息坤。」注〈大壯〉卦辭云：「陽息泰也。」注〈夬〉卦辭云：「陽決陰，息卦也。」〈乾〉卦則無注。「陰消之卦」是由〈姤〉→〈遯〉→〈否〉→〈觀〉→〈剝〉→〈坤〉來表現陰氣的漸次生息。關於此，虞翻注〈姤〉卦辭云：「消卦也。」「陰息剝陽。」注〈遯〉

〔註24〕　《周易集解》，卷十四，頁344～345。
〔註25〕　《周易虞氏義》，頁322～323。
〔註26〕　《全集1・周義》，頁74。

卦辭云：「陰消姤二也。」注〈否〉卦辭云：「陰消乾。」〈觀〉卦無注。注〈剝〉卦辭云：「陰消乾也。」〔註 27〕〈坤〉卦亦無注。

　　對於「十二消息卦」，牟先生並不探討虞注的內容，而是研究了其中的陰陽關係。牟先生認為「十二消息卦」是表象一年的時序與氣候的變遷。這樣的表象是由陰陽二氣之生滅所致。陰陽非截然二分之物，而是永遠相互含蘊、相互出入的。而整齊的二分為「陰」與「陽」，這樣的分法實為了概念使用的方便而設，在現實的存有物中並不存在這種情況。復次，陰陽就是生成的過程，過程之起始名為陽，過程之將終名為陰。牟先生如此的活觀陰陽，合乎《周易》的原理，蓋萬物並非是純陰或純陽的存在，而是陰中有陽，陽中有陰的。純陰或純陽只能於理上說，不能自現實言。在虞注中亦表現了陰陽之相通相含，虞翻注〈乾‧文言〉「乾元者，始而亨者也。」中說道：「乾始開通，以陽通陰，故始通。」〔註 28〕〈乾〉之始通，因陰而成，陽在通之時即已含陰。再者，〈乾〉為天道創生萬物，〈坤〉為地道保任終成萬物，牟先生以生成過程的始終解二卦是切合《易》義的。至於牟先生以大宇宙的公式解「十二消息卦」，他所強調的是一歲之節氣可由卦來顯示，而十二卦所展現的就是宇宙的生成變化。〔註 29〕

第二節　卦變的種類及評論暨為卦變尋找一通貫原則

一、卦變的種類

　　卦變的理論在〈彖傳〉中即可見，〈彖傳〉多處言往來、上下、剛柔者乃後世卦變理論的基礎。卦變之說自京房、荀爽不斷發展，至虞翻時可謂燦然大備，〔註 30〕它也成了虞翻易學的重要組成部份。此說探討的是卦與卦之間的關係，虞翻認為六十四卦並非是獨立存在的，而是一個有機的整體，各卦之間有著內在的聯繫，此聯繫即見於由某卦變為某卦上。卦由爻組成，故卦

〔註 27〕分別參見《周易集解》，卷四、五、六、七、九，頁 130、108、75、170、211（陽息之卦）及頁 216、166、80、123（陰消之卦）。

〔註 28〕《周易集解》，卷一，頁 17。

〔註 29〕《全集 1‧周義》，頁 75。

〔註 30〕黃宗羲說：「古之言卦變者，莫備於虞仲翔，後人不過踵事增華耳。」參《周易象數論》（據清光緒十九年廣雅書局刊本影印，《無求備齋易經集成》115本，臺北：成文出版社，1976 年初版），〈卦變二〉，卷二，頁 91。

變其實就是爻變。通過一卦中的陰陽爻的位置的改變，一卦可變爲另一卦。虞翻的卦變內容眾多，牟先生所探討的共有七種，然其中的消息已於上節「四、十二消息卦」論之，以下就只析論六種卦變。〔註31〕

（一）例　卦

所謂例卦是特指由十二消息卦中之爻例而來的卦，其中只有六卦，六卦中又可分爲三類。〔註32〕換言之，在此項中，虞翻是通過六個消息卦：〈臨〉、〈觀〉、〈否〉、〈泰〉、〈遯〉、〈大壯〉建立其說。

1. 二陽四陰之卦。虞翻認爲二陽四陰之卦皆來自〈臨〉、〈觀〉，此類共九卦。

〈明夷〉，注：「臨二之三。」

〈升〉，注：「臨初之三。」

〈解〉，注：「臨初之四。」

〈震〉，注：「臨二之四。」

〈晉〉，注：「觀四之五。」

〈萃〉，注：「觀上之四也。」

〈坎〉，注：「觀上之二。」

〈艮〉，注：「觀五之三也。」

〈蹇〉，注：「觀上反三也。」〔註33〕

以上前四卦由〈臨〉卦來，後五卦由〈觀〉卦來。然〈屯〉、〈蒙〉、〈頤〉、〈小過〉雖亦爲二陽四陰之卦，卻不自〈臨〉〈觀〉來。虞翻注〈屯〉云：「坎二之初。」注〈蒙〉云：「艮三之二。」注〈頤〉云：「晉四之初，與大過旁通。……反復不衰，與乾、坤、坎、離、大過、小過、中孚同義，故不從臨觀四陰二陽之例。」注〈小過〉云：「晉上之三。當從四陰二陽之例。臨陽未至三而觀四已消也。……故知從晉來。」〔註34〕此四卦本應由〈臨〉或〈觀〉而來，然虞翻卻主張它們分別由〈坎〉、〈艮〉、〈晉〉來，視爲變例。因〈坎〉、

〔註31〕虞翻卦變的內容眾多，其他卦變之例可詳參《易學哲學史（一）》，〈第三章　漢代的象數之學〉，頁237～247，《兩漢象數易學研究（下）》，頁686～739，《周易虞氏學》，〈第二章　集兩象數易學之大成的虞氏易學〉，頁86～124，《象數易學發展史》第一卷，頁190～204、頁221～228。

〔註32〕《全集1・周義》，頁76。

〔註33〕《周易虞氏略例》，頁15～16。

〔註34〕參《周易集解》，卷二、六、十三，頁37、43、141、298。

〈艮〉、〈晉〉亦來自〈臨〉〈觀〉，故此四卦亦可說間接自〈臨〉〈觀〉來。又，他認為〈頤〉和〈乾〉〈坤〉等卦有特殊之處，蓋這些卦不會在顛倒之後形成另一卦，故〈頤〉不從〈臨〉〈觀〉來，而自〈晉〉來。而〈小過〉因要遵守一爻變的卦變原則，若從〈臨〉或〈觀〉來，則須同時改變兩爻，故不取〈臨〉〈觀〉而取自〈晉〉來。〔註35〕

2. 三陰三陽之卦。虞翻認為三陰三陽之卦皆來自〈否〉、〈泰〉，此類共十六卦。

〈隨〉，注云：「否上之初。」

〈噬嗑〉，注云：「否五之坤初。」

〈咸〉，注云：「坤三之上成女，乾上之三成男。」

〈益〉，注云：「否上之初也。」

〈困〉，注云：「否二之上。」

〈渙〉，注云：「否四之二。」

〈漸〉，注云：「否三之四。」

〈未濟〉，注云：「否二之五也。」

〈蠱〉，注云：「泰初之上。」

〈井〉，注云：「泰初之五也。」

〈賁〉，注云：「泰上之乾二，乾二之坤上。」

〈歸妹〉，注云：「泰三之四。」

〈恆〉，注云：「乾初之坤四。」

〈節〉，注云：「泰三之五。」

〈損〉，注云：「泰初之上。」

〈既濟〉，注云：「泰五之二。」〔註36〕

以上前八卦自〈否〉卦來，餘者自〈泰〉卦來。〈噬嗑〉、〈咸〉、〈賁〉、〈恆〉，或言來自〈乾〉、〈坤〉，或言來自〈否〉、〈泰〉、〈乾〉、〈坤〉，實際上，此四卦皆來自〈否〉、〈泰〉。此因〈乾〉、〈坤〉與〈否〉、〈泰〉的概念有同一性。蓋於十二消息卦中，〈泰〉是「陽息坤」，〈否〉是「陰消乾」，二卦中皆有〈乾〉、〈坤〉，故四卦中所言之〈乾〉、〈坤〉皆就〈否〉、〈泰〉言。順此而言，〈咸〉注：「坤三之上成女，乾上之三成男。」此即〈咸〉為〈否〉三之上，〈恆〉

〔註35〕《先秦漢魏易例述評》，頁142。

〔註36〕《周易虞氏略例》，頁16～17。

注：「乾初之坤四。」此即〈恆〉爲〈泰〉初之四。〔註37〕〈賁〉注：「泰上之乾二，乾二之坤上。」此即〈泰〉上之二，〈泰〉二之上。〈噬嗑〉注：「否五之坤初。」此即〈否〉五之初。

在三陰三陽之類中，〈豐〉、〈旅〉、〈損〉、〈益〉情況較特殊。〈豐〉注云：「此卦三陰三陽之例，當從泰二之四；而豐從噬嗑上來之三，折四於坎獄中而成豐。」故〈豐〉由〈噬嗑〉來。〈旅〉注云：「賁初之四，否三之五，非乾坤往來也，與噬嗑之豐同義。」故〈旅〉由〈賁〉來。因〈噬嗑〉、〈賁〉由〈否〉、〈泰〉來，故〈豐〉、〈旅〉間接來自〈否〉、〈泰〉。至於〈損〉、〈益〉二卦，其注同於〈蠱〉、〈隨〉。〈損〉注云：「泰初之上，損下益上，以據二陰。」〈益〉注云：「否上之初也，損上益下。」〔註38〕〈損〉本應注爲〈泰〉三之上，然爲配合損〈乾〉之下以益〈坤〉上之義，故注爲「泰初之上」。〈益〉本應注爲〈否〉四之初，今爲解損上益下之義，故注爲「否上之初」。這樣的注解已破壞其卦變的原則了。

3. 二陰四陽之卦。虞翻認爲二陰四陽之卦皆來自〈遯〉、〈大壯〉，此類共十二卦。

〈訟〉，注云：「遯三之二也。」

〈無妄〉，注云：「遯上之初。」

〈離〉，注云：「遯初之五。」

〈家人〉，注云：「遯初之四也。」

〈革〉，注云：「遯上之初。」

〈巽〉，注云：「遯二之四。」

〈需〉，注云：「大壯四之五。」

〈大畜〉，注云：「大壯四之上。」

〈大過〉，注云：「大壯五之初，或兌三之初。」

〈睽〉，注云：「大壯上之三。」

〈鼎〉，注云：「大壯上之初。」

〈兌〉，注云：「大壯五之三也。」〔註39〕

以上前六卦自〈遯〉卦來，餘者自〈大壯〉來。〈中孚〉、〈無妄〉、〈大過〉

〔註37〕參《象數易學發展史》第一卷，頁199。

〔註38〕各注分參《周易集解》，卷八、十一，頁199、204、268、274。

〔註39〕《周易虞氏略例》，頁18～19。

雖亦爲二陰四陽之卦，然情況特殊。〈中孚〉注云：「訟四之初也。……此當從四陽二陰之例。遯陰未及三，而大壯陽已至四，故從訟來。」此與〈小過〉由〈晉〉來的情況相同，蓋〈中孚〉若從〈遯〉或〈大壯〉來，則此二卦須同時移動兩爻，此不合卦變之例。而〈中孚〉由〈訟〉來，亦是間接由〈遯〉卦來。至於〈無妄〉、〈大過〉，〈無妄〉注云：「遯上之初。」張惠言解曰：「依例當三之初，此上之初者，消卦之始，特正乾元。與否上成益同義。」〈無妄〉應是由〈遯〉三之初，此取〈遯〉上之初，則〈遯〉之上九移至初爻的位置，其他爻則依次上升一位。〈大過〉注云：「大壯五之初，或兌三之初。」張惠言解曰：「或兌三之初者，坤盡於夬。至大過而生姤、夬、兌，下成巽，坤之始終也。」〔註40〕〈大過〉取〈兌〉三之初，〈兌〉由〈大壯〉來，故〈大過〉間接來自〈大壯〉。

以上三大類中，出現了許多變例。在二陽四陰之卦中，〈屯〉、〈蒙〉、〈頤〉、〈小過〉不直接來自〈臨〉、〈觀〉，而分別來自〈坎〉、〈艮〉、〈晉〉。在三陰三陽之卦中，〈豐〉〈旅〉不直接來自〈泰〉、〈否〉，〈豐〉由〈噬嗑〉來，〈旅〉由〈賁〉來。在二陰四陽之卦中，〈中孚〉、〈大過〉不直接來自〈遯〉、〈大壯〉，分別來自〈訟〉、〈兌〉。由這些變例可見虞翻的卦變說駁雜不一，並沒有以一個原則加以通貫。再者，〈損〉、〈益〉、〈無妄〉之注同於〈蠱〉、〈隨〉、〈革〉，〈損〉、〈蠱〉皆注：「泰初之上。」〈益〉、〈隨〉皆注：「否上之初。」〈無妄〉、〈革〉皆注：「遯上之初。」此由一爻變而生兩卦，實犯了一爻變而生一卦之例。故牟先生認爲〈臨〉、〈觀〉、〈否〉、〈泰〉、〈遯〉、〈大壯〉這六個「例卦」的卦變，並無充足理由與定則來支持其論點，反而是隨意變化。這些卦變既不依既定爲原則，即以二五、初四、三上爲準，其言某自某來，亦無定則，又沒有卦象間的必然因果關係，或義理上的關聯。〔註41〕

（二）乾坤坎離之變

此亦爲〈乾〉〈坤〉生六子的另一種方式。它先是由〈乾〉〈坤〉二五爻互易而成〈坎〉〈離〉，再由〈坎〉〈離〉以互體之法生其他四經卦。

〈坎〉注云：「乾二五之坤。」〈離〉注云：「坤二五之乾。」〈乾〉二五爻之〈坤〉二五位成〈坎〉，〈坤〉二五爻之〈乾〉二五位則成〈離〉。〈繫辭

〔註40〕各注分參《周易集解》，卷六、十二，頁 133、145、294。張惠言之注分見《周易虞氏義》，頁 118、130。

〔註41〕《全集 1・周義》，頁 81。

上〉：「是故剛柔相摩，八卦相盪。」注云：「乾以二五摩坤成震、坎、艮。坤以二五摩乾成巽、離、兌。故剛柔相摩，則八卦相盪也。」〈繫辭下〉：「剛柔雜居，而吉凶可見矣。」注云：「乾二之坤成坎，坤五之乾成離，故剛柔雜居。艮爲居，離有巽、兌，坎有震、艮，八卦體備，故吉凶可見也。」〔註42〕〈乾〉二五之〈坤〉成〈坎〉，〈坎〉二至四互體成〈震〉，三至五互體成〈艮〉。〈坤〉二五之〈乾〉成〈離〉，〈離〉二至四互體成〈巽〉，三至五互體成〈兌〉。

（三）旁　通

　　所謂「旁通」，是指凡兩卦的六爻皆相異者，如〈乾〉與〈坤〉，就可兩兩相通，此說亦是因本卦卦象不足運用而提出的。在虞注中，此法並不遍及所有卦，明言「旁通」者有二十一卦，其他見於或稱「旁通」爲「反」者之例之處，如〈乾〉、〈坤〉等卦中。〔註43〕

　　根據李銳的說法，旁通的根據在於〈坎〉〈離〉，故凡卦有〈坎〉〈離〉之象者，皆可旁通。李銳說：「乾二五之坤成坎，坤二五之乾成離。坎離者，旁通之本也。」他又說：「虞於師、比、謙、豫四卦不以剝復一陽五陰爲例；小畜、履、同人、大有四卦不以姤夬一陰五陽爲例。蓋此八卦皆以乾之坤，坤之乾而成，皆有坎離象。師內體坎，比外體坎。同人內體離，大有外體離。謙二至四，豫三至五有坎象。小畜四至五，履二至四有離象。……此八卦皆有坎離象，則皆與坎離同義。坎離旁通，故此八卦皆從旁通，不從卦例也。」〔註44〕〈師〉、〈比〉、〈謙〉、〈豫〉及〈小畜〉、〈履〉、〈同人〉、〈大有〉八卦不自〈剝〉〈復〉或〈姤〉〈夬〉來，因八卦皆有〈坎〉〈離〉象，能「旁通」，故不依一陽五陰及一陰五陽之卦例。除了這種情況，尚有：「其非坎離及此八卦，亦有云旁通者。復、姤、夬、剝四卦以一陽五陰，一陰五陽之卦皆相與爲旁通，故此四卦亦相與爲旁通也。」〔註45〕〈復〉〈姤〉〈夬〉〈剝〉可通過半象之法而成〈坎〉〈離〉象，故四卦能旁通。又，或以互體之法以濟旁通，如：「革、鼎二卦。以坎初至五體蒙，二至上體屯；離初至五體革，二至上體鼎。離旁通坎，故革鼎旁通蒙屯也。」〔註46〕因〈坎〉〈離〉旁通，故〈革〉

〔註42〕　各注分參《周易集解》，卷六、十三、十六，頁 148、153、312、399。
〔註43〕　《周易虞氏學》，〈第二章　集兩象數易之大成的虞氏易學〉，頁 106～107。
〔註44〕　《周易虞氏略例・旁通》，頁 24。
〔註45〕　《周易虞氏略例・旁通》，頁 25。
〔註46〕　《周易虞氏略例・旁通》，頁 25。

〈鼎〉旁通〈蒙〉〈屯〉。

　　牟先生認爲「旁通」之說，一可說它有特殊之義例，如虞注之二十一卦，一可說它無用，因它不能貫通六十四卦的變化。且前所言之八卦，以〈坎〉〈離〉之故而能「旁通」。據此，若藉用互體、半象等之助，諸卦皆可有〈坎〉〈離〉，故六十四卦理論上應皆能「旁通」成三十二對，爲何虞翻不將此法遍及諸卦呢？牟先生認爲此因虞氏之卦變說：十二消息卦變爲雜卦中有不少的變例存在，故不能以「旁通」貫之，可見此法有其不周及牽強之處。〔註47〕

（四）震巽特變

　　虞翻認爲凡爻有不正者皆須變而之正，以當其位。然若遇上卦中有〈震〉、〈巽〉時，則不先考慮爻是否當位，而是讓〈震〉變爲〈巽〉，〈巽〉變爲〈震〉，此即「震巽特變」。

　　爲何主張「震巽特變」呢？虞翻在〈說卦〉：「（震）其究爲健、爲蕃鮮。」注云：「震雷巽風無形，故卦特變耳。」又於〈說卦〉：「（巽）爲近利市三倍。」注云：「八卦諸爻，唯震巽變耳。」〔註48〕這是認爲在八卦中，〈乾〉爲天，〈坤〉爲地，〈坎〉爲月，〈離〉爲日，〈艮〉爲山，〈兌〉爲澤，皆是有形之物，唯有〈震〉雷〈巽〉風爲無形，故他主張二卦特變。

　　虞翻以此說注解經傳，如於〈蠱·彖〉：「先甲三日，後甲三日。終則有始，天行也。」注云：「謂初變成乾，乾爲甲。至二成離，離爲日。謂乾三爻在前，故『先甲三日』。賁時也。變三至四，體離。至五成乾，乾三爻在後，故『後甲三日』。無妄時也。」〔註49〕〈蠱〉爲上〈艮〉下〈巽〉，因〈蠱〉之下卦爲〈巽〉，故以「震巽特變」解之。〈蠱〉初變下卦成〈乾〉，〈乾〉納甲，故「爲甲」。變至二成〈離〉，上〈艮〉下〈離〉成〈賁〉，故「賁時也」。下卦爲〈乾〉三爻在前，故「先甲三日」。變至四則上卦爲〈離〉，變至五則爲〈乾〉，上卦〈乾〉三爻在下卦之〈乾〉之後，故「後甲三日」。〈蠱〉此時之上下卦皆變，成〈乾〉〈震〉，故爲〈無妄〉。又，〈蠱〉之六四本當位不須變，但因九三、六四、六五互體成〈震〉，〈蠱〉之初至四互體成〈恆〉，故須變爲〈巽〉。又，〈巽〉九五：「先庚三日，後庚三日，吉。」注云：「震，庚也。謂變初至二成離，至三成震。震主庚，離爲日，震三爻在前，故『先庚三日』，謂益時也。動四至五成離，終

〔註47〕《全集1·周義》，頁82。
〔註48〕二注分參《周易集解》，卷十七，頁421、423。
〔註49〕《周易集解》，卷五，頁106。

上成震。震三爻在後，故『後庚三日』也。巽初失正，終變成震，得位，故『無初有終』，『吉』。」〔註50〕〈震〉於納甲爲納庚，故〈震〉主庚。〈巽〉初變成陽，變至二成〈離〉，變至三成〈震〉。下卦〈震〉三爻在前，故「先庚三日」。上〈巽〉下〈震〉成〈益〉，故「益時也」。〈巽〉之六四變成陽，變至五成〈離〉，變至上成〈震〉。上卦〈震〉三爻成於後，故爲「後庚三日」。〈巽〉初陰居陽故「失正」，變成〈震〉，初爻得位故吉。

　　由〈震〉變爲〈巽〉，〈巽〉變爲〈震〉，這種三爻或六爻俱變的情況，其實即是「旁通」的一種，李銳說：「恆巽下震上，蠱初至五體恆，亦有震巽象。蠱終變成隨，恆終變成益，注皆云旁通。此旁通以震巽特變爲義，蓋旁通之變例也。……至震巽特變：震變爲巽，巽見於上，則震伏於下；巽變爲震，震見於上，則巽伏於下。兩卦重疊而不居兩旁，徒以六爻皆變，亦謂之旁通。」〔註51〕針對李銳的說法，牟先生從互體、伏見的角度加以批評。他認爲「震巽特變」實可自互體之法觀察。而互體之法即含有六爻俱變的可能，也含有伏見之可能，蓋不伏不見，則〈震〉〈巽〉不能重疊。如此，六十四卦皆可作互體、伏見而觀。以此而論，「震巽特變」爲六十四卦卦變之一特殊表示而已，不必只拘於〈震〉〈巽〉，他卦亦可有特變也。至於以雷風無形爲特變之理由更是膚淺。〔註52〕以〈蠱〉爲例，初至五互體〈恆〉，故以「震巽特變」解之。且互體與特變皆是六爻俱變，既是如此，可以互體涵蓋特變，不須再獨立特變此項目。至於說互體也含有伏見之可能，例如〈蒙〉九二「包蒙，納婦，吉。子克家。」注云：「震剛爲夫，伏巽爲婦。」〔註53〕說明了〈蒙〉之九二、六三、六四互體成〈震〉爲夫，〈震〉下伏〈巽〉長女爲婦。此例〈震〉〈巽〉伏見，二卦就能重疊。以此而論，牟先生批評「震巽特變」的理由，是深中肯綮的。

〔註50〕　《周易集解》，卷十一，頁281。
〔註51〕　《周易虞氏略例》，頁28～29。
〔註52〕　《全集1・周義》，頁86。屈萬里先生亦批評說：「然謂震雷巽風無形，姑無論說卦傳所列，震巽多有形之物；即以象象傳而論，巽亦爲木，木豈無形者哉？況縱或震巽無形，又何爲特變乎？更退一步言之，即使震巽果爲無形，無形者果應特變，則凡有震巽之卦，應皆以特變言之。然屯之下體震也，應變爲巽矣；乃於六二注云：『三失位，變復體離。』震上下皆震，亦應變爲巽也；乃六二亦注云：『三動，離爲羸蚌。』斯仍之正之義，何不用特變之例也？此類甚多，玆不遍舉。即此已足證其說之難通矣。」《先秦漢魏易例述評・虞氏卦變》，卷下，頁147。
〔註53〕　《周易集解》，卷二，頁45。

（五）反

「反」是指一卦六爻完全顛倒，成爲他卦之謂。〔註54〕這一類的卦變很多，如〈泰〉虞注云：「反否也。」〈否〉注云：「反泰也。」〔註55〕等皆是。

虞翻此說於經傳有徵。在六十四卦的排列上，除〈乾〉、〈坤〉、〈坎〉、〈離〉、〈頤〉、〈大過〉、〈小過〉、〈中孚〉外（此八卦顛倒後還是自身），其他卦如〈屯〉、〈蒙〉，〈需〉、〈訟〉等都存在著「反」的關係。此「反」即孔穎達所說的「非覆即變」〔註56〕的「覆卦」。在《易傳》中亦提及「反」，〈序卦〉云：「剝者，剝也。物不可以終盡，窮上反下，故受之以復。」〈雜卦〉云：「否泰，反其類也。」此表示〈剝〉、〈復〉與〈否〉、〈泰〉皆有「反」的關係。虞氏之言「反」即本於此。

李銳曰：「同人注云：『同人反師。』此反謂旁通，與六爻俱倒義別。六十四卦反亦旁通者，隨、蠱、漸、歸妹是也。反亦兩象易者，需、比、訟、師、同人、大有、晉、明夷是也。旁通亦兩象易者，咸、恆、損、益是也。反亦旁通亦兩象易者，否、泰、既濟、未濟是也。」〔註57〕「同人反師」，〈同人〉與〈師〉之「反」實爲「旁通」，此可見虞翻有時會稱「旁通」爲「反」。此外，「反」、「旁通」、「兩象易」亦可互通。

（六）兩象易

所謂「兩象易」，它是指一卦的上下象相易而變成另一卦的方法。唯虞翻用「兩象易」解《易》只見於《易傳》三處，《易經》本文卻未見。

〈繫辭下〉：「上古穴居而野處，後世聖人易之以宮室；上棟下宇，以待風雨，蓋取諸大壯。」注云：「無妄，兩象易也。無妄乾在上，故稱『上古』。艮爲穴居，乾爲野，巽爲處，無妄乾人在路，故『穴居野處』。震爲『後世』，乾爲『聖人』。『後世聖人』，謂黃帝也。艮爲宮室，變成大壯，乾人入宮，故『易以宮室』。艮爲待，巽爲風，兌爲雨。乾爲高。巽爲長木，反在上爲棟。震陽動起，故『上棟』。『下宇』，謂屋邊也。兌澤動下，爲『下宇』。無妄之大壯，巽風不見，兌雨隔震，與乾絕體，故『上棟下宇，以待風雨，蓋取諸大壯』者也。」此由〈無妄〉（上〈乾〉下〈震〉）的兩象易而變成〈大壯〉（上

〔註54〕李銳說：「反者，以上爲下，以下爲上。」《周易虞氏略例》，頁29。
〔註55〕《周易集解》，卷四，頁75、80。
〔註56〕《十三經注疏・周易正義・序卦》，卷九，頁186。
〔註57〕《周易虞氏略例》，頁30。

〈震〉下〈乾〉），說明初民始由穴居，後居於宮室的變遷。又，〈繫辭下〉：「古之葬者，厚衣之以薪，葬之中野，不封不樹，喪期無數；後世聖人易之以棺槨，蓋取諸大過。」注云：「中孚，上下易象也。」此由〈中孚〉兩象易而成〈大過〉，說明初民由葬於中野，後改為棺槨的變遷。又，〈繫辭下〉：「上古結繩而治，後世聖人易之以書契，百官以治，萬民以察，蓋取諸夬。」注云：「履，上下象易也。……大壯、大過、夬，此三『蓋取』，直兩象上下易，故俱言『易之』。」此由〈履〉兩象易而成〈夬〉，說明初民由結繩記事，後改為書契的變遷。〔註58〕

　　總之，虞翻認為「易之以宮室，以棺槨，以書契」，皆由卦的「兩象易」之故。牟先生質疑此說的成立，他認為「一卦之兩象果可隨便易乎？其易之原因為何？其易之目的為何？此皆為虞氏所未道者也。」〔註59〕換言之，「兩象易」之說言某卦自某卦來，並沒有充份的理由，有隨意取象的問題。例如說〈大壯〉由〈無妄〉兩象易而變成，〈大壯〉是消息卦，〈無妄〉是「〈遯〉上之初」，二卦本無關係，今為解經竟主〈大壯〉由〈無妄〉變來，實曲為之說。

二、對於卦變的評論

　　以上，牟先生探討了虞翻的六種卦變說：例卦、乾坤坎離之變、旁通、震巽特變、反、兩象易。然而虞翻以這樣的方式去解《易》，不只煩瑣，且其卦變的原則無法一貫，破綻百出。牟先生認為虞翻之失在於：

　　（i）拘於象數太甚：每字每句都要取象解之，故需求多例方能盡之。……象數固不可忘，但太拘象數，則失統屬。

　　（ii）卦變之例，每就一卦之特殊意義或理由而建立之，故自然名目百出，而不能用一原則以統之。

〔註58〕三注詳參《周易集解》，卷十五，頁367～368。
〔註59〕參《全集1・周義》，頁88。屈萬里先生說：「繫傳之十二蓋取，或就卦之名義言，或就卦象言。大壯謂『上棟下宇，以待風雨』之偉壯；夬謂『百官以治，萬民以察』之明決：皆就卦名義言之。大過上兌澤，下巽木，木在澤下，有似棺槨；則就象言之。繫傳蓋取之說，本多牽合，然固與兩象易無涉，此核諸傳文而不合也。虞氏變卦之例，大壯及夬，皆屬十二消息。於大壯注云：『陽息泰也』。於夬注云：『陽決陰，息卦也。』十二消息，皆出自乾坤，是大壯非來自無妄，夬非來自履也。於大過注云：『大壯五之初，或說三之五。』是大過不來自大壯，則來自訟，固非來自中孚也。然則兩象易之說，又顯與己例矛盾矣。」《先秦漢魏易例述評・兩象易》，卷下，頁132～133。

（iii）因此，故其卦變，多爲無理。此即胡煦所謂「剜肉塡補」之
謂也。〔註60〕

以上三點，指出虞翻易學之弊，而此三點可說由拘象泥象所致。虞翻認爲《周
易》由聖人制作，書中諸語無不可由象表示，於是無所不用其極的欲以象來
解釋《周易》所有的文字。自然也造成了易注上穿鑿附會、繁雜瑣碎的缺失。
固然象與卦爻辭在某些方面有關聯，人可經由「觀象」的過程而玩味卦爻辭
的深意。〔註61〕然而象與卦爻辭之間的關係，並不能完全的一一對應。欲以
有限度的象來完全通解《周易》的文字，原本就存在著難以跨越的差距。再
加上《周易》取象有其隨意性，沒有一定的準則，更增加了象與經傳文字聯
繫、密合的困難度。孔穎達說：「凡易者象也。以物象而明人事，若《詩》之
比喻也。或取天地之象以明義者，若〈乾〉之『潛龍』、『見龍』、〈坤〉之『履
霜堅冰』、『龍戰』之屬是也。或取萬物雜象以明義者，若〈屯〉之六三『即
鹿無虞』、六四『乘馬班如』之屬是也。如此之類，《易》中多矣。或直以人
事、不取物象以明義者，若〈乾〉之九三『君子終日乾乾』、〈坤〉之六三『含
章可貞』之例是也。聖人之意，可以取象者則取象也，可以取人事者則取人
事也。」〔註62〕可見只要能恰當表達聖人之意，無論是取象或取事都是容許
的。聖人之意是目的，取象或取事只是手段。只要目的能達成，選擇象或事
都可以。就此而言，象的出現是沒有定然的。

以象通辭有其困難，爲求注解全經，虞翻就經由「以象生象」、「象外生
象」的途徑來達到他的目的。林忠軍說：

> 虞翻或根據《說卦》現成的八卦之象引申推演，或對《周易》文辭進
> 行考證，或通過對其他文獻旁徵博引，以增加象的數量，即所謂的「以
> 象生象」。這象被稱爲「逸象」。……虞翻是集兩漢象數易學之大成者，
> 所使用逸象數百條。惠棟撰《易漢學》采虞氏逸象三百三十一，張惠
> 言撰《周易虞氏易》，錄虞氏逸象四百五十六，紀磊撰《虞氏逸象考》
> 「取惠、張二家說，證其正是，辨其失違，又續搜得逸象六十六事。」
> 方申撰《虞氏逸象彙編》輯虞氏逸象一千二百八十七。

〔註60〕《全集1・周義》，頁88。
〔註61〕〈繫辭上〉說：「是故君子所居而安者，《易》之序也。所樂而玩者，爻之辭
也。是故君子居則觀其象而玩其辭，動則觀其變而玩其占。」
〔註62〕《十三經注疏・周易正義》，卷一，頁19。

虞翻除了最大限度拓展象的數量外，又在取象方法（或稱易例）上下功夫，即爲了得到某種象，依據《易傳》片言隻語創立了許多取象方法。「是故往來上下云者，謂卦倒轉後爻位之進退而已；易家則以升降、卦變爲說。二四、三五同功異位云者，謂因爻位遠近、貴賤，以判其吉凶而已；易家則據爲互體之例。在天成象之語，謂日月星耳；虞翻演之以成納甲之術。」虞翻在注《易》時，根據需要不斷地改變取象的方法，即所謂的「象外生象」。〔註63〕

如此的作法誠爲求象太過，自然帶來了許多流弊，後人就此多所批評，如王弼就批評說：「而或者定馬於乾，案文責卦，有馬无乾，則僞說滋漫，難可紀矣。互體不足，遂及卦變；變又不足，推致五行。一失其原，巧愈彌甚。縱復或值，而義无所取，蓋存象忘意之由也。」〔註64〕顧炎武也說：「……夫子作傳，傳中更無別象。……而夫子未嘗增設一象也。荀爽虞翻之徒穿鑿附會，象外生象。……《十翼》之中無語不求其象，而《易》之大指荒矣！」〔註65〕王夫之也說：「漢儒泥象，多取附會。流及於虞翻，而約象互體，半象變爻，曲以象物者，繁雜瑣曲，不可勝紀。」〔註66〕總之，執著於象，由之引向繁瑣解《易》之路，並不能窮盡《周易》變通的精神。而且《易經》的內容由象、數、理、占組成，過於強調以象解《易》，忽略了其他三者，就無法了解《易》之全貌。

再者，虞翻爲說明卦與卦之間變化的關係，因而提出許多卦變的內容，然在卦變的例子中，總有許多例外的情況出現。如在例卦的項目中，〈屯〉、〈蒙〉、〈頤〉、〈小過〉爲二陽四陰之卦，本應由〈臨〉或〈觀〉來，然虞翻卻視四卦爲變例，主張它們反而分別由〈坎〉、〈艮〉、〈晉〉來。這樣一種自變其例的情況，令人感到紊亂。推究其原，這是立說之始標準不夠嚴謹，故不能以一原則統貫其說。且卦變本身的原則又由何種原則或公理推導而出，也沒有明確的規定。因此牟先生批評漢易的卦變說是假變，而胡煦的由體卦主爻的方式所生成的卦變，方爲眞變。假變是因沒有通則所致，欲究竟貫通

〔註63〕〈從虞翻易學看漢儒以象解《易》方法〉，http://www.yuensang.com/。

〔註64〕王弼著，樓宇烈校釋：《王弼集校釋（下）‧周易略例‧明象》（北京：中華書局，1980 年 8 月第 1 版），頁 609。

〔註65〕顧炎武：《日知錄》（臺北：平平出版社，1975 年 7 月三版），〈卦爻外無別象〉，卷一，頁 4～5。

〔註66〕王夫之：《周易外傳》（收入《船山全書》第一冊，長沙：嶽麓書社，1988 年 6 月第 1 版），卷六，頁 1039。

卦與卦的變化，牟先生認爲可借鑑胡煦的理論。

三、以「體卦主爻說」爲漢易的卦變尋找一通貫原則

　　牟先生在青年時期讀易研易的階段，慧眼獨具發掘了胡煦易學中的生成哲學。可以說如果沒有牟先生的發掘，胡煦或許還隱沒在易學的洪流當中。關於胡煦的易學，他簡述說：

> 以分合爲根本觀念，進而以始終微盛初上內外諸根本範疇以解析自然之生成，而復以往來相交諸關係以解析時位爻之構成，以體卦主爻之說解析具體之形成，因而引申出時空之構造，而同時又顯示世界之眞變以批駁卦變之假變。〔註67〕

又說：

> 胡煦以體卦說注解經文，極爲恰當，不見斧鑿之痕。其發明體卦之說，於自然生成之理，極有悟解。因此對於初、上、九、六、二、三、四、五，八字命爻之義，解之極精極諦，古所未有。由此引申出時位、生成、終始、內外、往來，等宇宙論的概念，而以河圖洛書之圖像總表生成之理，故吾名之曰「生成哲學」。〔註68〕

以上，牟先生敘述了胡煦的易學總相，由此可知，胡煦是以體卦主爻說爲其易學的主要原則。

（一）體卦主爻說

　　原本〈說卦〉即有「〈乾〉〈坤〉生六子」之說，胡煦則據之推論〈乾〉〈坤〉生六十二卦。〈乾〉〈坤〉所象其實爲陰陽，由陰陽之交互相感作用產生了天地萬物，這就由六十二卦象徵。因爲諸卦皆由〈乾〉〈坤〉所生，故稱〈乾〉〈坤〉爲體卦；其他卦爲由〈乾〉〈坤〉之用九用六所成，故稱諸卦爲用卦。胡煦說：

> 乾坤爲大父母，諸卦俱由乾坤而生，莫不各具乾坤之體，所以有體卦之設，謂諸卦之剛柔皆止交得一爻，而乾坤本體固未盡沒也。即如震卦本坤體也，乾初之一爻來交，遂爾成震，故坤之初爻雖伏，而坤之半體猶存，則震遂以坤體爲體卦。體內而用外，體靜而用動，

〔註67〕《全集1‧周義》，頁292。
〔註68〕《全集32‧五十自述》，頁42。

而震之往來流動在此初陽；其中末之兩陰固靜也，其力又足以相抗，因遂以初陽爲主，而定之爲男。〔註69〕

以〈震〉卦而言，〈震〉卦之構成是由〈乾〉之一爻來交〈坤〉，也就是〈乾〉之用九來交〈坤〉體。此用九爻即爲「動用之爻」，或稱「用爻」。若〈坤〉來交〈乾〉，其用六爻即爲「用爻」。關於用爻，胡煦詳細說道：

> 只緣六子，皆係乾坤相交而成，而本然之體三爻原自相等，今忽變此一爻，是所存之兩爻爲體而主靜，而所變之一爻爲用而主動。周公於乾坤兩卦，特著用九用六之說明此往來上下者，皆爲動用之爻也。又因體卦三爻相等，今所存之兩爻亦相等，勢鈞力敵，莫適爲主，因擇其往來流動所變易之一爻，以爲之用。故三男三女皆有獨異之一爻，即其主爻。……孔子《象辭》所由有往來上下之說，无非示人觀象之法，用以審擇主爻而已。《繫傳》中一索再索三索，凡皆指其動用之機而言之。〈象〉中之往來內外上下，凡皆指其動用之機而言之。彼不用之體卦，置而不論者，體立於內而主靜，用交於外而稱來，體言其形之似，用言其氣之通也。〔註70〕

胡煦以爲凡《易經》所說的往來、上下、內外，這些表述爻變動的名詞，皆是指用九、用六、動用之爻言。用爻與體卦結合則成一個新的卦體，用爻即是新卦的主爻，故審擇一卦的主爻只要考量其用爻就可。以六子卦言，它們因〈乾〉〈坤〉之一爻相交而成，所交的那爻即是用爻。而未交的兩爻則以〈乾〉〈坤〉爲體卦。

（二）真變與假變

胡煦以爲六十二卦皆由〈乾〉〈坤〉而來，亦即由陰陽之氣的往來所生，而往來都本於太極。他說：

> 須知凡來皆自太極而來，凡往皆謂其外出。故執卦變卦綜者誤也。蓋此來往字，皆說卦體方成，陰陽摩盪之妙，非說此一卦成體之後也。若其體既成，則確不可易，安能割彼卦之爻，安于此卦，如後儒卦變之說乎？〔註71〕

> 漢儒之有卦變圖也，只因象辭中，每說往來上下內外終始，不解其

〔註69〕《周易函書・約存・原卦約》，頁43。
〔註70〕《周易函書・約存・原卦約》，頁44。
〔註71〕《周易函書・別集・易學須知》，卷二，頁832。

故，誤認爲卦變耳，不知往來上下八字是說於初成卦時陰陽二用摩盪之妙。因九用於六，九遂爲主於卦中，而稱之爲男；六用於九，六遂爲主於卦中，而稱之爲女。聖人教人觀象以審擇主爻，故擇其所用之一爻，觀其往來上下於卦中，遂有往來上下內外終始之說。〔註72〕

「往來上下八字」是就「卦體方成」說，也就是指卦正在形成的過程，然漢儒於卦變方面對於此八字的了解是執著於「成體之後」，即卦已形成之後。換句話說，漢儒是以某一已成之卦去變化出新的卦。若依這樣的思路，卦既已形成，又如何去變化出另一卦呢？如勉強爲之，就是「割彼卦之爻，安于此卦」。故漢儒是只著眼於卦之成而未見卦之如何生起。因而胡煦批評說：「夫卦綜卦變皆說向已成卦體之後，豈有兩人之體可以剜肉相易者乎？」〔註73〕相對而言，胡煦以〈乾〉〈坤〉之用九用六相交而生成諸卦來說明諸卦的產生，則顯得一貫。胡煦的理論得到牟先生的認可，他說：

這是胡氏的生成哲學之總觀點，其所以異於卦變之說者亦在此。其所以批駁卦變之說爲剜肉相易者亦在此。他是根本從生成上看，他的主要職務在解析物時位之形成。卦變是說向已成卦體之後，故其變爲假變爲亂變與事實之眞相無關也。〔註74〕

胡煦能以「主爻體卦說」爲總原則而解通全經，其餘諸關係，皆可在此原則之統屬下而得其解；然而漢《易》之卦變不能也。……漢《易》之卦變，即是胡焦二人所有的諸關係，如往來交易等；但它沒有一個總原則爲根據以貫通之，所以顯得無理可尋。它的卦變又不按一定的規則而變，所以顯得全是假變。在具體世界，變即是變；但在卦畫中，則似乎當有一定的合理規則爲準。〔註75〕

漢儒所關注的對象是具體世界，卦變反映了事物變動生成的情形。因卦變是「向已成卦體之後」，沒有一定的演變原則，故爲假變。至於胡煦，他的體卦主爻說提供了卦變一貫的原則，故爲眞變。

此外，胡煦運用了體用的範疇來詮釋卦變，賦與卦變超越的意義。他以

〔註72〕 《周易函書·別集·易學須知》，卷二，頁834。
〔註73〕 《周易函書·約存·原爻約》，頁69。
〔註74〕 《全集1·周義》，頁255。
〔註75〕 《全集1·周義》，頁104。

〈乾〉〈坤〉爲體，六十二卦爲用，由體去開用，由用而顯體。故其卦變說有一形上的保障，而在演變上也有其必然性。漢儒的卦變因著眼於經驗世界，故其原則只有概然性。許朝陽說：「『體卦主爻』是一存有論式地卦變，由乾坤兩體卦之用九用六可顯示出一生生不息之創健過程，這是眞變。以六十四卦爲一有機整體，其中任何卦爻皆可與其餘卦爻旁通，但這種變化只能呈示『旁通』的整體觀，卻不能善巧地表達創健的過程，這是假變。」〔註76〕對於眞變與假變作了極爲深刻的反省。

第三節　互　體

一、半　象

　　所謂「半象」，即由兩爻構成一卦，也可謂由兩爻互體成一卦。〔註77〕
　　〈需〉九二：「小有言。」注云：「大壯，震爲言，兌爲口，四之五，震象半見，故『小有言』。」據卦變說，〈需〉自〈大壯〉來。〈大壯〉上〈震〉下〈乾〉，三至五爻互體成〈兌〉。〈大壯〉之四五兩爻互易其位，則成上〈坎〉下〈乾〉之〈需〉。〈需〉之五上兩爻，構成了〈震〉卦的半象。又，〈小畜·象〉：「密云不雨。」注云：「密，小也。兌爲密，需坎升天爲云，墜地稱雨。上變爲陽，坎象半見，故『密云不雨，上往也』。」據卦變說，〈小畜〉自〈需〉來。〈需〉之上六變爲上九即成〈小畜〉。〈小畜〉之四五兩爻，構成了〈坎〉卦的半象。〔註78〕
　　李銳曰：「復象注云：『先王謂乾初』。是一爻稱乾也。晉象注云：『君子謂觀乾』。觀乾即臨乾。是兩爻稱乾也。……於算術三分之一爲少半，三分之二爲大半。是一爻二爻皆得稱半。緣六子之卦，一爻不足以見象，故以兩爻爲半象。」〔註79〕乾坤中的爻因皆屬同一類，故不論是取一爻或二爻爲半象，都能成立。然六子卦因卦中陰陽爻雜處，若取一爻則爲純陽或純陰，此不足

〔註76〕《胡煦易學研究》，〈第三章　胡煦論易卦源流及其體用交變關係〉，頁145。
〔註77〕牟宗三先生在「半象」之項前原有「卦氣」（頁90～91）此項，然因其內容著墨不多，觀點也不特別，故不討論。關於虞翻的卦氣理論的概貌，詳參《周易虞氏學》，〈第二章　集兩象數易之大成的虞氏易學〉，頁69～78。
〔註78〕二注分參《周易集解》，卷二、卷三，頁48、66。
〔註79〕《周易虞氏略例》，頁32。

以見象，故須取二爻爲半象。〔註80〕

二、體

　　牟先生根據李銳《周易虞氏略例》之載而分虞氏互體爲：三才之卦、六畫之卦、體與半象合三大類。

（一）三才之卦

　　這是指由二至四、三至五爻互得一三畫之卦。如：〈乾‧彖〉：「云行雨施。」注云：「已成既濟，上坎爲云，下坎爲雨。」〔註81〕〈乾〉之〈坤〉成兩〈坎〉，爲〈既濟〉。〈既濟〉爲上〈坎〉下〈離〉，「下坎」者言二至四互體成〈坎〉。這是以二至四來體一卦。又，〈乾〉九五：「飛龍在天。」注云：「謂四已變則五體離，離爲飛。」〔註82〕〈乾〉九四變則爲陰爻，則三至五互體成〈離〉。這是以三至五來體一卦。

（二）六畫之卦

　　這是指由五爻或四爻來互得一六畫之卦。

　　五爻者是以初至五、二至上五爻來互得一卦。如：〈蒙〉：「匪我求童蒙，童蒙求我。」注云：「二體師象。」〈蒙〉爲上〈艮〉下〈坎〉，初至三爲〈坎〉，三至五爻互體成〈坤〉，則成上〈坤〉下〈坎〉之〈師〉。這是以初至五來體一卦。又，〈蒙‧彖〉：「蒙以養正。」注云：「體頤，故養。」〈蒙〉二至四互體成〈震〉，四至上爲〈艮〉，上〈艮〉下〈震〉成〈頤〉。這是以二至上來體一卦。〔註83〕

　　四爻者是以初至四、二至五、三至上四爻來互得一卦。如：〈小畜‧象〉：「君子以懿文德。」注云：「初至四體夬，爲書契。」〈小畜〉爲上〈巽〉下〈乾〉，初至三爲〈乾〉，二至四互體成〈兌〉，上〈兌〉下〈乾〉則成〈夬〉。這是以初至四來體一卦。又，〈師‧大象〉：「君子以容民畜眾。」注云：「五變執言時，有頤養象，故以容民畜眾矣。」〈師〉之五爻變爲陽爻，故二至四互體成〈震〉，三至五互體成〈艮〉。這是以二至五來體一卦。又，〈泰〉九三：「無往不復。」注云：「從三至上，體復象。」〈泰〉爲上〈坤〉下〈乾〉，四

〔註80〕《全集1‧周義》，頁92。
〔註81〕《周易集解》，卷一，頁4。
〔註82〕《周易集解》，卷一，頁3。
〔註83〕〈蒙〉二注分見《周易集解》，卷二，頁43、44。

至上爲〈坤〉，三至五爻互體成〈震〉，上〈坤〉下〈震〉則成〈復〉。這是以三至上來體一卦。〔註84〕

（三）體與半象合

這是指由半象與互體結合而成一卦。此類例子頗多，如〈需‧象〉：「君子以飲食宴樂。」注云：「二失位變，體噬嗑，爲食。」〈需〉爲上〈坎〉下〈乾〉，〈需〉三至五互體成〈離〉，二爻變爲陰，則初二〈震〉象半見，上〈離〉下〈震〉則成〈噬嗑〉。又，〈同人〉九四：「乘其墉，弗克攻。」注云：「變而承五，體訟。乾剛在上，故弗克攻則吉也。」〈同人〉爲上〈乾〉下〈離〉，其九四爻變爲陰爻，則二至四互體成〈坎〉，五上〈乾〉象半見，上〈乾〉下〈坎〉則成〈訟〉。〔註85〕

由互體來論，牟先生認爲它表現了世界既一且多的現象，他說：「於一卦可包含很多可能的互體，很多可能的半象。這樣看成爲此，那樣看成爲彼。這即是具體世界中既一且多的現象。自其整處看則爲一；自其部分看則爲多。自其實現處看則爲一；自其可能處看則爲多。一多問題，由卦中之互體顯示出。」〔註86〕

三、四時象具

根據李銳的說法，「四時象具」是指「凡卦有六位：初至三爲一象，四至上爲一象，二至四爲一象，三至五爲一象，凡有四象。此四象中備有坎、離、震、兌者，謂之四時象具。」〔註87〕換言之，即一卦具〈坎〉、〈離〉、〈震〉、〈兌〉四卦。

〈乾‧文言〉曰：「後天而而奉天時。」注云：「乾三之坤初成震，震爲『後』也。震春兌秋，坎冬離夏，四時象具，故『後天而奉天時』，謂承天時行順也。」李道平疏曰：「初息震爲春，二息兌爲秋，成既濟定坎爲冬，離爲夏，是四時之象皆具矣。」〔註88〕乾三之坤初成〈震〉，陽息至二爲〈兌〉。〈乾〉之二、四、上爻之位不正，依虞翻「成既濟定」之說，皆應令其變而之正，

〔註84〕各卦虞注分見《周易集解》，卷三、卷四，頁67、57、78。
〔註85〕二注分見《周易集解》，卷二、卷四，頁48、87。
〔註86〕《全集1‧周義》，頁93。
〔註87〕《周易虞氏略例》，頁39。
〔註88〕《周易集解纂疏》，卷一，頁66。

使其當位。變後則成上〈坎〉下〈離〉之〈既濟〉。於是〈震〉春〈兌〉秋〈坎〉冬〈離〉夏，四時象具。又，〈大有・象〉曰：「應乎天而時行。」注云：「謂五以日應乾而行於天也。『時』謂四時也。大有亨比，初動成震爲春，至二兌爲秋，至三離爲夏，坎爲冬，故曰『時行』。」李道平疏曰：「……『大有亨比』者，『亨』當作通，言旁通於比也。……言大有旁通於比。比初動成震。震，東方卦爲春。息至二爲兌。『兌，正秋也』。至三互離，南方之卦爲夏。體坎，北方之卦爲冬。故曰『時行』。」〔註89〕虞翻以〈大有〉旁通〈比〉，〈比〉上〈坎〉下〈坤〉，其初爻變則成〈震〉，變至二則成〈兌〉，變至三與四五互體成〈離〉，上卦爲〈坎〉，是「四時象具」。

　　牟先生視「四時象具」爲互體之一種，他認爲「四時象者，皆由互或變而成者也。即此爻既可爲震春之象又可爲兌秋之象也。並且也可知一個複雜的整體中能含蘊很多其他簡單的互體。並且就因此好多互體之變樣而解析經文，就其變樣所顯示的意義而解析一切現象。」以互體來解析世界，這是有感於原有卦爻象徵性的不足。此因卦爻象是固定的，世界是變動的，欲以固定的卦爻象呈顯出一直遷變的萬象，二者存在如何相應的困難。牟先生認爲半象、互體、四時象具（牟視三者爲互體）能擔負這職責。以半象而論，它能表象世界變化的情形。此因半象是尚未完成之象，亦即正處於變與發展的象，如「＝」既可表示〈乾〉半象，又能表示〈巽〉半象或〈兌〉半象。換言之，凡卦中有「＝」者，實隱含其他發展的動能。此與世界瞬息萬變的情況相似，故二者可相參合看。〔註90〕再者，爻在互的過程中，它要互成什麼卦不是預定的，此與某一事物未預定要發展成何種事物的情形是一樣的。以如此的角度解釋互體，其實也和《周易》變易的精神相呼應。

〔註89〕《周易集解纂疏》，卷三，頁188。
〔註90〕另參《兩漢易學史》，〈第五章　後期注經派象數易家〉，頁226～227。

第七章　牟宗三先生「漢易之綜結與評價」述評

第一節　根本關係與互體、卦變的討論

　　對於漢易，牟宗三先生以三點來綜結漢易，其中首點為後兩點的基礎。他說：

1. 京房之「世」、「應」、「飛」、「伏」與荀爽之「據」、「承」、「乘」、「征」等根本關係，由此等根本關係可以建設起時序與方位，換言之即能構造成時間與空間。

2. 卦中之互體，即表象世界「事體」（atomicfacts）之結構與變遷及其多元性。實說來，這些互體也不過就是那些根本關係所結成。

3. 即他們所謂卦氣爻辰消息等宇宙論的諸規律之配合是也。這種大宇宙公式，乃仍是建基於上兩點之上的；換言之，乃是上兩點之放大與擴展。此點即是由根本關係與互體為根本基礎而建設的時間與空間，並且也即這樣建設起來的時間與空間始與事實之生成相配合。〔註1〕

　　以上三點牟先生視為漢《易》的中心點與精華，此三點他在其他地方又再說明，即：1 陰陽間的根本關係，2 互體之結聚或變化，3 互體間的聯絡。且此三點特別顯示了條理的思想。〔註2〕

　　以上牟先生所提的各別兩處的三點，筆者就結合而論。筆者認為它們展

〔註1〕　《全集1・周義》，頁97。
〔註2〕　參《全集1・周義》，頁96、106。

現以下的意義：

1. 無論是京房的「世」、「應」、「飛」、「伏」，或是荀爽的「據」、「承」、「乘」、「征」等，皆能以之建設起時序與方位，即構造時間與空間。京房的「世」有主從之爻，主者一，餘者爲從。有「世」即有「應」，「應」爲往而應，它繫屬於主從關係之從。由「世」中之爻的變化即顯出時間，故能建構起時間。「飛」、「伏」相對而言，所謂「飛」顯則「伏」隱。「飛」顯之時則爲一「世」之形成。「飛」中含「伏」，以成將來之「飛」。故這「世」可伏未來之「世」。「飛」顯之前爲「伏」，故這「世」含過去之「世」。於是過去、現在、未來因「飛」、「伏」而成，即由之構造時間。荀爽的「據」指陽據陰，陽性創進不已，陰性靜而終成，故陽必據陰方有定形，方有空間性。且陰有尾無首，故須陽據以爲首。「承」爲陰承陽，陰承陽方能時行、不息。陽有首無尾，無陰承則不能有形可施用。「乘」爲陰乘陽，陰乘陽同時陰要承陽，因不承陽則陰無首，此時陽就有空間性。由陽據陰，陰承陽，陰再乘陽，陽又據陰，則「據」、「承」、「乘」組成了繼續，如此能生生不息。「征」由「承」引申而出，陰往而承陽則爲征吉。反之，征凶。「據」、「承」、「乘」、「征」談的是爻與爻之間的關係，爻是時位合一的，故由此四者可構造時空。〔註3〕對於時空的說明，易學家是以爻與爻，或卦與卦之間的關係去建構，而爻就是表象時空最基本的單位。因爻由陰或陽構成，故京房與荀爽所論可歸結爲 1 陰陽間的根本關係。

2. 「互體之結聚或變化，表象的是世界『事體』（atomicfacts）之結構與變遷及其多元性。」這是說互體在互的動態過程中，此時正不斷變化，尚未構成一穩定的卦象，這情形就類似具體世界中正在變遷的事物。一旦互體構成，此穩定結構就類似某一事物的內在結構。不同的互體，即呈現出不同的事物，這就是事物的多元性。又，「實說來，這些互體也不過就是那些根本關係所結成。」此點說得很簡略，語義不夠清楚，嘗試論之。互體中的爻，變化時有無限的可能，然它們在變化之前要先有一原始的卦爲根本。此一原始的卦中之爻與爻的關係有「世」、「應」、「飛」、「伏」或「據」、「承」、「乘」、「征」等根本關係，故云互體由這些根本關係結成。

3. 卦氣爻辰消息等宇宙論的諸規律之配合爲大宇宙公式，即爲「宇宙論上的原則」。大宇宙公式立基於根本關係與互體，這是說由「世」、「應」、「據」、

〔註3〕 分別詳參《全集1‧周義》，頁36～38、63～66。

「承」等及互體去探討宇宙的生成。而互體間的聯絡,它們的生成變化,則以卦變來解釋。

以上關於漢易綜結的三點,首點牟先生未再深入探討,2 及 3 點則藉方申(1787～1840)〔註4〕的《方氏易學五書》(案:此五書爲《諸家易象別錄》、《虞氏易象彙編》、《周易卦象集證》、《周易互體詳述》、《周易卦變舉要》,五書各爲一卷,共五卷),進一步討論了互體與卦變。以下先論互體,再及卦變。

一、凸顯互體與卦變

(一)互體的種類與意義

方申在《易學五書》的《周易互體詳述・自序》中將漢人的互體分成九例。

1. 鄭氏〈蒙・象〉注云:「互體震。」此二三四三畫互卦之法也。
2. 鄭氏觀〈觀・象〉注云:「互體有艮。」此三四五畫互卦之法也。
3. 虞氏〈大畜〉九三爻注云:「謂二已變,二至五體師象。」此中四畫互體之法也。
4. 虞氏〈蠱〉六四爻注云:「四陰體大過,本末弱。」此下四畫互卦之法也。
5. 虞象〈大畜〉六五爻注云:「三至上,體頤象。」此上四畫互卦之法也。
6. 虞氏〈豫・象〉注云:「初至五,體比象。」此下五畫互卦之法也。
7. 虞象〈蒙・象〉注云:「二至上有頤養象。」此上五畫互卦之法也。
8. 虞氏〈需〉九二爻注云:「大壯震爲言,四之五震象半見。」此兩畫互卦之法也。
9. 鄭氏〈賁〉六四爻注云:「六四巽爻也。」此一畫互卦之法也。

〔註4〕 方申,字端齋,本姓申,後與舅父爲子,因從舅姓方,江蘇儀徵人。少孤,不治舉子業,年過四十,始應童子試。道光中,以經解補縣學生。方申通曉《周易》,尤精於虞氏易。以上方申生平參自張其成主編:《易學大辭典》,頁1113。方申的《方氏易學五書》收錄於清光緒戊子年(1888)出版的江陰《南菁書院叢書》,第 7 集,第 3 冊,頁 633～665。

〔註5〕

　　方申所言的互體共有九例，其中 1 和 2 例是標準的互體，其餘諸例可說是將互體擴大而言。然如此的劃分，未知其根據何在，且其中有曲解說明的，如 8 和 9 例。牟先生依據方申的劃分，又將互體歸納為五例：

1. 一畫互，即爻體是，只能互成八卦，64 卦中皆有所互（案：由 9 來）；

2. 二畫互，即半象是，只能互成八卦，64 卦中皆有所互（案：由 8 來）；

3. 三畫互，即互成完全的整體是，只能互成八卦，64 卦中皆有所互（案：由以上 1、2 例來）；

4. 四畫互，即互不完全的六畫卦是也，不只互成八卦，64 卦中皆有所互（案：由以上 3、4、5 例來）；

5. 五畫互，亦為互不完全的六畫卦是，不只互成八卦，64 卦中皆有所互（案：由以上 6、7 例來）。

　　從這些互體中，牟先生又歸納出九點結論：

1. 以陰陽爲根本元素（ultimate elements），或名之曰 "actual entity" 即「物實」是，每一物實是一過程（process）而具著原子統一性（atomic unity）。謂其爲過程者，言其只是動的用的生成的者也；謂其爲原子統一性者，言其自成一整體有始終有微盛有究極而爲有限之統一體者也。言其爲過程，言其繼續性也；言其爲原子統一體，言其跳躍性也。故陰陽不是兩個相反的絕對的自我獨立體，而只是生成的形相。

　　案：此是藉懷德海「原子統一體」、「原子過程」（atomic process）的理論來解析陰陽。懷氏認爲構成現實世界的基本單位的「實際事物」（actual entity，即物實），它們的存在是由其歷程（process）所昭顯。任一物實具有原子統一性，這是指它們一方面各自爲一獨立性質的原子，另一方面要由其生成發展過程去認識它們。〔註6〕換言之，每一存在的物實，都必會出現不同的流轉遷

〔註5〕　《周易互體詳述・自序》，頁 633。

〔註6〕　牟宗三先生在解釋胡煦「初二三四五上」六爻的意義時說：「故初上即是始終微盛之生成界限，……。此純是解析物事之構成的。此如懷氏所謂『原子統一體』（atomic unity）或『原子過程』（atomic process）相似。即每一物事是一原子式的細胞（cell）；但解析它，知道它，只能如一過程或流轉而知之解

移的現象。若沒有，則爲一死物。互體的存在情況亦類同。互體之卦爻不外陰或陽，故稱「以陰陽爲根本元素」。互體在完成互的過程之後，自身就構成某一卦或某些卦。某一卦或某些卦就是一「原子統一體」。而互體的意義要從它互的過程中去凸顯其意義，它有一發展歷程可尋，這就是它的「原子過程」。

　　2. 物實間的根本關係「感」（feeling），由「感」而有結聚（nexus），
　　　　每一結聚是一整體。

　　案：「實際事物」爲了實現各種主觀目的，會積極攝受某些元素，使之成爲它的結構，此即感受。因爲感受之故，使得許多元素加入某「實際事物」，於是眾多元素集合成一統一體，即結聚（nexus）。不同的元素其性質亦相異，然大類可歸結爲陰與陽。陰陽性質本相斥，然因「感」而相互吸引。各種各樣的「感」就造成各種型態的陰陽的結合，亦即產生了各種結聚。

　　3.「互體」也是由感而成的。每一「互體」也是一個「結聚」。

　　案：「互體」由陰陽爻組成，陰陽之所以結合爲一體乃因「感」而成。每一「互體」爲一複雜的統一體。

　　4. 以爻體，即一畫互，爲簡單的結聚（simple nexus），或者說下層
　　　　結聚（basic nexus）。其決定此互體者，爲此互體之主座（seat）
　　　　或焦點或主宰原素（dominant element），以此主宰原素所居之時
　　　　位（space-time）　而定其互體之爲何。但可能性小，而概然性大。

　　案：爻體是根據一爻來解說卦，但成爲互體的可能性小。

　　5. 以半象，則二畫互，爲較複雜的結聚，其互體之實現底可能性更
　　　　大一點。它也有其所以成爲互體者之主宰原素。

　　6. 以三畫爲互者，雖在六畫卦中，然也可名之曰實現的完全結聚。

　　7. 以四五畫爲互者，可以名之曰不實現的不完全的較複雜的結聚。
　　　　故仍爲概然，而非實然。

　　案：一畫、二畫、四畫、五畫所互者爲非現實的不完全整體，亦即不可能成爲整體或卦體，即是非實現的完全整體。三畫可爲互，即可爲實現的完全整體。〔註7〕

　　之。即可以説：一方面是過程，一方面是原子；故合起來可名之曰『原子過程』。……胡氏之意亦然。初上即表示一個物事之原子細胞性；但解析它，它又是由生成而到的，故又是過程或流轉。」《全集1・周義》，頁257。

〔註7〕　《全集1・周義》，頁99。

8. 至六畫則不爲互，而成爲一實現的完全的結聚了。

9. 於是，從下層到上層，一層複雜起一層，一層實現一層，至六畫成爲最後的完全實現，於是此一過程，此一終始，即告一段落。並且這樣的層層實現，即能組成一個層級（hierarchy）。所謂最後者，乃只是此層級之最後形相，而非絕對的永遠的最後形態也。如是，故生生不息而無止境，步步向上，即步步實現。〔註8〕

案：六畫卦的卦象，構成了一層級。它較其他層（一至五畫互）複雜，內容亦較豐富。然它的卦象是暫存的，只是表示生成過程的一個段落，是終始，而非始終。換言之，它並非是永遠貞定不變的，蓋一貞定則無法表示變遷的世界，亦不符合變易的精神。就此而言，互體的互是一個不斷變化的過程，互體所成表示的是事物暫存的狀態。

以上這九點互體原則，牟先生名之爲「根本存在之範疇」（the categories of ultimate existence）。他認爲世界的形式、結構、關係，可以用這些範疇解析。且漢人之解易，以這些範疇，即全以爻的結構關係（即互體）來解之。此既是解《周易》，復爲解析現實事物的變化，蓋爻之互體結構即表象事實之結構的圖象。再者，每一互體之結聚，顯示了特殊的意義。每一結聚自成一內在關係，它與其他結聚構成外在關係。結聚與結聚若在一整體中（以整卦象之），則成一內在關係。結聚變，意義亦變。複雜的現象皆可由結聚象之。〔註9〕此以內在關係、外在關係解釋互體。一互體即爲一結聚，不同的互體即爲不同型態的結聚。每一互體自成一內在關係，每一互體與其他互體的關係即爲外在關係。若在一卦當中有一個或以上的互體，則各互體即成內在關係。

從上述論述可知，牟先生獨標互體，認爲互體可以解析世界，且漢人解經全依互體解之。揆其用意，是要強調互體解析變遷事物的特別作用。然這樣的論述略嫌疏略，須作更進一步的展示。且認爲漢人解易全以互體來解，更屬過言。

互體的原則既已提出，牟先生接著要探討如何將互體和實際事物連結起來。進一步說，如何將實際事物連結成網狀世界。而實際事物間的關係又爲何？牟先生在處理這些問題時，借用了方申的卦變觀點。

〔註8〕 《全集1‧周義》，頁99～101。
〔註9〕 《全集1‧周義》，頁101。

（二）卦變諸關係及其意義

方申於《周易卦變舉要・自序》中所言的卦變有六項：

1. 〈乾・文言〉云：「六爻發揮，旁通情也。」陸績注云：「乾六爻發揮變動，旁通於坤。」此「旁通」之法所由昉也。

2. 〈乾・文言〉又云：「反復其道。」〈復・象〉云：「反復其道。」此「反復」之法所由昉也。

3. 〈繫下〉第二章云：「易之以書契，蓋取諸夬。」虞注云：「履上下象易也。大壯、大過、夬，此三『蓋取』，直兩象上下相易，故俱言『易之』。」此「上下易」之法所由昉也。

4. 〈說卦〉第六章云：「然後能變化既成萬物也。」虞注云：「謂乾變而坤化。」此「變化」之法所由昉也。

5. 寒六四爻辭云：「往寒來連。」荀爽注云：「欲住之三，來還承五。」此「往來」之法所由昉也。

6. 〈乾・文言〉云：「雲行雨施，天下平也。」荀注云：「乾升于坤曰雲行，坤降于乾曰雨施。」此「升降」之法所由昉也。

此六種關係方氏又歸爲三種：

1. 是故六爻改易者爲「旁通」，一爻改易者爲「變化」，則「變化」可附於「旁通」焉。

2. 六爻移易者爲「反復」，一爻移易者爲「往來」，則「往來」可附於「反復」焉。

3. 六爻交易者爲「上下易」，一爻交易者爲「升降」，則「升降」可附於「上下易」焉。

由這三種關係又引出三個概念：

1. 京房《易傳》以八宮分統六十四卦，即以爻變之次第爲卦名之次第；故「變化」門內必兼及某宮第幾卦焉。

2. 〈繫上〉第十一章云：「往來不窮謂之通。」荀注云：「十二消息陰陽往來無窮已。」故「往來」門內，必兼及陰陽之「消息」焉。

3. 虞氏〈繫下〉第九章注云：「乾六爻二四上非正，坤六爻初三五非正。」荀氏〈坤・象傳〉注云：「乾二居坤五謂含，坤五居乾二爲宏，坤初居乾四爲光，乾四居坤初爲大也。」故「升降」門

內必兼及「當位」「不當位」焉。〔註10〕

由卦變中之諸關係，牟先生歸納出以下幾點意義：

1. 從「變化」或「旁通」中有「類」（class）的概念，即「宮屬說」是也；

2. 從「往來」或「反復」中，有「繼續底次序」（the order of continuity）之概念，即「消息貌」是也；

3. 從「升降」或「上下易」中有「正貞」與否底概念，即當不當時也。當者正者，其升降之目的即為達到，即因此升降而成為實現，成為定體，成為滿足而各正性命者也。

4. 於「類」或「宮屬」底概念中引出「非繼續」（noncontinuity）底概念；但其中也有「繼續」或「消息」性；是類中即包含「繼續」與「非繼續」之概念也。

5. 於消息中，每一消（陰長之卦）或一息（陽長之卦）即可當作是一個原子的統一性，或量子的整體，是「繼續」中亦有「非繼續」即「跳躍」之特性也。

6. 當不當或定不定底概念即是「繼續」與「非繼續」的標準，或說就是「站態」與「動態」的關鍵。定即貞即站即成而為一原子統一體，不定即動即流行即為一個過程而成為繼續。

7. 故由已貞定之體，到其他之貞體，是謂「轉變」（transaction）；其間的動流關係，過程顯示，即謂「繼續」。

8. 於是，無論是宮屬或消息，皆可以繼續與非繼續盡之。〔註11〕

以上八點，主要是要說明無論是宮屬或消息，皆能以「繼續」與「非繼續」解釋，而此二者的標準即是當不當或定不定。由1、4，「變化」或「旁通」中有「類」的概念，此因它兼及某宮某卦。某宮某卦即指京房將六十四卦依其特點加以分類統屬入八宮，於是八卦就分成八大類。既為八類，則屬於某一類的卦不能在他宮，只能在某一宮內依其規則進行變化。因此本宮的卦與他宮的卦的往來受限，不能自由聯繫，故為「非繼續」。由2、5，十二消息卦往來無窮，此為「繼續底次序」。就各消息卦單獨來看，其為貞定的一卦，這是「繼續」中有「非繼續」。由3、6，爻在「升降」的過程中，升降的爻各當其

〔註10〕以上皆引自《周易卦變舉要·自序》，頁648。
〔註11〕《全集1·周義》，頁105。

位，就成爲定、貞，這是「非繼續」；若不當位，就不定，即動即流行成一過程，成爲「繼續」。而由已貞定之體（卦）至其他之貞體，其間有一過程展現，即謂「繼續」。

上節言牟先生欲由卦變去聯結互體與實際事物，他點明卦變可溝通實際事物的關係，使實際事物連結成網狀世界。且卦變的三個原則：「變化」、「往來」、「升降」，可以解析世界，及表示互體間的關係。

至於特以卦變解釋互體，此因他將互體當作「本體論上的原則」，而將卦變當作「宇宙論上的原則」（cosmological principle），並藉用懷德海的範疇總綱稱卦變爲「解釋範疇」（categories of explanation）。依懷氏之意，「解釋範疇」用來解釋說明八個「存在範疇」，以及「存在範疇」彼此間的關係。而「存在範疇」是將一切存在事物加以分類成八類，如實際事物、永恆對象等。牟先生則以卦變爲「解釋互體或實體間的關係或生成變化之範疇」。因「存在範疇」與「解釋範疇」是相對應的，故有何種的互體論即有相應的卦變論。〔註 12〕進一步說，互體有本體論的意義，是就互體產生新卦而言。無論何種互體皆要立基於某一卦去互，在這一原本存在的某一卦中，互體經由互的過程得出新的卦體。就它在本卦之中產生新卦說，它是一本體。互體所成是一個個單獨的卦，雖然它可以不斷以互的作用，持續的產生新卦體，但各卦之間是獨立的。然世間事物不能獨存，必須相依相輔，而互體只能表示各卦或各別事物變化的情形，無法進一步去串聯各卦爲一整體，此時就須依卦變來溝通各卦，呈現各卦生成變化的情況。就此而言，卦變就成爲「解釋互體或實體間的關係或生成變化之範疇」，同時也具有宇宙論的意義。

第二節　通過漢易建構出一套宇宙論

牟宗三先生從漢易的研究中，歸結出三十二點宇宙論的觀點，此亦是漢易解析世界的原則。茲將這些觀點與《周義》書末〈最後的解析〉對照合論。〔註 13〕

1. 條理是自然界中的，人只有發見而解析之。

2. 自然就是經驗之所對，……只有一個自然界，經驗的自然界。

〔註 12〕《全集 1・周義》，頁 105。
〔註 13〕《全集 1・周義》，頁 455～467。

3. 自然界是生成的，我們所知的就是我們所知的。生成世界就是世界的真相。

4. 世界是可知的可解的；世界是是其所是的。

5. 世界是以陰陽為實體（actual entity）為最後的原素。

6. 陰陽間的根本關係是「感」。

7. 由感而成結構成結聚成互體實體。

8. 陰陽的內在品德由關係顯示之，關係是根本的存在。

9. 由關係而世界成網狀，人們解析之。

案：5 至 9 點主要論述陰陽。實際事物（actual entity）為經驗世界最基本的存在，所有實際事物皆可分為陰或陽兩大類，而由陰陽間的關係與作用即可了解實際事物的關係與作用。故推論至最後陰陽為根本原素。至於「感」，既是陰陽，復為實際事物間的根本關係。由感而有其他關係或作用的產生，如此方可解析世界。

10. 爻是表象作為實體的陰陽的符號。

11. 卦是表象由實體而結成的整體的圖象。

12. 卦是表象一個整體之生成的始終微盛。

13. 一個卦象表象一個整體。

14. 一個整體中有無數的小整體。無數的小整體，由卦象中的互體表象之。

15. 互體是世界的變化之多元性的顯示，其情形卦象表象之。

16. 互體間的根本關係，是旁通，是升降，是往來。由此等關係，世界鈎連於一起。

17. 互體是本體論上的範疇，往來升降是宇宙論上的範疇。由此而世界的生成變化乃可能。

案：14 至 17 言互體。互體是本體論上的原則。一卦中有無數的小整體，即有許多的發展及變化，此可以互體中的爻體、半象等象之。互體自一至五皆有所互，表示了世界的變化是多元的。旁通、反復、升降是宇宙論上的原則，它們是實際事物的空間、時間、征應關係。旁通中有「類」的概念，由「類」引出「非繼續」，此即有定形，具空間性。反復中有「繼續底次序」的概念，繼續則不定、流行，就具有時間性。升降追求的是當位，當位則吉，而征應所欲求的是往而應的吉的結果。

18. 由陰陽間的根本關係「感」而有「據」「承」「乘」的三根本關係。陰陽之性與陰陽之名，就由此等關係而起。如是，陰陽只是事實間的關係之顯示。

19. 事實是一種，而變化則多元。即一者其性而多者其量也。陰陽不是兩個相反對的絕對東西，故不能說是陰陽二元。

20. 由「據」，「承」，「乘」三關係，組成一個繼續的系列。時間與空間由此顯。

案：18、20點中「據」，「承」，「乘」三關係為「派生關係」。這是說陽性躁進，陰性方靜，陽據陰方有定形，或空間化。又，陰承陽方能時行創進有新奇。而陰乘陽又承陽，則陽有尾陰有首，於是由此三者（1）構成了繼續的系列，（2）構成了時空，（3）物有定形。

又，牟先生由荀爽（原則（1）、（2））與京房所論（原則（3）、（4）、（5））去建構「生成實現之原則」，此中共有五原則：

（1）原則征、應、求。牟先生以此三者和「據」，「承」，「乘」相提並論。凡爻往而應之為征，往而求之為求，往而有應為應。此三者皆欲往而與他爻發生據、承、乘的關係，以求有成。

（2）原則貞或中。貞為正定而實現，貞時不須往應。這項由原則（1）可得。換言之，貞雖是貞定的，但它由不正之正的過程中，它可能貞屬，故必須有所據、承、乘方可。

（3）原則「世」。這項由原則（2）可得。蓋貞定之時即為一實現體，亦即「世」。每一「世」為一個貞定，一「世」即為一層。一卦可有六世，故一卦可有六層。

（4）原則「飛」。「飛」為「世」中所顯現的爻。

（5）原則「伏」。「伏」與「飛」相對，蓋「飛」顯則「伏」隱。然「伏」不永隱，它可成將來之「飛」。

21. 時間與空間是自然事實生成的條理，是生成之顯示。時空是派生的，由事實的生成而派生出。

22. 時空與事實之生成的情勢是相融洽的。故時序之天干地支，即表象氣候之情勢；空間之方位即表象事實所生成的情勢之所在。

23. 空時是合一的，此種合一由卦象表象之。故有時，位，卦——即卦氣說——之配合。

24. 此種生成的空時合一，是有節奏的。故有爻，辰，律之配合。

25. 干支，律呂，24 節，72 候，以及爻辰，皆是表象事實之情勢的，即用之以記取事實之顯示的，記取在特殊空時格內的事實之情勢。

案：23 至 25 點，卦氣說，爻，辰，律之配合等為一個大宇宙公式，其表象者為一歲的時序的盛衰。而大宇宙公式是由小宇宙公式推論擴大而來的。這是指每一個實際事物都有始、壯、究的生成過程，而三畫卦即為始、壯、究的表示。故三畫卦可表象一實際事物的始、壯、究，三畫卦即為小宇宙公式。總之，小宇宙公式與大宇宙公式所表象皆是針對對象的始、壯、究而言。

26. 故根本是事實。事實之情勢，規定空時而與空時合一。空時是事實間的關係。

27. 一個物是陰陽的始終微盛之原子統一體。物空時是陰陽生成間的結構或關係。

28. 世界的秩序條理，即是這些關係，是自然生成的……。

29. 這種世界觀，是有機有神而有節奏的。

30. 這種世界，是有意謂而可理解的，且以為這都是自然的都是真實的。

31. 這種世界觀是天人合一的，……乃是根本的中立的自然之生成。

32. 總之這種思想是：(a) 注目於自然界；(b) 自然界是有條理的；(c) 天人合一；(d) 世界之可理解；(e) 事實之生成觀，一切皆由之而派生出。〔註14〕

第三節　建構與發揮漢易的象論

牟宗三先生在析論虞翻的《易》學內容時，認為由漢易的象能夠成立知識。由此他就建構與發揮漢易的象論，他說：

漢《易》的總觀點是在「象」字。……「象」是解說世界所用的方法。漢《易》把握住這個「象」字，以解析經文，這也是原於《周易》。即沒有「象」不能有所解說，也不能有知識。……漢《易》之「象」是繼承了《周易》之方法論的，推廣地說，是發展了《周易》

<hr>

〔註14〕《全集 1・周義》，頁 108～111。

中所啓示的知識論的。……卦爻之「象」只可說是「符號」或「圖
象」，與《周易》中所用的「象」意義不同……。〔註15〕

如此的觀點尚見於《周義·導言》A7 至 A9，B4 至 B7 及同書〈II 晉宋的佛老
影響下之易學·王弼的易觀〉，〈自序二〉（頁（15）～（17））。茲據此數部份
來綜論牟先生對於漢《易》的象的看法。

一、「彖」與「象」的作用及《周易》中「象」的涵義

（一）「彖」與「象」的作用

　　牟宗三先生於《周義·導言》中，依次探討了〈序卦〉、〈雜卦〉、〈文言〉、
〈彖傳〉、〈象傳〉等《周易》的結構。對於前三者，他所論不多，然對〈彖
傳〉的「彖」，〈象傳〉的「象」則強調了它們建立知識的功能。兩者相較，「象」
的討論尤多。〔註16〕

　　牟先生認爲一卦有一卦的特殊表意，亦即這一卦的特殊品性。一個卦即
是一幅圖象，它表象一定的事實的結聚。結聚表示了一定的意義。結聚的意
義由某個圖象昭示。而〈象傳〉即負責解析此圖象所昭示的意義。

　　再者，他取「彖」爲「斷」之義，言「彖」爲斷一卦的「內在品德」，「象」
是徵一卦的「外在品德」。「彖」是「界說」或「定義」，「象」是徵其「暗示」、
「表徵」、「類推」。由「彖」可知一卦卦爻的特性，由「象」可由此已知的特
性暗示其他或類推其他，因而可藉「象」觸類旁通。〔註17〕

（二）《周易》中「象」的涵義

　　《易》特以象言，早在《左傳》中已有《易象》的記載，《左傳·昭公二
年》傳文載：

　　　　晉侯使韓宣子來聘，且告爲政，而來見，禮也。觀書於大史氏，見
　　　　《易象》與魯《春秋》，曰：「周禮盡在魯矣，吾乃今知周公之德與
　　　　周之所以王也。」

杜預注云：「《易象》，上下經之象辭。」孔疏云：「《易》文推演爻卦，象物而

〔註15〕《全集 1·周義》，頁 89。
〔註16〕可再詳參鄭炳碩：〈論牟宗三先生易學中的「象」〉，「儒學聯合論壇」，
　　　　http://www.yuandao.com，2005 年 9 月。（原發表於「第七屆當代新儒學國際
　　　　會議」，武漢，2005 年 9 月）
〔註17〕《全集 1·周義·導言》，頁 4～5。

爲之辭。故《易‧繫辭》云：『八卦成列，象在其中。』又云：『易者，象也。』是故謂之《易象》。」〔註18〕杜孔二人之言是從象的角度來統括《易》。就「易者，象也」言，其所取者爲現象之義，〈繫辭下〉說：「《易》者，象也；象也者，像也。」孔穎達釋云：「《易》卦者，寫萬物之形象。」又云：「『象也者，像此者也』，言象此物之形狀也。」〔註19〕此處以「象」來凸顯《周易》。《易》有卦象爻象之分，無論是六十四卦的卦象，或是三百八十四爻的爻象，其最初所象徵者皆爲萬物的具體的形象。除以卦爻象象徵萬物之象外，《周易》最重要的是在這些卦爻象中寄托人生的哲理，給予人臨事時的指引。

　　然牟先生對於《周易》中的象，特意凸顯其「取象」之義，「現象」之義僅略及。在〈自序二〉即反映此觀點，他說：

> 象之含義有三：（i）現象之「象」。此在《周易》中並無明白規定，近人稍知一二新名詞，遂以爲《周易》論象即現象論之象，殊屬皮相之至。（ii）方法上的取象之「象」，此爲《周易》中之本義。按此義即象徵類比之義。（iii）法象之「象」。此即垂象取法之義，與佛家之「法相」又不相同。蓋此義即由方法上的取象之象而引申出，故此義亦爲《周易》中所原有。

以上，牟先生分析出三種象的含義：現象之「象」、取象之「象」、法象之「象」。三者之中，他最重視具象徵類比之義的取象之「象」，並視爲《周易》中之本義。而法象之「象」，雖是《周易》所原有，但亦是由取象之「象」引申出來。換言之，它是可以附屬於取象之「象」之下。至於現象之「象」，只以「此在《周易》中並無明白規定」簡單帶過。

　　對於象徵，他有更進一步的說明，他說：

> 象有兩個意義。卦象、爻象是客觀地講，就是對著每一個卦每一個爻有一個象，這個象是圖象的象，英文是 picture。還有主觀講的象，就是象徵。象曰的象就是主觀地講，是象徵的意義。這是方法學上的一個詞語，象徵的方法就是取象的意思。取象來表示這個卦、這個爻的意義，取於天地間的自然現象，或者取于我們的社會現象，作類比、象徵、比喻以了解這個卦這個爻的特性。譬如，〈乾‧象傳〉曰：「天行健，君子以自強不息。」就是借「天行健」這個觀念説「君

〔註18〕 《十三經注疏‧春秋左傳正義》，卷四十二，頁718。
〔註19〕 《十三經注疏‧周易正義》，頁168、166。

子以自強不息」以象徵地表示乾卦的特性。〔註20〕
故〈大象〉、〈小象〉的「象曰」是主觀講的象徵的意思。它所取的象可分為具體的物象和抽象的事象兩種。

再者，他列舉了〈繫辭傳〉十餘處論象之言，完全不取「現象」之義，認為是「無一非取象之義，而於現象之義無與焉。」他說：

(i)「聖人設卦觀象，繫辭焉而明吉凶。」言藉卦以觀其所象，復繫之以辭以說明之。

(ii)「是故吉凶者，失得之象也。悔吝者，憂虞之象也。」言由失得憂虞可類知吉凶悔吝也，或曰吉凶悔吝乃失得憂虞之徵號。

(iii)「象者，言乎象者也。」言由象以說明所取之象也。

(iv)「成象之謂乾，效法之謂坤。」言由乾垂象而可為坤所效法也。

(v)「聖人有以見天下之賾，而擬諸其形容，象其物宜，是故謂之象。」此即「設卦觀象」之意。「象」之為類比象徵，於此最明。

(vi)「是故法象莫大乎天地，……縣象著明莫大乎日月。」此由類比而至效法。

(vii)「天垂象，見吉凶，聖人象之。」「易有四象，所以示也。」垂象示象，以至象之、則之，皆象徵取法之義。

(viii)「聖人立象以盡意，設卦以盡情偽。」言不盡意，由象而盡之。

(ix)「八卦成列，象在其中矣。」即「設卦觀象」之意。

(x)「夫乾，確然示人易矣；夫坤，隤然示人簡矣。爻也者，效此者也；象也者，像此者也。爻象動乎內，吉凶見乎外，功業見乎變，聖人之情見乎辭。」由示而象，由象而見。象徵類比，於此益明。

(xi)「於是始作八卦，以通神明之德，以類萬物之情。」無象無示，通與類皆不可能。以下十二「蓋取」，皆是此意。故總結象之重要與意義曰：

(xii)「是故《易》者象也，象也者像也。」言全部《周易》無非言

〔註20〕《全集31‧周易哲學演講錄》，〈第十講 在天成象，在地成形（〈繫辭‧上傳〉）第一章〉，頁68。

「象」，而「象」無非「像似」之意。「見乃謂之象，形乃謂之器。」此「見」即（x）條中「見乎外」，「見乎變」，「見乎辭」之「見」，非現象之「現」也。由某之為象即因某而見。有所見即有所象，有所象斯有是「器」。不但器物之作由於象，即知識之成亦由於「象」。設無「像似」「類比」之用，……吾人對外界之知識亦必至無所措手足矣。〔註21〕

此處牟先生極力的強調「象徵」之義，忽略了「現象」之義，這是因為他為了達到建構知識論的目的。若復查《周易》中「象」的涵義，可發現牟先生之論有所缺漏。就「現象」之義而論，它雖「在《周易》無明白的規定」，但此義原已包含在《周易》中。檢視牟先生所言之例，並非「無一非取象之義，而於現象之義無與焉。」就論及現象者就有：（vii）「天垂象，見吉凶，聖人象之。」「天垂象」的「象」是日月星辰等象，而非「象徵取法之義」。蓋天垂示這些象，示人以吉凶，聖人據之畫為卦爻象以象之。（xii）「見乃謂之象」，荀爽曰：「謂日月星辰，光見在天，而成象也。」〔註22〕此亦取現象之義。

因此，「《周易》中之本義」不是取象之「象」，而是現象之「象」。現象之「象」包含了具體和抽象的象，它是取象的基礎。這是說由現象，才有卦象和爻象的構成。若無現象，就不能去象徵類比，知識亦不能構成。故牟先生過於強調取象或象徵之義，對於象的認識是有所不足。

二、由「象」「象」建構知識論和價值論

牟宗三先生認為通過「象」「象」可建構出「實在論的知識論」，還可建構出「實在論的價值論」。

就前者言，他認為《周易》的內容可以表象實在的世界。他說：

……《周易》全是以「卦象」或「符號」來表象世界。卦象間的關係即是表示世界的關係；解說卦象即是表示吾人對於世界之知識。所以於此所見當有三義：

（i）以圖象表象世界；

（ii）圖象之關係表象世界之關係；

（iii）圖象之「解說」或「表徵」即表示吾人對於世界之知識。

〔註21〕《全集1‧周義‧自序二》，頁（15）～（17）。
〔註22〕《周易集解》，卷十四，頁349。

王興國認為這三點表示了a世界的關係；b圖象的關係；c解釋中的圖象關係。事實上，（a）是事實關係，（b）邏輯關係或邏輯命題之間的關係（c）是知識論命題之間的關係。三者之間，（a）必須由（b）表象，對（b）的解說構成了（c），（c）是（a）的表徵，（c）表示（a）。故人們由（c）去掌握（a）。〔註23〕如此就構成了他所謂的「實在論的知識論」，即以「象」「象」來界說或類推卦象所表象的世界之性德的知識論。這是說由「象」可知卦爻所表象的特體之性德；由「象」可得此特體之性德的普遍化、歸類化。此限於科學知識或邏輯世界而言。因《周易》對此無詳細發揮，故中國無知識論的建構。然由「象」以「材」以「斷」以「定」，由「象」以「示」以「告」以「像」，可以暗示出一種知識論來。

　　進一步說，知識之成立依賴於歸納與類推的原則。通過歸納，才能從許多事例中得出一普遍律則。接著，再將此普遍律則應用於其他事物上即類推。牟先生論及此二原則指出，世界所有的事物皆可象，彼此可互爲徵象。此即由某件事體可以象徵出其他事體，此事體即可作爲其他事體之符號。於是其他事體與代表此符號的事體發生連帶關係、相似關係。由相似關係，始能類推。有了類的概念，人們才能去歸類，知識才有普遍性。「象」與「象」就扮演了歸納與類推的角色。「象」根據以往的相似經驗，即象之作用，而有的現在的歸納。「象」是由「象」歸納的結果再去類推其他。故「象」是「象」的普遍化、歸類化，「象」是「象」的類推化、特殊化。欲理解世界，建立知識必須由「象」入手。〔註24〕

　　總之，牟先生認爲通過「象」與「象」，解析世界與成立知識始有可能。然在進一步探討時，牟反而著重於發揮「象」的功能與作用，「象」的部份所論不多。

〔註23〕 〈論牟宗三哲學中的易學研究〉，頁60。
〔註24〕 詳參《全集1‧周義》，頁123～128。

第八章 結 論

第一節 牟宗三先生詮釋漢易的成果

綜觀牟宗三先生的《易》學研究，是從研究象數入手，構造一套中國式的自然哲學，之後再逐漸回歸到儒家孔門的義理，發展出一套道德形上學。〔註1〕牟先生認爲自然哲學和道德形上學是《易經》原本就蘊含默示的學問，二者皆能自《易經》開出，開鍵在於所取徑之處爲何，牟先生說：

> 《易》之爲書，自其簡易精要者言之，則窮神知化，各正性命之學，上所謂稱體起用而言化育也。攝于道德形上學而爲宇宙論，則全體成用，全用即體。儒家于此而寄其崇高之理想。自其繁富之象數言，則天地之變，物理之奧，變化不經之現象之學也。此所謂自然哲學也（即物理學，牛頓時名物理學曰自然哲學）。攝于自然哲學而爲宇宙論，則循順知識之所窮究，而闡明自然現象之變化與法則。……兩者似相反而實相融。前者爲經，後者爲緯。經建其骨格，而緯橫織于其中以實之。〔註2〕

此說明對於《易》的體認與詮釋有儒家與象數兩種的進路，而皆各能發展出不同型態的宇宙論。而以儒家爲經，以象數之學爲緯，透露出重此輕彼的訊

〔註1〕 牟先生說：「我現在講《易傳》照孔門義理講，就是當道德形上學講。我年輕時候寫《易傳》那本書（《周易的自然哲學與道德函義》）是照自然哲學講，落在氣化講就是自然哲學。」《全集31‧周易哲學演講錄》，〈第十七講　中國式的自然哲學及西方 idealism 的三個系統〉，頁124。

〔註2〕 《全集25‧牟宗三先生早期文集（上）》，〈陰陽家與科學〉，頁354。

息。這也可從後來牟先生歸宗儒家，盛言德性主體，主張本體論與宇宙論通而爲一的本體宇宙論，視象數之學爲「教外別傳」可以證知。質言之，牟先生基本上肯定象數之學的價值，他說：

> 象數之學順《易》而觀天地之變，察物理之奧，亦隨而有一幅表象宇宙之圖象。雖其所陳，不免迂陋，措辭抒義，多所荒誕，然其對外之鑽研，則無可厚非也。雖不至乎科學，而若前進焉，則總有至乎科學之趨勢也。〔註3〕

此因象數之學中具有不少科學知識，故牟先生認爲此中即含有科學的基礎，由此可通往科學。

就漢人的象數《易》學言，牟先生首先探究漢易產生的思想背景，他認爲漢人的思想有其系統化，具體化，切實化的特性，天人感應觀即由此種特性而生。感應說之所以能建立，乃因宇宙條理、天人同情、天人合一三原則而來。通過對於董仲舒的學說的爬梳整理，吾人可知他確立了漢代學術的底色，由他所建構的一套融合天、氣、陰陽、五行等理論的氣化宇宙論的架構，深遠影響了漢易的發展。

接著，牟先生探討孟喜、京房、鄭玄、荀爽、虞翻之《易》說。

孟喜的《易》學傳世資科不多，基本上以卦氣說：四正卦說、十二消息卦說、六日七分說爲主。牟先生所論亦有限，只是讚揚卦氣說，以爲此說容納了時序氣候人事等一切配成一個大條理，表示了天人感應的理論。

至於京氏《易》，牟先生探討了世、應、飛、伏、建候、積算、互體之說，由此思及時間的構造。牟先生劃分時間爲「具體的時間」與「抽象的時間」，頗能啓發人對時間的認識。然而京房的易學資料數量眾多，牟先生只關注分析時間的種類以及構成問題，未及他的納甲、五行、音律等內容，在研究上，明顯有不足之處。

對於鄭玄之《易》學，牟先生先是對「易簡、變易、不易」解析。變易的是指氣，氣變的過程展現是由太極分化至兩儀，由兩儀分化至四象，而以七八九六之數象之。這樣的變是有條理的，可以數表之。自然界的變化亦可化約爲數，所謂「一切皆由數成」，也由此發現了數的形上意義。復次牟先生順著鄭玄的《易》學的解析提出了一卦的根本原理：「六位」公理、「三才」公理、「中」之公理、「當位」公理、「相應」公理。這也啓發人對於爻位的重

〔註3〕《全集25・牟宗三先生早期文集（上）》，〈陰陽家與科學〉，頁366。

新思考，當然也有必須檢討之處。接著他又解析據、承、乘說明物理世界之變遷及倫理世界的善惡正邪問題。就互體言，互體中的各爻相互依存而組成一個統一體。各爻一旦組成互體，就成為一暫時穩定的結構，而它的卦象也就能暫時代表了現實中的某個事物。因世界上的事物是不斷生成變化的，故卦象也一直改變。卦象變，依賴卦而存在的互體亦隨之改變。就爻辰律說，十二辰、十二律、十二爻完整的搭配，反映了漢代人的宇宙觀，亦即宇宙秩序與宇宙條理可經由爻辰律來掌握，牟先生於此指出十二律的形上學的意義。自然的氣化經由十二辰表示，十二律則相應這生成過程的波動與節奏。故十二律不只是音樂，而是「大樂與天地同和」。最後，牟先生以「宇宙論上的原則」和「本體論上的原則」來總括漢《易》，凸顯漢易研究的形上學意義。

　　至於荀爽之《易》學，牟先生探討了乾升坤降、終始、消息、據、承、乘、征、求、貞諸關係，特別藉由據、承、乘三者觀察自然界流轉的繼續與不繼續，時間與空間構成、定形之物相之形成的意義。據是陽據陰，因陽性流轉，沒有定常，陰性方靜，陽據陰則有定形，或說空間化，陰被陽據才能定形而呈現物相。承是陰承陽，陰承陽始能時行創造，有創造才有新奇，陰始不永靜。乘是陰乘陽同時陰亦要去承陽，始為無過。因為陽有首而無尾，必須以陰承為其尾；陰有尾無首，必須以陽據為其首。故陰乘陽時亦須同時陰承陽或陽據陰。而征或求，是發生據承乘之關係的優先條件。

　　在虞翻之《易》說中，牟先生探討了日月為易、日月在天成八卦、以日月所成之八卦配合五行、卦變等。對於虞氏的整體《易》學，牟先生多所反駁，評價不高。牟先生特別認為半象、互體、四時象具可以表象變遷的世界。

　　就漢易的綜結觀察，牟先生凸顯互體與卦變的意義，他由互體中得到啟示，看到了一多問題；卦變則展示它宇宙論的意義，即以為卦變表象世界的變化。復次，他由漢《易》建構出一套宇宙論或自然哲學。《易經》從象數卦爻結構去了解自然陰陽的變化，其所建構出來的一套就是中國式的自然哲學。〔註4〕每一爻代表一個時位，時位就是時間、空間。時位可說是爻的形式條件（formal condition），而此形式條件所表示的爻的質料就在爻本身的氣顯示出來。〔註5〕這也讓人了解漢代象數易所蘊含的超越心靈。此外，他還設法從漢《易》的象論中去建構出一套知識論，也頗有啟發性。

〔註4〕　《全集31・周易哲學演講錄》，頁11。
〔註5〕　《全集31・周易哲學演講錄》，頁42。

第二節　牟宗三先生的漢易詮釋與其他新儒家的比較

　　牟宗三先生在往後的學思歷程中已罕言漢易，也拋棄了由漢易去發掘中國的科學基礎的想法，漢易的研究對於他只有「過渡意義」，〔註6〕但他在漢易的研究上所取得的成果無疑較其他新儒家來得輝煌。此處的新儒家是就狹義的新儒家言，即牟先生的老師熊十力先生，以及他的友人唐君毅先生、徐復觀先生。

　　熊十力先生對於漢易的研究主要見諸《讀經示要》第三卷。在此卷中，他論述了漢《易》的特色，駁斥《易》之正傳、別傳的觀點，反對經在先秦分兩派之說，稱讚揚雄之作《太玄》，縱論《易緯》之三易及氣形質的內涵等問題。

　　進一步說，熊先生認為漢《易》多雜術數，而這些術數源自戰國。術數的內容包括了陰陽、五行、蓍龜、神僊、雜占、歷譜等有關方術的學問。《易》學之所以由單純的占卜，進而滲進了這些五花八門的內容，為的就是躲避秦朝的焚書坑儒。又，《易》之正傳是指田何傳給施讎、孟喜、梁邱賀等人的《易》學，此有主於義理，切近人事，不近術數的特色。而焦延壽、京房的《易》學，因講求陰陽術數，是為《易》之別傳。然這樣的區分其實是一種誤解，這也是熊先生所駁斥的。因為無論是正傳或別傳，都雜有術數。並且又駁斥廖平所說經在先秦已分為：孔子、周公二派之說。又，他稱讚揚雄的《太玄》能自成一家之言，與一般人的注疏之業不同。他也肯定《易緯》之價值，認為易之原始思想，多存於緯書中。

　　以上所論堪稱持平，比較特別的是熊先生在論述易之三義：易簡、變易、不易，以及太易的問題時，特以自己的體用哲學去析論。以易之三義言：

> 夫緯以三義言本體，其一曰，易者，言其德也。其三云不易，即謂其德性恒常，而不可易耳。周簡子云：「不易者，常體之名。」常體者，正以其德常也。其二云變易，則以本體備萬德，涵眾理，故顯為大用流行。（自注：譬如大海水，顯為眾漚。大海水，喻本體。眾

〔註6〕　顏炳罡說：「就牟宗三本人的思想轉進言，這部書具有過渡意義。他對《周易》的研究是其思辨和邏輯興趣的結果，而通過對《周易》的系統研究，又進一步激發了他的思辨邏輯興趣。……牟並未由此深入探討中國哲學中的記號邏輯，而是回歸到邏輯本身，對邏輯系統進行了長期卓有成效的研究。他的思想也就由直覺的解悟轉進到架構的思辨。」參《整合與重鑄》，〈第一章　生命與學思的雙向演進〉，頁53。

漚，喻大用或變易。）現似萬物，（自注：現似二字，吃緊。萬物無實自體，只依大用流行而爲之名耳）。變動不居，故謂之變易也。詳緯之三義，實以不易與變易二義，最爲重要。由體成用，是不易而變易。（如大海水，全成眾漚。）即用顯體，是於變易而見不易。（如於眾漚，而識其即是大海水。）〔註7〕

不易者爲體，變易者爲用。因體用不二之故，則由體顯用，由用見體，因而由不易而變易，從變易見不易。

　　同樣的詮釋觀點亦見於太易的說明，熊先生說：

按太易即太極之異名，非如之而已。未見氣者，蓋太易一名，乃剋指本體而目之，則只言其冲寂而已。

按太易冲寂，而非無作用也。作用盛大，但非如實物然，故以氣名之。氣者，氣勢，謂其勢用盛也。

其實，離氣不可得太易。譬如離眾漚，不可得大海水。若於氣而透悟其本體者（自注：本體謂太易）。則於氣，而直謂之太易，亦無不可。此乃即用見體之說也。〔註8〕

此以太易爲太極，即本體。太易爲本體，非無作用，其作用見諸其氣化的施用，這就是由體顯用。若欲透悟太易，可經由氣去了解，此即即用見體。

　　總之，熊先生所論牽涉廣泛，自成理路，可惜點到即止，未再深入。

　　唐君毅先生的漢易研究主要見諸《中國哲學原論・原道篇（二）》的〈漢代易學中之易道及其得失與流變〉。於此文中，他探討了漢《易》之融合的特質與中心問題，肯認所有象數易學家皆爲「漢易之正宗」，對漢易諸大家評議，分析漢《易》之二宗等。

　　就漢《易》之融合的特質與中心問題言，他說：

漢代之易學之本質，初乃一由卜筮以預知未來之興趣，與一般哲學科學之自然知識之興趣，道德倫理政治興趣之複合物。其中心問題，則爲如何依于當時之自然知識，配合于五行之系統，與《易經》所原有之八卦系統，而求形成一整個之自然宇宙觀，以明天道，再用之于人事，以趨吉避凶，得福免禍，而亦可合于公認之道德倫理政治之標準者。……其中所較缺乏者，爲純形上學的、純審美的、及

〔註7〕　《讀經示要》第三卷，頁922。
〔註8〕　《讀經示要》第三卷，頁923、926。

純重內心之道德修養的興趣。至于漢代《易》學家在求將當時之自
然知識，與《易經》思想相配合之問題中，則求曆法與樂律之知識，
與五行八卦之觀念，能相配合，又為其中心。〔註9〕
此說明漢代《易》學家所欲打造的是一個兼容並蓄、無所不包的《易》學新
系統。這樣的系統，初由卜筮的需要產生，再吸納了當時自然科學的知識，
以求曆法與樂律等知識，能和五行八卦等觀念相融合，進而可為政治服務。

再者，唐先生不同意皮錫瑞以施、孟、梁丘之《易》為易之正傳，唐氏
認為總體而言象數易為「漢易之正宗」。〔註10〕而對於漢易諸大家如孟喜、京
房等的理論，也能看出其價值與意義。傳統上，吾人使用象數與義理區分歷
代《易》學的異同，唐君毅不取這種內容的分法，而是從漢人解釋本卦時所
使用的不同的方法來辨別之。他認為中國《易》學之兩大分野，一為重在「以
本卦釋本卦」，代表者為費直，後為荀爽、鄭玄、王弼、程伊川、王船山所接
續；一是重在「以本卦所變通之卦釋本卦」，由孟喜肇始，後為京房、虞翻、
來知德、焦循所繼承。此二者之分，乃源自荀氏《易》與京氏《易》之不同。
推本就源，荀氏《易》源自費氏《易》，京氏《易》源自孟氏《易》，故二者
之分乃始於費氏《易》與孟氏《易》。

唐先生認為漢代的象數易頗值得肯定，他說：

漢《易》之貢獻，即可說在發現種種人之觀宇宙之種種方式或範疇。
凡漢《易》中所言之時、空、數、類、序以及萬物之「變化」，其變
化為「周流」，物類之變化依「次序」變，而不離其「元類」，一變
動必與其他之變動「相應」，物之存在有隱顯二面，二物之一部份，
可合成一物，物可化為其反對物，物之半象可暗示全象等，皆人可
普遍的應用于人所知之自然宇宙，以形成人之自然知識與思想之方
式範疇，而皆可容人之永加以應用，以求真理，而其自身中，皆不
包涵錯誤者也。其用之而導致錯誤，唯由于人用之之時兼限制其範
圍于特殊類之物中之故。如謂物有變，不錯，然謂某物必變為另一
物，則可錯。漢人為《易》學者，用此等等于占卜、于釋經，固恆
多有錯。然吾人如謂其《易》學之價值，在發現此諸方式範疇；而
不在其應用之之時之限制其範圍于某特殊類之物，則此漢代《易》

〔註9〕《中國哲學原論‧原道篇（二）》，頁293～294。
〔註10〕《中國哲學原論‧原道篇（二）》，頁290。

學，固于宇宙萬物之易道，大有所發明，而非先秦學者之只泛言觀

萬物與其變化，所能及者也。〔註11〕

漢《易》之貢獻在於使人能經由萬物之變化，以及物之隱顯的道理，去發現種種觀測宇宙之種種方式與思想範疇。然對於將「某物必變爲另一物」的道理，用於占卜、釋經，限制其範圍，唐先生則不以爲然。

縱觀唐文，他並不斤斤於剖析各家象數《易》學的內容，而是著重在抉發各家《易》學背後所蘊藏的哲學意涵。在論述時，他是舉各象數易學家的代表學說而論，並沒有對各家的學說作一全面性的探究。這樣的著眼點，其優點是有面的通觀，令人從繁複瑣碎的象數中解放出來，察見了漢代人了解世界的思維。唐先生對《易》學的研究，本來就是哲學的欣趣高於經學的探索。再加上他是以哲學史的角度去研究中國數千年的哲學，牽涉的層面頗爲寬廣，不可能每個層面都顧及，故只能舉其要者而言，如此，在局部上難免有無法周全之憾。

徐復觀先生對於漢易的研究主要見於《中國經學史的基礎》中的〈西漢經學史〉。在此文中，徐先生主要根據《漢書‧儒林傳》，並旁及《漢書‧藝文志》等相關材料，從五個角度去長篇論證與廓清西漢易學的傳承及傳承中的問題。〔註12〕這些問題是：1 易在漢那段以前的單線的傳承問題、2「言《易》者本之田何」及田何楊何的問題、3 師法問題、4 孟喜《易》與焦京《易》的傳承關係問題、5 費氏《易》的問題，徐復觀本諸他研究思想史時所常用的考據學的方法，探討了西漢易學的傳承問題。這些問題皆是人們習焉而未察的，徐先生不只一一疏釋，且糾正前人的錯誤，這其中也展現出他觀察敏銳、擅於爬梳、推論有據的特點。而以上所論並不涉及西漢易學家的易學內容，故他的研究是純屬於經學的研究。〔註13〕

比較這四位先生的研究，首先我們發現到熊先生對於漢易的研究是經學與哲學式的研究，熊先生所論較粗略，且又將漢易的哲學問題收入自己的體系之下，淹蓋了漢易哲學中重要的課題。而漢易對於唐先生只有思想史的意義，這是他處理中國哲學問題時所必須面對的。當他處理完這問題，則不再

〔註11〕《中國哲學原論‧原道篇（二）》，頁307。

〔註12〕《中國經學史的基礎》，頁80～105。

〔註13〕關於徐復觀經學研究的優缺點，可再詳參林慶彰：〈評徐復觀《中國經學史的基礎》〉，《漢學研究》，第1卷第1期，1983年6月，頁332～337。

回顧。徐先生的研究屬於經學的範圍，與牟先生哲學性的論述不同，茲不論。

　　至於牟先生，則就漢易點出它背後的宇宙論，這是他原初的洞見。而且他在研究漢代象數易時，除了自象數著眼，還以義理的方法去分析，這樣的研究方法頗令人耳目一新。這也說明易理不能離開象數，象數爲義理的基礎，二者是易學研究的一體兩面，缺一不可。就量與質言，熊先生與唐先生皆難望其項背，自然牟先生所取得的成果亦較二位先生來得豐富。

參考書目

壹、牟宗三專著

1. 《牟宗三先生全集 1‧周易的自然哲學與道德函義》，
2. 《牟宗三先生全集 3‧才性與玄理》，
3. 《牟宗三先生全集 5‧心體與性體（一）》，
4. 《牟宗三先生全集 6‧心體與性體（二）》，
5. 《牟宗三先生全集 7‧心體與性體（三）》，
6. 《牟宗三先生全集 8‧從陸象山到劉蕺山》，
7. 《牟宗三先生全集 9‧歷史哲學》，
8. 《牟宗三先生全集 11‧邏輯典範》，
9. 《牟宗三先生全集 12‧理則學》，
10. 《牟宗三先生全集 17‧名理論，牟宗三先生譯述集》，
11. 《牟宗三先生全集 18‧認識心之批判（上）》，
12. 《牟宗三先生全集 19‧認識心之批判（下）》，
13. 《牟宗三先生全集 20‧智的直覺與中國哲學》，
14. 《牟宗三先生全集 21‧現象與物自身》，
15. 《牟宗三先生全集 22‧圓善論》，
16. 《牟宗三先生全集 23‧時代與感受》，
17. 《牟宗三先生全集 24‧時代與感受續篇》，
18. 《牟宗三先生全集 25‧牟宗三先生早期文集（上）》，
19. 《牟宗三先生全集 27‧牟宗三先生晚期文集》，
20. 《牟宗三先生全集 28‧人文講習錄，中國哲學的特質》，

21. 《牟宗三先生全集 29・中國哲學十九講》，

22. 《牟宗三先生全集 30・中西哲學之會通十四講》，

23. 《牟宗三先生全集 31・四因說演講錄，周易哲學演講錄》，

24. 《牟宗三先生全集 32・五十自述，牟宗三先生學思年譜，國史擬傳，牟宗山先生著作編年目錄》，臺北：聯經出版社，2003 年 4 月初版。

25. 《生命的學問》，臺北：三民書局，1970 年 9 月初版。

貳、古籍部分（依作者時代先後排列）

一、經　部

1. 《十三經注疏》，影印清嘉慶南昌府學重刊注疏本，臺北：藝文印書館，1993 年 9 月初版。

2. （漢）許慎撰、（清）段玉裁注：《說文解字》，臺北：書銘出版公司，1992 年 9 月 6 版。

3. （漢）鄭玄：《易緯・乾鑿度》（據清乾隆四十一年「武英殿聚珍叢書」本影印），嚴靈峰編，《無求備齋易經集成》第 157 本，臺北：成文出版社，1976 年初版。

4. （漢）鄭玄：《易緯・乾坤鑿度》（據清乾隆四十一年「武英殿聚珍叢書」本），嚴靈峰編，《無求備齋易經集成》第 158 本，臺北：成文出版社，1976 年初版。

5. （漢）鄭玄：《易緯・稽覽圖》（據清同治十二年刊「古經解彙函」本合刊影印），嚴靈峰編，《無求備齋易經集成》第 159 本，臺北：成文出版社，1976 年初版。

6. （漢）魏伯陽：《參同契正文》（據明萬曆間刊「百陵學山」本影印），嚴靈峰編，《無求備齋易經集成》第 155 本，臺北：成文出版社，1976 年初版。

7. （漢）魏伯陽等：《古文參同契箋註集外二種》，臺北：新文豐出版公司，1987 年 6 月初版。

8. （魏）陸績：《陸績京氏易傳》（據明嘉靖間范氏天一閣刊本影印），嚴靈峰編，《無求備齋易經集成》第 176 本，臺北：成文出版社，1976 年初版。

9. （唐）李鼎祚輯：《周易集解》，臺北：臺灣商務印書館，1968 年 12 月初版。

10. （宋）晁公武：《郡齋讀書志》，臺北：臺灣商務印書館，1978 年 1 月初版。

11. （宋）司馬光集注：《太玄集注》，北京：中華書局，1998 年 9 月第 1 版。

12. （宋）程頤：《易程傳》，臺北：文津出版社，1987 年 6 月初版。

13. （宋）朱震：《漢上易傳》（據宋刊鈔補本影印），嚴靈峰編，《無求備齋易經集成》第 20〜21 本，臺北：成文出版社，1976 年初版。

14. （宋）朱熹：《易學啟蒙》，臺北：廣學社，1975 年 9 月初版。

15. （宋）朱熹：《周易本義》（據清光緒九年景宋成淳刊本影印），嚴靈峰編，《無求備齋易經集成》第 28 本，臺北：成文出版社，1976 年初版。

16. （宋）王應麟：《周易鄭康成注》（據元刊本影印），嚴靈峰編，《無求備齋易經集成》第 175 本，臺北：成文出版社，1976 年初版。

17. （宋）王應麟：《困學紀聞》，收錄於景印文淵閣《四庫全書》第 854 冊，臺北：臺灣商務印書館，1983 年初版。

18. （宋）張行成：《元包數總義》（據明嘉靖間天一閣刊本影印），嚴靈峰編，《無求備齋易經集成》第 155 本，臺北：成文出版社，1976 年初版。

19. （明）胡震亨輯補：《鄭玄易解附錄》，嚴靈峰編，《無求備齋易經集成》第 177 本，臺北：成文出版社，1976 年初版。

20. （明）黃宗羲：《易學象數論》（據清光緒十九年廣雅書局刊本影印），嚴靈峰編，《無求備齋易經集成》第 115 本，臺北：成文出版社，1976 年初版。

21. （明）顧炎武：《日知錄》，臺北：平平出版社，1975 年 7 月三版。

22. （明）王夫之：《周易外傳》，收入《船山全書》第一冊，長沙：嶽麓書社，1988 年 6 月第 1 版。

23. （清）胡渭：《易圖明辨》（據清道光二十四年「守山閣叢書」本影印），嚴靈峰編，《無求備齋易經集成》第 145 本，臺北：成文出版社，1976 年初版。

24. （清）閻若璩：《尚書古文疏證》，臺北：新文豐出版公司，1984 年 10 月初版。

25. （清）李光地：《周易折中》，四川：巴蜀書社，1998 年 4 月第 1 版。

26. （清）胡煦：《周易函書》，景印《文淵閣四庫全書》第 48 冊，臺北：臺灣商務印書館，1983 年初版。

27. （清）惠棟：《易漢學》（據清光緒二十二年彙文軒刊本影印），嚴靈峰編，《無求備齋易經集成》第 119 本，臺北：成文出版社，1976 年初版。

28. （清）惠棟：《易例》（據清乾隆四十年張錦芳校刊本影印），嚴靈峰編，《無求備齋易經集成》第 150 本，臺北：成文出版社，1976 年初版。

29. （清）惠棟：《周易爻辰圖》（據清乾隆二十一年雅雨堂刊本影印），嚴靈峰編，《無求備齋易經集成》第 146 本，臺北：成文出版社，1976 年初版。

30. （清）惠棟：《鄭氏周易》（據清乾隆二十一年雅雨堂刊本影印），嚴靈峰編，《無求備齋易經集成》第 175 本，臺北：成文出版社，1976 年初版。

31. （清）惠棟：《增補鄭氏周易》，影印文淵閣《四庫全書》，第 7 冊，臺北：臺灣商務印書館，1983 年初版。

32. （清）張惠言：《周易鄭氏義》（據清道光九年刊「皇清經解」本影印），嚴靈峰編，《無求備齋易經集成》第 176 本，臺北：成文出版社，1976 年初版。

33. （清）張惠言：《周易虞氏義》（據清道光九年「皇清經解」本影印），嚴靈峰編，《無求備齋易經集成》第 178 本，臺北：成文出版社，1976 年初版。

34. （清）張惠言：《周易荀氏九家義》（據清道光九年刊「皇清經解」本影印），嚴靈峰編，《無求備齋易經集成》第 181 本，臺北：成文出版社，1976 年初版。

35. （清）張惠言：《易義別錄》（據清道光九年刊「皇清經解」本影印），嚴靈峰編，《無求備齋易經集成》第 184 本，臺北：成文出版社，1976 年初版。

36. （清）焦循：《易學三書》，臺北：廣文書局，1970 年初版。

37. （清）李銳：《周易虞氏略例》（據清光緒十四年刊「續經解」本影印），嚴靈峰編，《無求備齋易經集成》第 150 本，臺北：成文出版社，1976 年初版。

38. （清）方申：《易學五書》，《叢書集成續編》第 29 本，臺北：新文豐出版公司，1991 年 7 月初版。

39. （清）黃奭：《孟喜易章句》（據民國二十三年刊「黃氏逸書考」本影印），嚴靈峰編，《無求備齋易經集成》173 本，臺北：成文出版社，1976 年初版。

40. （清）李道平：《周易集解纂疏》，北京：中華書局，1994 年 3 月第 1 版。

41. （清）丁壽昌：《讀易會通》，臺北：河洛圖書，1965 年 5 月初版。

42. （清）皮錫瑞：《經學歷史》，臺北：藝文印書館，1996 年 8 月初版。

43. （清）皮錫瑞：《經學通論》，臺北：河洛出版社，1974 年 12 月初版。

二、史 部

1. （周）左丘明：《國語》，臺北：漢京出版社，1983 年 12 月初版。

2. （漢）司馬遷：《史記》，臺北：鼎文書局新校本，1977 年 2 月 3 版。

3. （漢）班固，（唐）顏師古注：《漢書》，臺北：鼎文書局新校本，1976 年 10 月 6 版。

4. （宋）范曄撰（唐）李賢等注：《後漢書》，臺北：鼎文書局新校本，1976

年初版。

5. （晉）陳壽撰，（南宋）裴松之注：《三國志》，臺北：藝文印書館，1971年初版。

6. （宋）歐陽修，宋祁等：《新唐書》，臺北：鼎文書局新校本，1989 年 12月 5 版。

7. （明）王夫之：《讀通鑑論》，收入《船山全書》，長沙：嶽麓書社，1988年 6 月第 1 版。

三、子　部

1. （周）老子：《老子》，（晉）王弼注，臺北：先知出版社，1976 年初版。

2. （周）莊子：《莊子》，（晉）郭象注，陸費逵總勘，臺北：臺灣中華書局，1965 年 11 月初版。

3. （周）荀子：《荀子》，（唐）楊倞注，陸費逵總勘，臺北：臺灣中華書局，1965 年 11 月初版。

4. （周）韓非：《韓非子》，（清）顧實圻識誤，陸費逵總勘，臺北：臺灣中華書局，1965 年 11 月初版。

5. （秦）呂不韋：《呂氏春秋》（據上海商務印書館縮印江南圖書館藏明覆宋刊本影印），（漢）高誘注，臺北：臺灣商務印書館，1965 年初版。

6. （漢）陸賈：《新語》，陸費逵總勘，臺北：臺灣中華書局，1965 年 11月初版。

7. （漢）賈誼：《新書》，陸費逵總勘，臺北：臺灣中華書局，1965 年 11月初版。

8. （漢）劉安撰，高誘注：《淮南子》，陸費逵總勘，臺北：臺灣中華書局，1965 年 11 月初版。

9. （漢）王充：《論衡》，陸費逵總勘，臺北：臺灣中華書局，1965 年 11月初版。

10. （清）蘇輿：《春秋繁露義證》，北京：中華書局，1992 年 12 月第 1 版。

參、現代專著（依作者姓名筆畫排列）

一、專　著

（一）中文專著

1. 王邦雄等編著：《中國哲學史》，臺北：空中大學，1995 年 8 月初版。

2. 王新華：《周易繫辭傳研究》，臺北：文津出版社，1998 年 4 月初版。

3. 王葆玹：《西漢經學源流》，臺北：東大圖書，1994 年 6 月初版。

4. 王葆玹：《今古文經學今論》，北京：中國社會科學出版社，1997 年 11 月第 1 版。

5. 王新春：《周易虞氏學》上、下，臺北：頂淵文化，1999 年 2 月初版。

6. 王興國：《牟宗三哲學思想研究——從邏輯思辨到哲學架構》，北京：人民出版社，2007 年 2 月第 1 版。

7. 方東美：《生生之德》，臺北：黎明文化，1979 年 4 月初版。

8. 安井小太郎等著，連清吉、林慶彰合譯：《經學史》，臺北：萬卷樓，1996 年 10 月初版。

9. 朱伯崑：《易學哲學史》第一卷、第二卷、第三卷、第四卷，臺北：藍燈文化，1991 年 9 月修訂版。

10. 朱伯崑主編：《易學基礎教程》，北京：九州出版社，2003 年 2 月第 1 版。

11. 朱維煥：《周易經傳象義闡釋》，臺北：臺灣學生書局，1980 年 1 月初版。

12. 朱建民編譯：《現代形上學的祭酒——懷德海》，臺北：允晨文化出版社，1982 年 11 月初版。

13. 朱建民：《實用主義：科學與宗教的融會》，臺北：臺灣書店，1997 年 6 月初版。

14. 任繼愈主編：《中國哲學發展史·秦漢》，北京：人民出版社，1985 年 2 月第 1 版。

15. 江弘遠：《京房易學流變考》，臺中：瑞成書局，1996 年 8 月初版。

16. 邢文：《帛書周易研究》，北京：人民出版社，1997 年 11 月第 1 版。

17. 李申：《中國古代哲學和自然科學》，上海：上海人民出版社，2002 年 1 月第 1 版。

18. 李威熊：《中國經學發展史》上，臺北：文史哲出版社，1988 年 12 月初版。

19. 李周龍：《易學窺餘》，臺北：文津出版社，1991 年 8 月初版。

20. 李澤厚：《中國古代思想史論》，臺北：三民書局，1996 年 9 月初版。

21. 李樹菁：《周易象數通論——從科學角度的開拓》，北京：光明日報出版社，2004 年 4 月第 1 版。

22. 李學勤：《周易經傳溯源》，北京：長春出版社，1992 年 8 月第 1 版。

23. 宋文堅：《邏輯學的傳入與研究》，福建：福建人民出版社，2005 年 6 年第 1 版。

24. 呂紹綱：《周易闡微》，臺北：韜略出版社，1996 年 5 月初版。

25. 呂凱：《鄭玄之讖緯學》，臺北：臺灣商務印書館，1982 初版。

26. 吳大猷：《相對論》，臺北：聯經出版社，1978 年 6 月初版。

27. 吳少珉、趙金昭主編：《二十世紀疑古思潮》，北京：學苑出版社，2003年7月第1版。

28. 吳汝鈞：《機體與力動：懷德海哲學研究與對話》，臺北：臺灣商務印書館，2004年10月初版。

29. 吳克峰：《易學邏輯研究》，北京：人民出版社，2005年12月第1版。

30. 吳怡：《易經繫辭傳解義》，臺北：三民書局，1991年4月初版。

31. 余英時：《中國近代思想史上的胡適》，臺北：聯經出版社，2004年5月初版。

32. 余敦康：《漢宋易學解讀》，北京：華夏出版社，2006年7月第1版。

33. 林安梧：《當代新儒家哲學史論》，臺北：文海基金會出版，明文總經銷，1996年1月初版。

34. 林忠軍：《象數易學發展史》第一卷，山東：齊魯書社，1994年7月第1版。

35. 林忠軍：《象數易學發展史》第二卷，廣西：廣西教育出版社，1996年9月第1版。

36. 林忠軍：《周易鄭氏學闡微》，上海：上海古籍出版社，2005年8月第1版。

37. 周裕鍇：《中國古代闡釋學研究》，上海：上海人民出版社，2003年11月第1版。

38. 屈萬里：《先秦漢魏易例述評》，臺北：臺灣學生書局，1969年4月初版。

39. 屈萬里：《讀易三種》，臺北：聯經出版社，1983年6月初版。

40. 尚秉和：《周易尚氏學》，北京：中華書局，1980年5月第1版。

41. 金春峰：《漢代思想史》，北京：中國社會科學出版社，1997年12月第2版。

42. 金春峰：《《周易》經傳梳理與郭店楚簡思想新釋》，北京：中國言實出版社，2004年11月第1版。

43. 沈清松主編：《時代心靈之鑰——當代哲學思想家》，臺北：正中書局，1991年2月初版。

44. 沈清松：《現代哲學論衡》，臺北：黎明文化，1994年10月初版。

45. 胡適：《問題與主義》，臺北：遠流出版社，1986年2月初版。

46. 胡適：《胡適文選》，臺北：遠流出版社，1986年6月初版。

47. 胡適：《先秦名學史》，安徽：安徽教育出版社，2006年8月第2版。

48. 胡適：《胡適日記全集》，第六冊（1930～1933），臺北：聯經出版社，2004年5月初版。

49. 胡軍：《分析哲學在中國》，北京：首都師範大學出版社，2002年9月第

1 版。

50. 胡自逢：《周易鄭氏學》，臺北：文史哲出版社，1990 年第 1 版。

51. 胡偉希：《知識、邏輯與價值——中國新實在論思潮的興起》，北京：清華大學出版社，2002 年 10 月第 1 版。

52. 姜廣輝：《中國經學思想史》第一卷，北京：中國社會科學出版社，2003 年 9 月第 1 版。

53. 俞懿嫻：《懷海德自然哲學——機體哲學初探》，臺北：正中書局，2001 年 1 月初版。

54. 高明：《高明文輯》，臺北：黎明文化，1978 年 3 月初版。

55. 高懷民：《大易哲學論》，臺北：成文出版社，1978 年 6 月初版。

56. 高懷民：《先秦易學史》，臺北：中國學術著作獎助委員會，1990 年 6 月第 3 版。

57. 高懷民：《兩漢易學史》，臺北：中國學術著作獎助委員會，1970 年 12 月初版。

58. 高亨：《周易大傳今注》，山東：齊魯書社，1998 年 4 月第 1 版。

59. 唐力權：《周易與懷德海之間：場有哲學序論》，臺北：黎明文化，1989 年 6 月初版。

60. 唐君毅：《中國哲學原論·原性篇》，臺北：臺灣學生書局，1984 年 2 月全集校訂版。

61. 唐君毅：《哲學概論》上、下，臺北：臺灣學生書局，1985 年 10 月初版。

62. 唐君毅：《中國哲學原論·導論篇》，臺北：臺灣學生書局，1986 年 9 月全集校訂版。

63. 唐君毅：《哲學論集》，臺北：臺灣學生書局，1990 年 2 月初版。

64. 唐君毅：《中國哲學原論·原教篇》，臺北：臺灣學生書局，1990 年 9 月全集校訂版。

65. 唐君毅：《中國哲學原論·原道篇（二）》，臺北：臺灣學生書局，1986 年 9 月初版。

66. 徐昂：《京氏易傳箋》，據民國三十二年排印本影印，嚴靈峰編，《無求備齋易經集成》第 173 本，臺北：成文出版社，1976 年初版。

67. 徐芹庭：《易圖源流》上、下，臺北：國立編譯館，1993 年 4 月初版。

68. 徐芹庭：《易學源流》，臺北：國立編譯館，1987 年 8 月初版。

69. 徐芹庭：《虞氏易述解》，臺北：五洲出版社，1974 年出版。

70. 徐芹庭：《兩漢十六家易注闡微》，臺北：五洲出版社，1975 年初版。

71. 徐芹庭：《魏晉七家易學之研究》，臺北：成文出版社，1977 年初版。

72. 徐復觀：《中國經學史的基礎》，臺北：臺灣學生書局，1982 年 5 月初版。

73. 徐復觀：《兩漢思想史》卷二，臺北：臺灣學生書局，1990 年 9 月初版。

74. 徐志銳：《周易陰陽八卦說解》，臺北：里仁書局，1994 年 11 月初版。

75. 徐志銳：《周易大傳新注》，臺北：里仁書局，1995 年 10 月初版。

76. 孫劍秋：《易理新研》，臺北：臺灣學生書局，1997 年 12 月初版。

77. 孫筱：《兩漢經學與社會》，北京：中國社會科學出版社，2002 年 10 月第 1 版。

78. 袁保新：《老子哲學之詮釋與重建》，臺北：文津出版社，1991 年 9 月初版。

79. 張立文：《周易帛書今注今譯》，臺北：臺灣學生書局，1991 年 9 月初版。

80. 張其成主編：《易經應用大百科》，江蘇：東南大學出版社，1994 年 4 月第 1 版。

81. 張善文：《象數與義理》，遼寧：遼寧教育出版社，1993 年 5 月第 1 版。

82. 張善文：《歷代易學與易學要籍》，福建：人民出版社，1998 年 4 月第 1 版。

83. 張濤：《秦漢易學思想研究》，北京：中華書局，2005 年 3 月第 1 版。

84. 張濤：《經學與漢代社會》，河北：河北人民出版社，2001 年 12 月第 1 版。

85. 張耀南、陳鵬：《實在論在中國》，北京：首都師範大學出版社，2002 年 6 月第 1 版。

86. 張東蓀：《認識論》，上海：世界書局，1934 年 9 月初版。

87. 張耀南：《張東蓀知識論研究》，臺北：洪葉文化，1995 年 12 月初版。

88. 范良光：《易傳道德的形上學》，臺北：臺灣商務印書館，1982 年 5 月初版。

89. 黃壽祺、張善文：《周易譯注》，上海：上海古籍出版社，1989 年 5 月第 1 版。

90. 黃慶萱：《周易讀本》，臺北：三民書局，1992 年 5 月初版。

91. 黃慶萱：《周易縱橫談》，臺北：三民書局，1995 年 3 月初版。

92. 黃慶萱：《史記漢書儒林列傳疏證》，臺北：嘉新水泥公司文化基金會，1966 年 3 月初版。

93. 黃慶萱：《魏晉南北朝易學書考佚》，臺北：幼獅文化，1975 年 11 月初版。

94. 黃見德：《20 世紀西方哲學東漸史導論》，北京：首都師範大學出版社，2002 年 6 月第 1 版。

95. 郭湛波：《近五十年中國思想史》，上海：上海古籍出版社，2005 年 9 月

第 1 版。

96. 陳奎德：《懷德海》，臺北：東大圖書，1994 年 9 月初版。

97. 陳槃：《古讖緯研討及其書錄解題》，臺北：國立編譯館，1991 年 2 月初版。

98. 沈清松主編：《時代心靈之鑰 —— 當代哲學思想家》，臺北：正中書局，1991 年 12 月初版。

99. 賀麟編著：《當代中國哲學》，臺北：臺灣時代書局，1974 年初版。

100. 馮友蘭：《中國哲學史新編（三）》，臺北：藍燈文化，1991 年 12 月初版。

101. 程發軔主編：《六十年來之國學》，臺北：正中書局，1972 年 5 月初版。

102. 曾春海：《朱熹易學研究》，臺北：輔仁大學出版社，1983 年 5 月初版。

103. 彭明輝：《疑古思想與現代中國史學的發展》，臺北：臺灣商務印書館，1991 年 9 月初版。

104. 彭孟堯：《符號邏輯》，臺北：心理出版社，2000 年 7 月初版。

105. 勞思光：《中國哲學史》一、二、三卷，臺北：三民書局，1984 年 1 月增訂初版。

106. 傅斯年著、陳槃等校訂：《傅斯年全集》第四冊，臺北：聯經出版社，1980 年 9 月初版。

107. 傅偉勳：《從西方哲學到禪佛教》，北京：三聯書店，1989 年 4 月初版。

108. 傅偉勳：《學問的生命與生命的學問》，臺北：正中書局，1994 年 1 月初版。

109. 舒光：《維根斯坦哲學》，臺北：水牛出版社，1986 年 7 月初版。

110. 楊士毅：《懷德海哲學》，臺北：東大圖書，1987 年 5 月初版。

111. 楊士毅：《懷德海哲學入門 —— 超越現代與後現代》，臺北：揚智文化，2001 年 1 月初版。

112. 楊國榮：《科學主義：演進與超越 —— 中國近代的科學主義思潮》，臺北：洪葉文化，2000 年 8 月初版。

113. 楊壽堪、王成兵：《實用主義在中國》，北京：首都師範大學出版社，2003 年 1 月第 1 版。

114. 楊慶中：《二十世紀中國易學史》，北京：人民出版社，2000 年 2 月第 1 版。

115. 鄔昆如：《西洋哲學十二講》，臺北：東大圖書，1987 年 9 月初版。

116. 鄔昆如：《西洋哲學史話》，臺北：三民書局，1993 年 1 月增訂二版。

117. 廖名春、康學偉、梁書弦：《周易研究史》，長沙：湖南出版社，1991 年 7 月第 1 版。

118. 廖名春:《帛書易傳初探》,臺北:文史哲出版社,1998 年 11 月初版。

119. 廖名春:《《周易》經傳與易學史新論》,山東:齊魯書社,2001 年 8 月第
1 版。

120. 葉國良等:《經學通論》,臺北:國立空中大學,1996 年 1 月初版。

121. 劉百閔:《經學通論》,臺北:國防研究院出版社,1970 年 3 月初版。

122. 劉大鈞:《周易概論》,濟南:齊魯書社,1988 年月第 1 版。

123. 劉玉建:《兩漢象數易學研究》上、下,廣西:廣西教育出版社,1996
年 9 月第 1 版。

124. 劉瀚平:《宋象數易學研究》,臺北:五南圖書,1994 年 2 月初版。

125. 劉瀚平:《周易思想探微》,臺北:商鼎文化出版社,1997 年 2 月第一版。

126. 董光璧:《易學科學史綱》,湖南:武漢出版社,1993 年 12 月第 1 版。

127. 樓宇烈校釋,王弼原著:《王弼集校釋》下,北京:中華書局,1980 年 8
月第 1 版。

128. 鄧球柏:《帛書周易校釋》,湖南:湖南出版社,1996 年 8 月第 2 版。

129. 鄭吉雄:《易圖象與易詮釋》,臺北:財團法人喜瑪拉雅研究發展基金會
出版,樂學書局經銷,2002 年 2 月初版。

130. 鄭萬耕:《揚雄及其太玄》,臺北:藍燈文化,1992 年 9 月初版。

131. 鄭家棟:《牟宗三》,臺北:東大圖書,2000 年 4 月初版。

132. 葛兆光:《七世紀前中國的知識、思想與信仰世界》,上海:復旦大學出
版社,1998 年 4 月第 1 版。

133. 錢穆:《國學概論》,收入《錢賓四先生全集》甲編 1,臺北:聯經出版
社,1998 年 5 月初版。

134. 錢穆:《先秦諸子繫年》,收入《錢賓四先生全集》甲編 5,臺北:聯經
出版社,1998 年 5 月初版。

135. 錢穆:《兩漢經學今古文平議》,收入《錢賓四先生全集》甲編 8,臺北:
聯經出版社,1998 年 5 月初版。

136. 盧央:《京房評傳》,南京:南京大學出版社,1998 年月第 1 版。

137. 賴貴三主編:《臺灣易學史》,臺北:里仁書局,2005 年 2 月初版。

138. 蔡仁厚:《新儒家的精神方向》,臺北:臺灣學生書局,1982 年 3 月初版。

139. 蔡仁厚:《儒家心性之學論要》,臺北:文津出版社,1990 年 7 月初版。

140. 戴君仁:《戴靜山先生全集・談易》,臺北:戴顧志,1980 年初版。

141. 戴璉璋:《易傳之形成及其思想》,臺北:文津出版社,1989 年 6 月初版。

142. 鍾肇鵬:《讖緯論略》,臺北:洪葉文化,1994 年 9 月初版。

143. 簡博賢:《魏晉四家易研究》,臺北:文史哲出版社,1986 年月初版。

144. 顏炳罡：《牟宗三學術思想評傳》，北京：北京圖書館出版社，1998 年 118
月第 1 版。

145. 顏炳罡：《整合與重鑄——當代大儒牟宗三先生思想研究》，臺北：臺灣
學生書局，1995 年 2 月初版。

146. 羅光：《中國哲學思想史》，臺北：臺灣學生書局，1978 年 11 月初版。

147. 蕭萐父主編，熊十力：《熊十力全集》（《讀經示要》、《十力語要》、《十力
語要初續》、《新唯識論文言文本》），武漢：湖北教育出版社，2001 年 8
月第 1 版。

148. 嚴靈峰：《馬王堆帛書易經斠理》，臺北：文史哲出版社，1994 年 7 月初
版。

149. 嚴正：《五經哲學及其文化學的闡釋》，山東：齊魯書社，2001 年 8 月第
1 版。

（二）西文專著

Alfred North Whitehead（懷德海）著作：

1. *The Concept of Nature.* 3rd ed.,（Cambridge：Cambridge University Press,
1978）

2. *Science and the Modern World*. 1st ed.,（New York：The Macmillan
Co.,1954）

3. *Process and Reality*. Corrected ed. , edited by David Ray Griffin and Donald
W. Sherburne 1st ed.,（New York：The Free Press, 1978）

4. *Modes of Thought*. （New York：The Free Press, 1968）

（三）西文譯著

1. Albert Einstein（愛因斯坦）著 *The Meaning of Relativity* 郭兆林譯：《相
對論的意義》，臺北：臺灣商務印書館，2005 年 6 月第 1 版。

2. Albert Einstein（愛因斯坦）著：《紀念愛因斯坦文集》第二卷，新竹：凡
異出版社，1986 年 11 月二版。

3. Alfred North Whitehead 著，*Modes of Thought* 謝幼偉譯：《思想之方式》，
臺南：德華出版社，1976 年 6 月初版。

4. Alfred North Whitehead 著，*Science and the Modern World* 傅佩榮譯：《科
學與現代世界》，新店：立緒出版社，2000 年 6 月初版。

5. Alfred North Whitehead 著，*Process and Reality* 楊富斌譯：《過程與實在：
宇宙論研究》，北京：中國城市出版社，2003 年 2 月第 1 版。

6. Alfred North Whitehead 著，*Process and Reality* 周邦憲譯：《過程與實在》，
貴州：貴州人民出版社，2006 年 6 月第 1 版。

7. Aguinas St. Thomas 著，孫振青譯：《亞里斯多德形上學註》，臺北：明文

書局，1991 年 8 月初版。

8. David Hilbert（希爾伯）Wilhelm Ackermann（阿克曼）合著 *Grundzüge der Theoretischen Logik*（德文原著）*,Principles of Mathematical Logic* （英文版）吳定遠譯：《數理邏輯原理》，臺北：水牛出版社，1976 年 3 月初版。

9. D. J. O'Conner（奧康諾）著 *A Critical History of Western Philosophy* 洪漢鼎譯：《批評的西方哲學史》下，臺北：桂冠圖書，1998 年 2 月初版。

10 Fredekick Copleston 著，傅佩榮等譯：《西洋哲學史》第一卷，《希臘與羅馬》，臺北：黎明文化，1986 年 1 月初版。

11 P. H. Nidditch（倪里崎）著，劉福增編譯：《數理邏輯發展史》，臺北：水牛出版社，1969 年初版。

12 Willard Van Orman Quine（蒯英）著，*Mathematical logic* 劉福增譯：《數理邏輯》，臺北：幼獅出版社，1987 年 3 月初版。

13 藍紀正、朱恩寬譯：《歐幾里得幾何原本》，臺北：九章出版社，1992 年 8 月初版。

二、學位論文

1. 王汝華：《熊十力易學思想之研究》，臺北：國立臺灣師範大學國文研究所，碩士論文，1991 年。

2. 賴貴三：《焦循雕菰樓易學研究》，臺北：國立臺灣師範大學國文研究所，博士論文，1994 年。

3. 林麗雯：《李光史事易研究》，臺北：國立臺灣師範大學國文研究所，碩士論文，1994 年。

4. 南基守：《易經卦象初探》，臺北：國立臺灣師範大學國文研究所，碩士論文，1996 年。

5. 陳伯适：《惠棟易學研究》，臺北：國立政治大學中國文學系，博士論文，2006 年。

6. 陳明恩：《東漢讖緯學研究》，臺北：國立臺灣師範大學國文研究所，博士論文，2005 年。

7. 陳德興：《兩漢氣化宇宙論之研究》，臺北：私立輔仁大學中國文學系，博士論文，2005 年。

8. 黃忠天：《楊萬里易學之研究》，高雄：國立高雄師範大學國文研究所，碩士論文，1988 年。

9. 許朝陽：《胡煦易學研究》，臺北：私立輔仁大學中國文學系，博士論文，2000 年。

10. 劉慧珍：《漢代易象研究》，臺北：私立輔仁大學中國文學系，博士論文，

1997 年。

11. 簡世和：《《誠齋易傳》研究》，臺中：國立中興大學中國文學系，碩士論文，2004 年。

三、論文集

（一）個人論文集

1. 成中英：《從中西互釋中挺立 —— 中國哲學與中國文化的新定位》，北京：中國人民大學出版社，2005 年 7 月第 1 版。

2. 朱伯崑：《燕園耕耘錄 —— 朱伯崑學術論集》下，臺北：臺灣學生書局，2001 年 3 月初版。

3. 何澤恆：《先秦儒道舊義新知錄》，臺北：大安出版社，2004 年 8 月初版。

4. 林麗真：《義理易學鈎玄》，臺北：大安出版社，2004 年 11 月初版。

5. 周予同著 朱維錚編：《周予同經學史論著選集》（增訂本），上海：上海人民出版社，1996 年 7 月第 2 版。

6. 梁韋弦：《易學考論》，哈爾濱：黑龍江人民出版社，2005 年 5 月第 1 版。

7. 程石泉：《易學新探》，上海：上海古籍出版社，2003 年 12 月第 1 版。

8. 楊祖漢：《儒家與康德的道德哲學》，臺北：文津出版社，1987 年 3 月初版。

9. 楊祖漢：《儒家的心學傳統》，臺北：文津出版社，1992 年 6 月初版。

10. 盧雪崑：《儒家的心性學與道德形上學》，臺北：文津出版社，1991 年 8 月初版。

（二）集體論文集

1. 牟宗三先生七十壽慶論文集編輯組編撰：《牟宗三先生的哲學與著作》，臺北：臺灣學生書局，1980 年 9 月初版。

2. 成中英主編：《本體與詮釋：中西比較》第三輯，上海：上海社會科學院出版社，2003 年 7 月第 1 版。

3. 朱伯崑主編：《國際易學研究》第四輯，北京：華夏出版社，1998 年 6 月第 1 版。

4. 朱伯崑主編：《國際易學研究》第五輯，北京：華夏出版社，1999 年 9 月第 1 版。

5. 東海大學哲研所主編：《中國哲學與懷德海》，臺北：東大圖書，1989 年 9 月初版。

6. 林尹等著：《易經研究論集》，臺北：黎明文化，1981 年 1 月初版。

7. 孫智燊等：《2007 年創化與歷程：中西對話國際學術研討會論文集》，臺北：輔仁大學，2007 年 3 月初版。

8. 黃沛榮編：《易學論著選集》，臺北：長安出版社，1985 年 10 月初版。

9. 黃壽祺、張善文編：《周易研究論文集》一、二、三、四輯，北京：北京師範大學出版社，1987 年 9 月——1990 年 5 月第 1 版。

10. 張善文：《潔靜精微之玄思：周易學說啓示錄》，上海：上海遠東出版社，2003 年 4 月第 1 版。

11. 張善文主編：《大易集奧》上、下，上海：上海古籍出版社，2004 年 12 月第 1 版。

12. 楊儒賓、黃俊傑編：《中國古代思維方式探索》，臺北：正中書局，1996 年 11 月初版。

13. 劉大鈞主編：《象數易學研究》第一輯，山東：齊魯書社，1996 年 2 月第 1 版。

14. 劉大鈞主編：《象數易學研究》第二輯，山東：齊魯書社，1997 年 6 月第 1 版。

15. 劉大鈞主編：《象數易學研究》第三輯，四川：巴蜀書社，2003 年 3 月第 1 版。

16. 劉大鈞主編：《大易集述：第三屆海峽兩岸周易學術研討會論文集》，四川：巴蜀書社，1998 年 10 月第 1 版。

17. 劉大鈞主編：《大易情性：第二屆海峽兩岸青年易學論文發表會論文集》，四川：巴蜀書社，2002 年 8 月第 1 版。

18. 劉大鈞主編：《大易集義》，上海：上海古籍出版社，2002 年 12 月第 1 版。

19. 劉大鈞主編：《大易集說：第三屆海峽兩岸青年易學論文發表會論文集》，四川：巴蜀書社，2003 年 6 月第 1 版。

20. 劉大鈞等：《象數精解》，四川：巴蜀書社，2004 年 5 月第 1 版。

21. 蔡仁厚、楊祖漢主編：《牟宗三先生紀念集》，臺北：東方人文學術基金會，1996 年 12 月初版。

22. 蔡仁厚等著：《牟宗三先生與中國哲學之重建》，臺北：文津出版社，1996 年 12 月初版。

23. 潘德榮、賴賢宗主編：《東西哲學與本體詮釋：成中英先生七十壽誕論文集》，臺北：康德出版社，2005 年 10 月初版。

24. 顧頡剛等編纂：《古史辨》第一、三、五冊，臺北：藍燈文化，1993 年 8 月 2 版。

四、期刊論文

1. 王青：〈「太玄」研究〉，《漢學研究》，第 19 卷第 1 期，2001 年 6 月，頁 77～102。

2. 王開府：〈思想研究方法綜論—以中國哲學爲例〉，《國文學報》，第二十七期，1998 年 6 月，頁 147～187。

3. 王新春：〈哲學視野下的漢易卦氣說〉，《周易研究》，第 6 期，2002 年，頁 50～61。

4. 王興國：〈論牟宗三哲學中的易學研究〉，《周易研究》，第 5 期，2002 年 10 月，頁 54～63。

5. 牟宗三：〈《原始的型範》第二部份《周易》大義（一）——「先秦哲學」演講錄〉，〈《原始的型範》第二部份《周易》大義（二）——「先秦哲學」演講錄〉，〈《原始的型範》第二部份《周易》大義（三）——「先秦哲學」演講錄〉，盧雪崑整理，《鵝湖》，第 379、380、381 期，2007 年 1、2、3 月，頁 3～9、1～7、2～9。

6. 成中英：〈論易之五義與易的本體世界〉，《臺北大學中文學報》，第 1 期，2006 年 7 月，頁 1～32。

7. 吳文璋：〈從思想史論戰後台灣儒學的兩大典型——胡適和牟宗三〉，《成大中文學報》，第 6 期，1998 年 5 月，頁 183～212。

8. 杜正勝：〈秦火與焚書〉，《歷史月刊》，第 8 期，1988 年 9 月，頁 6～11。

9. 林慶彰：〈評徐復觀《中國經學史的基礎》〉，《漢學研究》，第 1 卷第 1 期，1983 年 6 月，頁 332～337。

10. 林忠軍：〈干寶易學思想研究〉，《周易研究》，第 4 期，1996 年，頁 12～24。

11. 林忠軍：〈《易緯》宇宙觀與漢代儒道合流趨向〉，《中國哲學》，第 12 期，2002 年，頁 52～56。

12. 林啓屏：〈中國古代學術史上的關鍵事件及其意義——以「秦火焚書」爲討論的核心〉，《清華學報》，第 36 卷第 1 期，2006 年 6 月，頁 109～133。

13. 周德良：〈論漢儒災異論——以董仲舒、《白虎通》爲中心的考察〉（上）（下），《鵝湖》第 293、294 期，1999 年 11 月、12 月，頁 16～23、45～54。

14. 俞懿嫻：〈懷海德與機體哲學〉，《東海哲學研究集刊》，第七輯，2000 年 6 月，頁 149～178。

15. 俞懿嫻：〈懷海德《科學與現代世界》中的機體思想〉，《東海大學文學院學報》，第 43 期，2002 年 7 月，頁 107～142。

16. 俞懿嫻：〈懷海德哲學在《科學與現代世界》中的嬗變〉，《哲學論集》，第 35 期，2002 年 7 月，頁 67～124+253～256。

17. 俞懿嫻：〈懷海德與後現代世界觀〉，《東海大學文學院學報》，第 44 期，2003 年 7 月，頁 247～279。

18. 俞懿嫻：〈懷海德形上學研究〉，《東海大學文學院學報》，第 45 期，2004
    年 7 月，頁 375～425。

19. 俞懿嫻：〈懷海德前期創生概念及其思想背景〉，《哲學論集》，第 38 期，
    2005 年 7 月，頁 203～242＋283～285。

20. 俞懿嫻：〈《易經》創化概念與懷德海歷程思想〉，《哲學與文化》，第 397
    期，2007 年 6 月，頁 53～69。

21. 高懷民：〈西漢孟喜卦序排列中的哲學性〉，《周易》《左傳》國際學術研
    討會（中國經學研究會第一屆學術研討會），1999 年 5 月，頁 1～8。

22. 袁信愛：〈經典與詮釋〉，《輔仁大學哲學論集（三十二）經典與詮釋》，
    1999 年 6 月，頁 170～171（總頁 163～180）。

23. 梁韋弦：〈孟京易學的來源〉，《中國哲學》，第 11 期，2003 年，頁 9～11。

24. 張其成：〈漢代象數學家的人文關懷〉，《周易研究》，第 43 期，2000 年，
    頁 66～71＋81。

25. 張祥龍：〈周敦頤的《太極圖說》、《易》象數及西方有關學說〉，《臺大文
    史哲學報》，第 62 期，2005 年 5 月，頁 153～182。

26 張健捷：〈乾坤並建 超越內在──牟宗三後期易學思想研究〉，《周易研
    究》，第 5 期（總七十三期），2005 年，頁 47～54。

27. 張濤：〈秦代易學思想探微〉，《漢學研究》，第 18 卷第 2 期（總 37 期），
    2000 年 12 月，頁 35～55。

28. 陳麗桂：〈從天道觀看董仲舒融合陰陽與儒學的天人合一思想〉，《中國學
    術年刊》，第 18 期，1997 年 3 月，頁 17～30＋431～432。

29. 陳麗桂：〈《淮南子》與《春秋繁露》中的感應思想〉，《先秦兩漢論叢》
    第一輯，輔仁大學中國文學系所主編，臺北：洪葉文化，1999 年 7 月初
    版，頁 155～177。

30. 郭齊勇：〈現代新儒家的易學思想論綱〉，《周易研究》，第 4 期（總六十
    六期），2004 年，頁 3～14。

30. 許朝陽：〈漢易象數中的五行觀念──以筮法為考察進路〉，《輔仁學誌：
    人文藝術之部》，第 31 期，2004 年 7 月，頁 125～140。

31. 程石泉著，俞懿嫻譯：〈《易經》與懷德海〉，《哲學與文化》，第 397 期，
    2007 年 6 月，頁 11～26。

32. 楊祖漢：〈牟宗三先生的哲學〉，《漢學之研究回顧與前瞻國際學術研討會
    論文集》，2006 年 4 月，臺北：國立臺灣師範大學國文系，頁 597～614。

33. 鄔昆如：〈漢代宇宙論之興起與發展及其在哲學上的意義〉，《漢代文學與
    思想學術研討會論文集》，國立政治大學中國文學系所主編，臺北：文史
    哲出版社，1991 年 10 月初版，頁 89～114。

34. 鄔昆如：〈中國形上學的三個向度〉，《哲學與文化》，第 345 期，2003 年

11 月，頁 3～18。

35. 趙之振：〈懷德海論思辨哲學之基本性格與方法〉，《九州學刊》，第 11 期，1989 年 12 月，頁 35～53。

36. 趙中偉：〈從「物理之後」到「倫理之後」──「元亨利貞」詮釋意涵解析〉，《輔仁國文學報》，第 22 期，2006 年 7 月，頁 30～60。

37. 劉慧珍：〈漢代易學的特殊問題──易象陰陽五行化試論〉，《第二屆漢代文學與思想學術研討會論文集》，國立政治大學中國文學系主辦，1998 年 10 月。

38. 劉大鈞：〈「卦氣」溯源〉，《中國社會科學》，第 5 期，2000 年。

39. 鄭吉雄：〈中國古代形上學中數字觀念的發展〉，《臺灣東亞文明研究學刊》，第 2 期，2005 年 12 月，頁 137～174。

40. 鄭吉雄：〈論象數詮《易》的效用與限制〉，《中國文哲研究集刊》，第 29 期，2006 年 9 月，頁 205～236。

41. 賴貴三：〈兩漢易學「氣化宇宙論」思想探析〉，《第二屆儒道國際學術研討會──兩漢論文集》，國立臺灣師範大學出版，2005 年 8 月，頁 463～491。

42. 戴璉璋、劉述先：〈「牟宗三先生之後的中國」哲學演講〉，《鵝湖》，第 380 期，2007 年 2 月，頁 8～13。

43. 鄺錦倫：〈牟宗三與解釋學〉，《東海哲學研究集刊》，第十一輯，2006 年 7 月，頁 209～222。

五、網　路

1. 林忠軍：〈從虞翻易學看漢儒以象解《易》方法〉，http://www.yuensang.com/，2005 年 9 月。（原發表於「紀念孔子 2555 周年國際學術研討會」，北京，2004 年 10 月）

2. 張國義：〈近現代東西文化互動中的生命哲學〉，「學說連線」http://www.xslx.com/，2003 年 4 月。

3. 鄭炳碩：〈論牟宗三先生易學中的「象」〉，「儒學聯合論壇」，http://www.yuandao.com，2005 年 9 月。（原發表於「第七屆當代新儒學國際會議」，武漢，2005 年 9 月）

4. 謝泳：〈一九四九年前相對論傳播及對中國知識界的影響〉，「思與文」http://www.chinese-thought.org/，2006 年 7 月。